# La raison humanitaire

*Didier Fassin*

# La raison humanitaire

## Une histoire morale du présent

*Suivi de*

## Signes des temps

*Éditions du Seuil*

La première édition de cet ouvrage a été publiée
en 2010 dans la collection « Hautes Études »
par l'École des hautes études en sciences sociales,
Gallimard et Le Seuil,
sous le titre et le sous-titre : *La Raison humanitaire.
Une histoire morale du temps présent.*

ISBN 978-2-7578-7050-1
(ISBN 978-2-02-102060-1, 1re publication)

INTRODUCTION

# Le gouvernement humanitaire

> On conviendra aisément qu'il importe au plus haut point de savoir si l'on n'est pas dupe de la morale.
>
> EMMANUEL LEVINAS, *Totalité et infini*

Les sentiments moraux sont devenus un ressort essentiel des politiques contemporaines : ils en nourrissent les discours et en légitiment les pratiques, singulièrement lorsqu'elles s'adressent aux démunis et aux dominés – qu'ils appartiennent à un monde proche (les pauvres, les étrangers malades, les personnes sans domicile) ou lointain (les victimes des famines, des épidémies, des guerres). Par sentiments moraux, on entend les émotions qui nous portent vers les malheurs des autres et nous font souhaiter les corriger[1]. Ils associent des affects et des valeurs – la sensibilité et l'altruisme –, certains faisant du reste découler les seconds des premiers, c'est-à-dire la morale des sentiments : selon cette tradition philosophique, l'expérience de la souffrance précède donc le sens du bien. La compassion réalise la forme la plus accomplie de cette combinaison paradoxale entre le cœur et la raison : c'est la sympathie ressentie devant l'infortune du prochain qui produit l'indignation morale susceptible de générer une action visant à la faire cesser. Ainsi, face à l'homme laissé pour mort par des brigands sur le bord d'une route, le bon Samaritain de l'Évangile est-il ému ; il panse ses plaies, lui trouve un hébergement et paie pour qu'il reçoive des soins[2]. Cette parabole inaugure de manière paradigmatique une politique de la compassion qui irrigue la morale occidentale bien au-delà de la doctrine chrétienne, laquelle n'a d'ailleurs évidemment pas le monopole de la sollicitude à l'égard du malheur des autres.

Dans ce contexte, je propose d'appeler « gouvernement humanitaire » le déploiement des sentiments moraux dans les politiques contemporaines. Gouvernement doit s'entendre ici au sens large[3], comme l'ensemble des dispositifs établis et des actions menées pour administrer, réguler, favoriser l'existence des êtres humains ; le gouvernement inclut mais dépasse l'intervention de l'État, des collectivités territoriales, des organismes internationaux et, plus généralement, des institutions politiques. Humanitaire doit de même être compris dans une acception étendue[4], en référence à la double dimension que recouvre la notion d'humanité, d'une part comme ensemble des êtres humains partageant une même condition (appartenir à l'humanité), et d'autre part comme mouvement affectif portant vers ses semblables (faire preuve d'humanité). De la première signification découlent une demande de droits et une attente d'universel ; à la seconde se rattachent l'obligation d'assister et l'attention pour l'autre ; on retrouve là cette articulation de la raison et de l'émotion qui définit les sentiments moraux. Le gouvernement humanitaire excède par conséquent les délimitations habituelles qui le circonscrivent aux actions menées dans le tiers-monde et qui correspondent à la vision qu'en donnent les organisations précisément dites humanitaires. En fait, l'humanitaire est devenu un langage qui lie inextricablement les valeurs et les affects et qui sert à définir autant qu'à justifier des pratiques de gouvernement des hommes. Quand un candidat à l'élection présidentielle s'adresse à « la France qui souffre », il utilise le même lexique des sentiments moraux que son collègue qui, aux États-Unis, qualifie son propre programme de « conservatisme compassionnel[5] ». Lorsque, sous la pression des associations d'aide aux immigrés et de patients du sida, les pouvoirs publics français autorisent la régularisation des étrangers seulement s'ils sont atteints d'une maladie grave ne pouvant être soignée dans leur pays au nom de la « raison humanitaire », ils emploient le même qualificatif que les chefs d'État occidentaux qui appellent au bombardement du Kosovo dans le cadre d'une campagne militaire dont ils affirment le « caractère purement humanitaire[6] ». Le vocabulaire de la souffrance, de la compassion et de l'humanitaire fait ainsi partie, au niveau national comme international, de notre vie politique : il sert à en décrire les enjeux et à en argumenter les choix. On objectera certes à juste titre qu'il y a souvent une forme de cynisme – pas nécessairement conscient – à utiliser le langage des sentiments moraux alors même que l'on met en œuvre des programmes qui accroissent les inégalités sociales, des mesures qui fragilisent les populations immigrées ou des opérations militaires dont les buts sont essentiellement géostratégiques – pour s'en tenir aux exemples évoqués. Le langage de l'humanitaire ne serait dès lors qu'une duperie jouant sur la sentimentalité pour imposer la loi du marché et de la *Realpolitik*. Cependant, y compris sous cette hypothèse, la question n'en demeure pas moins : pourquoi est-ce efficace ? Au-delà de la mauvaise foi manifeste des uns ou de la bonne conscience des autres – dont la signification ne peut pourtant pas être ignorée au regard de ce qu'on pourrait appeler une éthique de la politique –, il s'agit donc de comprendre comment ce langage s'impose aujourd'hui comme le plus apte à produire une adhésion des auditeurs ou des électeurs, pourquoi on préfère en général parler de souffrance et de compassion que d'intérêt et de justice, et au nom de quoi on légitime des actions en les déclarant humanitaires. Le discours des affects et des valeurs a dans le monde contemporain un rendement politique élevé : c'est là ce qu'il faut analyser.

Un paradoxe doit à cet égard être souligné. D'un côté, les sentiments moraux visent principalement des individus plus pauvres, plus malheureux, plus fragiles, autrement dit la politique de la compassion est une politique de l'inégalité[7]. De l'autre, les sentiments moraux ont généralement pour condition de possibilité la reconnaissance des autres comme semblables, en d'autres termes la politique de la compassion est une politique de la solidarité[8]. Cette tension entre inégalité et solidarité, entre relation de domination et relation d'entraide, est constitutive de tout gouvernement humanitaire : elle explique l'ambivalence souvent observée des gouvernants, des donateurs, des agents qui œuvrent pour le bien des autres, et rend compte de ce qu'on appelle parfois la fatigue compassionnelle, c'est-à-dire l'usure de sentiments moraux qui se retournent en indifférence, voire en agressivité à l'égard des malheureux ; cette tension explique aussi, réciproquement, la gêne des gouvernés, des assistés, de tous ceux qui reçoivent ces dons n'appelant pas de contre-dons, et rend compte du ressentiment et même de l'hostilité quelquefois manifestés par les démunis et les dominés à l'encontre de ceux qui se pensent leurs bienfaiteurs[9]. Nombre de philosophes et de moralistes se sont efforcés de minimiser la portée de cette relation asymétrique de la compassion pour en souligner, au contraire, la dimension égalitaire et ainsi la valoriser comme émotion fondatrice de la communauté humaine : c'est parce qu'on fait de l'autre un autre soi-même, disent-ils, qu'on éprouve à son égard de la sympathie et qu'on agit pour son bien. Le problème n'est toutefois pas psychologique, ni même éthique, comme ils le laissent supposer : il est strictement sociologique[10]. Ce n'est pas la condescendance éventuelle de l'aidant qui est en cause, pas plus que la signification de son acte d'aider, ce sont les conditions du rapport social liant les deux parties qui, au-delà de toute intention des agents, font de la compassion un sentiment moral sans réciprocité possible. Bien sûr, on pourrait remarquer que le don apparemment désintéressé suppose un contre-don sous la forme de l'obligation qui lie le récipiendaire à son bienfaiteur, par exemple obligation de se raconter pour les uns, de s'amender pour les autres, de manifester leur reconnaissance pour tous. Malgré cela, on voit bien que, dans ces conditions, l'échange demeure profondément inégal. D'ailleurs, celles et ceux qui font l'objet de l'attention humanitaire savent bien que l'on attend d'eux l'humilité de l'obligé plutôt que la revendication d'un ayant-droit.

S'il y a domination dans le transport compassionnel, elle est objective avant d'être – et du reste pas nécessairement – subjective. L'asymétrie est politique plutôt que psychologique : il ne s'agit pas de critiquer la compassion pour la posture de supériorité qu'elle impliquerait, mais parce qu'elle suppose toujours une relation d'inégalité. La raison humanitaire gouverne en effet des vies précaires[11] : vies des demandeurs d'emploi et des demandeurs d'asile, vies des étrangers malades et des malades du sida, vies des sinistrés de catastrophes et des victimes de conflits, vies menacées et vies oubliées que le gouvernement humanitaire fait exister en les protégeant et en les révélant. La compassion, lorsqu'elle s'exerce dans l'espace public, est ainsi toujours dirigée de haut en bas, des plus puissants vers les plus faibles, les plus fragiles,

les plus vulnérables – ceux que l'on peut généralement désigner comme victimes d'un destin qui les dépasse. Il faut donc prendre le concept de vies précaires au sens fort de son étymologie latine[12] : des existences qui ne sont pas assurées mais sont octroyées par la prière, autrement dit qui ne sont pas définies dans l'absolu d'une condition, mais dans la relation à ceux qui ont sur elles un pouvoir. Le gouvernement humanitaire est bien une politique des vies précaires.

Cette politique, que mettent en œuvre les États et les organisations non gouvernementales, les institutions internationales et les collectivités locales, a une histoire. Ce n'est pas ici le lieu de la retracer. On peut toutefois en suggérer une double temporalité. La première, longue, se réfère à l'émergence des sentiments moraux dans la réflexion philosophique, puis dans le sens commun des sociétés occidentales, à partir du XVIII^e^ siècle : l'identité moderne est indissociable de la conjonction d'affects et de valeurs qui normalisent les conduites et les émotions à l'égard des autres et qui définissent un respect de la vie et de la dignité humaines. La seconde, courte, se réfère à l'inscription de ces sentiments moraux dans l'espace public et, plus spécifiquement, dans l'action politique, à la fin du XX^e^ siècle : s'il est impossible de dater ce phénomène avec précision, on ne peut que noter la convergence d'un ensemble de faits au cours des deux dernières décennies de ce siècle, parmi lesquels la création des organisations dites humanitaires (avec leur invocation d'un droit ou d'un devoir d'ingérence), l'installation de ministères de l'action humanitaire (au sein de plusieurs gouvernements français mais également dans d'autres pays), la qualification des conflits comme crises humanitaires (justifiant alors des interventions militaires sous la même bannière), à quoi il faudrait ajouter la multiplication de mesures et de dispositifs à l'égard des pauvres, des chômeurs, des sans domicile fixe, des malades sans ressources, des étrangers en situation irrégulière, des candidats au statut de réfugié, mesures et dispositifs définis – explicitement ou implicitement – comme humanitaires. La première temporalité fournit la trame généalogique de la seconde. Mais c'est à cette dernière que je m'intéresse principalement – à la constitution récente d'un gouvernement humanitaire. Je m'efforce de donner une intelligibilité à la reconfiguration de la politique des vies précaires au cours des dernières décennies : les enquêtes présentées ici concernent pour l'essentiel des mesures, des dispositifs, des formes – gouvernementales et non gouvernementales – de gouvernement qui ont été mis en œuvre, à la fin du XXe et au début du XXIe siècle, pour administrer des populations et des individus confrontés à des situations d'inégalité, à des contextes de violence, à des expériences de la souffrance. Il ne s'agit évidemment pas d'affirmer que la compassion serait une invention récente, même s'il faut reconnaître que certaines périodes sont plus propices à la sentimentalité. Il ne s'agit pas non plus de considérer que le mouvement engagé serait irréversible, car rien n'est plus labile et révocable que le sentiment de compassion en politique. Il ne s'agit enfin pas de suggérer que le fait compassionnel serait exclusif d'autres phénomènes, car le corps social est en permanence travaillé par des logiques contradictoires, et notamment, s'agissant des vies précaires, par les logiques sécuritaires. Mon propos vise simplement à saisir ce qui se joue de singulier à travers le déploiement de la raison humanitaire dans l'espace public contemporain, à comprendre comment les sentiments moraux sont entrés en politique au cours des dernières décennies.

À cet égard, les sciences sociales sont assurément partie prenante de l'évolution décrite ici. Il est remarquable de constater l'importance prise, dans la décennie 1990, par ce qu'on pourrait appeler une littérature scientifique compassionnelle, autrement dit un corpus de travaux portant sur la souffrance, le traumatisme, le malheur, la misère, l'exclusion, la plainte, et ce, tout particulièrement des deux côtés de l'Atlantique. En France, la sociologie et la psychologie sont les plus impliquées. Aux États-Unis, les études littéraires et l'anthropologie médicale sont davantage mobilisées[13]. Nombre de ces études s'inscrivent dans de vastes programmes de recherche et bénéficient du soutien financier, ici d'organismes publics et parapublics, là de fondations privées et d'institutions à but non lucratif : en France, la Caisse des dépôts et consignations a ainsi permis le plus grand succès éditorial français de la décennie pour un livre de sociologie en finançant un ensemble d'enquêtes sur les petites et grandes misères du monde ; aux États-Unis, le Social Science Research Council a eu une influence considérable sur le champ scientifique en soutenant une série de séminaires et d'ouvrages autour de la violence et de ses effets[14]. De la sorte, se développe une dynamique spéculaire dans laquelle pouvoirs publics et groupes privés produisent une représentation du monde à laquelle les sciences sociales apportent l'autorité de leur réflexion théorique et la matière de leurs enquêtes empiriques. Légitimée à la fois par les uns et par les autres, par le politique et par le savant, cette représentation du monde se consolide et s'impose peu à peu comme une évidence. Les inégalités s'effacent au profit de l'exclusion, la domination se transforme en malheur, l'injustice se dit dans les mots de la souffrance, la violence s'exprime en termes de traumatisme. Si l'ancien lexique de la critique sociale n'a bien sûr pas entièrement disparu, le nouveau vocabulaire des sentiments moraux tend à le recouvrir selon un processus de sédimentation sémantique dont les conséquences sont perceptibles sur les politiques publiques comme sur les actions privées[15]. L'opération de traduction de la réalité sociale dans le langage de la compassion se double d'une forme de conversion épistémologique, mais aussi émotionnelle, des chercheurs et des intellectuels à cette approche de la société plus sensible à la subjectivité des agents, à l'expérience de la douleur et de l'affliction. Études, programmes, ouvrages se multiplient. En quelques années, l'exclusion et le malheur, la souffrance et le traumatisme sont devenus des lieux communs des sciences sociales qui accréditent de cette manière le nouveau discours politique.

Cette nouvelle intelligibilité du monde a le plus souvent été prise pour argent comptant. Beaucoup ont considéré qu'il ne s'agissait, au fond, que d'un simple reflet des changements intervenus dans la société : on parlerait plus des exclus parce qu'ils seraient plus nombreux et de la souffrance parce qu'on souffrirait plus ; on enverrait des médecins et des infirmiers, voire des armées, pour le bien des populations concernées parce que notre monde serait devenu plus généreux. Certains se sont du reste réjouis de cette évolution, y voyant une sorte de progrès moral : selon eux, les pouvoirs publics et les organisations non gouvernementales, les syndicalistes et les politiciens, les journalistes et les chercheurs manifesteraient enfin plus d'humanité, seraient plus proches de l'expérience des gens ordinaires. D'autres, au contraire, se sont indignés ou moqués de ce qu'ils ont vu comme une dérive sentimentaliste : à les en croire, chacun se considérerait désormais comme une victime dans une sorte de course effrénée à l'exposition de ses malheurs, à la reconnaissance de sa douleur et parfois même à la revendication de réparations.

J'adopte pour ma part une tout autre posture que je voudrais analytique plutôt que normative. On peut en effet considérer que notre manière d'appréhender le monde résulte d'un processus historique de « problématisation », par lequel nous en venons à le décrire et à l'interpréter d'une certaine façon, à faire exister ce qui fait problème et à lui donner une forme singulière, à renoncer par conséquent à d'autres manières de décrire et d'interpréter la réalité, de déterminer et de constituer ce qui précisément fait problème[16]. Ainsi, le jeune usager de drogues par voie intraveineuse qui était vu naguère comme un délinquant potentiellement dangereux pour les autres et qui devient maintenant un être souffrant qu'il faut protéger – de lui-même, de ses pulsions de mort et surtout des risques d'infections mortelles – n'a en fait guère changé : ce qui s'est transformé, c'est notre regard et notre attitude à son égard, comme le savent bien les policiers, hier chargés de l'arrêter, aujourd'hui sommés de l'ignorer lorsqu'il se rend au distributeur de seringues. De même, dans un autre registre, si le volontaire désireux de s'engager aux côtés des victimes de conflits et d'oppressions le faisait jadis à travers un combat politique et parfois militaire, dont Malraux en Espagne ou Genet en Palestine seraient des figures emblématiques, il le fait désormais à travers la médecine et l'aide humanitaires, que symbolisent Bob Geldof organisant un concert pour l'Éthiopie ou Bernard Kouchner portant un sac de riz sur les côtes de la Somalie. De fait, les situations sur le terrain ne se sont pas fondamentalement modifiées : en revanche, la violence et l'injustice font sens autrement pour nous et, plus précisément, de nouvelles justifications des actions nous apparaissent aujourd'hui légitimes, au point d'ailleurs que les gouvernements invoquent de plus en plus souvent l'argument humanitaire pour qualifier les interventions armées qu'ils conduisent. De la déviance à la souffrance, de la lutte politique à l'assistance humanitaire : c'est à ces déplacements anthropologiques que je m'intéresse. En soulignant cette évolution dans notre appréhension du monde, je ne cherche toutefois pas à juger si elle est heureuse ou dangereuse, à déterminer s'il faut s'en réjouir ou s'en inquiéter : je m'efforce simplement de reconnaître le phénomène pour ce qu'il est – et d'en mesurer les effets, ou plutôt les enjeux.

Une nouvelle économie morale[17] – dont la raison humanitaire est en quelque sorte le cœur – s'est donc constituée au cours des dernières décennies du XXe siècle. Nous en sommes encore tributaires en ce début de XXIe siècle. Elle induit des réponses inédites – ce qu'on peut appeler un gouvernement humanitaire – par lesquelles une attention particulière est portée à la souffrance et au malheur. Que ce mouvement procède de la sincérité ou du cynisme des acteurs, qu'il manifeste une réelle empathie ou instrumentalise le ressort compassionnel est une autre question : le point que je veux souligner est que cette manière de voir et de faire s'impose désormais à nous comme une évidence[18]. Or cette problématisation de nos sociétés ne va pas de soi : elle est même, si j'ose dire, à son tour problématique. Elle nous oblige à nous interroger non seulement sur la signification de cette évolution, mais aussi sur ses implications politiques et morales, sur ses conséquences tant objectives que subjectives. Au fond, que gagne-t-on et que perd-on au change lorsqu'on parle de souffrance pour dire les inégalités, lorsqu'on invoque les traumatismes plutôt que d'appréhender les violences, lorsqu'on régularise des étrangers malades tout en restreignant les conditions de l'asile, lorsqu'on mobilise la compassion à défaut de justice ? Ou encore, par quels profits et pertes en passe-t-on quand on ouvre des lieux d'écoute pour traiter l'exclusion sociale, quand on exige des pauvres qu'ils racontent leurs malheurs, quand on envoie des psychologues sur les scènes des conflits, quand on représente la guerre dans le langage de l'humanitaire ? Ce vocabulaire comptable peut surprendre. En réalité, il faudrait l'entendre moins dans une logique de calcul que dans une logique de jeu – ou plus précisément d'enjeux. La question que je pose dans ce livre est la suivante : quels sont les enjeux de ces multiples déplacements qu'implique le déploiement du gouvernement humanitaire ?

*

Mais comment saisir ces enjeux ? Les sciences humaines et sociales ont répondu à cette question selon deux lignes principales que l'on peut décrire en distinguant provisoirement, d'un côté, la morale humanitaire – le principe de fondation ou de justification des actions – et, de l'autre, la politique humanitaire – la mise en œuvre de ces actions. Dans la première, on s'est souvent limité au territoire national et même à l'espace local. Dans la seconde, on s'est donné le monde pour terrain d'enquête. Le lien entre les deux a rarement été établi.

Dans la première perspective – celle de la morale humanitaire –, la philosophie s'est récemment attachée à l'analyse des expressions publiques des sentiments moraux, les uns pour prendre en somme le parti de la compassion, les autres pour au contraire en dénoncer l'empire. Dans le premier cas, la souffrance est considérée comme une réalité vécue que l'on ne saurait mettre en question (elle est naturalisée) et l'on s'efforce de l'inscrire dans une économie politique (la critique porte alors sur les injustices sociales qui produisent la souffrance). Dans le second cas, la souffrance apparaît comme la manifestation de la sensibilité moderne (elle est culturalisée) et l'on s'attache à montrer les excès de son exposition publique (la critique porte cette fois sur la sentimentalité qui met en scène la souffrance)[19]. Prenez au sérieux ces gens qui souffrent, disent les uns. Ne soyez pas dupes du déferlement compassionnel, rétorquent les autres. Les deux points de vue s'affirment critiques. Pourtant, le réalisme de la première position ignore l'historicité des sentiments moraux, et donc les usages politiques dont ils font l'objet, tandis que le constructivisme de la seconde posture néglige la subjectivation des inégalités sociales, et donc l'expérience qu'en ont les individus. Par conséquent, les deux points de vue ne peuvent se rencontrer puisque le premier rejette la généalogie de la compassion et le second se détourne de la vérité de la souffrance.

La sociologie n'échappe pas complètement à ce dualisme : significativement, c'est dans la France des années 1990 – au moment où la question prenait de l'ampleur dans l'espace public – qu'elle s'est penchée sur la souffrance en l'abordant selon deux logiques presque opposées. Dans *La Misère du monde,* Pierre Bourdieu en fait l'expression contemporaine d'« un ordre social qui a sans doute fait reculer la grande misère, mais qui, en se différenciant, a aussi multiplié les espaces sociaux qui ont offert les conditions favorables à un développement sans précédent de toutes les formes de la petite misère ». Dès lors, l'accumulation des entretiens réalisés par l'équipe de chercheurs travaillant à ses côtés nous montre que c'est toute la société qui souffre presque indistinctement, des jeunes des cités aux habitants des zones pavillonnaires, du travailleur immigré au militant d'extrême droite, du policier au syndicaliste. Que la souffrance soit aussi un langage caractéristique du monde contemporain et que la compassion soit devenue un ressort politique échappe à l'analyse du sociologue qui met au contraire en avant l'« amour intellectuel » que doit manifester le chercheur à l'égard de ses interlocuteurs – au risque d'annuler toute distanciation dans son travail de description et finalement de redoubler la construction sociale à laquelle il contribue sans même s'en rendre compte[20]. Dans *La Souffrance à distance,* Luc Boltanski propose au contraire un regard éloigné, voire décalé, puisqu'il prend pour objet le « dilemme du spectateur » exposé à la souffrance des autres et enserré « entre l'idéal, égoïste, de la réalisation de soi et l'engagement altruiste, dans des causes qui permettent, par l'action, de se réaliser » : seul le « mouvement humanitaire » permet de trouver une issue à ce dilemme. L'enquête du sociologue porte donc sur les topiques de la souffrance et la rhétorique de la pitié mais, en s'appuyant sur un riche matériau d'affaires historiques et de littérature romanesque, elle délaisse pratiquement toute perspective sur le monde contemporain. Les ultimes développements consacrés à l'« action humanitaire » consistent surtout en une discussion de la « polémique » qu'elle a suscitée sur le « retour du moralisme » et en une analyse d'arguments de nature strictement idéologique échangés par des « intellectuels médiatiques » – au risque cette fois de déréaliser les enjeux politiques de cette forme d'action pour finir par une apologie de l'humanitaire[21]. Ce qui échappe à ces auteurs, tout entiers dans la dénonciation de l'ordre social pour l'un, dans l'étude sociologique de la dénonciation pour l'autre, c'est donc ce qui permettrait de penser les effets de domination dont la souffrance est l'expression (ce que fait l'un) en même temps que les jeux de construction dont la souffrance fait l'objet (ce qu'expose l'autre), autrement dit de considérer, dans leur complexité et leur ambiguïté, les politiques de la souffrance. Probablement, la raison de leur difficulté à s'en saisir est-elle pour partie liée à une question de méthode : les entretiens réalisés par Pierre Bourdieu livrent des récits qui mettent en mots les émotions sans distance, cependant que les discours analysés par Luc Boltanski révèlent des figures rhétoriques qui maintiennent le social à distance. Quelle que soit la richesse des matériaux ainsi collectés, ils ne remplacent pas le travail ethnographique et la présence prolongée qui permettraient de restituer à la fois des scènes plus précisément décrites et des contextes plus largement situés, évitant ainsi les simplifications, inscrivant les narrations et les arguments dans leurs cadres d'énonciation, saisissant les enjeux dans lesquels ils sont pris et qu'ils contribuent à constituer.

Dans la seconde perspective – celle de la politique humanitaire –, la science politique et le droit international se sont récemment penchés sur le déploiement de ces formes inédites d'intervention sur les terrains des malheurs et des conflits. Politistes et juristes ont alors pu dresser d'ambitieuses fresques de ce que certains qualifient parfois de nouvel ordre humanitaire mondial[22]. L'échelle d'analyse n'est plus ici l'individu, voire un collectif indécis, comme on l'a vu avec la philosophie et la sociologie, mais le monde avec, sinon un choc des civilisations, du moins des rapports de pouvoir entre États, institutions internationales, organisations non gouvernementales. Là encore, deux positions s'affrontent. Pour les uns, l'intervention humanitaire, y compris lorsqu'elle est conduite par des militaires au nom de la protection des populations, est un fait acquis qui n'est pas remis en cause en tant que tel : leurs efforts analytiques portent sur les conditions du déploiement de cette action, en termes de légalité, voire de légitimité, et incluent quelquefois des recommandations sur la base des enseignements tirés d'opérations récentes. Pour les autres, l'intervention humanitaire fait l'objet d'une critique radicale : même en créditant les acteurs politiques d'une volonté de défendre des causes justes, l'action entreprise dans ces conditions relève non seulement d'une violation de souveraineté, mais aussi d'une imposition de valeurs et de modèles[23]. L'ensemble de ces travaux porte sur des configurations macropolitiques plutôt que sur des situations microsociales : on est dans l'ordre des relations internationales. Les rares études de cas qui ont été conduites sont, jusqu'à une période récente, surtout le fait d'acteurs proches des organisations humanitaires qui se sont intéressés aux contradictions des interventions dans lesquelles ils ont été eux-mêmes impliqués : le Darfour et le Rwanda ont ainsi donné lieu à des analyses sociopolitiques fines[24]. Il ne s'agit toutefois pas d'enquêtes ethnographiques qui permettraient d'accéder aux logiques des acteurs et aux justifications des actions.

L'anthropologie s'est récemment engagée, à son tour, sur ces terrains lointains. Il s'agit là d'un investissement empirique inédit qui s'inscrit dans un vaste mouvement de redéfinition de la discipline, désormais présente sur les lieux des guerres et des violences à l'écart desquels elle s'était jusqu'alors soigneusement tenue[25]. Les descriptions qui résultent de ces enquêtes sont pourtant loin d'être homogènes. Mariella Pandolfi, qui a étudié l'intervention conjointe des militaires et des humanitaires au Kosovo, en fait une lecture radicale : elle décrypte le langage des organisations internationales, et notamment les notions d'« urgence complexe » qui amalgame toutes les crises, du tremblement de terre à la guerre, et de « droit d'ingérence » qui justifie les opérations de protection des populations, en particulier dans les situations extralégales. Elle met en perspective les grands hôtels où se retrouvent militaires, humanitaires et journalistes et les camps de réfugiés où les mêmes acteurs inventent des « souverainetés mouvantes » qui se substituent aux instances étatiques défaillantes ; partie prenante des situations qu'elle observe, puisqu'elle est employée comme experte d'une institution internationale, elle livre une analyse implacable du monde humanitaire. À l'inverse, Peter Redfield, qui s'est intéressé à la vie quotidienne d'une organisation non gouvernementale française en Ouganda, développe une approche plus empathique : certes le contexte n'est pas identique mais, surtout, la perspective diffère ; saisissant les situations au plus près du geste humanitaire, il fait converger les sentiments moraux de l'intervenant et de l'anthropologue qu'il voit « confrontés au même problème », à une expérience semblable de la souffrance des autres et du désir d'action. Comme le médecin ou l'infirmière, il se sent concerné par la précarité des existences que souligne le « bracelet de vie » distribué aux enfants pour mesurer leur état nutritionnel. Ce parallèle entre les deux études, entre la dénonciation de l'une et la compréhension de l'autre, montre combien, par une sorte de relation spéculaire, l'anthropologie du gouvernement humanitaire est liée – émotionnellement et moralement – à son objet. Fait remarquable, dans la plupart des enquêtes ethnographiques conduites sur ce thème, les politiques de la souffrance au loin (les guerres, les camps) ne sont pas mises en perspective des politiques de la souffrance dans le proche (les pauvres, les immigrés). Néanmoins, bien des éléments, à commencer par l'implication croissante des organisations humanitaires à la fois ici et là-bas et par le recours au même langage de l'humanitaire dans les politiques nationales et internationales, suggèrent qu'il est nécessaire d'analyser ensemble les deux mondes.

Au regard des travaux conduits dans les sciences humaines et sociales au cours des deux dernières décennies sur la question humanitaire, tels que je viens de les résumer, mon projet peut donc être énoncé simplement. Il consiste à saisir la morale humanitaire au moment où elle s'inscrit dans la politique – ce que j'ai appelé le gouvernement humanitaire. Ce projet implique une double orientation.

D'une part, il vise à penser dans un même mouvement théorique et à étudier à partir d'une même démarche empirique ce qui se joue dans notre société et dans des sociétés lointaines, ce qui se déploie dans l'espace national et dans l'espace international[26]. Les économies morales qui sont à l'œuvre dans une consultation de précarité et dans un camp de réfugiés, dans un lieu d'écoute pour marginaux d'un quartier de banlieue et dans une prise en charge de traumatisme en zone de conflit, dans l'allocation de ressources rares pour des chômeurs à travers un dispositif d'aide financière en France ou pour des malades dans un programme d'assistance médicale en Afrique ont beaucoup de points communs qu'il importe d'appréhender ensemble. Les études de cas présentées dans cet ouvrage concernent le traitement des pauvres, des précaires et des immigrés en France, mais aussi des orphelins du sida en Afrique du Sud, des sinistrés de catastrophe au Venezuela, des victimes de traumatisme de Palestine, des organisations non gouvernementales en Irak[27]. Chacune de ces scènes éclaire la réalité plus vaste des transformations du monde contemporain sous l'emprise humanitaire. Pour saisir ce qui est en jeu dans ce mouvement, il faut à la fois s'ancrer dans des réalités locales et entrevoir le paysage global. La confrontation de ces deux niveaux de lecture – local et global – permet, du reste, d'éviter aussi bien la clôture monographique, qui livre des interprétations circonscrites, que les prétentions téléologiques, qui cherchent à découvrir une direction à l'histoire.

D'autre part, mon propos est de construire cette analyse sur la base d'enquêtes précises plutôt que de propositions générales, d'étudier un petit nombre de situations potentiellement éclairantes – au fond, de soumettre cette anthropologie politique et morale à l'épreuve de l'ethnographie[28]. Mon hypothèse est que l'étude approfondie d'un objet particulier, tel que des lettres de demande de secours financier, des certificats médicaux pour les sans-papiers, des témoignages publiés par des associations humanitaires, une structure d'accueil dans un quartier de banlieue ou une intervention militaire après un glissement de terrain, peut apporter, bien mieux que ne le ferait une analyse exhaustive ou surplombante, une intelligibilité du monde social[29]. Que l'on ne s'étonne donc pas de devoir en passer par la casuistique des décisions d'attribution des aides aux pauvres, la rhétorique des attestations de torture pour les candidats au statut de réfugié, la description des tactiques des immigrés en quête d'un titre de séjour pour comprendre comment fonctionne, en France, la politique compassionnelle de l'État. C'est à ce prix qu'on en saisira les logiques et les présupposés, les ambiguïtés et les contradictions, les principes de justice et les pratiques de jugement : le diable est dans les détails. De même, faut-il s'intéresser aux images produites sur les enfants malades du sida en Afrique du Sud, aux écrits des psychiatres et des psychologues rapportant la situation des Palestiniens sous occupation israélienne et aux débats au sein du conseil d'administration d'une organisation non gouvernementale sur le bien-fondé de sa présence en Irak pour appréhender les pratiques humanitaires sur les terrains lointains. À chaque fois, c'est par une enquête minutieuse que l'on peut accéder aux certitudes et aux hésitations des acteurs, à leur aveuglement ou à leur lucidité, à leurs préjugés et à leur réflexivité : on doit au respect de nos interlocuteurs la restitution de ces tensions dialectiques. Or, c'est ce qui échappe aux essais sur l'humanitaire et aux pamphlets sur le moralisme, dont les thèses univoques ne reconnaissent ni la complexité des enjeux ni l'intelligence des acteurs.

*

L'ouvrage est construit autour de deux séries : la mise en œuvre de la raison humanitaire au sein des politiques des vies précaires dans le contexte français et la dissémination du gouvernement humanitaire sur les scènes tragiques du monde. Les neuf épisodes, ainsi reconstitués entre le milieu des années 1990 et le milieu des années 2000, ébauchent par petites touches ce qu'on peut appeler le moment humanitaire de l'histoire contemporaine.

Dans une première partie, je traite de politiques qui ont été conduites en France au cours des deux dernières décennies : elles concernent les marginaux et exclus, les chômeurs et précaires, les étrangers sans papiers et les demandeurs d'asile, à travers quatre études de cas. L'identification de la souffrance psychique comme conséquence d'une situation sociale donne lieu à partir de 1996 à la mise en place, dans les quartiers pauvres de banlieue, de lieux d'écoute destinés à prendre en charge des adolescents et des jeunes en difficulté (chapitre 1) : initiés par des psychiatres et animés par des psychologues, ces dispositifs requalifient les inégalités sociales dans le langage de la santé mentale. Pour autant, plutôt qu'à une psychiatrisation ou une psychologisation du social que beaucoup annoncent, on assiste à une diffusion des sentiments moraux dans des espaces déprofessionnalisés. Peu après, la suppression des aides d'urgence aux demandeurs d'emploi provoque, à la fin de l'année 1997, une importante mobilisation sociale, à laquelle le gouvernement répond par la distribution d'un milliard de francs reposant sur un examen des situations individuelles (chapitre 2) : l'analyse des modalités concrètes de cette répartition de la manne publique révèle les principes de justice et les pratiques de jugement au sein des services de l'État. En particulier, puisqu'il est demandé aux requérants d'emprunter la forme de la supplique, on observe comment l'exposé des malheurs suscite une usure émotionnelle qui débouche sur un mélange de contingence et d'arbitraire dans les aides financières. L'année suivante, l'instauration dans la loi sur l'immigration de 1998 d'un critère permettant la régularisation de droit des étrangers souffrant d'une affection grave est l'aboutissement d'une revendication associative visant à empêcher la reconduite à la frontière de personnes malades (chapitre 3) : ce protocole compassionnel consacre une évolution historique par laquelle le corps de l'immigré, autrefois valorisé pour sa force de travail, se trouve désormais reconnu au titre de la maladie qui l'invalide. L'étude des pratiques des médecins chargés de mettre en œuvre cette sélection des personnes régularisables révèle le déplacement de la légitimité de la vie sociale vers la vie biologique. Parallèlement, la diminution régulière du taux d'accord pour les demandes d'asile qui se trouve divisé par cinq pour passer à moins de vingt pour cent au cours de l'année 2000 conduit à une exigence croissante de preuves au premier rang desquels le certificat médical qui atteste les persécutions subies (chapitre 4) : dans un contexte de délégitimation de la condition de réfugiés, cette situation nouvelle souligne le discrédit de la parole du requérant à laquelle on substitue de plus en plus des avis d'experts. L'analyse des attestations produites et des résistances associatives montre combien ce qui apparaît comme une simple recherche de vérité devient une pratique de véridiction mise à l'épreuve du corps, qui dénature profondément l'esprit et même la lettre de la convention de Genève de 1951.

L'enquête sur l'hospitalité ambiguë à l'égard des réfugiés occupe une position liminale entre les deux parties (chapitre 5) : en effet, autour de l'histoire controversée du centre d'accueil de Sangatte, entre 1999 et 2001, se déploient les logiques des politiques de l'immigration et de l'asile, et notamment l'humanitarisation du droit, qui ont été examinées antérieurement, mais s'annonce aussi l'ouverture sur des enjeux transnationaux, avec cette tension croissante entre le compassionnel et le répressif dans la gestion des étrangers. Se dessine également la double ligne de constitution des rapports de domination qui traverse tout le livre avec, d'une part, des inégalités sociales dans les pays dits du Nord et, d'autre part, des disparités globales qui s'approfondissent dans les pays dits du Sud.

Dans la seconde partie, j'examine la mise en œuvre des pratiques humanitaires comme traitement des afflictions dans le monde. L'épidémie de sida a touché l'Afrique du Sud plus que tout autre pays dans le monde et y a provoqué à partir de l'année 2000 une crise politique et sociale inédite dont une dimension particulièrement douloureuse concerne les enfants (chapitre 6) : à travers les trois figures omniprésentes dans l'espace public de l'enfant malade, de l'enfant violé et de l'enfant orphelin, se manifeste la vulnérabilité de cette classe d'âge. L'enquête invite cependant à prendre en considération les implications de cette mobilisation émotionnelle et notamment la méconnaissance des réalités historiques et sociales qu'elle contribue à produire. Il en est de même au Venezuela, où la catastrophe naturelle survenue en décembre 1999 a eu lieu dans un contexte particulier de reconstruction morale de la nation et même, conjonction remarquable, le jour du vote de la nouvelle Constitution (chapitre 7) : confrontée au malheur collectif, la société tout entière a soutenu la mise en place d'un état d'exception pour faciliter l'assistance aux populations sinistrées. L'unanimisme compassionnel a ainsi occulté aussi bien les violences policières et militaires, rendues possibles par les mesures d'urgence, que les profondes disparités dans la prise en charge des sinistrés. C'est ce ressort émotionnel qui est également en jeu lors de la seconde Intifada qui a éclaté en septembre 2000, suscitant l'émergence d'un témoignage humanitaire inédit (chapitre 8) : des organisations non gouvernementales, s'appuyant sur leur expérience auprès des populations occupées, ont révélé les blessures de l'occupation violente des Territoires palestiniens par l'armée israélienne en recourant notamment au langage du traumatisme. L'étude des documents produits par deux des plus importantes d'entre elles montre les difficultés et les impasses de ce langage, tant pour dire l'inscription historique et politique des souffrances que pour reconnaître les formes locales de subjectivation de la violence. C'est l'humanitaire encore qui se trouve mis à l'épreuve avec le déclenchement de la deuxième guerre d'Irak en avril 2003 (chapitre 9) : à partir de la polémique suscitée, au sein de la principale organisation non gouvernementale française, autour de la question de rester ou non à Bagdad alors que les bombardements allaient commencer, il est possible d'analyser la signification d'un tel sacrifice. Les implications de la décision prise de se maintenir sur place révèlent des arbitrages difficiles sur la valeur des vies et, au bout du compte, des inégalités ontologiques rarement reconnues pour ce qu'elles sont. Au-delà de la diversité des situations et des contextes, ce sont les logiques et les conséquences du déploiement de la raison humanitaire qu'il s'agit à chaque fois d'appréhender.

Ce livre rassemble ainsi des travaux que j'ai conduits au cours des dix dernières années. Le projet, ébauché dès le départ dans mon séminaire à l'École des hautes études en sciences sociales (EHESS) intitulé « Les politiques de la souffrance », s'est toutefois, avec le temps, infléchi et précisé. Les intuitions initiales en ont été confirmées ou corrigées. C'est la raison pour laquelle, d'une part, j'ai souhaité réunir des textes, souvent peu accessibles, qui avaient marqué les étapes de ce parcours, et d'autre part, j'ai voulu les réécrire entièrement pour donner à mon propos la cohérence qui s'impose maintenant à moi.

L'usage, quand on reprend des articles dans un ouvrage, est de les laisser sous leur forme originelle, par un souci d'authenticité mais aussi en raison de la difficulté de toute reprise qui ne serait pas seulement cosmétique. J'adopte ici le parti inverse pour mieux faire sens d'un projet qui ne m'est devenu complètement intelligible que lorsqu'il est arrivé à son terme, bien sûr provisoire : il s'agissait, par une série d'enquêtes sur des thèmes apparemment éloignés et sur des terrains géographiquement dispersés, de saisir dans la diversité de ses manifestations le gouvernement humanitaire, d'explorer dans leur complexité les économies morales contemporaines – en somme, de contribuer en anthropologue à une histoire morale du temps présent.

# Remerciements

Les enquêtes sur lesquelles s'appuient les chapitres de ce livre ont bénéficié de contrats de recherche dans le cadre d'appels d'offres de plusieurs institutions : l'Inserm sur les lieux d'écoute, le ministère des Affaires sociales sur le Fonds d'urgence sociale, le Centre national de la recherche scientifique (CNRS) sur la régularisation des étrangers, le ministère de la Recherche sur les demandeurs d'asile, l'Agence nationale de la recherche (ANR) sur les politiques d'immigration, la Mission de la recherche (MiRe) sur le traumatisme psychique, le programme Ecos-Nord sur la catastrophe au Venezuela et l'Agence nationale de recherche sur le sida (ANRS) sur le sida en Afrique du Sud. Les travaux sur l'humanitaire n'ont pas donné lieu à des financements spécifiques mais ont été rendus possibles par les organisations qui m'ont ouvert leur porte (à commencer par Médecins sans frontières et Médecins du monde). La préparation du manuscrit a été facilitée par l'obtention d'une allocation du Conseil européen de la recherche pour un projet intitulé : *Towards a Critical Moral Anthropology.* À ces institutions, j'exprime ma reconnaissance pour leur soutien.

Les chapitres qui composent cet ouvrage sont des versions entièrement réécrites de textes publiés pour la plupart en anglais. En les reprenant ainsi, j'ai voulu apporter plus d'homogénéité à l'ensemble, effacer quelques répétitions, mettre à jour des données, enfin corriger certaines analyses. Plusieurs de ces textes ont subi des modifications relativement limitées, d'autres sont des versions inédites librement inspirées d'un article publié :

Chapitre 1 : « Souffrir par le social, gouverner par l'écoute. Une configuration sémantique de l'action publique », *Politix,* 2006, vol. 19, nº 73, p. 137-157.

Chapitre 2 : « Charité bien ordonnée. Principes de justice et pratiques de jugement dans les aides d'urgence », *Revue française de sociologie,* 2001, vol. 42, nº 3, p. 437-475.

Chapitre 3 : « Quand le corps fait loi. La raison humanitaire dans les procédures de régularisation des étrangers », *Sciences sociales et santé,* 2001, vol. 19, nº 4, p. 5-34.

Chapitre 4 : « The Truth from the Body. Medical Certificates as Ultimate Evidence for Asylum Seekers », avec la collaboration d'Estelle d'Halluin, *American Anthropologist,* 2005, vol. 107, nº 4, p. 597-608.

Chapitre 5 : « Compassion and Repression. The Moral Economy of Immigration Policies in France », *Cultural Anthropology,* 2005, vol. 20, nº 3, p. 362-387.

Chapitre 6 : « Suffering Children, Abused Babies and AIDS Orphans. The Moral Construction of Childhood in Post-Apartheid South Africa », *in* Cynthia Comacchio, Janet Golden et George Weisz (eds.), *Healing the World's Children. Interdisciplinary Perspectives on Child Health in the Twentieth Century,* McGill-Queen's University Press, Montréal, 2008.

Chapitre 7 : « Humanitarian Exception as the Rule. The Political Theology of the 1999 "Tragedia" in Venezuela », avec la collaboration de Paula Vásquez Lezama, *American Ethnologist,* 2005, vol. 32, nº 3, p. 389-405.

Chapitre 8 : « The Humanitarian Politics of Testimony. Subjectification Through Trauma in the Israeli-Palestinian Conflict », *Cultural Anthropology,* 2008, vol. 23, nº 3, p. 531-558.

Chapitre 9 : « Humanitarianism as a Politics of Life », *Public Culture,* 2007, vol. 19, nº 3, p. 499-520.

Je suis reconnaissant aux éditeurs de leur autorisation de les reproduire sous cette forme peu respectueuse de l'original. Ils me permettent de donner une cohérence à des travaux dont la dispersion éditoriale ne facilitait pas le rapprochement intellectuel. Le soutien chaleureux de Christophe Prochasson et la relecture rigoureuse de Marie Laborit ont été importants pour la réussite de cette entreprise.

Au-delà de ces dettes institutionnelles et éditoriales, je voudrais exprimer mes remerciements à celles et ceux qui, au cours des dix dernières années, ont contribué, par les échanges que j'ai pu avoir avec eux, à ma réflexion autour des économies morales : les étudiants de mes séminaires à l'École des hautes études en sciences sociales, mes doctorants, avec lesquels nos interactions régulières autour de leur travail m'ont certainement aidé à construire mes propres questionnements, et mes collègues au sein de l'Institut de recherche interdisciplinaire sur les enjeux sociaux (Iris), avec lesquels un dialogue n'a pas cessé tout au long de ce travail d'écriture, et particulièrement Alban Bensa, dans le cadre de notre atelier sur les politiques de l'enquête, Éric Fassin avec qui j'ai conçu notre enseignement sur les nouveaux objets et terrains de l'anthropologie, et enfin Richard Rechtman, qui m'a constamment encouragé à mener à bien le projet de ce livre ; mais aussi, au gré de rencontres et de discussions sur certains de ces textes, Arjun Appadurai, Athena Athanasiou, Jonathan Benthall, Joao Biehl, Lawrence Cohen, Paul Farmer, Michael Fischer, Margaret Lock, Vinh-Kim Nguyen, Mariella Pandolfi, Paul Rabinow, Peter Redfield, Nancy Scheper-Hughes, Ann Stoler, Mara Viveros, et singulièrement Veena Das pour nos lectures croisées des politiques de la souffrance ; sans doute faudrait-il également mentionner les débats suscités par la présentation de certaines des recherches réunies ici dans des séminaires et des colloques à Paris, Toulouse, Marseille, Athènes, Montréal, New York, Princeton, Harvard, Berkeley, Ann Arbor, Caracas, Buenos Aires, Johannesburg. Nous le savons tous : ces moments d'échange, souvent fugaces, parfois contradictoires, peuvent se révéler à distance, et généralement à l'insu de nos interlocuteurs, décisifs dans la construction de notre pensée et la formulation de nos idées.

Mais bien sûr, dès lors que je me suis efforcé de fonder cette anthropologie des économies morales contemporaines sur une ethnographie, autrement dit sur des enquêtes menées au plus près des acteurs et de leurs pratiques, rien de ce que j'ai écrit n'aurait pu l'être sans la générosité de celles et ceux qui ont accepté de me donner de leur temps, de me fournir des documents, de me transmettre leurs connaissances, de réagir enfin aux propositions d'analyse que je leur soumettais. Pour respecter le contrat d'anonymat et de confidentialité qui nous lie, je ne les ai pas nommés lorsque je les citais à partir d'entretiens privés, mais seulement quand je mentionnais des extraits de leurs déclarations publiques ou de leurs textes publiés. Décideurs, administrateurs, médecins, infirmiers, psychologues, travailleurs sociaux, membres d'associations, mais également chômeurs, demandeurs d'asile, étrangers en situation irrégulière, sinistrés vénézuéliens, malades sud-africains, tous ont leur part dans ce travail. Peut-être ne s'y retrouveront-ils pas, mais qu'ils soient certains que je me suis efforcé d'accorder une valeur et un crédit identiques à la parole de chacun, quand bien même il m'est arrivé d'en rendre compte de manière critique.

Osny, avril 2009 - Princeton, avril 2010

PREMIÈRE PARTIE

# Politiques

CHAPITRE PREMIER

# Une souffrance dévoilée

## Des lieux d'écoute pour les exclus et les marginaux

> Le complexe de sentiments possède un caractère configurant, parce qu'il tend à constituer un nouveau cadre d'interprétation des pratiques sociales et forme un référent majeur dans le cours de la vie pratique des individus.
>
> JEAN-FRANÇOIS LAÉ et NUMA MURARD, *Les Récits du malheur*

L'élection présidentielle de 1995 fut dominée par le thème de la « fracture sociale ». On avait fini par reconnaître le chômage comme un fait structurel de la société française, plutôt qu'un élément conjoncturel ainsi qu'on l'avait longtemps cru. Une inquiétude sourde s'était développée autour de ce que l'on avait appelé, dans les années 1980, « nouvelle pauvreté » puis, à partir de 1990, « exclusion sociale ». Des sociologues affirmaient que le monde social n'était plus hiérarchisé de bas en haut, mais structuré entre un dedans et un dehors. Les vieilles inégalités de classes – ou de catégories professionnelles – étaient remplacées par une nouvelle et radicale division de la société : on était inclus ou exclu. Et ce déplacement séduisait beaucoup de responsables politiques, de chercheurs, d'intellectuels, de journalistes. Le candidat Jacques Chirac en fit l'axe de sa campagne et, le 17 février, dans un discours fondateur, il affirma : « La sécurité économique et la certitude du lendemain sont désormais des privilèges. La jeunesse française exprime son désarroi. Une fracture sociale se creuse dont l'ensemble de la nation supporte la charge. » Aux yeux de nombre de commentateurs, ce choix stratégique fut pour beaucoup dans sa victoire, somme toute inattendue, alors qu'il semblait pris entre deux prétendants – l'un libéral, l'autre socialiste – qui ne lui laissaient guère d'espace idéologique : on interpréta donc son succès comme le résultat de l'habileté d'un candidat de droite ayant fait campagne sur un thème réputé de gauche[1]. Une fois élu, le nouveau président de la République fut cohérent avec ses promesses, au moins formellement, puisque le gouvernement que forma son Premier ministre, Alain Juppé, incluait, en plus du classique ministère du Travail responsable des questions de solidarité et d'un désormais habituel secrétariat d'État à l'Action humanitaire d'urgence, un ministère chargé de l'Intégration et de la Lutte contre l'exclusion et un secrétariat d'État chargé des Quartiers en difficulté. La mesure la plus originale, prise du reste après un remaniement ministériel, concerna la mise en place de « lieux d'écoute ». Plusieurs rapports avaient en effet révélé un phénomène nouveau de « souffrance psychique », notamment parmi des adolescents et des jeunes, auquel ces dispositifs d'accueil et surtout d'écoute devaient répondre. Une première circulaire parut le 14 juin 1996 : elle mettait en place des « points d'accueil pour les jeunes âgés de dix à vingt-cinq ans » et visait à « répondre au mal-être des adolescents » ; fait remarquable, elle était signée par le ministre du Travail et des Affaires sociales, Jacques Barrot, et le secrétaire d'État à l'Action humanitaire d'urgence, Xavier Emmanuelli ; l'implication de ce dernier s'inscrivait ainsi dans une réorientation, au moins partielle, des grandes organisations humanitaires des causes internationales vers les démunis de la société française[2]. Une seconde circulaire fut publiée le 10 avril 1997 : cette fois, elle portait plus explicitement sur les « points écoute pour les jeunes et/ou parents » et cherchait à répondre au « besoin de pouvoir exprimer des problèmes ressentis » ; les signataires en étaient le ministre de l'Aménagement du territoire, de la Ville et de l'Intégration, Jean-Claude Gaudin, et son ministre délégué à la Ville et à l'Intégration, Éric Raoult ; le nom de ce dernier au bas du document avait de quoi surprendre dans la mesure où il était plus connu pour ses interventions virulentes sur les questions d'ordre public. Ainsi les lieux d'écoute furent-ils le résultat d'un attelage inédit de l'humanitaire et du sécuritaire.

Dans les mois qui suivirent, ces dispositifs se multiplièrent dans toute la France[3]. L'un d'entre eux, dans une grande ville de Seine-Saint-Denis – département que l'on sait particulièrement affecté par les difficultés économiques, mais fortement mobilisé sur le front des réponses sociales –, était dirigé par un psychiatre entouré d'un groupe de psychologues. La mairie avait souhaité que l'équipe s'installât dans une « cité », mais les professionnels de la santé mentale, redoutant la perspective de côtoyer une population à laquelle ils n'étaient pas accoutumés, avaient argué en faveur de ce qu'ils avaient appelé, usant d'un euphémisme, un « lieu neutre ». Ils avaient donc pris possession d'une belle bâtisse bourgeoise dans un quartier ancien. Ils y avaient gagné en sérénité, mais avaient certainement perdu une partie de leur public le plus précaire[4]. Pourtant, à lire le rapport d'activité qu'ils avaient remis à leur tutelle, la situation semblait préoccupante :

> Face au climat d'insécurité et d'inquiétude généré par la précarité qui touche le monde du travail, de la formation et de la famille, les jeunes en perte de repères forment un

groupe vulnérable. L'explosion de la violence et de la délinquance juvéniles ainsi que son rajeunissement provoquent la stigmatisation des adolescents et suscitent la méfiance, voire la peur. Comment établir un lien avec ces jeunes qui, même en état de souffrance psychique, ne peuvent formuler une demande d'aide ?

Ce constat alarmant rejoignait ainsi l'analyse des politiques : le mélange de précarité et d'insécurité générait à la fois de la souffrance, qui se traduisait en violence chez les jeunes, et de la méfiance, qui se transformait en peur chez les adultes, cercle vicieux dont le lieu d'écoute était la solution[5]. Or, sur place, l'image que donnait ce centre d'accueil était tout autre. Des adolescents accouraient joyeusement après la fin des classes pour y prendre leur goûter, avant de se retrouver par petits groupes autour d'une partie de Monopoly ou dans l'atelier d'informatique. Il y avait certes des disputes et parfois des bagarres, mais guère plus que dans une cour de collège. Il était difficile, à les voir, de reconnaître une souffrance, fût-elle déguisée en violence. Mais sur ce point, les psychologues avaient une réponse toute prête : la souffrance était le plus souvent invisible à l'œil inexpérimenté des non-spécialistes et, plus encore, son absence d'expression par les jeunes devenait la preuve de son existence. Pourtant, les statistiques du lieu d'écoute indiquaient que seuls 6 % des adolescents avaient été adressés par un service psychiatrique, 6 % par la protection judiciaire de la jeunesse, 5 % par l'intermédiaire de l'Éducation nationale, alors qu'ils étaient au moins 80 % à venir de leur plein gré et souvent avec enthousiasme. Ce qui n'empêchait pas les psychologues de les imaginer « avec de grosses difficultés », révélant ainsi bien plus leur méconnaissance de ce milieu, si éloigné socialement du leur, que la réalité, somme toute assez banale, de ces collégiens : « Quand tu arrives ici, tu as l'impression d'être sur une autre planète », reconnaissait l'un des intervenants, peu familier des expressions verbales et corporelles de ces adolescents. Au-delà de ce décalage entre des psychologues, appartenant pour la plupart aux classes moyennes et supérieures parisiennes, et des adolescents, de mileu modeste et d'origine immigrée, ce qui m'intéresse ici c'est la politique qui traduit les inégalités sociales en termes de souffrance psychique et qui propose comme réponse aux problèmes des classes populaires une écoute de leur mal-être.

À la fin du XXe siècle, un nouveau langage est en effet apparu en France pour qualifier les problèmes sociaux, leurs conséquences sur les individus et les solutions qu'on pouvait leur donner. Les problèmes ont été rapportés à l'exclusion, les conséquences ont été interprétées en termes de souffrance, des solutions ont été proposées autour de lieux d'écoute. On peut ainsi appeler configuration sémantique l'ensemble des notions qui sont construites ensemble, se répondent et se complètent pour rendre compte d'une réalité sociale. Exclusion, souffrance, écoute constituent, pour la décennie 1990, une telle configuration sémantique que l'on peut qualifier de compassionnelle. Ils permettent d'énoncer ce que les sociologues ont nommé « nouvelle question sociale[6] », c'est-à-dire à la fois ce qui fait exister le « social » comme problème, entre l'économique et le politique, et comment on le met en « question » à travers une problématisation, spécifique d'un moment de l'histoire. Chaque période historique pourrait de la sorte être caractérisée par la configuration sémantique qui exprime la façon qu'on a alors de se saisir de la question sociale : dans les années 1970, par exemple, inadaptation, pauvreté, intégration énoncent respectivement le problème, sa conséquence et sa solution, dans un contexte où les grands thèmes politiques qui nous sont aujourd'hui familiers, tels que le chômage, l'immigration ou l'insécurité, sont encore peu formulés[7]. Pour une période donnée, cependant, plusieurs configurations sémantiques peuvent se développer parallèlement, trouver des ressources dans des espaces différents et parfois même entrer en concurrence pour la définition légitime de la question sociale : ainsi, dans les années 1990, un ensemble constitué autour des cités, de l'insécurité et de la « tolérance zéro » émerge progressivement jusqu'à imposer cette nouvelle configuration sémantique que l'on qualifiera de sécuritaire et dont on sait combien elle est devenue prégnante au cours de la décennie suivante[8]. Il est donc indispensable de considérer ces lieux communs caractéristiques d'une période comme des réseaux fluides et dynamiques.

Mais une configuration sémantique ne naît pas du néant. Elle prend sa source dans un monde social particulier – professionnel, institutionnel, culturel, etc. – qui acquiert, au moment considéré, une certaine reconnaissance en tant que descripteur autorisé des faits sociaux et en tant que promoteur compétent des réponses sociales. Dans les années 1990, en France, la santé mentale a joué ce rôle. Elle a trouvé les mots pour dire le désordre social. La société, ou tout au moins d'importants segments intervenant autour de la question sociale, depuis la haute administration jusqu'aux travailleurs sociaux, a adapté son vocabulaire pour mettre en œuvre des politiques autour des inégalités et des déviances, de la pauvreté et de la délinquance, que l'on regardait désormais plutôt comme une exclusion et une souffrance appelant une écoute. En soulignant cette évolution, il ne s'agit évidemment pas de suggérer que les instruments traditionnels de l'État ont été mis à l'encan : les dispositifs d'assistance se sont maintenus et parfois développés ; les technologies de répression ont été utilisées et même affinées ; mais d'autres réponses sont également apparues pour lesquelles psychiatres et psychologues ont apporté leurs outils théoriques et pratiques qui se sont révélés d'autant plus efficaces que le terrain leur avait été préparé par les sciences sociales, le monde politique, les médias. C'est l'innovation sociale introduite dans et par l'univers de la santé mentale, entendu à la fois comme corps de professionnels et corpus de savoirs, que j'essaie d'appréhender ici. Les analyses que l'on fait souvent de ce phénomène en termes de psychologisation, voire de psychiatrisation du social, n'en rendent compte que très imparfaitement. Bien plus qu'à une détermination unilatérale du cours des choses, c'est à une cristallisation de représentations et d'idées autour de mots et de notions que l'on assiste, dès lors que, dépassant les seuls énoncés officiels, on examine les discours et les pratiques tels qu'ils sont mis en œuvre dans les politiques nationales et locales, et notamment celle qui concerne les lieux d'écoute.

## Symptomatologie du social

Le 15 octobre 1999, commentant, en marge de la sixième édition du Festival international des photographes et correspondants de guerre de Bayeux, les transformations du marché des reportages et des images qui racontent et illustrent les drames de la planète, une journaliste française formulait ce constat : « Je crois que nous avons dépassé le stade où il fallait des cadavres et du sang. Aujourd'hui, c'est la souffrance qui est demandée. Surtout celle des femmes et des enfants, parce qu'elle peut mieux émouvoir et mobiliser les gens. » Sobrement, l'animateur de l'émission « Pot-au-feu » qui l'interrogeait sur France Culture ajouta : « La *Pietà* plutôt que la Crucifixion, en somme. » La formule est saisissante. Elle trouve une illustration remarquable dans la fortune controversée de la photographie tragique de cette mère désespérée apprenant, au matin du 23 septembre 1997, dans un hôpital d'Alger, l'assassinat de ses huit enfants massacrés la veille à Bentalha, avec quatre cents autres personnes[9]. De la tuerie, les journaux du monde entier publieront en une l'image non pas des corps sans vie ou mutilés des victimes, mais la représentation de l'affliction de cette femme. Le lecteur sera ainsi spectateur d'une souffrance plutôt que d'une violence. L'émotion qu'il ressentira relèvera moins de l'effroi que de la compassion.

Or, la souffrance n'est pas seulement mise en images, elle l'est aussi en mots. À la fin de la décennie 1990, elle devient omniprésente dans le domaine du travail. Pour rendre compte des mouvements sociaux qui se multiplient, un magazine titre métaphoriquement : « La souffrance descend dans la rue ». Interrogée, une sociologue du travail, Danièle Linhart, explique : « Les travailleurs sociaux, les médecins du travail soulignent à quel point, dans beaucoup de secteurs, les gens qui travaillent vont mal. Avant, entre collègues, on se passait des cartes syndicales, maintenant on s'échange des antidépresseurs. » Et de regretter cette évolution : « La souffrance se dit davantage, mais elle s'exprime encore souvent de façon individuelle… S'écouter, pleurer les uns sur les autres, se reconnaître dans sa souffrance, c'est une chose. Le problème consiste à revenir sur le terrain collectif. » Les rapports sociaux dans l'entreprise et les mutations de l'organisation de la production s'expriment en effet de plus en plus dans le lexique de la psychopathologie. « La modification des conditions de travail génère de nouvelles souffrances », titre un quotidien national dans un long article qui célèbre le centenaire de la loi sur les accidents du travail et cite longuement plusieurs psychanalystes et psychologues. Leur description est sans équivoque, résumée par cette formule d'un spécialiste de psychodynamique du travail, Damien Cru : « Jadis, la souffrance, c'était l'affaire des ouvriers et ils la taisaient. Ces phénomènes touchent désormais toutes les catégories professionnelles, des cadres, des chercheurs[10]. » Autrement dit, alors que l'on défendait autrefois l'ouvrier, aujourd'hui ce sont tous les acteurs du monde du travail, jusqu'aux plus favorisés, que l'on plaint. Surtout, ce qui s'énonçait naguère dans les termes de l'exploitation économique se dit maintenant avec le vocabulaire de la santé mentale. Là où le syndicaliste dénonçait les conditions d'exercice de l'activité professionnelle, le médecin du travail prend désormais en charge des troubles psychiques. Certes, il ne faut pas trop forcer le trait car un langage ne remplace pas entièrement l'autre mais, de manière presque plus significative encore, le discours de la contestation commence à trouver dans le lexique doloriste ses ressources les plus efficaces.

La souffrance commence du reste à devenir contagieuse. En d'autres termes, on ne souffre pas seulement de sa propre situation mais aussi de la confrontation à celle des autres. L'empathie devient elle-même pathogène. Cette contagion peut être directe, dans le face-à-face avec la personne souffrante, ou indirecte, par l'intermédiaire des images ou des mots qui expriment la souffrance. Dans le premier cas, les professionnels de la santé et du social sont évidemment les plus exposés. La Société de formation thérapeutique du généraliste lance ainsi un programme à destination des médecins portant sur « les limites du prendre soin ou de la compassion ». Les organisateurs se demandent « pourquoi la souffrance des professionnels de l'aide est-elle aussi dédaignée » et invite les pouvoirs publics à « proposer des bilans de stress et plus seulement de compétences ». Et pour aider les participants à reconnaître la « souffrance du médecin», ils diffusent au sein du groupe un auto-questionnaire, le *« Malasch burn out inventory »* qui permet de savoir si l'on est effectivement concerné par l'« épuisement professionnel » ou la « dépersonnalisation[11] ». Dans le second cas, c'est le téléspectateur qui est particulièrement affecté. Une enquête de l'Observatoire du débat public sur la réception des informations, distillées par la télévision chaque soir et regardées en moyenne par vingt-trois millions de personnes, révèle que « les Français vivent leur journal télévisé comme une souffrance ». Selon le directeur de cet institut de sondage, « regarder un journal télévisé est une épreuve psychologique et physique, sorte de vertige lié à la fois à la quantité et à la diversité, qui est source d'angoisses ». Le travail éditorial du présentateur consiste alors à servir de « contrepoids psychologique », pour permettre « l'atténuation de la catastrophe » ; par son commentaire qui « rassure à mesure que les images accélèrent l'angoisse », il « évite au téléspectateur de fuir devant tant d'horreur[12] ». Plutôt que l'opposition arendtienne entre compassion dans le proche et pitié à distance, on a ici une forme de proximité généralisée avec la souffrance qui permet à l'empathie de s'exprimer presque de la même façon que l'on soit devant la personne ou à des milliers de kilomètres.

Face à cette inflation doloriste, diverses postures peuvent être adoptées. La première position prend le discours sur la souffrance comme une simple description de la réalité, considérant, d'une part, que l'on souffre plus qu'avant et, d'autre part, que l'on est davantage exposé à la souffrance des autres. Qualifions cette première approche de naturaliste. Commentant un ouvrage sur la « souffrance sociale », Jackie Assayag écrit ainsi : « Nous vivons dans un âge hanté par la souffrance. Non pas celle à laquelle nous avaient habitués la religion et la littérature. Mais ce spectacle d'atrocité ou de terreur, aucune tradition passée ne nous y avait préparés. Bien qu'inégalement partagée mais largement répartie, la "souffrance sociale" a fini par coloniser notre futur de ses cauchemars. Les actuelles sociodicées politiques du désastre ont désormais pris la relève des anciennes théodicées[13]. » C'est, plus généralement, ce qu'expriment, en se référant aux événements collectifs qui ont marqué le siècle, les philosophes, anthropologues et journalistes qui en rapportent les violences et les injustices. C'est aussi ce qu'affirment, à l'échelle cette fois des expériences ordinaires, les sociologues, psychologues et médecins qui font état de leurs observations sur les troubles psychiques en entreprise, soulignant les effets des nouvelles formes d'organisation du travail. La deuxième position rejette au contraire le discours sur la souffrance comme une sorte d'artefact qui ne fait que révéler la tendance de notre époque à la banalisation de la plainte. Appelons cette autre approche ironique. Dans son étude sur la dépression, Alain Ehrenberg considère que notre époque offre « une excellente conjoncture pour souffrir » et parle de « vogue de la souffrance ». Citant un rapport officiel selon lequel la souffrance psychique serait devenue le symptôme majeur de la précarité, il note que « cette attention à la souffrance, mais également à son usage cognitif pour comprendre et définir les problèmes sociaux sont tout à fait récents[14] ». Sous une forme un peu différente, cette même ligne est adoptée par un ensemble de réflexions philosophiques et d'essais littéraires qui dénoncent et parfois moquent la tendance contemporaine à produire des victimes et des discours victimaires, à se nourrir de compassion et à exalter les attitudes compassionnelles.

Si l'on adopte la première posture, il me semble qu'une question demeure : dans la mesure où il est difficile de penser que les générations qui nous ont précédés n'ont pas souffert psychiquement de leurs conditions de vie ou de travail, pourquoi les sciences sociales, et plus largement la société, sont-elles prêtes aujourd'hui à s'interroger sur des réalités auxquelles elles ne donnaient pas hier droit de cité ? Si l'on adopte la deuxième posture, une autre interrogation surgit : dans la mesure où la souffrance psychique ne serait qu'un vague signifiant des désarrois de notre époque sur un marché florissant de la compassion, pourquoi en viendrait-elle à les exprimer si bien et surtout de manière si consensuelle ? Une troisième approche est donc nécessaire. Elle consiste à prendre la souffrance psychique au sérieux, à la fois comme réalité vécue et comme discours public, en considérant l'association des deux comme un fait social.

Comment caractériser cette approche ? Disons qu'elle naît d'un étonnement : comment la souffrance en est-elle venue à s'imposer avec une telle efficacité, et pourtant une telle facilité, dans notre univers sémantique ? Elle procède également d'un déplacement : ne faut-il pas voir dans ce qui nous semble si évidemment naturel – que des gens souffrent de leurs malheurs – le produit aussi d'une opération culturelle qui ferait précisément exister ce qui n'avait pas jusqu'alors d'existence dans l'espace public ? Il ne s'agirait pas de contester la réalité des souffrances (mais on devine combien il serait difficile de comparer les génocides de l'époque présente et les exterminations des siècles passés ou encore les troubles psychiques des travailleurs contemporains et les expériences douloureuses du prolétariat de jadis). Il ne s'agirait pas non plus de sous-estimer les intermittences du discours (mais on ne peut se contenter d'une telle appréciation en occultant les effets sociaux et politiques qu'il produit dans la gestion des conflits internationaux ou l'administration des populations dominées). Il s'agirait plutôt de considérer la souffrance comme un langage de notre temps et de s'interroger sur les significations et les implications qu'a la reconfiguration – certes partielle – de notre vision du monde dans cette perspective pathétique. C'est à cet exercice d'étonnement et de déplacement que se livre Ian Hacking à propos de la mémoire[15] :

> Ma curiosité est piquée précisément quand quelque chose paraît inévitable. Pourquoi des intérêts aussi divers se trouvent regroupés sous la mémoire ? Un grand philosophe américain, Nelson Goodman, aussi dévoué aux arts qu'aux sciences, s'est qualifié lui-même de sceptique, analytique et constructiviste. J'ai moi aussi ces tendances. Je me demande avec scepticisme : pourquoi a-t-il été essentiel d'organiser tant de nos projets présents en termes de mémoire ? Je m'interroge analytiquement : quels sont les principes dominants qui nous enferment dans la mémoire comme approche de tant des problèmes de notre vie, depuis l'éducation des enfants jusqu'au patriotisme, du vieillissement à l'anxiété ? Et je me dis : quelles constructions sous-tendent ces principes ? Je ne suis pas à la recherche du lieu commun selon lequel il y aurait plusieurs types de mémoire. Mais je me pose la question : pourquoi y a-t-il une créature, « la mémoire », de laquelle on trouve tant de sortes différentes ?

Ce qui semble aller de soi – qui songerait à nier la réalité de la souffrance ou l'existence de la mémoire ? – ne peut pas être considéré comme tel par l'historien qui, à l'instar de l'ethnologue qui sait qu'il n'en va pas de même partout, est conscient, lui, qu'il n'en a pas toujours été ainsi. Pour l'un comme pour l'autre, l'investigation commence par une interrogation : pourquoi en va-t-il ainsi – ici et maintenant ? En d'autres termes, pour ce qui nous concerne : pourquoi croyons-nous aujourd'hui que le social fait souffrir alors que la chose nous avait échappé jusqu'alors ? ou encore : comment cette évidence s'est-elle imposée à nous ? et finalement : quelles sont les conséquences de cette représentation doloriste du monde ?

## Genèse d'une question

Pour qu'une « maladie mentale transitoire » existe dans une société particulière à un moment donné, il faut, affirme Ian Hacking, qu'elle trouve sa place dans ce qu'il désigne, reprenant une métaphore biologique, comme une « niche écologique » qui réalise cette conjonction de circonstances grâce auxquelles une nouvelle sorte de pathologie peut naître : c'est ainsi qu'il rend compte de l'émergence et du déclin de l'hystérie et des hystériques, de la fugue et des fugueurs et, plus récemment, aux États-Unis surtout, des syndromes de personnalité multiple[16]. Cette niche met en œuvre quatre dimensions : une classification médicale qui fournit un cadre diagnostique ; une polarité normative qui permet de distinguer le positif du négatif ; une possibilité d'observer le phénomène pour le rendre visible et mesurable ; enfin, une opportunité de sortir d'un problème qui ne trouve pas d'issue autrement. La maladie mentale peut exister tant qu'elle remplit ces quatre conditions. La souffrance n'est certes pas exactement une maladie mentale, elle est plutôt un symptôme psychique et, de plus, il n'est guère possible d'affirmer son caractère transitoire, qui supposerait qu'après être apparue, elle ait aujourd'hui disparu. Si l'on accepte toutefois de l'aborder non pas du point de vue d'une phénoménologie ou d'une herméneutique, mais tout simplement d'une sociologie politique, voire d'une anthropologie morale, la question est donc de savoir comment, c'est-à-dire dans quelles conditions historiques particulières, la souffrance est devenue sociale.

En France, les années 1980 ont été marquées par le développement de la « nouvelle pauvreté » et par l'explosion de « violences urbaines[17] ». La concentration de ces deux phénomènes sur des territoires particuliers – les « banlieues » et leurs « cités » – et sur des catégories spécifiques – les milieux populaires, amplement affectés par les transformations du marché de l'emploi – oriente les réponses, à savoir les politiques d'insertion d'un côté, et de la ville de l'autre, vers une approche ciblée plutôt qu'universelle, une justice plus réparatrice que distributive, l'équité et non l'égalité comme on en débat beaucoup à cette époque. Surtout, l'association des deux réalités dans l'espace public perpétue le rapprochement entre misère et délinquance, entre classes malheureuses et classes dangereuses, qui caractérise la perception de la question sociale depuis ses origines et, par conséquent, son traitement entre compassion et répression. Cette polarisation morale est cependant instable. À partir de la fin de la décennie, le premier registre, compassionnel, s'impose sur le second, répressif. On en a un indice particulièrement significatif à travers l'évolution des politiques en matière de toxicomanie qui concernent de fait quasi exclusivement les quartiers dits « en difficulté ». Alors que, jusqu'à ce moment, l'action était presque entièrement construite sur un principe d'ordre public, autour de la police et de la justice (avec à la marge, quelques centres psychiatriques spécialisés), on commence à mettre en avant le double argument de la mise en danger de soi (avec le développement du sida et des hépatites) et de la douleur psychique (dont l'usage de drogues est à la fois le symptôme et le facteur aggravant). Cette inversion de la représentation des toxicomanes – qui, de délinquants craints et rejetés, deviennent des êtres menacés et souffrants – est le prélude à une profonde restructuration de l'action publique : ce que l'on conçoit désormais en termes de « prise en charge » devient alors un axe majeur des politiques locales, avec la réduction des risques et la promotion des soins[18]. Plus largement, le regard porté sur la question sociale se fait plus proche de celles et ceux que l'on considère comme les victimes. Tandis que s'accroissent le nombre de personnes sans emploi et surtout leur visibilité, notamment médiatique, un sentiment partagé d'empathie et un impératif moral de solidarité semblent l'emporter sur les tendances à la stigmatisation des comportements et au repli sur soi[19] qui avaient pu avoir cours antérieurement. La « crise économique » est la cause de tous ces maux ; chômeurs, précaires, pauvres et jeunes des cités en sont les victimes. L'instauration du revenu minimum d'insertion (RMI) en 1988 institue d'ailleurs de nouvelles obligations contractuelles entre le bénéficiaire et les institutions d'accompagnement : le premier doit tout faire pour s'insérer et les secondes tout mettre en œuvre pour l'y aider. Ce contrat suppose une exposition de soi[20]. Non seulement les allocataires doivent se présenter, se raconter, se justifier, mais ils doivent, sur la base de ce récit, construire le projet par lequel ils vont retrouver leur place dans le monde social, c'est-à-dire lier leur passé et leur avenir autour d'un présent incertain.

Deux innovations lexicales vont, au début des années 1990, ancrer complètement l'action publique dans le registre compassionnel : l'exclusion et surtout la souffrance. Dans les deux cas, haute administration et sciences sociales jouent un rôle essentiel et convergent en légitimant ces nouvelles catégories politiquement et intellectuellement. L'exclusion apparaît d'abord dans les travaux du Commissariat général du Plan, notamment dans deux rapports produits sous la direction de Philippe Nasse en 1991 et de Bertrand Fragonard en 1993 qui développent la notion et en normalisent l'usage dans les milieux politiques. Elle fait parallèlement l'objet d'une théorisation par des sociologues proches de cette institution et publiés par les éditions Esprit en 1991 et 1992, avec des auteurs comme Jacques Donzelot ou Alain Touraine, qui affirment l'existence d'une forme nouvelle de différenciation sociale, radicalement distincte des inégalités de la période antérieure d'industrialisation[21]. Avec certes des variations d'interprétation d'un rapport ou d'un auteur à l'autre, l'exclusion renvoie de manière assez consensuelle à un nouvel ordre social qui n'est plus « vertical » mais « horizontal », avec un « dedans » et un « dehors », une part croissante de la population française se trouvant privée de « lien social », expression qui s'impose comme un lieu commun. Bien que les analyses dont procède cette requalification s'appuient alors peu sur des travaux empiriques et donc ne donnent pas une vision de ce que peut être l'expérience des exclus, la terminologie de l'exclusion évoque des réalités plus concrètes que ne le fait le langage des inégalités. Les médias le reprennent largement en montrant, récits et images à l'appui, que le problème ne concerne plus seulement les marges de la société mais la touche dans son ensemble : plus personne n'est à l'abri, chacun est susceptible de passer de l'autre « côté ». Les sondages confirment qu'une part importante de la société française se sent menacée par l'exclusion. Bien peu commentent le fait que le risque d'être sans emploi ou d'avoir un contrat précaire est étroitement lié à la catégorie socioprofessionnelle et qu'il est six fois plus élevé parmi les ouvriers non qualifiés que parmi les cadres[22].

C'est précisément ce que viennent confirmer, sur la base cette fois d'enquêtes, les travaux sur la souffrance sociale qui se développent autour de Pierre Bourdieu dans le cadre d'une recherche collective soutenue par la Caisse des dépôts et consignations et qui bénéficieront d'un succès éditorial exceptionnel avec la publication de *La Misère du monde* en 1993. Si la notion de souffrance n'y est pas véritablement conceptualisée, elle est placée au cœur du projet théorique et surtout déployée à travers chaque entretien rapporté et chaque situation décrite[23]. Deux ans plus tôt, l'intention avait été explicitée : « Soucieux de connaître et de comprendre les véritables fondements de la souffrance sociale qui ne s'exprime qu'au travers de signes ou de symptômes opaques et obscurs, nous avons choisi d'interroger des gens qui sont "mal dans leur peau", comme dit le sens commun, parce qu'ils sont mal dans leur position. » Pour faire sens de cette souffrance, il faut mettre en œuvre une « forme d'écoute active et armée demandant une posture en apparence contradictoire : d'un côté une disponibilité totale envers la personne interrogée, une soumission entière à la singularité de son cas particulier, qui peut conduire, par une sorte de mimétisme plus ou moins contrôlé, à adopter son langage et à entrer dans ses vues, dans ses sentiments, dans ses pensées ; de l'autre, une interrogation méthodique, forte de la connaissance des conditions objectives, commune à toute une catégorie, et attentive aux effets de la relation d'enquête[24] ». Avec cette recherche, la relation est donc établie entre une condition sociale et une expérience intime (on est mal dans sa peau parce qu'on est mal dans sa position) et la place du sociologue se trouve désormais clairement définie (il est le seul capable d'une forme d'écoute sensible à la fois à la subjectivation et à l'objectivation du malheur). La souffrance sociale acquiert ainsi par l'autorité du sociologue ses lettres de noblesse et l'écoute empathique devient un instrument légitime pour lequel les sciences sociales peuvent servir de modèle au travail social. Et ce d'autant que le succès du livre tient pour partie à ce qu'à la différence des enquêtes antérieures sur l'exclusion, il montre que tout le monde est effectivement ou potentiellement affecté par la souffrance. Loin de reprendre l'idée d'une séparation du monde social entre exclus et inclus, il révèle que tous souffrent, tendant ainsi un miroir dans lequel chacun peut se reconnaître.

Ainsi, lorsqu'en novembre 1993 le délégué interministériel à la Ville, Jean-Marie Delarue, confie à un professeur de santé publique, Antoine Lazarus, la présidence d'un groupe de travail intitulé « Ville, santé mentale, précarité et exclusion sociale », tout est déjà en place pour accueillir les analyses et les propositions qui aboutiront, deux années plus tard, à la publication du rapport *Une souffrance qu'on ne peut plus cacher*[25]. La « niche écologique » peut être constituée, ou du moins trois de ses conditions de possibilité sont réunies. Premièrement, en apportant à la fois une interprétation et une solution, la souffrance sociale propose une issue politique dans une conjoncture socio-économique sur laquelle le gouvernement affirme ne pas avoir prise. Deuxièmement, validée par les pouvoirs publics et attestée par les sciences sociales, elle devient observable et même quantifiable. Troisièmement, privilégiant le compassionnel sur le répressif dans la gestion de la question sociale, elle offre une polarité morale positive. Reste à examiner la quatrième dimension, à savoir comment la taxonomie psychiatrique lui fait droit.

## Clinique de l'exclusion

Les énoncés, on le sait depuis les conférences données par John Langshaw Austin, peuvent être « descriptifs » ou « performatifs », dire comment sont les choses ou les produire en les disant. Dans l'espace public, cependant, il arrive souvent que les phrases que l'on prononce soient les deux à la fois, descriptives et performatives, qu'elles se présentent comme pure relation des faits tout en contribuant à les faire exister : parler d'insécurité comme d'une réalité, c'est participer à sa réalisation comme sentiment. Toutefois, pour que le discours fonctionne socialement, et donc qu'il soit reconnu comme vrai, il faut qu'il obéisse à certaines règles que l'on peut découvrir *a contrario*, à partir de la « doctrine des échecs », c'est-à-dire lorsque sont absentes une ou plusieurs de ces conditions[26]. Il ne suffit pas de prononcer une parole à valeur descriptive ou performative pour qu'elle ait des effets. Il faut notamment qu'existe une procédure reconnue par convention et mise en œuvre par des personnes et dans des circonstances qui conviennent. Ainsi, la souffrance n'est-elle devenue une notion efficace dans la définition des politiques publiques qu'à partir du moment où elle a été prise en charge par les psychiatres et s'est inscrite dans un cadre institutionnel légitime qu'ils ont construit.

Dans son propos introductif au colloque organisé en 1997 par l'Observatoire régional sur la souffrance psychique en rapport avec l'exclusion (Orspere), Jean Furtos, son directeur, qui est psychiatre au centre hospitalier Le Vinatier de Lyon, reconnaît d'ailleurs sa dette et celle du « corps social » tout entier à l'égard du rapport interministériel. Celui-ci, affirme-t-il, « s'est révélé fondamental » en montrant une souffrance qu'on avait jusqu'alors laissé « tomber dans le gouffre du déni, de l'indifférence ou du mépris ». Trois ans plus tôt, lors d'une autre conférence qui avait marqué les débuts d'une importante mobilisation de la psychiatrie, il avait même évoqué un souvenir personnel qui suggérait combien sa discipline avait elle-même été longue à identifier le problème : « Au début des années 1980, nous étions quelques-uns, d'horizons géographiques et théoriques très divers, invités à une réflexion sur le thème de la psychiatrie de l'an 2000. Ma mémoire, peut-être infidèle, ne se souvient pas que quiconque ait envisagé comme probable que la souffrance psychique en rapport avec la pauvreté, la précarité et l'exclusion devienne l'un des défis du troisième millénaire. Et pourtant la détresse sociale était patente. Elle n'était pas encore exposée comme maintenant et en particulier le rapport Lazarus n'avait pas fait son office de levée du voile[27]. » Autrement dit, dans la genèse de la notion de souffrance d'origine sociale, il y a bien un avant et un après 1995. Plus précisément, cette découverte que l'on puisse, dans des conditions précaires, souffrir par le social ne procède pas d'un profond mouvement interne à la psychiatrie qui se serait saisie du problème et l'aurait porté dans l'espace public, mais de la rencontre de l'un de ses courants minoritaires, de sensibilité sociale et de pratique militante, avec un ensemble d'acteurs impliqués de près ou de loin dans les politiques de la ville et eux-mêmes pris dans un milieu irrigué par la sociologie[28]. En ce début des années 1990, les interactions sont donc étroites quoique pas toujours directes, entre sciences sociales, expertise publique et santé mentale. Dans ce contexte, pour expliquer le succès du rapport dit Lazarus, il me semble qu'il faut prendre en considération deux coups de force interprétatifs dont on n'a pas encore vraiment pris la mesure.

Premièrement, les auteurs déplacent l'objet traditionnel de la psychiatrie en affirmant que les désordres psychiques qu'on observe dans les banlieues ne relèvent pas de la pathologie mentale : « si ce n'est pas de la maladie, c'est une souffrance », écrit le rapporteur. On est là dans une logique que Robert Castel avait qualifiée de « promotion du psychologique pour lui-même » et dont il avait analysé l'émergence il y a deux décennies comme un « au-delà du psychiatrique[29] ». Il s'agit bien en effet d'un renoncement à la coupure entre le normal et le pathologique qui avait fait entrer, au XIX$^{e}$ siècle, la psychiatrie dans le monde de la médecine. Avec la souffrance, le normal s'introduit dans le champ de la santé mentale : les chômeurs et les précaires ne sont pas des malades ; les troubles psychiques qui les affectent représentent la réponse adaptée à leur situation socio-économique ; leur souffrance n'a rien de pathologique, elle est même la preuve de leur bon fonctionnement psychique. Dès lors, le nouvel horizon de l'action publique dans ce domaine n'est plus la psychiatrie en tant qu'elle soigne des pathologies mentales répertoriées dans une nosographie classique faite de dépressions, de névroses et de psychoses, mais la santé mentale en tant qu'elle prend en charge les blessés de la vie[30]. Toutefois, le terme de souffrance, qui s'est depuis imposé comme seul légitime, n'a pas été immédiatement trouvé par les auteurs du rapport. Dans les réseaux plus ou moins institutionnalisés qui travaillent sur ces questions et qui vont constituer l'ossature du groupe de travail, on parlait jusqu'alors de « mal-être » ou de « malaise », que l'on continue de trouver en maints endroits de ce document[31]. Probablement le mot souffrance qualifie-t-il mieux encore une expérience susceptible d'être partagée par tous. Il s'impose dans le titre qui n'est pas dénué d'une intention littéraire. Il deviendra dès lors le terme consacré dans les politiques publiques de l'action sociale et de la santé mentale.

Deuxièmement, en effet, le rapport inverse le regard porté sur les problèmes psychiques rencontrés dans les banlieues, en s'intéressant aux acteurs responsables de la prise en charge des publics en difficulté avant même d'examiner ces publics eux-mêmes : « le mal-être des intervenants, c'est le point de départ de la réflexion », annonce le rapporteur au début du texte. Médecins généralistes dans les cités, membres des commissions d'insertion, enseignants dans les zones d'éducation prioritaire, accueillants dans les missions locales : de tous ces professionnels « surgit une plainte » qu'il s'agit d'entendre en priorité, car il y a « une urgence objective à traiter la question ». Devant les situations auxquelles ils sont confrontés, ces intervenants se sentent démunis et impuissants, ce qui conduit à tous les phénomènes d'épuisement que l'on peut observer dans le monde professionnel. On retrouve là un élément central de la psychodynamique du travail qui a joué un rôle pionnier dans la mise en évidence de la souffrance et qui bénéficie alors d'une audience croissante. La publication en 1998 de *Souffrance en France* par Christophe Dejours, l'initiateur de cette école psychanalytique, donne le départ à une multitude de dossiers dans la presse et de numéros spéciaux de revues. L'auteur y montre que « le décalage irréductible entre l'organisation prescrite du travail et l'organisation réelle du travail », entre les objectifs et les réalisations, est la source majeure de souffrance des travailleurs, qu'ils soient exécutants ou cadres[32]. Or, c'est précisément ce que constatent tous ceux qui étudient les métiers du social : l'écart se creuse entre l'attente collective à l'égard des assistants sociaux, notamment, et plus largement des professionnels qui sont confrontés à des publics défavorisés, et les possibilités concrètes de leur trouver des solutions, qu'il s'agisse d'aide financière, de logement, d'emploi, voire de perspectives scolaires[33]. Outre cette question de l'impuissance, douloureusement perçue, on retrouve également, avec la souffrance des professionnels, la logique de contagion compassionnelle : ils souffrent au contact de celles et ceux qui souffrent, tout simplement par empathie.

Ainsi, il est désormais établi, d'une part, que le social fait souffrir sans pour autant rendre fou, et d'autre part, que cette souffrance affecte aussi bien les usagers que les intervenants. À partir de la publication du rapport, sur les prémisses de ses analyses et de ses propositions, s'institutionnalise ce que l'équipe du Vinatier, à Lyon, nomme une « clinique psychosociale ». Ce n'est certes pas le seul lieu où va se développer la pratique de la santé mentale autour de l'exclusion[34]. Il mérite cependant un intérêt particulier pour la visibilité qu'il va donner à la souffrance psychique dans l'espace public.

Dans la clinique psychosociale, sont présentes les deux innovations du rapport de 1995. D'une part, on a affaire à une réalité nouvelle : « Cette souffrance, par définition psychique puisque vécue dans la singularité de la personne, n'appartient pas à la discipline psychiatrique en tant que son "objet", écrit Jean Furtos. Sans parler d'étiologie, concept plus approprié à une pensée médicale causaliste, je dirais plutôt que nous sommes en présence d'une douleur d'existence à topographie sociale : on peut "avoir mal au lien social" comme on parle de douleur myocardique. » Derrière la métaphore médicale, on reconnaît presque la formule de Pierre Bourdieu (mal dans sa peau/mal dans sa position). Plus précisément, selon son promoteur, « le champ de la clinique psychosociale se manifeste dans les deux zones de perte objective des objets sociaux » que sont l'assistance (qui réalise une forme de dépendance à l'égard de l'action sociale) et l'exclusion (qui manifeste une rupture de tout lien social). Les deux situations relèvent de la santé mentale. D'autre part, il faut prendre en compte la souffrance des intervenants, eux-mêmes confrontés dans leur pratique à la souffrance des usagers : « L'excès de la notion d'urgence renvoie à un sentiment de détresse et d'impuissance, affirme encore le directeur de l'Orspere. Il est important de reconnaître ce sentiment de l'urgence, de l'authentifier comme tel sans chercher à répondre dans la toute-puissance ou la précipitation ; sinon, il y a production d'amertume, de déception, nous appellerons ça des échecs et nous nous épuiserons. De fait, nous sommes collectivement épuisés[35]. » Significativement, d'ailleurs, l'action de l'Observatoire est dirigée essentiellement vers les intervenants, notamment sous la forme de « groupes de travail composés de travailleurs sociaux » des domaines de l'aide sociale, de l'insertion et de l'hébergement, pour analyser avec eux les « problématiques rencontrées ». La clinique psychosociale, ainsi définie et déployée, n'est certes pas reconnue par tous les spécialistes de la santé mentale – et nombre des professionnels rencontrés lors de cette enquête dans la région parisienne ne s'y référaient pas, voire en récusaient la pertinence. Elle définit néanmoins un référentiel par rapport auquel il est d'autant plus difficile de ne pas se situer qu'il bénéficie d'une forte légitimité du côté des pouvoirs publics et qu'il manifeste des compétences organisationnelles dans le champ en cours de constitution[36]. Avec son observatoire et son réseau, sa revue et ses conférences, la clinique psychosociale étend son influence institutionnelle.

Ainsi, en quelques années, la souffrance est-elle devenue un objet banalisé de politique publique. Née dans des cercles académiques, reconnue par quelques cliniciens dans des segments marginaux de la psychiatrie, bénéficiant d'un contexte où l'exposition de l'intimité et la reconnaissance de la subjectivité lui ont conféré une sorte d'évidence partagée, elle n'a été constituée politiquement qu'à partir du moment où des acteurs légitimes à parler de santé mentale lui ont apporté non seulement la caution de leur autorité mais aussi les ressources de leur profession. L'ajout de l'adjectif psychique, que l'on ne rencontre pas jusqu'au milieu des années 1990, est le geste symbolique qui authentifie la prise de possession de cette nouvelle notion et autorise la prise en charge de ces nouveaux patients. La description psychiatrique d'une « souffrance psychique » causée par une situation ou une position sociale fonctionne de ce fait comme un énoncé performatif qui justifie son entrée dans le domaine de l'action publique. Certes, les acteurs en question n'occupent pas les places les mieux établies au sein du système de la santé mentale : ni le milieu universitaire ni le secteur scientifique ne sont représentés. Néanmoins, le succès de leur entreprise est assuré par la convergence de leur logique avec un monde politique qui a pris conscience, à travers l'expertise de la haute administration, mais aussi à travers le travail quotidien des médias, que l'exclusion et ses conséquences sont devenues des enjeux sociaux et politiques. La création de lieux d'écoute en avait été l'une des conséquences. Elle avait marqué l'entrée officielle de la souffrance sociale dans le répertoire de l'action publique.

## Les maux et les choses

Le langage est ce qui nous permet d'accéder au monde et de communiquer le sens de ce que nous en appréhendons, mais les analyses de Wittgenstein nous ont appris à ne pas prendre le mot pour la chose et la proposition pour la réalité qu'elle prétend simplement nommer[37]. La « critique du langage », dont il affirme qu'elle est au principe de toute philosophie, a une double implication pour les sciences sociales. Il faut, d'une part, se demander en quoi les mots utilisés contribuent à former (et transformer, voire déformer) les objets qui constituent le monde et, d'autre part, s'interroger sur la manière dont les acteurs s'emparent des mots pour les manipuler (les faire leurs, les détourner, les contester) dans leur activité quotidienne. Il s'agit, autrement dit, de saisir le mouvement par lequel à la fois le langage impose une réalité et le réel résiste au langage. L'étude de l'introduction du lexique de la souffrance et de l'écoute dans les politiques publiques françaises au cours des années 1990 relève de cette exigence. On doit prendre au sérieux l'effet qu'ont les mots dans la représentation du monde social (parler d'exclusion plutôt que d'inégalité ou de pauvreté, de souffrance plutôt que d'injustice ou de violence, d'écoute plutôt que d'équité ou de sanction) et, tout autant, ce qu'en font les acteurs (quand ils parlent ou agissent).

Les deux circulaires ministérielles du 14 juin 1996 et du 10 avril 1997 par lesquelles sont créés les lieux d'écoute sont de ce point de vue intéressantes : elles énoncent autre chose que la réalité à laquelle elles se réfèrent. La première s'ouvre avec le problème alors fortement médiatisé des « jeunes marginalisés se livrant à la mendicité ». La seconde met en avant « l'usage de produits toxiques, l'entrée dans la délinquance, le phénomène des bandes ». Dans les deux cas, des troubles à l'ordre public semblent justifier les dispositifs. Or, la solution consiste à entendre le « mal-être », pour l'une, les « besoins ressentis », pour l'autre. Remarquable traduction, donc, d'une réalité sociale en problème et en politique publics : la déviance est reconnue comme souffrance et la réponse privilégie l'écoute sur la répression. Du moins est-ce ainsi que se fait l'écriture politique. Les pratiques institutionnelles et les usages sociaux prendront évidemment quelques libertés. Le caractère peu contraignant des textes, la nécessité de permettre une application rapide qui favorise les structures déjà en place et donc conçues selon d'autres logiques, la diversité des métiers représentés dans les dispositifs même si les psychologues sont les plus nombreux, l'hétérogénéité des publics reçus qui vont des collégiens sans problèmes et des adolescents fugueurs aux chômeurs de longue durée et aux étrangers sans papiers : tous ces éléments contribuent à ce que le fonctionnement des lieux d'écoute soit assez éloigné de ce que pouvaient en imaginer les ministres signataires des circulaires mais également les porteurs du projet[38]. Rien là que d'assez banal, pourrait-on penser, car les politiques publiques ne sont jamais dans les faits ce qu'elles sont dans les textes. Pourtant, s'agissant des lieux d'écoute, les ambiguïtés et les indéfinitions sont constitutives du projet même qui les conçoit.

La souffrance elle-même, que ces structures sont supposées prendre en charge, demeure problématique. Sa construction pratique par les acteurs des lieux d'écoute obéit à des logiques multiples, liées à la tradition psychanalytique et parfois politique dans laquelle ils s'inscrivent, mais aussi aux objectifs et aux usagers de la structure où ils travaillent. D'aucuns la revendiquent et en donnent une vision par excès : toute manifestation inattendue, tout écart de langage ou de conduite, une plainte ou au contraire un silence viennent, selon eux, attester une souffrance que la personne censée en être affectée n'a pas à reconnaître ou à valider, puisque précisément celle ou celui qui souffre ignore souvent sa souffrance pour ce qu'elle est. D'autres critiquent la notion et récusent l'instrumentalisation de leur discipline par le politique : les difficultés sociales ne génèrent pas nécessairement de la souffrance et, à l'inverse, la souffrance a d'autres raisons que sociales, assurent-ils ; surtout, les psychologues et les psychiatres ne sont pas là pour faire une sorte de police mentale en soignant le psychisme d'individus dont les problèmes sont sociaux. Beaucoup, cependant, considèrent la souffrance comme une évidence qui n'a plus besoin d'être interrogée : ils utilisent le mot comme s'il allait de soi et certains en affinent même le sens en distinguant de manière inédite la souffrance psychique et la souffrance sociale.

La question n'est d'ailleurs pas seulement : qu'est-ce que la souffrance ? mais aussi : qui souffre ? Une cellule de soutien psychologique avait été mise en place à Paris pour apporter une aide psychologique à des allocataires du RMI dont les travailleurs sociaux « référents » considéraient qu'ils présentaient des troubles psychiques faisant obstacle à leur recherche d'un emploi[39]. La consultation avec un psychologue faisait dès lors partie de leur « projet d'insertion » et le refus de s'y soumettre pouvait théoriquement donner lieu à la diminution ou à la suppression du « revenu minimum » versé chaque mois. Lors de son premier rendez-vous, l'un des allocataires du RMI ne put toutefois réprimer sa surprise en découvrant dans le lieu d'écoute des assistants sociaux en plus grand nombre que les personnes en situation précaire : ils venaient participer à l'un des groupes de travail mis en place sur le thème « Souffrance des professionnels et usure de la relation d'aide » qui, à l'évidence, recevait davantage de candidats que les consultations destinées aux allocataires : « C'est quand même bizarre pour une association comme ça », commenta-t-il. Cette anecdote traduit un fait général dont on a vu qu'il trouvait sa source dans les prémisses du rapport de 1995 : le travailleur social qui se trouve confronté à la souffrance d'autrui et qui se sent dans l'incapacité d'y remédier souffre à son tour par contagion.

Dans ces conditions, on comprend que l'argument de la « psychiatrisation du social », voire de sa « psychologisation », soit souvent avancé, et surtout d'ailleurs parmi les acteurs des lieux d'écoute ou plus largement de la santé mentale eux-mêmes, pour dénoncer sinon la réalité, du moins le risque d'un développement de la psychiatrie et de la psychologie dans la « gestion des pauvres ». Sans contester ce phénomène, que semble attester l'enquête, il convient d'en prendre la mesure réelle à la lumière des processus inverses, bien moins souvent discutés, de sous-psychiatrisation et de dé-psychologisation. Ces processus obéissent à des logiques distinctes. D'un côté, la sous-psychiatrisation correspond à la désaffection des psychiatres – déjà peu nombreux, notamment dans les départements les plus défavorisés – pour le secteur public et le secteur libéral à honoraires conventionnels : ils choisissent le secteur 2 ou pratiquent le dépassement, devenant de fait inaccessibles aux patients des catégories modestes. Ainsi, les psychologues parisiens qui prenaient en charge des patients allocataires du RMI s'étant enquis auprès d'une cinquantaine de psychiatres de ville de la possibilité de réorienter vers eux les cas les plus difficiles se sont-ils vu opposer un refus, sauf dans un cas, la raison invoquée étant à chaque fois que leur métier ne consistait pas à faire du social, certains avouant de plus leur préoccupation que la présence de ces patients dans leur salle d'attente soit désagréable à leur clientèle habituelle. Le danger de psychiatrisation des pauvres, hormis dans le cadre limité de l'institutionnalisation de certaines pathologies, est donc peu crédible : il sert avant tout à justifier l'absence d'engagement de la majorité des psychiatres sur des terrains qu'ils connaissent mal et considèrent comme peu valorisants. D'un autre côté, la dé-psychologisation procède d'une réalité presque symétrique. En effet, la démographie pléthorique des psychologues sur le marché de l'emploi a conduit à leur intervention croissante dans des domaines variés et notamment dans le champ du social où ils entrent en concurrence avec les travailleurs sociaux pour des postes au profil large : les lieux d'écoute en sont un exemple. Cependant, loin d'y exporter leur pratique, comme ils l'aimeraient, ils s'y voient contraints de faire autre chose que leur métier. Ainsi dans l'un des espaces d'accueil pour adolescents étudié, une psychologue qui exerçait en réalité une fonction d'animatrice se plaignait d'être employée à faire tout sauf ce qui correspondait à ses compétences. Rien d'étonnant à cela pourtant : les circulaires ministérielles étaient claires sur la nécessité de « démédicaliser et déprofessionnaliser » les structures créées. Les pauvres n'étaient pas fous et souffrir n'était pas une pathologie, donc la prise en charge devait « recréer du lien », disait-on, et non soigner les malades qu'ils n'étaient pas.

Au terme de cette analyse, on peut en conséquence penser que des psychiatres, aux marges de leur profession, ont donné à la souffrance psychique ses lettres de noblesse et que des psychologues, en quête de débouchés, ont été recrutés pour écouter la misère du monde, mais que les premiers se sont bien gardés, pour la majorité d'entre eux, de s'aventurer sur ces terres nouvelles et que les seconds ont été sommés, le plus souvent, de ne pas faire ce pour quoi ils étaient formés. En somme, la souffrance est un signifiant trop vaste pour se laisser entièrement saisir par les spécialistes de la santé mentale et l'écoute est une pratique trop indéfinie pour asseoir un véritable exercice professionnel. Toutefois les politiques publiques s'en accommodent d'autant mieux que, dans leur perspective, il s'agit bien de traiter une question sociale et donc, malgré les apparences du contraire, d'administrer des territoires relégués et des populations marginalisées plutôt que d'entendre la plainte des exclus, de pacifier plutôt que de traiter. La souffrance sociale est aussi une construction politique.

*

La souffrance est une invention récente. Non, évidemment, que les femmes et les hommes n'aient pas depuis toujours souffert, ni même, ce que personne ne pourrait dire, qu'ils en aient eu moins de conscience dans le passé : simplement, elle demeurait une affaire essentiellement privée, ou bien inscrite dans le cadre de l'expérience religieuse et de la souffrance rédemptrice du christianisme. La souffrance donc est une invention récente en tant qu'elle entre dans l'espace public et devient un enjeu politique. Il y a un quart de siècle, il est probable que l'ouvrier soumis à des cadences rapides sur les chaînes de production, que le chômeur dans l'incapacité de retrouver un emploi, que l'immigré victime de discrimination raciale, que l'adolescent en échec scolaire, et même que le travailleur social confronté à ses propres difficultés pour accomplir sa mission souffraient. Mais nous ne le savions pas et eux ne le disaient pas. Il n'y avait pas de lieu légitime pour l'exprimer. La souffrance n'existait pas socialement. Aujourd'hui nous la reconnaissons. Que les conditions sociales, au sens de la pauvreté, de l'exclusion, de la relégation, et même que la position sociale, en termes de déclassement, de décalage entre les attentes et les réalisations, de tensions entre les missions et les contraintes, soient sources de frustration, d'humiliation, de malaise, de tourment nous est devenu familier – naturel en quelque sorte. C'est désormais un lieu commun du discours politique ou syndical, des commentaires sur les collèges ou sur les banlieues, des analyses sur la crise et sur le monde. Le social fait souffrir et cette souffrance doit être entendue. Elle doit même être écoutée et c'est l'objectif de la politique mise en œuvre à la fin des années 1990.

Une histoire de la souffrance devrait probablement partir du constat que fait Charles Taylor dans sa généalogie de l'identité morale moderne[40]. Notre conception du respect humain repose sur l'évitement de la souffrance. Les châtiments que l'on imposait autrefois publiquement aux criminels et les scènes d'excitation populaire qu'ils suscitaient sont devenus étrangers à notre sens de l'humanité[41]. Le philosophe canadien conclut : « Nous sommes beaucoup plus sensibles à la souffrance, ce qui peut bien entendu se traduire par un simple refus d'en entendre parler plutôt que par une action concrète pour y remédier. L'idée qu'il faille la réduire au minimum fait partie intégrante de la signification du respect tel que nous l'entendons aujourd'hui. » Dans la longue durée de son étude généalogique, à savoir les trois derniers siècles, l'analyse est juste. Si l'on s'en tient à la période contemporaine que j'analyse ici, deux inflexions significatives doivent cependant être ajoutées. L'une concerne la définition de la souffrance, l'autre soulève un paradoxe sur son exposition. D'abord, la souffrance n'est pas une donnée physiologique ou psychologique, elle est aussi une construction sociale : lorsque Charles Taylor pense à la souffrance, il a probablement en tête les douleurs faites au corps ; or la souffrance s'est récemment redéfinie et considérablement élargie ; elle inclut dorénavant toute une série d'affects que l'on suppose présents chez des personnes confrontées à des situations sociales difficiles et que l'on impute donc à un agent immatériel. On assiste à une extension du domaine de la souffrance. Ensuite, la souffrance n'est plus ce que l'on doit cacher aux autres ou se dissimuler à soi-même, elle est ce qu'il est légitime d'évoquer pour les autres et de montrer pour soi-même : là où Charles Taylor voyait un refus d'en entendre parler, il faudrait au contraire souligner le souci collectif de l'exposer ; non seulement la souffrance est montrée en images, est énoncée dans des discours, est racontée dans des entretiens, mais son écoute fait à présent partie des politiques publiques et plus particulièrement de leur volet social, au même titre que les consultations médicales pour les malades en situation précaire ou les aides financières pour les personnes confrontées à des difficultés économiques. La question deviendrait alors : pourquoi tenons-nous aujourd'hui tant à la fois à montrer et à dire la souffrance ?

Cette mise en mots et en scène de notre compassion a fait l'objet d'appréciations diverses et contradictoires. Certains dénoncent la mièvrerie de nos sentiments et la complaisance de notre écoute : nous sommes dans une ère de victimes où chacun se plaint et plaint les autres. Certains à l'inverse se réjouissent de l'attention enfin accordée à ce qu'on ne reconnaissait pas et qui demeurait une douleur cachée, non légitime, non entendue. Beaucoup se contentent d'enregistrer comme un fait acquis qu'on souffre plus et que c'est la raison pour laquelle on en parle plus ; il y a parfois de la naïveté dans cette position, parfois au contraire une forme d'instrumentalisation, mais le plus souvent une conviction morale de la dégradation des liens sociaux. Plutôt que d'entrer dans l'une ou l'autre de ces postures, j'ai essayé ici de répondre non pas à la question philosophique du pourquoi, mais à l'interrogation sociologique du comment. Que s'est-il passé au cours des dernières décennies qui nous a conduits à reconnaître une subjectivité sociale ? Et que se passe-t-il aujourd'hui lorsque des dispositifs sont créés pour répondre à cette souffrance ? L'un des premiers à avoir pris la mesure de cette question est certainement Nikolas Rose[42] : « Le Moi est un élément vital des réseaux de pouvoir qui traversent les sociétés modernes, écrit-il. L'appareil de régulation de l'État moderne n'est pas quelque chose d'imposé de l'extérieur sur des individus qui n'en auraient pas été affectés. Incorporer, former, orienter et promouvoir la subjectivité est intrinsèque aux opérations de gouvernement. » C'est cette pratique de gouvernement qui m'intéresse ici non seulement en tant qu'inscription dans des discours et des réglementations, mais aussi dans des dispositifs et des actions. Dans un pays qui est l'un des plus inégalitaires parmi les nations occidentales et dans une période où les disparités sociales n'ont cessé de s'approfondir, la banalisation de la souffrance sociale dans l'espace public et la mise en place d'une politique nationale de l'écoute ne procèdent pas uniquement de formes nouvelles de subjectivation grâce auxquelles on manifesterait un souci pour le malheur des autres, elles sont également des modes de gouvernement par lesquels on s'efforce de rendre vivables des vies précaires et d'occulter les causes sociales de leur condition.

Revenons sur les prémisses de cette politique. Dans son programme rendu public le 10 janvier 1995, le candidat à la présidence de la République Jacques Chirac, anticipant les risques de la « fracture sociale » et du « désarroi » qu'elle provoquait, prédisait, en prophète de la souffrance sociale et de ses conséquences délétères : « Dans les banlieues déshéritées règne une terreur molle. Quand trop de jeunes ne voient poindre que le chômage ou des petits stages au terme d'études incertaines, ils finissent par se révolter. » Dix ans plus tard, alors que les inégalités avaient continué de s'aggraver, la France connaissait dans ses « banlieues déshéritées » les plus violentes émeutes de ces trois dernières décennies. On ne parla plus alors de souffrance sociale, mais on déclara l'état d'urgence. Une époque s'était achevée. Le sécuritaire avait repris le pas sur l'humanitaire.

CHAPITRE 2

# Un choix pathétique

## L'aide d'urgence aux chômeurs et précaires

On ne peut pas savoir pourquoi le monde souffre. Mais on peut savoir comment le monde décide que la souffrance affectera certains et pas d'autres.

GUIDO CALABRESI et PHILIP BOBBITT,
*Tragic Choices*

Comment distribuer de façon efficace et juste un « milliard de francs » aux pauvres ? Ainsi pourrait-on formuler la question qui s'est posée à l'État français après l'annonce par le gouvernement de Lionel Jospin, en janvier 1998, de la mise en place d'un « Fonds d'urgence sociale » destiné à apporter une réponse politique au « mouvement des chômeurs et des précaires », pour reprendre la désignation qui s'est rapidement imposée. Au cours des semaines précédentes, en effet, ce conflit social était apparu non seulement comme le plus important auquel avait dû faire face la nouvelle majorité socialiste depuis son arrivée au pouvoir en juin 1997, mais également comme le plus légitime au regard d'une opinion sensibilisée par les médias autour du thème de la misère en ces temps de célébration des fêtes de fin d'année[1]. Pour compenser la disparition des fonds sociaux de l'Union nationale pour l'emploi dans l'industrie et le commerce (UNEDIC), qui servaient jusqu'alors à aider les chômeurs les plus en difficulté et, au mois de décembre, tendaient à devenir une prime de Noël automatiquement délivrée, le Premier ministre et la ministre de l'Emploi et de la Solidarité Martine Aubry avaient décidé de débloquer une somme qui, bien que légèrement inférieure au montant habituel de ces fonds, revêtait une valeur symbolique – un milliard de francs « tout rond », soit 150 millions d'euros – et avaient demandé aux préfectures d'en assurer la distribution à la place des antennes des Associations pour l'emploi dans l'industrie et le commerce (ASSEDIC) – dont c'était la prérogative lorsque les fonds sociaux existaient encore. La France comptait alors officiellement 3 114 000 demandeurs d'emploi, soit 11,8 % de la population active, l'un des niveaux les plus élevés observés dans la période récente et de surcroît nettement au-dessus de la moyenne européenne[2]. La circulaire ministérielle adressée aux préfets le 12 janvier stipulait que la mesure gouvernementale devait bénéficier « aux personnes et aux familles en situation de détresse grave qui, malgré les dispositifs existants, sont exposées à des risques sérieux pour le maintien de leurs conditions d'existence ». Munis de cette consigne qui laissait une large part à leur interprétation et confrontés, dès le lendemain de l'annonce télévisée de l'instauration de ce fonds, à un afflux de demandeurs dans les services préfectoraux, les fonctionnaires chargés de mettre en œuvre la mesure ont dû improviser des réponses, imaginer des instruments, inventer des principes afin d'assurer une distribution équitable de la manne de l'État. Exercice délicat de mise en œuvre d'une justice locale auquel ils n'étaient pas préparés et dont ils ont découvert combien il pouvait influer sur les conditions d'existence des personnes concernées.

L'allocation d'une ressource rare pose en effet un problème désormais classique que les sociologues qualifient de « choix tragique[3] ». De nombreux travaux lui ont été consacrés, dont la plupart portent sur le domaine de la médecine, et singulièrement sur les greffes d'organes qui présentent une situation paradigmatique puisque l'on dispose d'une offre de transplants très inférieure à la demande des transplantables et que l'on doit donc établir des critères pour distribuer de manière juste cette ressource rare. La décision est évidemment tragique dès l'instant où elle concerne des biens qui ont pour effet de prolonger la vie ou d'en améliorer la qualité[4]. Avec l'aide d'urgence, la situation est à première vue bien différente. La répartition d'un secours financier peut paraître soulever des questions moins dramatiques en ce qu'elle n'affecterait pas l'existence physique des bénéficiaires potentiels de cette aide et relèverait plus prosaïquement de l'exercice ordinaire de l'assistance sociale[5]. À la lecture des dossiers présentés par les requérants, des décomptes de leurs budgets dûment attestés par des justificatifs et des lettres de motivation qu'ils joignent à leur demande, on est pourtant fondé à penser le contraire et à considérer que la pauvreté met également en jeu, quoique de manière distincte, la survie de l'individu. Le texte suivant, rédigé par un homme français de trente-cinq ans, sans emploi depuis un an, divorcé et père de cinq enfants, ayant pour ressources les 325 euros du revenu minimum d'insertion (RMI) et pour charges mensuelles fixes les 357 euros de son loyer et de la pension alimentaire qu'il verse à son ex-épouse, donne une idée de la teneur des courriers adressés aux préfectures dans l'espoir d'obtenir l'aide d'urgence annoncée par le gouvernement :

> C'est que je n'arrive plus à mon sortir, j'ai travailler en Italie en tant que mouleur stratifieur pendant huit ans comme mon ex femme vivait là, cela n'a pas ete entre nous deux

problème familial j'ai du retourner chez mes parents a R… la non plus ça va pas parce que depuis mon jeunes âge je fuis ma belle mère qui ne m'aime pas je n'est que le RMI pour vivre et envoie 1 000 F [150 euros] a mes enfants, je n'est jamais demander d'aide mais aujourd'hui je n'est plus honte car je ne s'est plus quoi faire, et croyer moi c'est tres dur. Par l'assistante sociale de R… CCAS, j'ai du avoir une chambre au foyer Sonacotra de V… parce que je devais avoir un travail que ça n'a pas marcher, et de plus je n'est pas payer la caution au foyer qu'est de 2 600 F [400 euros] et j'ai peur en même temp de me retrouver à la rue, parce que chez mes parents je n'y retournerais pas actuelement je vis jour le jour je n'est perssonne sur qui compter que votre aide, je n'est plus rien a manger, j'ai vendu les peu d'habille que j'avais au marcher puce pour pouvoir manger, je ne s'est plus quoi dire que je compte sur votre aide Merci[6].

On pourrait certes penser que cette situation (avec ses dépenses incompressibles qui dépassent les revenus disponibles) est exceptionnelle. Il n'en est rien. L'analyse statistique que j'ai conduite avec les services de la Direction départementale des affaires sanitaires et sociales (DDASS) de Seine-Saint-Denis révèle que, parmi les vingt mille personnes qui ont présenté un dossier dans ce département au titre du Fonds d'urgence sociale, un tiers des chômeurs indemnisés par les ASSEDIC, un cinquième des bénéficiaires du RMI et un dixième des salariés ont des charges supérieures à leurs ressources, autrement dit, pour reprendre la terminologie particulièrement expressive de l'action sociale, ils ont un « reste à vivre » négatif[7]. Ainsi, que l'on soit sans emploi ou travailleur pauvre, allocataire des prestations chômage ou des minima sociaux, on est exposé – à un degré variable, mais toujours élevé – au risque d'avoir des dépenses fixes supérieures à ses ressources régulières et donc de ne pouvoir survivre qu'en s'endettant. Dès lors, le problème du choix tragique se trouve effectivement posé, puisqu'il s'agit d'allouer un bien disponible en quantité limitée à des personnes pour lesquelles il y va des conditions matérielles – et même biologiques – de leur existence. La rhétorique administrative des « besoins vitaux », dont il s'agit d'assurer la satisfaction, situe clairement l'enjeu du secours financier mis en place par le gouvernement dans le registre de la « vie nue[8] ». Comme en témoigne, parmi bien d'autres, la lettre citée, il est ici question d'atteinte non seulement à la dignité de la personne, mais aussi à l'intégrité du corps. Les restrictions économiques ont des conséquences physiques que les « exposés de motivation » des demandeurs expriment fréquemment en termes de « survie ». En donnant pour objectif à l'établissement de ce fonds d'urgence le traitement des « situations les plus difficiles » que les « minima sociaux » ne suffisent pas à résoudre, le gouvernement exprime clairement que son intervention se situe en quelque sorte à un niveau infrapolitique, sur le terrain du simple « maintien des conditions d'existence[9] ». Comme le déclarent les membres de la commission d'attribution du fonds qui disent avoir « découvert » qu'ils avaient affaire à une « misère pour manger », les secours accordés leur semblaient permettre aux demandeurs de « sortir momentanément la tête de l'eau ». En conséquence, la décision de donner ou non une aide et le choix de son montant représentaient bien, à leurs yeux, un choix tragique, au sens où il avait un impact décisif sur les conditions d'existence des demandeurs d'aide financière. Ce choix revêtait cependant une dimension inhabituelle puisque les personnes étaient invitées à justifier leur sollicitation, au-delà de la démonstration objective de leur situation, par un court texte argumentant leur demande. Elles étaient de la sorte invitées à raconter leurs malheurs et leur misère en cherchant les mots susceptibles d'émouvoir et de convaincre leurs lecteurs. Plus que tragique, le choix devenait pathétique. Renouant avec la forme classique de la supplique adressée au souverain, les institutions en appelaient alors à une exposition des souffrances et des besoins des requérants[10]. Ce sont les réponses à ces suppliques que j'analyse ici.

L'enquête a été effectuée rétrospectivement, par entretiens auprès des acteurs et par analyse d'un échantillon de dossiers[11]. S'il est vrai que, comme l'écrit Harold Garfinkel, « la personne définit rétrospectivement les décisions qu'elle a prises[12] », ce qui suppose que, paradoxalement, « le résultat précède la décision », alors la méthode employée ici permet de confronter les règles énoncées *a priori* aux issues décidées *a posteriori*. Je m'attacherai donc d'abord à analyser les principes de justice mis en œuvre, tels que les membres de la commission en donnent la justification, pour les confronter ensuite aux pratiques de jugement, telles que l'examen des dossiers en fournit la mise à l'épreuve. Ces éléments sont la clé pour comprendre quelle évaluation morale les acteurs font lorsqu'ils décident d'apporter des secours à certains plutôt qu'à d'autres et de soulager de la sorte certaines souffrances plutôt que d'autres, mais aussi pour mesurer, en regard, l'efficacité des argumentaires et des options rhétoriques retenus par les demandeurs pour toucher l'administration. Pour ce faire, il me faudra en passer par l'analyse fine de la casuistique d'État au terme de laquelle les décisions sont rendues. Ce n'est qu'en entrant dans le détail des calculs effectués ou corrigés, en s'exerçant au décryptage des annotations marginales et des exclamations indignées, en s'intéressant aux biffures et aux surlignages qu'il devient possible de comprendre ce qui est en jeu. Que l'on me pardonne donc le caractère parfois fastidieux de cette investigation : c'est à ce prix que la pratique de la charité publique devient intelligible.

## Le reste à vivre

Loin des cas classiques que le concept de choix tragique a servi à examiner dans l'univers médical, une différence importante existe dans la répartition des secours. Elle tient à ce que les ressources sont théoriquement divisibles à l'envi, ce qui n'est évidemment pas le cas des organes à greffer ni même des médicaments à administrer. À l'extrême, on pourrait imaginer une modalité d'allocation formellement égalitaire conduisant à donner la même somme à tous les requérants, sur le modèle de la distribution des « primes de Noël » aux chômeurs : c'est effectivement ce qui a été fait dans le département des Bouches-du-Rhône. Ce principe d'égalité était cependant contraire à l'esprit d'équité clairement énoncé par la circulaire ministérielle et parfaitement intériorisé par les membres des commissions : il s'agissait non pas d'apporter un complément de revenu visant à corriger les insuffisances des minima sociaux, ce qui aurait semblé donner un crédit aux revendications des associations de chômeurs, mais de veiller à ce que « les aides soient d'un niveau suffisant pour apporter une aide adaptée à la situation de chacun et proportionnée aux cas de détresse identifiés ». Adaptée et proportionnée : on a bien affaire à une ressource rare dont tous ne pourront bénéficier, mais qui est particulière en ce que le niveau de son allocation peut être dosé en fonction de critères laissés à l'appréciation des services déconcentrés de l'État, c'est-à-dire des DDASS. La procédure de jugement mise en œuvre porte à la fois sur l'éligibilité (qui reçoit ?) et sur le montant (combien donner ?). La décision est donc double, à la manière de ce qu'elle est pour un jury de tribunal qui doit déterminer la culpabilité de l'accusé et la peine à lui infliger, conduisant à une forme de choix facilement modulable.

Par ailleurs, on l'a vu, les personnes qui allouent les secours ne sont pas simplement informées de la situation objective des requérants, comme lorsque l'on doit décider d'une greffe d'organes ou de l'administration de médicaments, mais se trouvent prises à partie par l'exposition subjective des demandes. L'argumentaire des requérants est une pièce essentielle du dossier de sollicitation et « l'exposé des difficultés financières et des motivations de la demande » a même été conçu comme un moyen de contourner l'habituelle évaluation par les services sociaux, pour des raisons à la fois pratiques, pour gagner du temps, et idéologiques, visant à éviter son caractère réputé normalisateur. Le principe fondamental de la procédure, selon une responsable des services sociaux départementaux, était « de ne pas conditionner l'attribution à une évaluation sociale et de reconnaître l'autonomie des personnes et leur capacité à exprimer de manière claire leurs besoins ». Cette option mettait de ce fait les requérants dans la position de devoir justifier leur demande dans un texte, avec le sentiment que de cette justification qu'ils rédigeaient pour l'administration dépendait la décision finale. D'où le surinvestissement des solliciteurs dans cet exercice d'exposition de leur histoire et de leurs souffrances qui conduisait une directrice départementale des affaires sanitaires et sociales à ironiser sur le fait que ses agents « pleuraient avec les défavorisés ». La compassion pouvait ainsi devenir un ressort important de la décision.

Avant de s'engager dans l'analyse de cette décision, il faut prendre la mesure des sommes sur lesquelles elle porte. Les 150 millions d'euros ont été fixés par le gouvernement sur la base, recalculée à la baisse, du montant des fonds sociaux distribués par les ASSEDIC, qui s'élevait à 213 millions d'euros en moyenne les trois années précédentes. C'était un chiffre à forte portée symbolique (le « milliard » – de francs – pour les chômeurs et précaires) susceptible de manifester la bonne volonté des pouvoirs publics et de contenir la colère des demandeurs d'emploi, même s'il demeurait modeste en regard des 300 milliards d'euros (deux mille fois plus) consacrés annuellement à l'« effort social de la nation ». La répartition de cette somme entre les départements était ensuite effectuée par le ministère de l'Emploi et de la Solidarité, au prorata du nombre de demandeurs d'emploi de longue durée enregistrés dans les ANPE et des bénéficiaires du RMI, deux indicateurs considérés comme de bons marqueurs de la pauvreté. La Seine-Saint-Denis aura ainsi eu 4,5 millions d'euros à répartir, somme que l'on peut, là encore pour en prendre la mesure relative, rapprocher du milliard d'euros distribué par la caisse d'allocations familiales (CAF) la même année au titre des diverses allocations. On est donc dans des ordres de grandeur assez modestes.

En pratique, la répartition des sommes allouées revient à la commission d'attribution mise en place par la mission d'urgence sociale, sous l'autorité du préfet. La commission, présidée par un fonctionnaire de rang élevé au sein de la DDASS, comprend également des représentants du Conseil général, de la CAF et des ASSEDIC. Elle seule tranche sur les vingt mille dossiers présentés en un peu moins de six mois, au rythme de quatre ou cinq séances de travail hebdomadaires, en général d'une demi-journée, mobilisant le plus souvent de hauts responsables de ces administrations : la commission se réunira au total cent quinze fois, examinant, lors de certaines sessions des mois de mars et avril, plus de quatre cents dossiers.

Dispositif remarquable dans lequel la gestion ordinaire d'un secours ponctuel est confiée à un collège de directeurs d'institutions départementales qui effectue là une tâche habituellement dévolue à des travailleurs sociaux ou à des agents administratifs. Dispositif inadapté néanmoins au regard de l'intention d'examen individuel des cas puisque, même avec une telle intensité de travail, le temps moyen accordé à chaque dossier est de l'ordre d'une minute, et même moins dans les périodes les plus chargées. Au terme de cette procédure, pour 72 % des demandes, un avis favorable a été donné, soit un peu moins que la moyenne nationale de 80 %. C'est à cette décision que je m'intéresse à présent et, plus particulièrement, à ce point de rencontre fugace et virtuel entre des membres de la commission d'attribution et des requérants physiquement absents.

Les consignes transmises par le ministère de l'Emploi et de la Solidarité pour établir les critères de cette décision apparaissent à la fois politiquement précises et techniquement floues. Deux exigences politiques sont en effet formulées. Premièrement, la réponse apportée doit être personnalisée, correspondant au traitement individualisé du social qui est devenu le nouveau credo des pouvoirs publics[13]. Deuxièmement, les problèmes concernés doivent relever de l'urgence et non pas d'un simple complément de ressources insuffisantes, selon la logique classique de l'assistance[14]. Ces deux critères soulignent le fait qu'en aucune manière, l'aide ne doit apparaître comme un « dû », ce que l'un des présidents de la commission d'attribution exprime crûment en affirmant que la « logique du secours » vise à « éviter les trois mille francs [450 euros] affichés par les chômeurs » dans leurs revendications. La solidarité nationale, en proposant dans ces conditions une aide d'urgence personnalisée, entend ainsi se démarquer des exigences syndicales et associatives : ni « prime de Noël » automatiquement délivrée, ni amélioration de l'ordinaire des « minima sociaux », le Fonds d'urgence sociale doit donner à chaque pauvre selon sa situation et ses besoins [15]. La charité n'exclut donc pas les arrière-pensées politiques.

Comme dans la plupart des départements – c'est également le cas de cinq des six autres étudiés dans l'évaluation nationale –, la commission d'attribution de Seine-Saint-Denis ne se donne d'ailleurs pas de règles préétablies, mais se constitue progressivement une « doctrine », selon la formule utilisée par les responsables. C'est au cours des premières réunions que sont formulées les grandes orientations de la procédure : décision sur la base des informations présentées dans le dossier par le requérant lui-même et donc sans évaluation sociale ; traitement individualisé intégrant les données des documents fournis et l'exposé des difficultés financières ; réponse essentiellement aux urgences économiques ; orientation complémentaire le cas échéant. Aucun principe permettant de définir l'éligibilité n'a cependant été précisé. Selon l'un des présidents de la commission : « Les critères n'ont jamais été complètement définis et il n'y a jamais eu d'affichage clair. Mais on s'est rendu compte empiriquement qu'on calculait un revenu disponible correspondant aux ressources moins les charges fixes et qu'on divisait par le nombre de personnes pour obtenir le reste à vivre. Quand le reste à vivre était inférieur à mille francs [150 euros], on donnait une réponse favorable. »

Cette méthode est toutefois peut-être moins le fruit du hasard qu'il n'est suggéré ici. En effet, le calcul d'un quotient familial fondé sur le même principe, consistant à soustraire les charges fixes des ressources et à rapporter la somme ainsi calculée à l'effectif du ménage, était déjà utilisé par les services départementaux d'aide sociale à l'enfance pour l'attribution d'allocations temporaires aux familles en difficulté ou de secours exceptionnels. L'hypothèse d'un emprunt interinstitutionnel lors des séances initiales de coordination de la commission d'attribution est d'ailleurs d'autant plus probable qu'un autre de ses présidents se souvient que, dans la précipitation de l'installation, « nous nous étions inspirés des dossiers existants de demandes d'aide financière d'EDF-GDF et de l'allocation mensuelle d'aide à l'enfance du Conseil général », ajoutant que « rien ne ressemble plus à un dossier d'aide financière qu'un autre dossier d'aide financière ». Cette « inspiration » est donc allée au-delà du seul dossier de demande, pour inclure aussi le critère de réponse. De fait, le « reste à vivre » est certainement plus remarquable comme invention linguistique – au demeurant durable, puisque dix ans plus tard, elle a toujours cours dans les institutions d'aide sociale –, que comme innovation technique : il énonce parfaitement le minimalisme auquel se trouve réduit le langage administratif lorsqu'il s'agit de mettre en œuvre des programmes d'assistance destinés à des populations dont la statistique éclaire d'une lumière crue les conditions d'existence. En établissant que, pour près d'une personne sur quatre, le « reste à vivre » est négatif, je veux montrer non seulement qu'il ne reste rien pour vivre, mais surtout que l'endettement est inéluctable.

Si le mode de calcul de la somme disponible par personne et par mois résulte d'une simple adaptation d'outils d'assistance déjà opérationnels, la détermination de la limite d'éligibilité à 150 euros requiert à son tour une explication. Deux raisons de ce choix sont généralement avancées. L'une relève de l'usage, cette somme servant souvent dans les « évaluations sociales » sans qu'elle fasse l'objet d'une véritable formalisation. L'autre souligne l'effet d'attraction exercé par le « chiffre rond » de mille francs. Pourtant, c'est une troisième interprétation, inattendue mais remarquable, que livre l'un des présidents de la commission en se remémorant leurs premières séances de travail :

> Il y avait beaucoup de demandes de travailleurs immigrés vivant en foyer. On a commencé par dire non pour eux. La plupart touchaient le RMI et avec le montant de leur loyer ça leur laissait un reste à vivre d'environ mille à mille cinq cents francs [150 à 225 euros]. On s'est dit : eux, ils ont un toit, ils peuvent manger, ils n'entrent pas dans le cadre strict de la circulaire qui n'a pas pour but de lutter contre la pauvreté, mais de répondre aux situations de détresse. Souvent, d'ailleurs, ils demandaient des aides pour leur famille restée au pays mais le fonds n'était pas fait pour ça. Alors comme on voulait avoir la même attitude pour tous, les mille francs [150 euros] sont venus de là. Oui, c'est de là qu'est sortie la règle.

S'il n'est pas possible de trancher entre ces trois explications, on peut toutefois remarquer que les deux premières relèvent d'une généralité relativement anodine qui permet une rationalisation à la fois efficace et plausible, alors que la dernière exprime au contraire une forme de discrimination invisible au cœur de cette administration d'État : d'un côté, elle octroie un statut d'exception aux étrangers vivant seuls en foyer, puisque leur situation ne semble pas s'inscrire dans le lot commun de la « détresse grave » ; de l'autre, elle maintient l'apparence d'une égalité de tous devant la « solidarité nationale », en masquant cette exclusion par l'établissement d'une règle qui les écarte au nom d'un principe d'aspect universel. Mise à mal en interne, la logique républicaine est pourtant sauve pour l'extérieur. Bien entendu, l'association de ce statut d'exception et de ce principe d'égalité n'est possible qu'à la condition de ne pas prendre en compte le fait que les immigrés vivant dans ces foyers envoient régulièrement de l'argent à leur famille, ce qui abaisse le plus souvent leur revenu réel en deçà du seuil établi. On le lit par exemple dans l'exposé d'un demandeur malien, père de six enfants dont il n'est pas précisé qu'ils ne vivent pas avec lui, ce que la commission suppose néanmoins en raison de l'adresse indiquée qui est celle d'un foyer : « Je ne perçois plus que le RMI et j'ai une famille à charge. Depuis 95, je ne retrouve plus de travail du fait de mon âge. J'ai 57 ans. J'ai pourtant travailler durant 33 ans en France. C'est pourquoi je sollicite une aide financière à titre exceptionnel afin de rééquilibrer ma situation financière. » Ce rejet automatique ne vaut cependant que pour les étrangers en foyer et nombre de familles immigrées installées dans le département bénéficient au contraire d'aides financières, parfois substantielles, dans le cadre du Fonds d'urgence sociale.

Quoi qu'il en soit de leurs raisons d'être, le choix de l'instrument et l'établissement du seuil semblent s'écarter des consignes ministérielles. Tout d'abord, ils substituent à la casuistique charitable préconisée dans la circulaire la référence à une norme arithmétique élémentaire. Ensuite, ils détournent l'objectif de soulagement de situations d'urgence en opérant simplement comme le palliatif d'une insuffisance de revenus. Cet écart par rapport à la politique officiellement énoncée appelle toutefois deux remarques. D'une part, l'examen au cas par cas est systématiquement maintenu malgré l'institution de la norme chiffrée. Tous les dossiers sont expertisés en commission et l'on prend connaissance des lettres de tous les requérants. Sur la base de l'évaluation de chaque situation, l'individualisation du traitement permet d'inverser la décision automatique d'accord ou de refus qu'appellerait la position au-dessous ou au-dessus du seuil fixé. Un président de la commission peut donc avec justesse affirmer que « l'instruction des dossiers a été très individuelle », même si l'indicateur choisi a pris, dans les arbitrages, une place plus importante qu'il n'était initialement prévu. Mais, d'autre part, la prise en compte d'un budget ordinaire établi sur la simple soustraction des dépenses aux recettes consacre la vacuité de la notion d'urgence sociale. Le calcul simple effectué dévoile une évidence triviale, à savoir que les quelques dizaines d'euros qui restent une fois le loyer, les factures d'eau, d'électricité et de téléphone payés ne peuvent pas suffire à assurer les conditions d'existence des ménages demandeurs, dont quatre sur cinq parmi les allocataires des ASSEDIC, trois sur quatre parmi les bénéficiaires du RMI et près de deux sur trois parmi les salariés ont une disponibilité financière au-dessous du seuil (tableau 1). Cette découverte, par l'administration, de la « pauvreté chronique » récuse les présuppositions de difficultés financières accidentelles justifiant une aide exceptionnelle. C'est ce qu'exprime un responsable de la DDASS lorsqu'il dit que « l'urgence sociale vraie n'existe pas, sauf lorsqu'on a affaire à des personnes qui n'ont pas de toit et rien pour manger », situation finalement assez rare. L'urgence à laquelle s'adressait le fonds, comme certains commentateurs n'ont pas manqué de le relever, était en réalité plus politique que sociale.

Le calcul du « reste à vivre » et son utilisation comme critère discriminant de la réponse de la commission peuvent finalement être considérés comme une méthode visant à construire un repère objectif dans l'instauration d'une justice locale. Ils constituent un moyen pratique d'opérer un premier tri sur une base empirique validée dans d'autres lieux de distribution d'argent public. Ce tri s'avère globalement efficace : huit demandeurs sur neuf qui se situent au-dessous du seuil obtiennent une aide et deux sur trois qui sont au contraire au-dessus se voient opposer un refus, ce qui indique au demeurant que la correction a été effectuée en proportion plus souvent dans le sens de la générosité.

***Tableau 1.* Distribution sociale et valeur discriminante du « reste à vivre » par personne**

| **Montant du reste à vivre** ***(en euros)*** | **Demandeurs d'emploi** | **Bénéficiaires du RMI** | **Salariés ou indépendants** | **Proportion d'accords*** |
|---|---|---|---|---|
| *Inférieur à 0* | 34 (30) | 21 (19) | 10 (7) | 86 % |
| *0 à 75* | 26 (23) | 26 (24) | 14 (10) | 86 % |
| *75 à 150* | 22 (20) | 28 (25) | 37 (36) | 93 % |
| *150 à 300* | 16 (5) | 21 (11) | 27 (11) | 42 % |
| *Supérieur à 300* | 2 (0) | 4 (0) | 12 (1) | 6 % |
| *Proportion d'accords* | 78 % | 79 % | 65 % | 74 % |

Note : Le premier chiffre indique l'effectif total et le second, entre parenthèses, le nombre des accords (exprimé en pourcentage sur la dernière ligne) : par exemple, 34 demandeurs d'emploi avaient un « reste à vivre » par personne négatif et, parmi eux, 30 ont bénéficié d'un secours (et 79 % des allocataires du RMI ont reçu une aide).
* La proportion d'accords mesure l'efficacité du « reste à vivre » à discriminer les dossiers et donc à orienter la décision : par exemple, lorsque son montant était négatif, une aide a été accordée dans 86 % des cas.

La lecture des dossiers montre de même que, d'abord considérée comme indicative, la barre fixée est vite devenue une limite psychologique : plusieurs d'entre eux, pour lesquels une somme disponible par personne dépasse de quelques euros le niveau fatidique, portent la trace d'une rectification effectuée, l'accord initial étant remplacé par un refus définitif, signifié au demandeur avec la formule « votre situation ne correspond pas aux conditions prévues par la circulaire du ministère de l'Emploi et de la Solidarité du 12 janvier 1998, à savoir “personnes ou familles en situation de détresse grave exposées à des risques sérieux pour le maintien de leurs conditions d’existence” ». Toutefois, une telle justification contredit la plupart des lettres adressées par les requérants. Ainsi, une réponse négative est-elle adressée à un allocataire du RMI dont l’exposé des difficultés et la présentation des justificatifs indiquent pourtant qu’il entre dans le cadre de la circulaire mentionnée :

> Je suis locataire depuis janvier 1996 et j’ai toujours payé en priorité mes loyers ; seule la régularisation de mes charges pour décembre 1997 me paraît insurmontable. Je n’ai jamais demandé d’aide jusqu’ici malgré mes difficultés certaines à finir les fins de mois. Si je manifeste autant d’efforts pour retrouver un emploi, il n’empêche que cela me coûte beaucoup d’argent et qu’aujourd’hui je me retrouve pour la première fois acculé à un endettement certain et qui m’angoisse beaucoup. J’ai pris un arrangement de paiement avec la Trésorerie de Seine-Saint-Denis à raison de 200 F [30 euros] par mois. Dans le cadre de mon contrat d’insertion RMI, je dois entamer une formation qui m’intéresse beaucoup et je ne voudrais pas que mes difficultés financières contrarient mon projet professionnel.

Le caractère d’exception invoqué dans la demande et la démonstration de bonne volonté du demandeur n’auront raison de l’effet de seuil que très momentanément, puisque la somme de 450 euros, qui lui avait été d’abord accordée, est biffée par la suite pour cause de franchissement de la limite : son « reste à vivre » a en effet été recalculé à 170 euros, à savoir légèrement au-dessus du seuil. La référence à la norme a bien joué ici comme un élément décisif. Elle fait d’ailleurs l’objet d’une vérification parfois obsessionnelle. Dans ce cas, par exemple, les ressources s'élèvent à 322 euros par mois et les charges fixes à 265 euros, soit une somme disponible de 57 euros qui devrait faire passer le dossier sous la barre établie. Le refus qui lui est opposé tient à ce que la commission a corrigé le calcul en n'incluant pas les frais de transport et le remboursement de la dette évoqués dans la lettre, arrondissant ainsi à 150 euros la somme soustraite à ses revenus et lui faisant par là perdre le bénéfice de l'aide financière. Cette observation illustre le soin attaché à l'évaluation du « reste à vivre ». Non seulement les justificatifs sont exigés, mais les chiffres et les opérations sont vérifiés, ici pour mensualiser une charge courant sur plusieurs mois ou sur l'année, là pour soustraire un montant considéré comme ne relevant pas des dépenses fixes, là encore pour exclure une personne considérée comme n'appartenant pas au ménage et ne devant donc pas être prise en compte dans la division. La minutie de cette comptabilité, attestée par les chiffres manuscrits des administrateurs qui se surajoutent aux indications des demandeurs, trouve pourtant ses limites.

Les exposés des situations par les requérants sont en effet eux-mêmes porteurs d'apories qui les rendent pratiquement impossibles à trancher de manière totalement cohérente. Par exemple, un homme français de trente ans qui n'a pour revenu que le RMI déclare comme seule charge le versement tous les mois d'une somme de 120 euros à sa mère qui l'héberge. Il n'a pas d'autres dépenses, mais signale 1 200 euros de dettes liées à des amendes pour défaut de titre de transport. C'est pourquoi, explique-t-il, « je souhaiterai aussi pouvoir me permettre d'assurer certains déplacement en règle par les transports en communs pour recherche d'emploi ». La carte d'abonnement aux transports en commun qu'il n'a pas les moyens de payer ne figure évidemment pas dans le compte de ses charges fixes. Pourtant, c'est son absence qui est à l'origine de son endettement et qui, maintenant qu'il craint une nouvelle contravention, contribue à ses difficultés à trouver du travail. Si, au lieu d'en émettre le souhait, il avait effectivement pu acheter son titre de transport, le calcul de son « reste à vivre » lui aurait été favorable, puisqu'il serait descendu au-dessous de la barre… Il en va de même des sans domicile fixe qui n'ont pas les moyens de louer un logement ou d'aller à l'hôtel et qui, par conséquent, n'ayant pas de charges régulières, dépassent paradoxalement le seuil. Absurdité de l'aide : l'évaluation de la situation économique n'inclut pas des dépenses que la pauvreté n'autorise pas et qui, pourtant, permettraient l'acquisition de biens susceptibles de favoriser l'insertion. Le choix du mode de comptabilité déplace ici la procédure de l'intervention de l'État d'une logique de besoins des individus vers une logique de budget des ménages.

L'institution d'un critère d'éligibilité procédait d'un souci de commodité autant que d'équité dans la répartition des secours. Tout en se gardant la possibilité de trancher autrement au vu de la situation individuelle, et notamment de l'exposé rédigé par le requérant, les membres de la commission se dotaient d'un outil d'aide à la décision relativement simple et fiable, du moins en apparence. D'où le succès de ce critère dont témoignent à la fois l'effort pour en vérifier systématiquement le calcul et son utilisation généralisée qui s'impose rapidement dans la commission. À l'usage, il s'avère toutefois plus complexe et moins robuste qu'on ne l'imaginait : parce que les évaluations économiques des ménages sont toujours délicates, parce que l'application de l'instrument s'est faite dans la précipitation sans règlement précis, mais aussi parce que les situations de pauvreté sont particulièrement difficiles à analyser et parce que des variations minimes d'interprétation ont des conséquences sans appel sur les décisions, le recours au « reste à vivre » montre des limites dont les acteurs n'avaient pas complètement conscience lorsque quelques euros au-dessus ou au-dessous du seuil les orientaient vers le rejet ou l'accord.

## La misère en partage

Or, les membres de la commission n'avaient pas seulement à décider de qui recevait les aides. Ils devaient également fixer la somme allouée de manière à apporter une « réponse adaptée et proportionnée ». À cet égard, l'enveloppe globale du fonds autorisait une certaine générosité (321 euros en moyenne pour les 14 298 dossiers acceptés), du moins en regard de ce que les services sociaux ont coutume de distribuer au titre des secours, car les sommes demeurent en réalité modestes, si on les compare à la fois au niveau d'endettement reconnu (38 % des demandeurs de l'enquête ont des dettes supérieures à 1 500 euros) et au niveau de besoins exprimés (22 % d'entre eux déclarent des charges fixes supérieures à leurs ressources). Une responsable départementale des services sociaux peut ainsi se réjouir : « Pour la première fois il y avait des moyens importants pour répondre aux besoins de complément de ressources des personnes en difficulté : au lieu de donner trois francs six sous pour faire durer, on avait des sommes considérables qui ont permis de mettre en œuvre de véritables aides. » Et de conclure par une tautologie qui en dit pourtant long sur le fonctionnement ordinaire de l'assistance : « Si on a très peu d'argent, ça n'a pas de sens. Ce qui conditionne l'efficacité des fonds d'aide, c'est qu'il y ait de l'argent. » Cette relative aisance financière, par rapport aux aides habituellement distribuées, était une source de satisfaction pour l'ensemble des membres de la commission, même si certains ajoutent que leur principal plaisir était de pouvoir restaurer un droit à un demandeur qui n'en bénéficiait pas jusqu'alors, en l'orientant vers le service compétent. Dans ce contexte, les aides ne se situaient pratiquement jamais au-dessous de 150 euros. La moyenne, dans l'enquête réalisée sur l'échantillon, s'établit à 335 euros et le montant le plus élevé distribué atteint 840 euros. C'est dire que la modulation possible est importante, justifiant l'application de principes de répartition.

Deux principes entrent en concurrence dans l'attribution des secours : la fixation de sommes selon la composition de la famille grossièrement appréciée et le règlement au cas par cas en fonction de critères spécifiques à chacun. L'un instaure un barème économique opposant les « célibataires » et les « familles », quand l'autre prétend envoyer un « signal » aux personnes à la manière d'une sorte de sémaphore social. Selon l'un des présidents de la commission, le second principe prévalait sur le premier :

> La somme attribuée visait à prendre en charge une partie de la dette contractée ou des charges fixes. On pouvait soit donner une somme permettant une aide globale, soit donner une somme qui ait un sens pour la personne pour éponger une dette particulière, d'EDF par exemple, ou bien pour faire face à une dépense imprévue, comme un chauffe-eau qui lâche, ou encore pour réaliser un projet, comme permettre à un enfant de partir en vacances. Autant que possible, on essayait d'accorder une aide qui soit identifiable par les gens. Surtout, on évitait à tout prix de donner un complément de ressources.

Dans une seconde version, présentée par un autre président, l'ordre des priorités était inverse :

> Il n'y avait pas vraiment de tarifs, mais plutôt des normes. C'était en principe mille ou mille cinq cents francs [150 ou 225 euros] pour les personnes isolées, trois mille ou trois mille cinq cents francs [450 ou 525 euros] pour les personnes en couple ou avec des enfants. Sauf s'il y avait un élément dans le dossier justifiant une somme spécifique : un endettement, un accident de la vie, un projet particulier. Dans ce cas, on choisissait la somme pour porter un message à la personne. Mais dans l'immense majorité des cas, il était impossible d'identifier une somme particulière.

Cette contradiction entre les deux versions traduit moins une divergence d'analyse qu'une réelle différence de pratiques des commissions. Les présidents impriment leur marque personnelle dans la délibération, les uns cherchant à personnaliser les secours pour donner des « sens » distincts à chacun, les autres s'efforçant de procéder avec des « normes » identiques pour tous.

Pour autant, ces préférences affichées ne se traduisent pas nécessairement dans les décisions, comme le montrent les deux cas suivants. La première situation concerne une femme française, mère d'un petit garçon, demandeuse d'emploi et bénéficiaire d'une allocation spécifique de solidarité, qui vit avec un reste disponible par personne évalué à 85 euros. Son exposé indique : « Concubin parti du domicile en me laissant des dettes de loyers impayés et factures de son véhicule. Un enfant de 3 ans à charge souvent malade. Difficulté à pouvoir me soigner et pouvoir habiller mon fils. » Le premier président, qui déclare en entretien préférer donner une somme identifiable par le bénéficiaire, attribue pourtant dans ce cas 450 euros, ce qui correspond tout simplement au montant qu'il accorde normalement à des ménages avec enfant. Afin de préciser son intention, il inscrit dans la marge : « assurance, hôpital + eau », ce dont la destinataire ne saura évidemment rien puisqu'elle recevra une lettre type, sans mention de ce qu'est censée représenter cette somme, d'autant moins « lisible », au demcurant, qu'elle est arrondie. La seconde décision porte sur le dossier d'un homme algérien marié et père de cinq enfants, vivant du RMI et des allocations familiales, avec un reste disponible par personne estimé à 100 euros. Sa lettre explique : « Je suis au bout du rouleau. Les enfants sorte de l'école et il n'y a pas de travail et ça fait qu'il reste a la maison pour ne pas être SDF et il faut aussi les nourire et les vétir. » Le second président, qui affirme en entretien utiliser un barème, ne l'applique pas en l'occurrence, mais fixe un montant de 403 euros correspondant à « un mois de charge », selon l'annotation manuscrite. Cependant, il se ravise visiblement, biffe cette somme trop ostensiblement précise et accorde finalement 400 euros. Dans ces deux cas, comme dans bien d'autres, les inscriptions marginales, les calculs surajoutés et les ratures montrent l'attention particulière portée à l'établissement du montant de l'aide. Or, si le « message » est destiné au demandeur, la somme allouée est avant tout signifiante pour le décideur. Le paradoxe en effet est que le requérant ne saura rien du « signe » que l'on aura voulu lui adresser, sauf peut-être dans les 4 % de cas où la somme allouée, d'une précision singulière, pourra jeter un doute dans son esprit : recevoir 163 euros ou 575 euros peut laisser supposer que la somme correspond à une réalité précise qu'il faut encore découvrir, cachée derrière le calcul souvent complexe qui y a conduit. Mais dans plus de deux décisions sur trois, pour lesquelles une annotation indique que la commission souhaitait permettre de rembourser une dette, de surmonter une difficulté ou de réaliser un projet, la somme arrondie ultérieurement rend imperceptible la subtilité du choix : dans les deux exemples qui viennent d'être décrits, l'intention qui est explicite dans les notes marginales est devenue parfaitement invisible pour le récipiendaire. L'administration se parle à elle-même.

La détermination d'une somme susceptible d'être identifiée par les demandeurs ne s'oppose d'ailleurs pas à la notion de barème : les deux situations précédemment évoquées, assez proches sur le plan socio-économique, donnent lieu à des montants voisins, quel que soit le raisonnement pour y parvenir. Souvent, il apparaît que c'est autour d'une valeur correspondant à la norme établie que se trouve fixée la somme finale en rapport avec le sens recherché. Ainsi, une femme marocaine, rémunérée au SMIC à mi-temps, mère d'un jeune enfant et dont les ressources, une fois ses charges décomptées, s'élèvent à 75 euros par personne, se voit allouer dans un premier temps 450 euros, conformément au barème ; ce montant est ensuite rectifié et fixé à 425 euros, par conformité au principe de lisibilité, avec la précision « loyer » indiquée en deux endroits du dossier : la perte n'est ici que de 25 euros. Parfois, une dissociation forte s'établit entre les deux principes. Soit un couple sénégalais qui reçoit le RMI et dont les charges dépassent les ressources ; l'argumentaire joint précise que leur situation financière a entraîné un retard de paiement de deux mois de loyer s'élevant à 700 euros ; au lieu de ce que prévoit la norme pour cette situation, la commission leur accorde très exactement 204 euros pour « 3 mois de loyer résiduel », le calcul étant fait non sur la somme effectivement due, mais sur la différence entre le montant payé et l'aide au logement qu'ils reçoivent : pour eux, la perte liée à l'application du principe de lisibilité par rapport à l'utilisation du barème est de près de 500 euros. Adresser un « message » aux requérants peut donc s'avérer pénalisant pour eux.

D'une manière générale, la tension entre les deux principes (barème et signe) se résorbe selon une logique privilégiant le « sens », à condition toutefois de ne pas dépasser la « norme ». Le « message » délivré ne doit pas avoir un coût trop élevé, que ce soit d'un point de vue financier ou moral (les deux éléments étant du reste liés, car engager des sommes trop importantes sur certains dossiers reviendrait à les soustraire à d'autres). Idéalement, les deux principes convergent. Tel est le cas de cette femme marocaine qui vit en compagnie de ses deux enfants et de leur père, avec 126 euros par personne, et qui reçoit 433 euros correspondant exactement au montant de l'endettement déclaré. Lorsque le montant considéré comme identifiable s'écarte du barème, tout en lui étant inférieur, il s'impose. Un couple français, élevant un enfant en bas âge et vivant avec 143 euros par personne une fois les charges déduites du salaire unique, se voit allouer 164 euros correspondant à son endettement. À une femme tunisienne qui assure seule la charge de sa fille et qui, avec la moitié d'un SMIC, dispose de 91 euros par personne, la commission décide de régler un mois de loyer, soit 182 euros. Dans les deux cas, on est très au-dessous de ce à quoi ils pouvaient prétendre si l'échelle de répartition annoncée avait été effectivement utilisée.

En revanche, lorsque la somme que l'on veut accorder pour rendre la réponse signifiante excède par trop le montant prévu par le barème, c'est ce dernier que l'on applique ; alors, il arrive que la contradiction soit résolue en renonçant au message, ou en l'aménageant. Exemple de renoncement, le traitement d'un couple péruvien avec un enfant dont les ressources sont de 107 euros par personne après déduction des charges : la commission décide d'abord de lui accorder l'équivalent de « la moitié de la dette de loyers », soit 730 euros, puis recule devant l'importance de la somme et se résout finalement aux 450 euros du barème. Illustration d'aménagement, le cas de cette femme française allocataire du RMI et seule avec son enfant ; les charges dépassent les ressources et la commission souhaiterait apurer les dettes accumulées dans son lieu de résidence antérieur ; le montant étant trop élevé, on lui alloue 600 euros, tout en indiquant en note infrapaginale « les arriérés de Nantes, sauf la taxe d'habitation (EDF, tél, hôpital, loyer) ». C'est au prix de ces adaptations complexes que les acteurs maintiennent, à leurs propres yeux, l'apparente cohérence de principes de justice, alliant des règles universelles à une subtile casuistique.

Ce sont en effet, d'un côté, un principe d'égalité, instituant un montant identique à chacun en fonction de critères objectifs, quoique grossiers (composition du ménage, avec exclusivement deux possibilités : être seul ou à plusieurs), et de l'autre, un principe d'équité, accordant à chacun selon ses besoins (avec essentiellement trois modalités : l'endettement, l'accident et le projet). Dans la logique générale qui vient d'être décrite, l'équité prévaut pour autant qu'elle ne menace pas l'égalité par le haut (figure 1). Si l'on se réfère aux chiffres, le barème semble plus largement appliqué que le signe : 32 % des aides sont de 225 ou 300 euros, 36 % sont de 375 ou 450 euros ; on a vu néanmoins que la réalité des intentions est plus complexe puisqu'un montant correspondant à une valeur du barème peut être alloué avec une intention particulière. Une partie des montants échappe d'ailleurs à cette double logique, avec en particulier des attributions de deux sommes non prévues par le barème, l'une à la baisse, l'autre à la hausse :

150 euros, pour 11 % des secours, fréquemment en rapport avec des situations n'emportant pas la conviction, tels que les célibataires vivant chez leurs parents ; et 600 euros, dans 4 % des cas, souvent pour des familles nombreuses.

On peut toutefois s'étonner que, compte tenu du soin apporté au calcul du « reste à vivre » pour la décision concernant l'éligibilité, il ne soit aucunement utilisé dans l'établissement des montants à allouer. La somme mensuellement disponible par personne ne sert pas à la répartition des ressources. Non seulement les membres des commissions ne mentionnent jamais le recours à ce critère, mais l'examen des dossiers ne fournit pas davantage d'éléments en ce sens. Il n'est pas donné plus à celui qui a moins. Une fois passé sous la barre des 150 euros qui lui donne un accès hautement probable aux secours, le requérant entre dans un autre système d'évaluation. Le niveau de la somme disponible par personne n'est pas plus prédictif du montant reçu qu'il ne l'est, comme on l'a vu précédemment, de l'éligibilité. De même qu'un ménage ayant un « reste à vivre » négatif n'a pas plus de chance, statistiquement, d'obtenir un secours que celui qui se situe entre 100 et 150 euros par personne, de même il ne peut s'attendre à recevoir plus. Il s'agit là en somme de l'application au domaine de l'aide de la parabole chrétienne de l'ouvrier de la onzième heure pour le domaine du travail. Celui qui entre dans l'espace moral des secours n'a plus à être jugé à l'aune de sa pauvreté au moment de l'évaluation de la rétribution de sa peine. Il ne l'est plus que par rapport à un barème élémentaire et à un dispositif sémantique par lesquels les pouvoirs publics manifestent leur maîtrise des règles du jeu.

***Figure 1.*** **Raisonnement suivi pour l'établissement de la somme allouée**

**Mesure générale : le barème**
Fixation d'une norme :
225 ou 300 euros pour un adulte seul,
375 ou 450 euros pour une famille

↓

**Mesure individualisée : le sémaphore**
Recherche d'un signe :
remboursement de dette, résolution d'une difficulté,
réalisation d'un projet

↓

**Décision finale :**
– signe présentant un coût supérieur à la valeur du barème :
choix de la norme *(égalité)*
– signe présentant un coût inférieur à la valeur du barème :
choix du message *(équité)*

Pourtant la justice locale ne peut pas être décrite uniquement sur la base des règles par lesquelles les acteurs rendent compte de leurs délibérations. Au-delà des principes de justice qui sous-tendent la répartition des secours – principes qui ne sont pas formulés *a priori* pour servir à prendre les décisions, mais que les acteurs énoncent *a posteriori* pour nourrir leurs justifications –, raisonnements ordinaires, réactions affectives et orientations morales déterminent les actes de jugement.

## L'épuisement de la compassion

Si la décision avait exclusivement reposé, d'une part, pour ce qui est de l'éligibilité, sur le calcul d'un indicateur et l'établissement d'un seuil, d'autre part, pour ce qui est des allocations, sur un double principe visant à respecter un barème et à délivrer un message, les « exposés des difficultés et des motivations » par les requérants n'auraient pas eu plus d'utilité que les « montants de la demande », dont on vient de voir que leur seule vertu était de démontrer aux administrateurs le caractère raisonnable des pauvres dans leurs attentes à l'égard de la solidarité publique. Sous cette hypothèse, l'individualisation du traitement des situations préconisé par le gouvernement et revendiqué par la commission n'aurait pas de sens. Tel n'est pas le cas. Plusieurs indices attestent de façon convergente que l'on ne se contente pas d'appliquer des règles plus ou moins explicitées. Avant de les examiner, il importe toutefois de préciser la procédure qui conduit à l'attribution des ressources. C'est en effet en tenant compte de la double contrainte d'individualisation du traitement (avec une présentation de chaque cas) et de temps limité (en moyenne une minute par dossier) qu'il est possible de prendre la mesure à la fois de la prégnance des règles et de la liberté qu'on prend à leur égard. Trois éléments témoignent en effet de cette marge de manœuvre que se sont donnée les commissions et qui justifie aux yeux de leurs membres le maintien de ce fonctionnement inhabituellement lourd pour l'administration déconcentrée de l'État.

En premier lieu, l'insistance des membres de la commission à mettre en avant des histoires singulières, en y mêlant des appréciations et des sentiments tant sur les situations exposées que sur les décisions prises, montre l'importance subjective de la casuistique : « là où on était contents, c'est quand des gens aux minima sociaux avaient un coup dur et qu'on pouvait les aider, par exemple, pour une machine à laver qui lâche » ; « il y a eu le cas de ce voyage linguistique en Espagne pour la fille d'un Malien qui l'élevait seul et se saignait aux quatre veines pour elle ». L'intérêt des administrateurs pour les textes rédigés par les demandeurs n'était d'ailleurs pas seulement fonctionnel, afin de déterminer l'éligibilité du postulant et le montant de l'aide, il revêtait également, pour certains, une dimension idéologique, attestant l'inutilité des évaluations sociales : « Les gens sont parfaitement capables de formuler leur demande eux-mêmes. Ce qui m'a frappée, c'est la qualité d'expression et même de sensibilité de leurs lettres. C'était toujours très clair. Cela confirmait notre analyse de départ sur l'autonomie des personnes », s'émerveille une fonctionnaire territoriale chargée des services sociaux qui ne croyait pas « ses pauvres » doués de telles compétences sociales.

En deuxième lieu, l'étude statistique, qui n'est possible que pour l'échantillon, en l'absence de données fiables portant sur l'ensemble des dossiers, indique clairement la marge de manœuvre que se laisse la commission dans la délibération. En ce qui concerne l'éligibilité, 53 décisions ne respectent pas le seuil prescrit : 24 sont plus sévères que la norme et refusent un secours à des personnes dont le « reste à vivre » se situe au-dessous des 150 euros annoncés ; 29 sont plus généreuses et accordent une aide à des ménages dont le « reste à vivre » excède la limite fixée. Pour ce qui est du montant alloué, la quantification est davantage sujette à caution, car la justification de la somme n'est pas toujours indiquée : avec cette réserve, seulement 96 des 224 décisions favorables s'appuient exclusivement sur le barème ; dans les 128 autres dossiers, les données personnelles ont infléchi la décision, l'apurement de dettes étant notifié dans 31 cas. D'une manière générale, le degré de liberté que se donne la commission par rapport à une norme universelle de type seuil ou barème est plus grand dans la détermination du montant que dans la reconnaissance de l'éligibilité, ne serait-ce que parce que les principes énoncés incluent explicitement la prise en compte d'un critère de « sens » qui recouvre des possibilités multiples de choix.

En troisième lieu, enfin, l'analyse qualitative des dossiers révèle les grandes variations dans les décisions, et plus particulièrement dans la fixation de la somme accordée. Dans l'explication de ces fluctuations du jugement, les textes des demandeurs entrent en ligne de compte, comme on le verra, de manière souvent décisive. Un célibataire déclarant un salaire de 1 070 euros et 690 euros de charges fixes, ce qui représente un dépassement du seuil d'éligibilité de 150 %, reçoit 225 euros avec le commentaire suivant annoté sur le dossier : « vu les dettes et le contexte ». En fait, les « dettes » s'élèvent à 6 350 euros et la lettre, qui a probablement touché la commission, décrit ainsi le « contexte » :

> Je vis seul dans un F3, je percevais l'APL jusqu'au moi dernier. Mes ressources ne me permette pas de vivre correctement, trop de crédits à rembourser. Les assedics ne veulent pas me payer et mon contrat de travail s'arrête le 17/04/98 et après ? Je veux reprendre un nouveau départ, sans crédit, sans rien devoir. Je paye mes erreurs de jeunesse, aujourd'hui j'ai vingt-sept ans et pas d'avenir. Personne ne veux et ne peux m'aider, peut-être pourrait vous faire quelque chose pour moi.

On peut considérer après coup que les requérants ont eu raison d'apporter un soin particulier à la rédaction de leur exposé. Dans cet exercice de justification, leur compétence argumentative doit permettre de passer avec succès une épreuve. En l'absence d'évaluation sociale stricte, le récit écrit est censé énoncer une histoire vraie. Les appréciations très positives portées par les membres des commissions sur la qualité des textes visent en effet moins leur valeur littéraire ou leur correction grammaticale que la clarté de l'exposition et la véracité du témoignage. Il ne suffit pas que le texte touche l'auditeur, il faut aussi qu'il le fasse avec justesse, dans un contexte où la suspicion peut invalider un dossier. Le doute que manifeste la commission dans ses annotations porte cependant presque toujours sur les justificatifs apportés ou manquants, alors que les exposés peuvent, dans ces cas, fournir une preuve sensible de véridicité. Deux cas de figure sont donc possibles.

Parfois le récit emporte la conviction de la commission, alors même que le dossier objectif était peu crédible. La réserve suscitée tend alors à s'exprimer sur le montant de la somme attribuée, inférieure à ce que prévoit le barème. Une jeune femme française élevant seule ses deux jeunes enfants déclare percevoir un RMI de 330 euros et indique au titre de ses charges fixes quelques chiffres plus ou moins précis dont elle ne fournit pas les justificatifs. Il est par conséquent impossible à la commission non seulement de vérifier ses dépenses, mais également de calculer la somme disponible par personne. Malgré cela, son exposé semble convaincre puisqu'elle obtient une aide, mais ne corrige pas complètement l'insuffisance du dossier puisque le montant en est fixé à 300 euros :

> Je suis en stage depuis le 27.2.98 au 28.5.98 = RMI = 2 160 F sans salaire 0 000 F des frait de transports de repas des vettements = (transports 5e zone et repas 1 300 F/mois) j'ai des frait des vettement pour les enfants des frais de contine garderi et tout le reste de charge et des que je fini mon stage je vai travailler mercie de votre compriantion.

Souvent, le texte ne suffit toutefois pas à inverser la mauvaise impression laissée par un dossier. Le soupçon qui s'insinue à la découverte d'un détail troublant peut ainsi annuler toutes les démonstrations de bonne foi du demandeur. Une jeune femme péruvienne célibataire, mère de deux enfants et titulaire d'une carte de séjour d'un an, fait état d'un salaire correspondant à un emploi à mi-temps payé au SMIC, avec des charges dépassant ses revenus. Les factures qu'elle joint à son dossier sont cependant à un autre nom que le sien, ce que l'instructeur relève en deux endroits du dossier. D'abord en regard de la déclaration de dettes « non ! pas au nom du demandeur ». Puis en face de la décision finale : « factures EDF, tél, quittance loyer au nom de M. N. (même adresse) M. N. ne figure pas dans la rubrique composition de la famille ! ». La lecture attentive du dossier aurait pourtant pu lever le doute, ou tout au moins mettre au crédit de la véracité de la requête, les éléments suivants : les enfants portent, comme il est d'usage en Amérique latine, le patronyme des deux parents, ce qui permet d'identifier « M. N. » comme le père des enfants ; les factures à son nom témoignent de ce que la jeune femme n'a pas fait effectuer les changements après le départ de ce dernier, probablement en raison de la précarité de son propre titre de séjour ; l'absence de justification de ces éléments dans son exposé constitue d'ailleurs un argument paradoxal en faveur de son honnêteté, suggérant que les données objectives qu'elle indiquait, pièces à l'appui, n'appelaient pas d'autres explicitations ; elle se contente en effet d'argumenter ses besoins, sans se douter que la suspicion sur les pièces présentées va conduire à un refus d'aide :

> Actuellement je n'arrive pas à payer ma facture d'électricité, de téléphone et non plus je ne peut pas nourrir bien mes enfants et mon salaire ce n'est pas suffisant. D'autre part, je de dette avec mes amis et ma situation financière est difficile parce que je n'ai pas les allocations familliale, ni de logement.

Dans ces cas litigieux, un élément peut s'avérer décisif : l'engagement d'un travailleur social, quand le dossier, parfois rempli avec son aide, a reçu son aval sous la forme d'un commentaire, d'une signature ou d'un tampon. La valeur accordée à cette caution, surtout lorsqu'elle manifeste clairement une prise de position, montre certes la reconnaissance de compétences dont on crédite ce métier, mais indique aussi que l'évaluation sociale décriée par certains membres de la commission garde une réelle légitimité en son sein. Telle remarque judicieusement adaptée à la logique du secours vient appuyer la requête et contribue à l'obtention, pour une famille française avec deux enfants, d'une somme de 600 euros, nettement au-dessus du barème en usage : « Mme M. souhaitent couvrir les dettes. N'osent pas indiquer de montant ». Telle formulation se fait plus directive pour une famille malienne avec neuf enfants qui obtient effectivement la somme demandée, excédant de beaucoup la norme établie : « Monsieur a reçu fin décembre deux énormes factures : rappel de consommation d'eau froide sur une année et régularisation de charges pour 1997. Peut-on lui accorder une aide financière de 5 000 F [750 euros] pour l'aider à régler ces deux factures ? » L'intervention peut se faire plus pressante encore, notamment à l'occasion d'un recours. Pour venir en aide à une femme française de vingt-cinq ans allocataire du RMI ayant essuyé deux refus de la commission en raison d'une insuffisance d'« éléments (motivation et pièces justificatives) pour permettre une évaluation même sommaire de votre situation », l'assistante sociale de l'Association départementale pour la promotion des Tsiganes prend elle-même la plume. Sa persévérance aura raison des réserves de la commission qui attribuera, probablement de guerre lasse, la somme de 300 euros :

> En date du 06/05/98 vous avez adressé à Mlle F. un courrier concernant le refus de l'attribution d'une aide finan-

> cière demandée par mon intermédiaire à votre service. Les raisons du refus concernent le manque d'éléments qui puissent justifier la situation de Mlle et donc de l'attribution d'une aide. Or, j'ai constitué moi-même le dossier afin d'appuyer la demande d'aide et la situation personnelle et familiale a été expliqué clairement. En effet Mlle est handicapée déclarée par la COTOREP à un taux d'incapacité de 80 %, mais en attendant le renouvellement de son allocation, le RMI ne lui suffit pas toujours pour subvenir à ses besoins. Mlle vit seule et est isolée suite au décès de sa mère subvenu accidentellement en octobre 97 ; le père perçoit la retraite minimale et vit seul ; ses frères reçoivent le RMI et vivent en couple, se déplaçant sur toute la région parisienne. Mlle doit encore rembourser sa part pour les obsèques de sa mère, soit 6 000 F [900 euros] et ne sait pas comment faire. Compte tenu donc de la situation familiale et personnelle très précaire de Mlle F., je sollicite à nouveau un secours de 6 000 F en sa faveur auprès de votre organisme.

À l'égard des pauvres, la société a toujours un certain type d'attente : sur ce qu'ils sont et sur ce qu'ils doivent être, sur la manière dont ils se comportent et dont ils devraient se comporter. Il ne s'agit certes là que d'un fait sociologique général[16]. Ce que l'on se représente des autres tend ainsi à devenir une norme à l'aune de laquelle on juge leurs discours et leurs actions. Dans le cas des pauvres toutefois, s'y fait jour, bien plus que pour d'autres catégories sociales, une dimension morale particulièrement forte tenant à la signification que chaque société prête à la pauvreté dans l'établissement d'un ordre juste. On sait les critiques que l'on a adressées aux travailleurs sociaux accusés d'être les agents de cette idéologie normalisatrice et que reprennent à leur compte les détracteurs de l'évaluation sociale : « Nous avons voulu nous dégager des critères moralisateurs », affirme l'un d'eux. Reste à le vérifier.

En rédigeant leur exposé, les candidats au Fonds d'urgence sociale ne peuvent manquer de chercher à convaincre leur lecteur. À cet effet, et pour abolir la distance physique et sociale avec les décideurs, leur principal moyen consiste à les toucher, c'est-à-dire à restaurer à travers l'exposé un rapport de proximité susceptible de leur faire partager, malgré ce double éloignement, une commune humanité. Dans cette tentative de créer un lien de sympathie les rendant virtuellement et transitoirement présents dans l'espace de la délibération, ils ignorent évidemment les principes et les critères utilisés par la commission (et pour cause, pourrait-on ajouter, puisque celle-ci ne les découvre elle-même qu'en avançant dans l'examen des dossiers). Pour autant, ils ne sont pas sans idée sur la manière dont ils seront jugés (ne serait-ce qu'en raison des contacts multiples que la plupart d'entre eux ont eus antérieurement avec les services de l'action et de l'aide sociales).

Leur rhétorique repose sur quatre topiques de justification : la nécessité, la justice, le mérite et la compassion, qui s'expriment chacune dans un style (tonalité expressive), sur un registre (type d'évidences mobilisées) et à travers des arguments (nature des faits invoqués). L'impact de ces textes sur les décisions de la commission peut être apprécié selon deux méthodes. Statistique, d'une part, calculant le taux de réponse favorable en fonction de chaque figure rhétorique identifiée (tableau 2) : cette approche donne une lecture exhaustive des dossiers et de leurs arbitrages ; la limite en est toutefois que l'on ne peut pas considérer les effets de chaque élément de l'argumentaire, « toutes choses égales par ailleurs », car il faudrait pour cela réaliser une analyse multivariée supposant un grand nombre de variables et, par conséquent, des effectifs considérables pour que chaque configuration soit représentée. Casuistique, d'autre part, analysant individuellement les décisions : l'intérêt en est, dans la logique même de la procédure adoptée par la commission d'attribution, de pouvoir tenir compte, pour un dossier donné, de l'ensemble des éléments qui le composent, et même, parfois, de pouvoir opérer des comparaisons entre des situations similaires ; la limite de l'exercice tient cependant à la singularité de chaque cas et de chaque délibération. Les deux méthodes sont ici utilisées.

***Tableau 2.* Les effets des figures de rhétorique sur la décision de la commission**

| **Topiques de justification** | **Nécessité** | **Justice** | **Mérite** | **Compassion** |
|---|---|---|---|---|
| *Style* | Factuel<br>*(52 %)*<br>67 % | Vindicatif<br>*(4 %)*<br>83 % | Digne<br>*(20 %)*<br>89 % | Implorant<br>*(24 %)*<br>77 % |
| *Registre* | Comptable<br>*(32 %)*<br>65 % | Protestation<br>*(9 %)*<br>83 % | Vertu<br>*(20 %)*<br>83 % | Sympathie<br>*(39 %)*<br>76 % |
| *Argument* | Insuffisance<br>*(61 %)*<br>71 % | Iniquité<br>*(10 %)*<br>75 % | Insertion<br>*(14 %)*<br>77 % | Malheur<br>*(15 %)*<br>87 % |

Note : Le pourcentage indiqué entre parenthèses correspond à la fréquence, dans le corpus de textes, de la figure de rhétorique concernée. Le pourcentage suivant correspond au taux d'accord de la commission pour chacune d'elles. Ainsi, le style factuel, constaté dans 52 % des textes, donne lieu, dans 67 % des cas, à l'attribution d'un secours. Pour un commentaire détaillé sur la signification de chaque figure de rhétorique et les conditions méthodologiques de leur caractérisation, on peut se référer à l'article de la revue *Annales* déjà mentionné (Fassin, 2000) qui n'inclut toutefois pas les chiffres sur les taux d'accord qui nous intéressent ici.

La *nécessité* s'exprime dans un style factuel et dans le registre de l'évidence comptable, les textes reprenant pour l'essentiel les données sur les revenus, les charges et les dettes, pour aboutir à un double constat d'insuffisance de ressources et d'insatisfaction des besoins : dans ces conditions, elle apparaît largement redondante par rapport au dossier administratif, n'apportant ici ou là que quelques éléments d'explication ou de justification, et elle n'entraîne guère d'infléchissement de la délibération. Une femme française mariée de trente-deux ans, dont le « reste à vivre » est de 50 euros, exprime ainsi sobrement sa demande :

> Je vous propose d'étudier avec intérêt ma situation qui fait objet de la précarité. Je suis en chômage depuis plus de 3 ans, mon mari était en fin de droit sans reconduite à l'ASS et cela depuis février 97, il ne perçoit rien aucune rente, bien qu'il est malade, il s'est fait opéré récemment pour la troisième fois, il ne bénéficie pas de l'AAH et il est dans l'incapacité de travailler. Nous vivions depuis plus d'un an et demi avec 2 800 Frs [430 euros] de mes indemnités ASSEDIC par mois sachant que nous avons 2 000 F [300 euros] de loyer à payer/mois et les charges. Cela ne vous échappe pas d'imaginer comment on peut vivre dans une telle situation. J'attends votre aide.

La topique de la nécessité est à la fois la configuration la plus fréquente et la seule qui donne lieu à un taux d'accord inférieur à la moyenne générale. À cet égard, lorsque l'on distingue, parmi les arguments utilisés, ceux qui décrivent l'insuffisance de leurs ressources ou leurs difficultés financières et ceux qui évoquent le risque que ne soient plus assurés leurs besoins vitaux, comme la nourriture, le logement ou la protection contre le froid, on constate que les premiers reçoivent un secours dans seulement 67 % des cas, alors que les seconds se voient attribuer une aide pour 80 % d'entre eux. L'argumentaire fondé sur la nécessité apparaît donc comme moins opérant, sauf lorsqu'il énonce dramatiquement une menace pour la survie.

La *justice* recourt quant à elle au style vindicatif et au registre de la protestation, soit collective au titre de l'ensemble des pauvres, soit individuelle en référence à un préjudice personnel subi à cause d'un employeur ou d'une administration. Une femme algérienne de quarante-six ans, élevant seule quatre enfants avec un « reste à vivre » de 82 euros mensuels par personne, écrit :

> Je me trouve actuellement dans la situation suivante : j'ai 4 enfants à charge et mes seules ressources sont de 3 600 F [550 euros] par mois, j'ai une créance au trésor public de 63 000 F [9 600 euros] dont je ne sais pas comment me la faire enlever. Je n'arrive pas à m'en sortir, j'ai trop de dette et je regrette beaucoup que le gouvernement ne veux pas faire revaloriser les minima sociaux car ça aidera bon nombre de familles démunis.

La topique de la justice est marginale dans les dossiers, puisqu'elle concerne moins d'un dossier sur dix : en fait, conformément au rôle qu'ils s'imaginent devoir remplir dans le cadre d'une requête auprès des pouvoirs publics, les demandeurs ne s'expriment que rarement en termes de revendication et, dès lors, cet argumentaire ne joue que peu sur les arbitrages rendus par la commission. Même si l'on doit conclure avec prudence car les effectifs sont réduits, on observe que les exposés mettant en exergue les inégalités sociales en général ou l'iniquité d'une situation en particulier se sont révélés efficaces dans 83 % des cas, le seul élément défavorable étant un ton menaçant ou un chantage au suicide. Contrairement donc à ce que croyaient les requérants, la commission a considéré comme légitime leur dénonciation. Autrement dit, bien que rarement invoquée dans des suppliques où elles ne semblaient pas avoir leur place pour les requérants, la justice a été mieux acceptée qu'ils ne l'imaginaient.

Le *mérite,* qui se manifeste par un style digne et dans le registre de la vertu, semble être un ressort particulièrement utile pour emporter la conviction de la commission. S'il est peu fréquent, il est généralement décisif. Le « bon pauvre », depuis bien longtemps, est un pauvre méritant. Le mérite, tel que s'en parent les requérants, s'exprime principalement en référence à trois ordres : l'ordre économique impliquant des efforts pour retrouver un emploi, l'ordre social supposant la mise à l'écart des pratiques déviantes et l'ordre moral mettant en exergue les responsabilités familiales. Tout d'abord, la volonté de s'insérer par le travail revient comme un leitmotiv efficacement intériorisé par les demandeurs. Un célibataire au chômage raconte :

> Voilà ma position sociale je fesais un CES de 18 mois à l'hôpital L. ensuite je me suis retrouver demandeur d'emploi dont je percevez les assedics entre temps j ais fait un stage de formation dans le cadre obtenir le certificat de capacité professionnelle que j ais obtenue sans probléme donc une formation de cariste. Donc dans ce poste là j ais dut travail sans probléme en maison interime. Mais voici il me faudra un bleu de travaille et des chaussures de sécuriter qui me sont nessaissair. Ces pourquoi je vous demande à nouveau selon votre disponibilité une attribution allant de 800 à 1 000 F [120 à 150 euros].

Il obtient 225 euros, soit près du double de ce qu'il demande. Ensuite, la promesse de bien gérer ses maigres ressources constitue un gage important de bonne volonté, alors que l'administration se représente l'endettement comme une pratique déviante. Un homme seul salarié :

> Le problème financiers et que jai du mal à vivre, surtout de manger. Vu que jai beaucoup de charge à payé, ainsi qu'une pension alimentaires que je verse à mes deux enfants. Je vies toujours a découvert. Alors je fait cette demande pour savoir si vous pouvez maindé à payer les arrières dettes, ainsi que manger.

Afin de justifier les 150 euros qui lui sont attribués alors que son revenu net est de 175 euros, la présidente de la commission note : « Fait de réels efforts pour équilibrer budget. » Enfin, le souci manifesté à l'égard des enfants, mais aussi parfois des parents âgés, suscite la bienveillance de la commission. Un homme divorcé et père de deux enfants qui ne sont pas à sa charge a un « reste à vivre » évalué à 200 euros :

> Le RMI est ma seule ressource, j'ai mes enfants un week-end sur deux, et la moitié de chaque période de vacances scolaires. Il faut les nourrir, et se nourrir soi-même. Mes motivations sont une meilleure santé, et trouver un emploi correspondant à ma profession. Actuellement en stage de formation à L., pour me remotiver. Quand j'aurais un peu plus d'argent je pourrais mieux assurer l'éducation et les visites plus fréquentes de mes enfants, pour qu'ils aient un meilleur confort.

Cet argumentaire, qui lie projets professionnel et familial, reçoit un accueil favorable : 225 euros lui sont accordés. Le jugement sur le mérite peut également se lire en négatif, par défaut en somme, à partir des refus, rarement énoncés comme tels cependant, ou même à partir des soustractions opérées, plus subtilement, dans le calcul des attributions. Illustration d'un refus moral, le cas d'un jeune homme français allocataire du RMI qui fait une demande pour sa famille composée de sa mère, veuve, et de ses deux frères, l'un salarié et l'autre lycéen. Son dossier comprend tous les justificatifs permettant de calculer son « reste à vivre » : il est de 112 euros, ce qui lui ouvre droit en principe à un secours. Malgré cela, la commission semble réticente : une somme de 150 euros, initialement envisagée, est biffée. La dette déclarée est ce qui pose problème, non pour son montant, mais pour son motif : « salon complet à Cuir center ». Probablement estime-t-on cette raison peu convenable. Trois séries d'arguments s'accumulent alors pour tenter de récuser le dossier, quand l'usage est de n'en servir qu'un : d'abord, on refait les calculs des charges, sans toutefois parvenir à franchir la barre d'inéligibilité ; puis, on met en doute les ressources en relevant une « imprécision sur la situation », pourtant parfaitement claire et justifiée ; enfin, on se replie sur une alternative, en suggérant une « orientation CAF » pour des prestations familiales – dont on voit mal comment elles pourraient bénéficier à une famille dont l'enfant le plus jeune est âgé de vingt-quatre ans ; l'affaire est close et le requérant n'aura droit à rien. Exemple de soustraction morale, cette fois, une mère de famille malienne allocataire du RMI, dont le revenu net par personne est estimé à 56 euros, expose ainsi sa situation, manifestement aidée dans la rédaction de son texte par un agent de la mission d'urgence sociale :

> Nous sollicitons une aide financière pour régler une amende et une facture d'edf. Nous assurons l'entretien et l'éducation de 3 enfants scolarisés et de ma sœur, pour laquelle nous avons obtenu un tiers digne de confiance. Nous faisons face à l'ensemble des charges qui incombent à notre foyer mais nous ne disposons, pour ce faire, que d'un RMI et des prestations familiales.

La somme demandée est de 309 euros. Le montant accordé s'élève à 240 euros avec le commentaire « facture EDF-GDF ». Malgré la modicité de la requête, très au-dessous du barème, l'amende au Trésor public de 70 euros a été exclue du secours : aux yeux des administrateurs du Fonds d'urgence sociale, elle est une mauvaise dette.

La *compassion,* dernière des quatre figures de rhétorique adoptées dans les argumentaires, utilise un style implorant et s'inscrit dans un registre de sympathie, évoquant souvent de manière précise un malheur ou une accumulation d'infortunes. Elle fait partie de la relation aux pauvres telle qu'elle s'institue classiquement dans le cadre de l'assistance. C'est parce que ce sentiment est produit dans l'interaction entre la souffrance de l'un et le regard de l'autre qu'une commune appartenance à l'humanité est possible, quand tout éloigne le chômeur de longue durée du fonctionnaire chargé d'évaluer sa situation. L'émotion est un ressort vigoureux de l'exercice de la charité, et ce d'autant plus qu'elle joue sur deux tableaux : l'empathie avec le malheureux et la satisfaction de lui venir en aide. Pour les agents qui constituent les dossiers, administratifs aussi bien qu'associatifs, comme pour les membres de la commission qui décident de l'attribution de l'aide, cette double dimension cimente une expérience collective sur laquelle chacun revient longuement dans les entretiens. À les entendre parler du sentiment à l'égard du malheur des pauvres (« on pleurait avec eux ») et du bénéfice symbolique de son soulagement même partiel (« le coup de pouce »), on aurait pu penser que la compassion envahirait l'espace moral du jugement. Tel n'est pourtant pas le cas, et ni le style implorant qui multiplie les formules de la supplique désespérée, ni le registre de la sympathie qui tente de susciter une proximité par des détails concrets et douloureux n'infléchissent les taux d'accord qui, avec respectivement 77 % et 76 %, avoisinent la moyenne. Seule l'évocation d'épreuves pathétiquement singulières (la survenue d'une maladie ou d'un accident, la mort du conjoint ou d'un parent, voire un divorce, mais non la perte de l'emploi, trop banale dans ce contexte) semble susceptible d'élever la proportion de réponses positives de la part de la commission.

Cette insensibilité *a priori* inattendue dans une procédure qui appelle, avec l'exposé de la situation par le requérant lui-même, la recherche empathique de la souffrance a une raison simple. C'est la récurrence, dans les textes, des mêmes thèmes de l'infortune, du chômage, de la maladie, de la frustration, de l'échec, de l'impossibilité de faire face. Dès lors, la sympathie pour les malheureux devient une sorte d'affect routinisé qui imprègne le jugement en opérant sur lui de manière relativement peu discriminante. L'atteste la sévérité croissante de la commission au fil des mois. Cette évolution est perceptible tant dans la proportion d'accords que dans les montants alloués, sans que les indicateurs sociodémographiques disponibles ne révèlent de modifications du profil des requérants, sans que non plus des contraintes financières particulières soient intervenues pour rendre les décideurs plus parcimonieux. Ainsi, sur les 19 726 demandes déposées, le taux de réponse favorable décroît de 75,1 % en janvier-février à 70,5 % en mars-avril et 62,5 % en mai-juin. De même, toujours sur l'ensemble des dossiers, les sommes distribuées pour chaque secours baissent de 406 euros au cours de la première quinzaine de fonctionnement de la commission à 286 euros au cours de la dernière quinzaine de son existence. Avec le temps, l'émotion s'est donc un peu émoussée au contact de la misère ordinaire des demandeurs. À l'inverse de ce que l'on pouvait imaginer et que les requérants eux-mêmes devaient supposer, l'exposition de la souffrance n'a qu'un impact modeste sur la décision d'aide. Une femme qui, avec son mari et ses deux enfants, dispose d'un revenu net de 50 euros par personne écrit :

> Mon mari est au chômage non indemnisé depuis septembre 96. Nous percevons un peu de RMI et mon congé parentale + les allocations familiale. Il n'y a pas un mois ou nous arrivons en nous en sortir. Pour nous chaque mois est très très difficiles un fois les charges et dettes payés il ne nous reste plus rien. Nos enfants n'ont pas eu de Noël comme tous les autres enfants faute de moyens.

Cet aveu pathétique demeure sans effet. Le secours est accordé, certes, ce qui n'est que l'application de l'effet de seuil du « reste à vivre », mais son montant est de seulement 375 euros, ce qui correspond à la limite basse de la norme pour une famille. La commission ne s'est pas laissée fléchir par la supplique. Cette loi d'airain n'est toutefois pas immuable. Un homme seul, dont le « reste à vivre » est calculé à 63 euros, expose ainsi sa situation :

> Eyant été gravement malade et hospitalisé en novembre 1995 durant 3 mois et demandeur d'emplois depuis le 2/2/96 et séparée de mon épouse depuis le 29/11/96 je ne perçois que le RMI et avec toute la bonne volontée et les privationt que je fait il m'ais impossible de joindre les deux bout dans l'espoire de retrouver un emplois pour remonter la pente je souhaite pouvoir régulariser le maximum de mes déttes pour avoir un dailée de payement et prouver ma bonne fois de vouloir régler mes dettes.

La commission, présidée par le même fonctionnaire, lui accorde 375 euros, soit environ le double de ce que prévoit le barème pour un célibataire. L'accumulation des malheurs (maladie, chômage, séparation) apporte une explication raisonnable à cette générosité, d'autant que la démonstration du mérite n'est pas absente (recherche d'un emploi, remboursement des dettes, manifestation de la bonne volonté). Mais la lecture de l'ensemble des dossiers suggère une autre interprétation, circonstancielle, au demeurant non exclusive de la première : le président de la commission paraît, en l'occurrence, plus sensible à la misère des hommes seuls qu'à celle des familles en difficulté (ce qui le différencie, on le verra, des autres présidents de commission qui manifestent souvent une méfiance à l'égard des premiers et une sympathie pour les secondes).

Ces effets différentiels de la mobilisation de la compassion, dont les exemples sont nombreux, soulignent le caractère instable des critères de décision, soit entre deux commissions distinctes, soit au sein d'une même commission, comme c'est le cas dans l'exemple cité. Il convient donc de s'interroger sur les limites de cet exercice de la justice locale, par rapport aux normes dont elle se réclame explicitement et même vis-à-vis des valeurs auxquelles elle se réfère implicitement.

## Les intermittences du pouvoir

Quelle que soit la volonté de justice qui anime des acteurs chargés d'allouer des ressources rares et quelle que soit la précision des critères qu'ils se donnent pour normaliser leur choix, leur délibération ne peut se rapporter entièrement à des rationalisations objectives (respect de normes, ici seuil d'éligibilité et principes de répartition) ou subjectives (adhésion à des valeurs, en l'occurrence de mérite plus encore que de compassion). Nombre de décisions prises paraissent échapper à la règle autant qu'à la raison et même au sentiment. Elles relèvent d'un exercice de l'autorité et leurs fondements ne renvoient qu'à celui-ci. Aucune justification ne semble pouvoir en rendre compte. Elles ne prétendent même pas être justes.

Ces décisions en apparence incompréhensibles sont en fait de deux types différents, que je propose d'appeler arbitraire et contingent[17]. L'arbitraire évoque une décision par laquelle le pouvoir de la personne se manifeste au-delà de la règle, sous une forme presque gratuite. Le contingent renvoie à l'idée de circonstances particulières qui jouent un rôle déterminant par rapport à la règle. D'une manière générale, pour les décisions dans lesquelles il n'est pas possible de reconnaître l'application d'une règle explicite ou le recours à une raison forte, on peut parler d'exercice de l'autorité sans référence à des principes ou valeurs de justice. On les qualifiera d'arbitraires lorsque la nécessité relève du seul bon vouloir. On les désignera comme contingentes quand une forme de hasard prévaut sur l'intention. Dans le premier cas, le pouvoir agit par excès. Dans le second, il se manifeste par défaut. Dans les deux situations, l'autorité s'exerce injustement.

Une forme particulière de décision injuste tient à un défaut de compétence de la commission dans son domaine d'intervention. Une méconnaissance du fonctionnement de l'action sociale ou du barème des minima sociaux peut ainsi conduire à donner une réponse contraire à celle qu'une bonne information aurait appelée. Un homme yougoslave, père de deux enfants, allocataire du RMI, avec des charges supérieures à ses ressources, se voit suspecté de tricherie par la commission dont le président note sur le dossier : « Il manque des revenus : RMI à 1 739 F

[265 euros] ! » Aucune aide ne lui est accordée. Or, la déclaration assortie des justificatifs indique clairement dans les ressources le versement d'une aide au logement et d'allocations familiales. Comme l'indique le demandeur dans son bref texte d'accompagnement : « Je vous prie de bien vouloir m'aider pour la somme de 3 000 F [450 euros] car avec mes revenus de 4 478 F/mois [682 euros] je n'arrive pas à m'ensortir. » Ce que ne prend donc pas en compte la commission, c'est que le RMI est, tout comme les autres minima sociaux, une allocation différentielle, versée en fonction des autres ressources de façon à atteindre un certain plafond. À titre indicatif, en décembre 1997, le montant moyen versé à un couple avec deux enfants est, au niveau national, de 722 euros au titre du RMI complété des prestations pour le logement et la famille, soit pratiquement le montant indiqué dans ce dossier. Disposant de cette information, la commission aurait pu éviter de soupçonner le candidat de duplicité et, compte tenu de son « reste à vivre » négatif, l'aurait certainement fait bénéficier d'une aide. Le choix injuste résulte ici d'une mauvaise application de la règle. Plutôt que de bon vouloir, on a simplement affaire à un mauvais savoir. Au-delà de ce cas spécifique – qui relève néanmoins de conditions structurelles, puisque la méconnaissance ne conduit ici à une injustice que parce que la générosité publique à l'égard des pauvres se dispense toujours sur fond de suspicion quant à la réalité de leur situation et à la vérité de leurs déclarations –, les décisions injustes, au sens où elles ne découlent pas logiquement de principes universels, même discutables, ou de raisons particulières, mais régulièrement appliquées, s'exercent principalement sur trois plans.

Premièrement, elles concernent le mode de calcul du « reste à vivre », dont on a vu qu'il était l'élément décisif pour l'obtention d'un secours. Bien que faisant l'objet d'une attention particulière, puisque les pièces sont examinées et les opérations vérifiées, donnant parfois lieu à des corrections byzantines, des variations dans la rigueur de l'exercice sont constatées sur trois aspects distincts : l'inclusion de certaines charges (et notamment le transport, les crédits, les impôts locaux, les sommes versées aux parents) ; la prise en compte de la situation familiale (un fils adulte est parfois considéré comme extérieur au ménage ou, à l'inverse, un père absent peut éveiller des doutes) ; enfin, le souci même apporté à la vérification des données (l'absence de justificatifs peut être rédhibitoire ou non, les comptes peuvent être refaits ou non). Ainsi, des différences dans les modalités de calcul, provenant le plus souvent d'un simple oubli de l'usage qui s'est implicitement imposé en l'absence de codification précise, conduisent à des arbitrages contradictoires, y compris pour deux dossiers consécutifs au cours d'une même séance. On a vu comment l'exclusion des montants du titre de transport et du remboursement d'une dette de l'évaluation des charges avait fait passer le « reste à vivre » d'un bénéficiaire du RMI au-dessus de la barre fatidique, le privant d'un secours que son argumentaire justifiait pourtant de manière convaincante. Peu après, la même commission examine le cas d'une jeune femme française également allocataire du RMI. Elle déclare dans ses charges une pension de 150 euros versée à ses parents, pour laquelle elle ne présente pas de justificatif, et un coupon de carte de transport. Cette fois, les deux sommes indiquées sont soustraites à ses revenus. Alors que ses ressources sont identiques à celles du précédent et que son budget déclaré est pratiquement le même, le calcul ainsi effectué lui permet de passer au-dessous de la barre. Elle obtient 300 euros de la commission. De telles microdécisions de faire entrer ou non dans le calcul une somme au numérateur – ou, ailleurs, une personne au dénominateur – peuvent sembler dérisoires. Elles ont pourtant des conséquences non négligeables, si l'on songe qu'en l'occurrence, la somme allouée à l'un et refusée à l'autre correspond à presque un mois de leurs ressources.

Deuxièmement, l'injustice affecte l'éligibilité des candidats. Elle se manifeste bien sûr dans les exceptions à l'application de la règle des mille francs, exceptions qui n'obéissent pas à des principes régulièrement mis en œuvre. S'agissant des sans domicile fixe, dont le revenu net dépasse très souvent la barre compte tenu de l'absence – ou de la faiblesse – des dépenses régulières, certains bénéficient d'un secours, d'autres se voient strictement imposer l'effet de seuil. Dans le cas des jeunes adultes vivant chez leurs parents, la réponse est généralement défavorable, car on ne les considère pas comme un ménage à part entière, mais on leur accorde parfois un secours malgré tout, pour des raisons qui ne sont ni indiquées ni interprétables au vu du dossier. Une dette élevée constitue dans certains cas un motif de rejet du dossier qui est renvoyé à la commission de surendettement alors que, dans d'autres, elle n'est pas une circonstance aggravante pour l'obtention du secours. Soit les deux dossiers suivants. Un couple avec deux enfants, le mari étant conseiller technique en bâtiment et la femme sans emploi, dispose de 58 euros par personne. Les dettes s'élèvent à 9 860 euros, comprenant pour un quart des frais de soins. L'argumentaire explique les efforts faits pour « réduire nos charges, rembourser nos crédits et faire face aux dépenses quotidiennes de première nécessité » ; une « promesse pour un travail à mi-temps à compter du 21 mars 98 » est même mentionnée. Le dossier est rejeté : bien qu'au-dessous du seuil du « reste à vivre », le dossier n'a droit qu'à une « réorientation » vers la commission de surendettement. La lettre de refus est justifiée à la requérante avec la formule habituelle lui indiquant que sa situation ne correspond pas à celle de « personnes ou familles exposées à des risques sérieux pour le maintien de leur condition d'existence », formule dont on se demande comment elle peut être reçue par un ménage accablé de crédits qui vit à quatre avec 230 euros mensuels. Un autre couplc, également avec deux enfants, l'un des deux adultes étant salarié – ici la femme –, dispose de ressources inférieures à ses charges depuis la perte d'emploi du mari. Un endettement important a fait l'objet d'un plan de remboursement qui est joint au dossier. Gage du sérieux du ménage, la démarche ainsi engagée lui permet d'obtenir une aide de 450 euros. La dette n'a pas été dans ce cas un obstacle. D'une manière générale, le rattrapage d'une personne au-dessus du seuil ou, à l'inverse, le rejet d'un dossier au-dessous de celui-ci relèvent le plus souvent de choix qu'il n'est pas possible de systématiser au regard d'une référence commune.

Troisièmement, l'iniquité touche tout particulièrement la détermination de la somme allouée, pour laquelle, on l'a vu, les variations peuvent être à la fois importantes quantitativement et subtiles dans leurs causes : soit parce que les décideurs prétendent par le choix des montants envoyer un message à certains et non à d'autres, soit parce qu'ils sont émus par un fait lu dans l'exposé d'un requérant plus que par un autre, tous éléments qui varient en fonction de la composition de la commission et de l'humeur du moment, déterminant ici une sévérité incompréhensible, là une générosité inattendue. Les décisions iniques sont prises en effet au bénéfice d'une personne tout autant qu'à son détriment. Une femme seule élevant deux enfants, bénéficiaire du RMI avec un revenu net de 143 euros par personne, décrit ainsi sa situation :

> Habitant un F3 et ayant du racheter des meubles pour mes enfants car ma fille de 3 et demi dormait encore dans un lit à barreaux et mon fils sur un matelas je me suis endaiter en fesant crédit à une amie proche. Le problème étant que j'ai du mal a la remboursés. De plus j'ai du laisser ma chambre a ma fille car elle a 5 ans de differance avec son frère. J'ai donc du m'acheter un clic clac et je dors acctuellement a la salle a manger sur un lit toujours non remboursés. Comprener bien qu'avec 4 119,90 [628 euros] par moi je ne m'en sort pas : les remboursement personnel + 1 500 F [225 euros] de courses par mooi sans compter le loyer qui varie toujours il peut aller jusqu'a 900 F [137 euros] avec les régularisations l'EDF. Je n'ai meme plus asser pour acheter des vetement correcte a mes enfants ainsi qu'a moi même, acctuellement a la recherche d'un emploi. Je n'ai pas les moins d'acheter un coupon orange alors je taxe un ticket à droite à gauche. Sans compter l'etat de la chambre de mon fils dont le papier aurait bien besoin d'etre refait. Sans compter que j'ai meme pas les moyens de les inscrire dans les centres de loisir.

Elle demande 750 euros. La commission, qui inscrit d'abord 375 euros sur le dossier, rectifie cette somme et lui accorde finalement 822 euros, pour ses « dettes mobiliers ». C'est le montant le plus élevé alloué parmi les trois cents dossiers. Quelques semaines plus tard, la commission, présidée par un autre responsable de la DDASS, examine le dossier d'une femme également allocataire du RMI et élevant seule elle aussi ses deux enfants avec un revenu net par personne de 93 euros. Son endettement est comparable à la précédente. Sobrement, elle écrit : « Seule avec deux enfants à charge, il m'est difficile de subvenir à mes besoins. Actuellement j'ai dix mois de loyers impayés. Par conséquent une aide, même minime, serait la bienvenue. » Minime, l'aide le sera en effet, puisque la commission lui octroie 225 euros, soit environ la moitié du forfait supposé et trois fois et demie moins que la précédente. La charité est toujours discrétionnaire.

Dans ces conditions, il y a quelque chose de troublant à avoir suggéré aux requérants de remplir une case indiquant le « montant de l'aide demandée », ce que 226 sur les 300 de l'enquête ont fait. Pour aucun d'entre eux, cependant, cette mention n'a été suivie par la commission, alors même qu'une responsable des services sociaux départementaux pouvait s'émerveiller de la « modicité des demandes » : de fait, la médiane des demandes est de 690 euros ; le tiers des requérants proposaient même 450 euros ou moins ; seuls 14 % sollicitaient une aide supérieure à 1 500 euros, correspondant généralement à des endettements très importants. La comparaison des souhaits exprimés et des aides accordées montre que, même lorsque c'est pour s'en écarter de quelques euros, la commission ne retient pas le montant indiqué. Qu'un couple vivant avec comme ressource un « contrat emploi solidarité » et comme disponible mensuel 12 euros par personne suggère un secours de 300 euros, évaluation arrondie par eux à la dizaine supérieure d'une dette récemment contractée auprès d'EDF-GDF, il se voit accorder seulement 290 euros pour bien lui signifier l'intention de limiter le secours au remboursement de cette somme. Qu'un ménage avec deux enfants pour lequel la différence entre les revenus et les charges s'élève à 136 euros par personne demande 450 euros, somme correspondant exactement à son endettement, il ne reçoit cette fois que 150 euros, soit un peu moins même que les 182 précisément évoqués dans la lettre comme une dépense indispensable pour un achat de lunettes destinées à la femme dont un œil est déjà perdu, décision prise sans explication. Par ces refus de suivre la demande, pourtant sollicitée dans les formulaires, la commission semble vouloir rappeler que la décision relève de sa seule prérogative. Dans le premier des deux cas évoqués, le principe du « message » (apurement de la dette) est rappelé aux requérants, probablement à leur insu d'ailleurs, car dans l'intervalle entre le dépôt de dossier et la réception du chèque, soit un mois, l'endettement du ménage a presque doublé (on le sait car, s'impatientant probablement de n'avoir rien reçu, le demandeur a déposé quatre semaines plus tard un second dossier). Dans le second cas, plus démonstratif encore, l'adéquation de la proposition à la double logique de la « norme » et du « sens » (puisque l'endettement s'élève précisément à hauteur de ce que prévoit le barème) n'entraîne pas pour autant l'adhésion attendue des administrateurs. On ne saurait mieux affirmer que seule la commission sait ce qui est bon pour les pauvres et qu'elle entend le leur faire savoir.

L'arbitraire et le contingent, tels qu'ils s'expriment dans les décisions considérées ici comme iniques, ne doivent pourtant pas être vus comme la manifestation d'une justice anomique. Plutôt qu'une absence de normes, il s'agit bien plus d'une multiplicité de normes entre lesquelles il est possible de choisir, sans priorité systématiquement accordée à telle ou telle d'entre elles. Que l'on puisse privilégier, dans la détermination du montant, ici le barème général, là un besoin spécifique, que parmi les signes que l'on prétend envoyer au bénéficiaire l'on choisisse une dette, voire une partie seulement de la dette, pour l'un, ou bien un projet pour l'autre, qu'enfin certains se montrent plus généreux pour les malheureux ou les femmes élevant seules leurs enfants et d'autres pour les méritants ou les hommes sans domicile fixe, indique assez que l'arbitraire et le contingent se produisent dans un excès, et non dans un déficit, de normes. On ne s'étonnera donc pas de retrouver dans cette analyse des jugements iniques tous les ingrédients des principes et des valeurs qui ont été décrits jusqu'alors. L'arbitraire ne s'oppose pas plus à la norme que le contingent ne contredit la morale : c'est de l'application imprévisible et parfois injustifiable de l'une et de l'autre que résultent les décisions iniques. Arbitraire et contingent ont en commun de correspondre à un usage irrégulier de règles plus ou moins explicitées. Ce qui les distingue est que le premier est intentionnel et le second fortuit. Cette frontière est cependant moins facile à tracer qu'il n'y paraît : quand deux hommes allocataires du RMI, avec un revenu net négatif, reçoivent de la même commission à quelques jours d'intervalle, 380 euros pour l'un, qui n'a pas rédigé d'exposé, et 150 euros pour l'autre, qui écrit un argumentaire dans un style digne, on peut raisonnablement supposer que l'on est simplement dans les fluctuations d'un fonctionnement bureaucratique ordinaire, mais on ne peut écarter complètement une volonté consciente d'établir une différence. Sauf lorsqu'elle est explicitement indiquée en référence à une évaluation morale ou à une volonté pédagogique ou encore qu'elle marque une rupture forte avec la décision attendue ou le montant moyen, il est souvent difficile, face aux arbitrages injustes, de déterminer si la gratification ou la pénalisation relève d'une bonne ou d'une mauvaise volonté de la commission ou bien de circonstances heureuses ou malheureuses liées à la fatigue de ses membres ou à l'humeur du moment.

***Figure 2.* L'arbitraire et la contingence : caractéristiques communes et différences**

| | **Arbitraire** | **Contingence** |
|---|---|---|
| *Définition* | Injustice dans l'application de la mesure, c'est-à-dire usage irrégulier de règles plus ou moins explicitées : | |
| | – de manière intentionnelle | – par effet du hasard |
| *Mécanisme* | Bon vouloir ou mauvaise volonté | Bonne fortune ou malchance |
| *Conséquence* | Pénalisation ou gratification (refus ou obtention d'une aide, montant diminué ou augmenté) | |
| *Conditions structurelles* | Régime d'obligation :<br>a. le secours n'est pas un droit social pour celui qui la reçoit<br>b. l'attribution implique un devoir social de celui qui donne<br>Traitement individualisé :<br>a. le solliciteur doit mobiliser des compétences pour se justifier<br>b. le distributeur doit mobiliser des valeurs pour arbitrer | |
| *Facteurs aggravants* | Multiplicité des principes (hiérarchie instable)<br>Flou des critères (construction empirique)<br>Labilité des consignes (transmission orale) | |
| *Facteurs atténuants* | Justice fondée sur la morale avec le souci de signifier | Composition variable de la commission |
| | Établissement d'un seuil d'éligibilité (susceptible d'exceptions)<br>Institution d'un barème d'allocation (concurrent des messages)<br>Intériorisation d'un idéal de décision juste (ambigu toutefois)<br>Possibilité de recours indiquée par écrit (rarement utilisée) | |

Le socle commun de ces deux figures de l'injustice se compose essentiellement de deux éléments. Premièrement, le secours relève d'un régime d'obligation. La générosité publique n'institue pas des citoyens réclamant un dû à la solidarité nationale, mais des pauvres sollicitant la bienveillance de l'État. Ce qui a une double conséquence. D'un côté, les « obligés » ne peuvent faire valoir un droit social ni exiger des règles précises : ils se soumettent aux modalités qui leur sont imposées et dont ils ne savent rien. De l'autre, les « obligeants » se sentent investis d'un devoir à l'égard de la société, dont ils dépensent les ressources, et de l'État, dont ils exécutent la mission charitable : l'implication de hauts fonctionnaires de la DDASS tout au long de l'opération montre assez combien la chose a été prise au sérieux. Deuxièmement, la décision procède d'un traitement individualisé. La casuistique empirique ainsi réalisée, en cherchant à prendre en compte les singularités de chaque situation, tend à s'éloigner de principes de justice communs et transparents. Avec là encore deux effets. D'une part, les « obligés » se doivent de mettre en œuvre des compétences pour apporter la justification de leur demande, ce qui, à situation comparable, génère des inégalités de traitement. D'autre part, les « obligeants » doivent recourir à des valeurs morales pour fonder leurs arbitrages, ce que montre la plus-value accordée au mérite et au malheur, ou plus exactement à leur mise en mots dans les requêtes.

À cette double condition structurelle de l'injustice, s'ajoutent des éléments qui sont propres aux modalités retenues dans le fonctionnement de la commission et dont les effets renforcent les logiques générales d'iniquité : les règles apparaissent multiples et concurrentes, sans principe hiérarchique clairement défini ; les critères sont imprécis, donnant lieu à des variations dans le calcul d'un budget ou la modulation d'un barème ; les consignes, nulle part écrites, ne donnent pas lieu à la constitution d'une mémoire des principes que l'on pourrait transmettre d'une réunion à l'autre. Facteur producteur d'arbitraire dans l'établissement des normes, la volonté de signifier, de délivrer un « message » au bénéficiaire du secours, implique souvent des appréciations du mérite de la personne ou de la légitimité de la dette. Le « sens » recherché, au demeurant rarement interprétable par les destinataires, conduit fréquemment à réduire la somme que la simple application du principe neutre, mais approximatif, de la composition du ménage aurait déterminée. À l'inverse, la variation de la composition des commissions peut être appréhendée comme un facteur générateur de contingence. Selon que le dossier est examiné par l'une ou l'autre, les chances d'échapper à l'effet de seuil pour l'éligibilité ou de bénéficier d'un montant plus élevé se modifient en fonction des critères ou des valeurs qu'utilise le président, dont on a souligné le rôle prééminent. Tel se révèle sensible à la détresse des femmes seules élevant des enfants, auxquelles il tend à faire plus volontiers confiance lorsque manque un justificatif et à l'égard desquelles il témoigne de plus de générosité que ses collègues ; tel autre manifeste un faible vis-à-vis des hommes isolés auxquels il accorde des secours même lorsque leur disponible dépasse le seuil. Tel privilégie le recours au barème, plus conforme selon lui à l'égalité ; tel autre met en avant le message, pour sa valeur pédagogique.

Limités cependant par un ensemble d'éléments qui en atténue les effets (à commencer par des règles, comme le seuil d'éligibilité ou le barème d'allocation, qui, même si elles ne sont pas correctement respectées, existent et servent), mais qui inclut aussi des formes d'auto- et d'hétéro-contrainte (l'intériorisation d'un idéal de décision juste par les agents dispensateurs des ressources et l'institution d'une possibilité de recours pour les demandeurs rejetés), l'arbitraire et la contingence aboutissent non pas à une absence de justice, mais à une multitude de variations sur le thème d'une justice singulière pour les pauvres.

*

La publication en 1971 de l'ouvrage de Frances Fox Piven et Richard Cloward, intitulé *Regulating the Poor,* fut suivie d'intenses débats parmi les historiens sociaux de langue anglaise[18]. Les auteurs y montraient comment les améliorations de l'assistance publique aux pauvres servaient à contrôler les désordres sociaux dans les périodes de difficultés économiques et comment, au contraire, les moments de stabilité dans la production des richesses permettaient d'exercer une pression plus grande sur la force de travail et donc de réduire les dispositifs de protection sociale. Des historiens du *welfare* s'opposèrent à cette lecture marxiste de l'« histoire par le bas », considérant que les progrès sociaux étaient surtout le fruit du progressisme des élites gouvernementales ou entrepreneuriales, poussées non par la crainte des mobilisations populaires, mais par la prise de conscience de la dégradation des conditions de vie des pauvres. Au regard de cette discussion, il est certain que la genèse du Fonds d'urgence sociale, aussi modeste ce dispositif soit-il dans l'histoire de l'assistance, apporte de l'eau au moulin des historiens du conflit, contre les historiens du consensus. La création du Fonds d'urgence sociale n'avait pas pour objet premier de soulager la misère des pauvres, mais bien de couper court à une contestation qui commençait à déborder le « mouvement des chômeurs et précaires ». Au-delà des déclarations gouvernementales justifiant la mesure par la volonté d'« apporter une aide plus substantielle aux situations les plus difficiles », selon les mots du Premier ministre, la décision de distribuer « un milliard » (de francs) est une illustration exemplaire de la fonction de régulation sociale qu'a toujours eue la charité publique.

Les requérants des aides financières de l'État l'avaient du reste bien compris. L'examen des trois cents dossiers que j'ai présenté ici dévoile la rareté des textes revendicatifs contrastant avec la fréquence des exposés qui donnent à voir la misère et visent à susciter la pitié, et ce, alors même que le dispositif d'aide d'urgence répondait à une mobilisation spectaculaire. Dans la rue, les chômeurs et précaires font valoir des droits à la justice. Sur leur formulaire de demande d'aide, ils en appellent à l'obligation d'assistance. Ce faisant, ils donnent raison, dans une certaine mesure, aux représentants locaux de l'État qui me déclaraient avoir voulu « casser le militantisme en évitant d'attribuer la somme réclamée par le mouvement des chômeurs » et qui se réjouissaient devant moi de ce qu'à travers leur participation à la mise en œuvre du Fonds d'urgence sociale, « les associations avaient abandonné leur casquette de militants pour celle de travailleurs sociaux ». Pour eux, comme pour les économistes sociaux du XIX$^{e}$ siècle, la distinction du droit de l'assisté et de l'obligation d'assistance était au principe de la charité publique : en aucun cas l'obligé ne doit se prévaloir d'un droit ; il y va du contrôle social de la misère. Ainsi, en écho aux procédures habituelles d'objectivation de la pauvreté dont l'enquête réalisée par un travailleur social fournit le modèle, le déploiement d'un dispositif d'exposition de la souffrance peut être vu comme un exercice imposé de subjectivation des pauvres, c'est-à-dire de construction de soi comme sujet de l'assistance. Le succès apparent de l'exercice – puisque, dans les argumentaires, les requérants exigent bien moins la justice qu'ils ne se présentent comme méritants ou qu'ils n'en appellent à la compassion – ne nous dit cependant rien de la subjectivité des requérants.

Se soumettaient-ils vraiment aux injonctions des services de l'État ou bien manifestaient-ils tout simplement une compétence acquise au fil des années au contact de la bureaucratie assistantielle ? On ne le sait évidemment pas – pour autant que cette alternative même ait un sens.

Quelle est alors la portée du geste de l'État ? Quelle est la signification du travail acharné de ses agents pour distribuer, selon des principes de justice plus ou moins élaborés, des sommes relativement modestes au regard des budgets de l'action sociale et de la politique familiale ? Car on pourrait bien sûr trouver assez dérisoires les aides financières du Fonds d'urgence sociale et le dispositif pour les accorder. L'attribution de 200 ou 300 euros de plus à tel ou tel est certes modeste au regard des situations sociales difficiles et parfois dramatiques auxquelles les candidats à la manne étatique font face quotidiennement. Les arbitrages rendus par la commission peuvent, dans ces conditions, sembler assez anodins et la microsociologie proposée ici paraître s'attacher à des décisions sans conséquence et sans lendemain. Néanmoins, si cette aide ponctuelle est effectivement un simple épisode dans la longue histoire de l'assistance, elle n'en est pas moins révélatrice de phénomènes plus généraux et de transformations plus amples dans le traitement des pauvres – et même peut-être des dominés dans un sens plus large. Qu'il s'agisse des demandeurs d'asile ou des étrangers sollicitant leur régularisation, des pauvres dans les consultations médicales de précarité ou dans les dispositifs locaux d'insertion, des prétendants aux secours des collectivités territoriales ou aux prestations des associations humanitaires, des personnes s'adressant aux commissions de surendettement ou d'impayés de loyer, autrement dit de tous ceux pour qui la reconnaissance d'un droit n'est jamais éloignée d'un rappel de la dette qu'ils contractent de cette manière à l'égard de la société, ce sont les mêmes formes narratives et argumentatives que l'on attend d'eux pour justifier leur requête, mais aussi les mêmes procédures d'évaluation et de jugement que l'on met en œuvre pour décider s'il est légitime de leur accorder les biens précieux que sont les titres de séjour, les prestations médicales ou sociales, les aides financières ou les rééchelonnements de dettes. Don de fragments de vie, contre-don de moyens de survie, telle est la structure de l'échange qui organise l'administration des pauvres. Dans cette transaction de biens symboliques et matériels, les médiateurs sont des agents administratifs, des travailleurs sociaux, des professionnels de santé, des membres d'associations. Les ressources mises à leur disposition sont plus ou moins modulables. Les choix qu'ils opèrent sont plus ou moins pathétiques. Mais ils se fondent sur des principes de justice et mettent en œuvre des pratiques de jugement qui expriment l'*ethos* de l'action publique autant que ses aléas. Il est donc légitime de penser que les leçons apprises de l'étude de la distribution du Fonds d'urgence sociale ont une portée plus grande que sa fugace existence ne le laisserait supposer.

La petite ville autrichienne de Marienthal avait connu une expansion économique remarquable au cours de la deuxième moitié du XIXe siècle grâce à l'implantation d'une prospère filature de coton. La mécanisation de l'usine puis la crise économique conduisirent, à la fin des années 1920, à la fermeture de la manufacture et à la mise au chômage de la plupart des habitants. Le sociologue Paul Lazarsfeld et ses deux assistants réalisèrent une enquête en 1931, s'intéressant notamment aux aides apportées par la commune en fin d'année. Ils notent : « Grâce à tous ces ajouts, la vie est un peu plus facile au moment de Noël. Mais la seule aide vraiment efficace serait naturellement le travail[19]. » Soixante-six ans plus tard, on aurait presque pu écrire la même chose – à deux différences près. D'une part, aujourd'hui, même celles et ceux qui travaillent n'échappent pas nécessairement à la pauvreté et, en l'occurrence, dans le département étudié, un requérant de l'aide d'urgence sur six avait un emploi. D'autre part, et peut-être surtout, les secours de jadis se faisaient sans condition, alors que désormais les demandeurs doivent exposer leur souffrance. Les chroniques de la misère ordinaire que nous livrent leurs suppliques nous parlent donc à la fois de leur condition précaire, que les récits exposent, et de nos économies morales, que les délibérations révèlent.

CHAPITRE 3

# Un protocole compassionnel

## La régularisation des étrangers pour raison médicale

> Le langage médical n'exprime-t-il pas, à sa manière, la situation générale des immigrés ? Sans doute n'est-il si abondant et aussi largement partagé que parce qu'il est produit par l'ensemble des catégories de perception et d'analyse qui président habituellement à l'image que l'on se fait des immigrés et au traitement qu'on leur réserve. Ainsi déterminé, il pourrait n'être qu'une simple variante du discours commun sur les immigrés et sur la condition d'immigré. L'immigré n'est que son corps.
>
> ABDELMALEK SAYAD, *La Double Absence*

L'une des premières mesures du gouvernement de la majorité de gauche issue des élections législatives qui avaient suivi la dissolution de l'Assemblée nationale en 1997 fut la publication, le 24 juin, d'une circulaire relative au réexamen de la situation de certaines catégories d'étrangers en situation irrégulière émise par le ministre de l'Intérieur, Jean-Pierre Chevènement. L'innovation la plus remarquable – et pourtant passée relativement inaperçue, en dehors des organisations de soutien aux personnes immigrées – en était la régularisation de droit de « l'étranger résidant habituellement en France atteint d'une pathologie grave nécessitant un traitement médical, dont le départ pourrait entraîner pour lui des conséquences d'une exceptionnelle gravité, sous réserve qu'il ne puisse effectivement poursuivre un traitement approprié dans le pays de renvoi ». Au terme de cet alinéa, confirmé l'année suivante par le fameux « article 12 bis 11 » de l'ordonnance de 1945 modifiée par la loi du 11 mai 1998 « relative à l'entrée et au séjour des étrangers et au droit d'asile », la personne malade recevait un titre de séjour assorti d'une autorisation de travail[1]. Résultat d'interventions associatives récurrentes, la reconnaissance de ce critère médical marquait l'aboutissement d'une évolution des pratiques préfectorales qui, au cours de la décennie 1990, avaient accordé une place croissante à ce que l'administration qualifiait alors de « raison humanitaire ». Dans une période où les restrictions en matière de droit au séjour n'avaient cessé de s'étendre et où le nombre de sans-papiers augmentait à la mesure du déploiement d'un dispositif réglementaire produisant toujours plus d'irréguliers, la maladie – pour autant qu'elle fût suffisamment grave et son traitement considéré comme inaccessible – ouvrait de nouveaux horizons et, de façon cruellement ambiguë, de nouveaux espoirs. C'est à la lumière de cette transformation qu'il faut lire cette supplique rédigée par un homme sénégalais à la fin des années 1990 :

> À M. Le Préfet. Par les pouvoirs qui vous ont été attribués dans l'article X de l'ordonnance du 8 mai 1945, auprès de votre très haute bienveillance, j'insiste après avoir reçu ce rejet inattendu certainement occasionné à une malentendu, lhors de mon entretiens avec l'agent médical de la DASS. Contrairement à ce que j'attendais, sans poser de question, elle choisit parmi les quelques résultats négatif qui n'avaient de rapport avec ce dont je souffre. Certes, ma venue dans ce pays n'est dû à de raison médical.

> Cependant, après 6 ans de suivie incontrôlé, toujours pour la même maladie et maintenant avec l'arrivée de mon aide-médical qui va enfin me permettre de poursuivre mes soins régulierement, j'aurais aimé et souhaité être admis dans ce cadre. En effet, à l'époque membre d'un groupe de comité d'étudiants à Dakar, menacé et recherché parmi d'autres par la police, j'avais peur de finir comme beaucoup oubliés dans les prisons. D'ou mon arrivée imprévu en France. Car fils d'un victime de guerre dans le régiment des tirailleurs sénégalais, étant également depuis mon arrivée en 1990 l'unique source de revenu envers ma famille à part sa pension militaire qui lui arrive très tardivement et insuffisante, pour toutes ces raisons, il est évident que mon retour dans ces conditions me semble impossible. Cependant, a titre esceptionnel, je vous pris M. le Préfet de m'accorder l'autorisation de séjourner ne reste que pour me permettre de poursuivre mes soins. À l'attente d'une réponse favorable veuillez croire à ma sincérité.

Après avoir épuisé toutes les voies administratives de la régularisation, mais aussi tous les arguments possibles de justification, cet homme en vient donc à invoquer la nécessité de se soigner comme une sorte d'ultime recours auprès des autorités préfectorales. S'il mentionne le danger encouru dans son pays en raison de ses engagements politiques (ce qui aurait pu mériter un examen de son dossier au titre de l'asile), s'il indique la date de son arrivée pour établir l'ancienneté de son attache (alors que la circulaire rend possible la régularisation au bout de sept ans sur le territoire français) et s'il fait enfin référence à l'activité militaire de son père au sein de l'armée française (dont le mérite aurait valu à ce dernier un titre de séjour et aurait pu influer sur sa propre situation), il se sert de ces éléments davantage pour donner à ses lecteurs une impression globalement favorable et, en quelque sorte, étayer la crédibilité de sa demande que pour revendiquer un droit : le fait qu'il n'ait pas demandé le statut de réfugié, qu'il ne dispose probablement pas des documents administratifs prouvant sa durée de séjour et qu'il évoque indirectement la maigre pension paternelle d'ancien combattant suggère qu'il ne croit guère à la légitimité de cette triple invocation. Désormais, la maladie est, si l'on ose dire, sa seule planche de salut. Son corps est devenu une ressource sociale susceptible de produire une compassion qui, traduite dans le droit, lui permettra peut-être d'être régularisé. Bien portant, il n'avait plus aucune perspective d'obtenir un titre de séjour. Souffrant, il pense maintenant avoir une chance.

C'est à cette évolution du droit et aux modalités concrètes de son application que je m'intéresse dans ce chapitre. Quel est ce singulier dispositif humanitaire que l'État français a inventé dans les années 1990 ? Comment a-t-il été mis en place et comment est-il mis en œuvre ? Quel est ce nouvel ordre moral qui fait du corps malade un critère supérieur d'évaluation du bien-fondé d'une demande de régularisation ? J'analyserai d'abord les transformations historiques qui traversent le corps de l'immigré depuis un demi-siècle et leur traduction dans une législation rapidement changeante. J'étudierai ensuite la manière dont les médecins inspecteurs appréhendent le nouveau droit initialement connu sous la dénomination de raison humanitaire : il s'agira de comprendre leur travail moral de qualification des étrangers légitimes. Je présenterai enfin quelques-unes des tactiques que mettent en œuvre les immigrés pour faire valoir ce droit, et même le détourner : il s'agira de reconnaître les figures morales qu'ils empruntent pour obtenir leur titre de séjour en évoquant la maladie. J'essaierai ainsi de dévoiler jusque dans ses contradictions le fonctionnement de ce dispositif de la dernière chance – ce que, par analogie avec la médecine, on peut appeler un « protocole compassionnel ».

## Le corps de l'immigré

Au début des années 1980, Abdelmalek Sayad, s'essayant, dans une conférence plusieurs fois rééditée, à définir le « mal d'immigration », pouvait écrire[2] : « Parce que l'immigré n'a de sens, à ses propres yeux et aux yeux de son entourage, et parce qu'il n'a d'existence, à la limite, que par son travail, la maladie, par elle-même, mais peut-être plus encore par la vacance qu'elle entraîne, ne peut manquer d'être éprouvée comme la négation de l'immigré. » Et il ajoutait : « L'importance de ce que l'on nomme le "langage du corps" ou, en d'autres termes, l'importance organique du corps ne sont, au fond, rien d'autre que l'importance du corps comme organe, c'est-à-dire essentiellement, comme force de travail, d'abord, et comme forme de présentation de soi, ensuite. » En ces temps-là, serait-on tenté de dire tant semble révolue l'époque où la demande économique de main-d'œuvre étrangère faisait de l'immigration une nécessité sociale, le corps de l'immigré était tout entier légitimé dans sa fonction d'instrument de production dont la maladie, ou l'accident, venait interrompre la réalisation. Certes, la « fermeture des frontières », annoncée quelques années auparavant, venait de sonner le glas de ce que l'on appelait l'« immigration de travail », mais la représentation commune était encore celle du « travailleur immigré », dont les usines attestaient l'utilité et les foyers la précarité : venu du sud de l'Europe ou d'Afrique, il participait à l'édification de la richesse nationale tout en demeurant dans un statut juridiquement provisoire et indéfiniment renouvelé. Le corps de l'immigré était alors un corps productif supposé en bonne santé. Qu'une altération physique se produisît, et c'était une rupture de la relation contractée avec la société dite d'accueil. L'incapacité à travailler, à la suite d'une maladie ou d'un accident, était source de suspicion, tant de la part des institutions de protection sociale qui flairaient la simulation qu'au sein du monde médical où le terme « sinistrose[3] » énonçait avec circonspection le doute sur la réalité organique de la souffrance. Le corps altéré, autrement dit inapte à produire, était socialement illégitime.

Les temps ont changé. C'est désormais à une autre configuration de l'espace moral que l'on a affaire. Dans cette configuration, la montée du chômage à partir des années 1970 et surtout la restructuration de l'industrie ont rendu l'immigration de main-d'œuvre non qualifiée indésirable, même si certains segments de l'économie nationale continuent d'y recourir, soit dans le cadre de contrats temporaires (agriculture, viticulture), soit sous la forme de travail illégal (bâtiment, confection, restauration). Dans cette configuration, la catégorie d'immigré s'est vue peu à peu remplacée dans le discours public par celle d'étranger, indiquant le passage d'une logique de l'offre, dans laquelle la capacité de production réglait le besoin de force de travail immigrée, à une logique de la demande, dans laquelle la disparition de ce besoin fait place à un régime de sollicitation de la part des étrangers. Dans cette configuration, enfin, l'immigré, trois fois plus souvent chômeur que la moyenne des actifs, apparaît comme la forme archétypale de l'« inutile au monde », tandis que l'étranger fait irruption sur la scène sociale sous la figure d'exclusion radicale du « sans-papiers[4] ». Dans ce nouvel état du monde social, le corps de l'immigré est devenu illégitime en tant que force de travail, d'autant que la concurrence s'intensifie sur le marché de l'emploi, mais le corps de l'étranger acquiert, lui, une nouvelle légitimité à travers la maladie qui permet, sous certaines conditions de gravité et d'impossibilité de traitement dans le pays d'origine, l'obtention d'un titre de séjour pour « raison humanitaire ». Renversement complet de perspective, par conséquent : la pathologie, qui suscitait la suspicion, devient source de reconnaissance sociale.

L'autorisation provisoire de séjour pour soins médicaux, d'abord pratique faiblement institutionnalisée laissée à l'initiative des préfectures, puis inscrite dans une circulaire ministérielle de régularisation des sans-papiers et enfin traduite dans la loi sur l'entrée et le séjour des étrangers, n'est certes que l'une des multiples dispositions réglementaires prévues pour l'obtention d'un titre de séjour. Elle n'en est pas moins révélatrice des changements intervenus, à la fois par son succès, puisqu'elle est celle dont les statistiques augmentent le plus rapidement au cours des années 1990 alors même que les législations successives restreignent pratiquement toutes les autres voies du droit au séjour, et par sa signification, puisqu'elle institue une nouvelle forme de relation, de type compassionnel, avec certaines catégories d'étrangers qui n'ont de légitimité à être présents sur le territoire français que parce qu'ils se trouvent menacés dans leur intégrité physique, ou parfois psychique. « L'immigré n'est que son corps », écrivait Abdelmalek Sayad. Il arrive que l'étranger, lui aussi, ne soit que corps, mais ce corps n'est plus le même : inutile à l'économie politique, il trouve désormais sa place dans une économie morale.

## Les lois de l'humanitaire

« Sauf si sa présence constitue une menace pour l'ordre public, la carte de séjour temporaire portant la mention "vie privée et familiale" est délivrée de plein droit à l'étranger résidant habituellement en France dont l'état de santé nécessite une prise en charge médicale dont le défaut pourrait entraîner pour lui des conséquences d'une exceptionnelle gravité, sous réserve qu'il ne puisse effectivement bénéficier d'un traitement approprié dans le pays dont il est originaire», stipule l'ordonnance du 2 novembre 1945 relative aux conditions d'entrée et de séjour en France des étrangers modifiée par la loi du 11 mai 1998, dite «loi Chevènement», reprenant pratiquement les termes de la circulaire de 1997[5]. Pour le législateur, il s'agit de mieux adapter la réglementation à l'article 8 de la Convention européenne des droits de l'homme en référence auquel l'État français avait à diverses reprises fait l'objet de condamnations par des tribunaux français ou par la Cour européenne de justice, mais également d'en finir avec cette catégorie d'étrangers «inexpulsables-irrégularisables» créée par la loi du 24 avril 1997, dite «loi Debré», qui avait introduit la protection de «l'étranger atteint de pathologie grave» de la menace d'éloignement, sans pour autant lui ouvrir droit à un titre de séjour. Se trouve dès lors inscrite dans le droit une préoccupation qui avait commencé à se manifester à la fin des années 1980, lorsque la double logique de production de lois de plus en plus restrictives en matière d'immigration et d'application toujours plus ferme des mesures répressives avait conduit à éloigner du territoire un nombre croissant de personnes en situation irrégulière parmi lesquelles certaines souffraient de pathologies graves, et notamment du sida alors en pleine expansion[6]. La mobilisation des associations de défense des immigrés aussi bien que de lutte contre le sida et la création de lieux de soins gratuits, privés ou publics, où les malades sans titre de séjour constituaient la majorité de la clientèle avaient, de plus, conféré une visibilité à cette réalité à l'égard de laquelle un courant de sympathie commençait à se manifester dans l'opinion.

Dans ce contexte, au début des années 1990, quelques préfets avaient pris l'initiative d'accorder, au cas par cas, des titres de séjour de trois mois dont l'attribution, en l'absence de tout cadre légal, relevait du pouvoir discrétionnaire de l'administration, après avis consultatif d'un médecin inspecteur de la Direction départementale des affaires sanitaires et sociales (DDASS), disposition qui s'était ensuite généralisée à tout le territoire selon des modalités variables ; si la préfecture refusait de délivrer ce document, un recours auprès de la Direction de la population et des migrations du ministère des Affaires sociales et de la Santé pouvait être présenté, conduisant souvent à une décision favorable du ministère de l'Intérieur. Résultant d'une procédure dérogatoire, les titres accordés étaient presque systématiquement assortis d'une interdiction d'exercer un emploi et n'ouvraient droit à aucune prestation sociale. En Seine-Saint-Denis, département qui, avec Paris, traitait le plus grand nombre de dossiers de demandes de régularisation, environ deux cents autorisations provisoires de séjour pour soins étaient ainsi accordées en moyenne chaque année : 229 en 1991, 154 en 1992, 194 en 1993, 163 en 1994, 162 en 1995 et 238 en 1996.

Si la pratique des autorisations provisoires de séjour pour soins avait commencé à se diffuser, l'inscription dans la loi de l'état de santé – d'abord comme obstacle à l'éloignement du territoire, puis comme motif d'obtention d'un titre de séjour – marque une véritable rupture. La première mention de la maladie dans la législation française intervient en effet à la suite de l'amendement adopté par l'Assemblée nationale le 27 février 1997, lors des débats parlementaires sur la « loi Debré ». Elle ne stipule toutefois que l'impossibilité d'expulser des étrangers « atteints d'une pathologie grave » et ne statue donc toujours pas sur l'acquisition d'un titre de séjour. Autrement dit, la logique dominante demeure celle de la répression, même si l'on admet des procédures dérogatoires. C'est en fait la circulaire du 24 juin 1997 qui fait de la maladie un critère de régularisation à part entière. Elle reprend les termes de la loi concernant la protection contre l'« éloignement du territoire », à savoir l'« exceptionnelle gravité » de l'affection concernée et l'impossibilité de « poursuivre un traitement dans le pays de renvoi ». Pour autant que le rapport du médecin inspecteur départemental soit favorable, une carte de séjour temporaire doit être délivrée avec, fait nouveau, « la mention "salarié" » si le malade et le médecin en font la demande. C'est cette nouvelle logique du plein droit qui est reprise dans la « loi Chevènement ». La reconnaissance légale du corps souffrant est désormais acquise.

Les statistiques disponibles – peu nombreuses et difficilement accessibles – attestent ce changement[7]. Dans le cadre de la circulaire de 1997, parmi les 38 000 dossiers sur lesquels on a statué favorablement, 3 238 ont bénéficié d'un titre de séjour pour « raison humanitaire » : c'est donc une régularisation sur douze qui a été faite sur le critère de la maladie grave. Au niveau des départements, la mise en œuvre de ce critère est spectaculaire : ainsi, en Seine-Saint-Denis, les demandes de carte de séjour temporaire invoquant ce critère s'élèvent à 737 en 1997, 757 en 1998 et plus d'un millier en 1999, soit une multiplication par cinq par rapport à la situation antérieure, quand aucun référentiel réglementaire national n'existait. Au niveau national, la tendance est identique si l'on se réfère cette fois aux cartes de séjour pour soins non plus seulement demandées mais effectivement délivrées : ce chiffre n'est disponible que depuis 1998, date de la mise en œuvre de la loi ; il était alors de 1 045, passant à 3 605 en 1999 et à 4 795 en 2000.

En conséquence, on peut décrire le recours à la raison humanitaire dans la gestion de l'immigration en trois périodes (tableau 3). Avant 1990, la maladie grave est une circonstance d'exception pour l'obtention d'un titre de séjour, ne s'appuyant sur aucun texte de référence et laissée au seul pouvoir discrétionnaire de la préfecture. Entre 1990 et 1996, elle s'impose peu à peu comme une mesure de plus en plus routinière dans la pratique administrative et se consolide réglementairement par la possibilité d'un recours hiérarchique, tout en continuant à relever d'un régime dérogatoire pour lequel l'interdiction d'occuper un emploi rappelle à l'étranger que l'on se place vis-à-vis de lui dans un rapport d'obligation. À partir de 1997, elle s'institue dans la réglementation, ouvre la perspective de l'obtention d'un titre de séjour de plein droit, s'accompagne d'une autorisation de travail en principe automatique et crée par là une véritable condition sociale de l'étranger malade[8]. De suspect, le malade a ainsi été d'abord transitoirement toléré, avant d'accéder à un statut de pleine légitimité.

***Tableau 3.* Les trois périodes de la raison humanitaire dans la gestion de l'immigration**

| Âge | Régime | Période | Réglementation | Titres | Effectifs |
|---|---|---|---|---|---|
| *Le malade suspect* | Exception | Avant 1990 | Pas de référence à la maladie dans la loi | Pas de désignation particulière | Nombre infime |
| *Le malade toléré* | Dérogation | De 1990 à 1996 | Protection contre l'éloignement du territoire | Autorisation provisoire de séjour pour soins | 150-250 par an |
| *Le malade légitime* | Plein droit | À partir de 1997 | Droit au séjour avec autorisation de travail | Carte de séjour « vie privée et familiale » | 700-1 000 par an |

Note : Les données chiffrées concernent seulement le département de la Seine-Saint-Denis.

Fait remarquable, au-delà des divergences idéologiques fortes qui se sont exprimées tout au long de cette période autour du thème de l'immigration et dont les débats parlementaires préparatoires aux différentes lois portent la trace, la reconnaissance du corps malade n'a guère entraîné les habituelles divisions partisanes qui marquent les politiques autour de ces questions. C'est une majorité conservatrice qui a voté l'impossibilité d'éloigner du territoire un étranger atteint d'une affection grave alors que, dans le même temps, elle entérinait un texte qui, sur tous les autres points, manifestait une plus grande sévérité. Et c'est le gouvernement socialiste qui a publié la circulaire et fait voter la loi qui accorde au malade une carte de séjour temporaire. Non que les deux dispositions soient équivalentes (l'introduction de la notion de plein droit et de l'autorisation d'occuper un emploi représente une avancée majeure dans la reconnaissance du statut de l'étranger malade) ou que les positions des uns et des autres soient indifférenciées (il suffit, pour s'en convaincre, de consulter le texte des auditions de la commission parlementaire « Immigration clandestine et séjour irrégulier d'étrangers en France » de 1996 au cours desquelles certains députés de la droite ont contesté le bien-fondé de l'aide médicale pour les sans-papiers, invitant même les travailleurs sociaux et les professionnels de santé à les dénoncer lorsqu'ils en font la demande) ; mais, dans les deux cas, aucune voix ne s'est véritablement élevée pour contester les bénéfices particuliers accordés à l'étranger gravement malade. La raison humanitaire s'est imposée à tous comme une juste cause ou, tout au moins, comme une cause qui ne pouvait être publiquement combattue. Au même moment pourtant, les conditions du regroupement familial ou de l'asile politique, pour ne citer que deux des catégories pour lesquelles les normes internationales sont les plus établies, étaient âprement débattues, donnant lieu à de virulentes attaques destinées à remettre en question leur application et même leur fondement.

Par analogie avec les mesures thérapeutiques mises en œuvre en fin de vie pour les malades souffrant de pathologies jugées incurables, on peut appeler « protocole compassionnel légal » la disposition réglementaire et le dispositif institutionnel qui visent à permettre à des malades étrangers en situation irrégulière de rester sur le territoire français, d'y être soigné et d'y assurer leur subsistance[9]. La disposition réglementaire s'inscrit dans les textes législatifs, les circulaires ministérielles, les décrets d'application. Le dispositif institutionnel comprend l'expertise médicale, la décision administrative, les procédures de recours. L'analogie avec son équivalent médical se justifie d'un double point de vue. Premièrement, la loi réserve ce triste privilège à des circonstances extrêmes, puisqu'elle précise qu'il doit s'agir d'un problème de santé pour lequel l'absence de traitement aurait « des conséquences d'une exceptionnelle gravité » : on ne saurait mieux dire que l'on se situe dans une logique de l'ultime. Deuxièmement, la législation trouve sa justification dans un registre émotionnel qui place le parlementaire la votant ou l'agent préfectoral l'appliquant dans un rapport empathique avec l'être souffrant qui transcende les arguments rationnels ou les préjugés idéologiques que l'on pourrait lui opposer : c'est au sentiment d'humanité qu'il est fait appel. Le protocole compassionnel est donc une procédure de la dernière chance qui relève d'une forme de sympathie éprouvée en face de la souffrance. Il revendique un droit de maintenir en vie celui qui n'a plus entre les mains que son existence.

Telle est du moins sa réalité dans l'univers des principes et des idées, là où la loi se débat et s'énonce. Cependant, on l'a dit, il n'y a pas de disposition sans dispositif : le protocole suppose à la fois des textes faisant office de référentiel et des situations concrètes dans lesquelles ils trouvent leur application. C'est dans cet écart, où les acteurs prennent corps et où les décisions deviennent effectives, que s'insinue l'enquête ethnographique.

## La justice de l'expert

« Le médecin inspecteur de santé publique doit-il accepter d'avoir les "mains sales" en s'engageant sur ce dossier à travailler avec le service des étrangers de la préfecture sur le difficile problème des expulsions ? », s'interroge un médecin inspecteur de la DDASS de Seine-Saint-Denis dans une note interne[10]. Sa réponse est sans ambages :

> Sans être dupe des ambiguïtés éthiques de la situation, nous avons répondu positivement considérant que notre intervention ne pouvait être que bénéfique en évitant les expulsions arbitraires. De plus, notre expérience nous a montré que cette intervention était efficace. Les difficultés techniques réelles sont beaucoup moins importantes que ce dossier ne le laisse penser, la plupart des cas ne se discutent pas. Dans l'incertitude, le bénéfice du doute doit toujours profiter à la personne en situation d'être expulsée. Ces avis nous permettent d'être crédibles sur le dossier des expulsions pour intervenir plus en profondeur par des contacts avec la préfecture et les associations.

L'analyse, fondée sur l'expérience d'un professionnel de la santé publique amené à statuer sur plusieurs centaines de dossiers chaque année, n'est toutefois pas partagée par tous. L'atteste la grande variabilité des avis rendus par les médecins inspecteurs. Ces derniers, selon une étude réalisée dans toute l'Île-de-France, déclarent émettre entre 5 et 50 % d'avis défavorables[11], ce que confirme l'enquête statistique, sur près de trois mille dossiers examinés dans trois des sept départements, qui établit que, pour les années 1997 et 1998, la part des propositions de régularisation formulées par l'administration sanitaire est de 42,7 % dans les Hauts-de-Seine, 74,5 % en Seine-Saint-Denis et 96,7 % dans le Val-de-Marne. Avant d'examiner de plus près la signification de ces variations de l'expertise médicale, précisons le fonctionnement du dispositif.

Les modalités concrètes de l'autorisation provisoire de séjour pour soins ont été longtemps laissées à l'appréciation des préfectures, ce qui correspondait d'ailleurs en partie à des réalités statistiques différentes, les moins actives d'entre elles ayant à traiter quelques dossiers chaque année quand les plus sollicitées en recevaient plusieurs centaines. Progressivement, l'usage s'est imposé qu'un médecin inspecteur de la DDASS ait en charge l'évaluation des demandes, mais dans nombre de départements on a continué jusqu'à la publication de la circulaire du 24 juin 1997 à recourir aux services de médecins agréés, ponctuellement rémunérés par l'État. Avec ce texte, le médecin inspecteur devient la pierre angulaire du dispositif, puisque son avis est transmis aux services préfectoraux de l'immigration et suivi lorsqu'il est favorable, sauf cas particulier que la loi limite aux menaces à l'ordre public. D'importantes différences existent cependant entre les départements, tant dans les demandes d'expertise externe susceptibles d'éclairer la délibération (certains essaient de les rendre systématiques, d'autres se satisfont des éléments apportés par le malade) et dans l'examen des situations individuelles (certains se contentent de vérifier les dossiers, d'autres exigent de voir personnellement chaque demandeur) que dans la prise de décision finale (certains jugent seuls, d'autres réunissent une commission). Ces différences procédurales ont évidemment une influence sur l'avis rendu, sans qu'il soit pour autant possible d'en déduire mécaniquement les effets : par exemple, la lettre d'un médecin qui suit le malade peut apporter des éléments objectivant la gravité ou, au contraire, relativisant la pathologie ; quant à la présence du requérant, elle induit certainement une proximité propice à la bienveillance, mais elle suscite parfois la suspicion ou la prévention. C'est pour tenter d'homogénéiser les pratiques que des textes réglementaires précisant les procédures de traitement des dossiers – arrêté du 8 juillet 1999 et circulaire du 5 mai 2000 [12] – ont été publiés.

Au-delà de la forme du dispositif, l'usage qu'en fait le médecin inspecteur rend davantage compte des variations observées dans les avis. Quatre dimensions le sous-tendent, qui tiennent à la fois aux singularités de ce métier et aux problèmes spécifiques posés par l'avis à rendre, ces deux caractéristiques distinguant l'administration de cette justice locale de ce qu'elle est dans l'exercice médical habituel. Professionnellement, les médecins inspecteurs sont soumis à des règles particulières, puisqu'ils ne sont pas censés s'occuper de cas individuels mais administrer la santé publique : certains acceptent de jouer le jeu de la nouvelle réglementation et s'efforcent de distinguer parmi les requérants les malades correspondant aux critères légaux ; d'autres considèrent que l'examen des malades ou de leur dossier ne correspond pas à leurs missions et tendent à donner des avis presque toujours favorables. Politiquement, les médecins inspecteurs appartiennent à un corps de l'État, ce qui suppose une neutralité et une indépendance d'autant plus revendiquées que des doutes sont parfois exprimés sur des pressions qu'ils subiraient de la part des préfectures : ils n'échappent toutefois pas complètement à l'emprise idéologique dont l'immigration a fait l'objet dans la société française, ce qui conduit à des appréciations variables de la légitimité des étrangers malades à bénéficier d'un titre de séjour, non pas lorsqu'ils ont affaire à des pathologies engageant à court terme le pronostic vital, mais dans les cas bien plus nombreux où l'évaluation de la gravité prête à discussion. Déontologiquement, les médecins inspecteurs sont pris entre les devoirs que leur dicte l'institution publique qui les emploie et ceux qu'il leur faut respecter au titre de leur métier, la médecine, même s'ils ne sont pas tenus, fait remarquable, de s'inscrire à l'Ordre : si le conflit entre les deux n'a jamais été jusqu'à une contradiction semblable à celle dans laquelle se sont mis certains fonctionnaires qui, pour dénoncer le délit d'irrégularité qu'ils constataient dans l'exercice de leur activité, ont renoncé à leur secret professionnel, une tension existe entre l'impératif de l'État, qui réserve la carte de séjour à des situations exceptionnelles par leur gravité, et les obligations de la médecine, qui respecte en l'occurrence une forme de principe de précaution, justifié de surcroît par la responsabilité pénale qu'ils engagent. Éthiquement, enfin, les médecins inspecteurs font jouer une clause de conscience que l'on aurait tort de réduire à la seule dimension physique ou même médicale : leur délibération prend en effet souvent en compte les répercussions psychiques ou sociales de la décision qui sera prise, tout comme elle se révèle plus ou moins informée par des éléments de l'histoire ou de la situation de la personne, sans lien direct avec l'état clinique mais pouvant contribuer à construire la légitimité de la demande ; un refus risque de déstabiliser un état psychique, un accord peut à l'inverse faire disparaître certains troubles mentaux. Il n'a été question jusqu'ici que du médecin inspecteur qui est le seul envisagé par la disposition réglementaire et, de plus, l'acteur le plus habituel dans le dispositif institutionnel ; d'autres peuvent également jouer un rôle important, en particulier certains médecins agréés et surtout des infirmières de santé publique parfois chargées de rencontrer les malades et d'instruire leurs dossiers.

La combinaison de ces facteurs aboutit aux trois postures idéal-typiques illustrées dans les trois départements précédemment évoqués (tableau 4). Le légalisme strict, consistant à suivre à la lettre la prescription officielle et donc à limiter les appréciations favorables, correspond à une intériorisation forte de la mission de représentation de l'État : le médecin inspecteur se voit avant tout comme un fonctionnaire chargé d'appliquer la loi dans son acception rigoureuse. La libéralité inconditionnelle, conduisant à accepter presque tous les dossiers, se réfère à l'autonomie de la profession, tant par rapport à la pratique clinique – puisqu'il s'agit d'administrer des populations et non de statuer sur des individus – que par rapport à l'État – afin de se démarquer de la fonction toujours menaçante de police sanitaire : le rôle d'inspecteur de santé publique est mis en avant. La générosité raisonnée, enfin, supposant un traitement individualisé et approfondi de chaque cas, en appelle à une sorte de morale du métier qui conduit le clinicien à délibérer attentivement sur la base de son intime conviction : l'invocation de l'humanisme médical prévaut. Bien sûr, comme toute typologie, celle-ci ne fournit qu'une grille de lecture qui ne saurait enfermer les pratiques réelles dans un cadre trop strict. On constate néanmoins, à l'examen des chiffres des trois départements franciliens, qu'elle a une traduction effective dans les pratiques des DDASS. Un étranger malade n'a assurément pas les mêmes chances d'obtenir un titre de séjour selon le département dans lequel il réside – ou dans lequel il choisit de présenter son dossier, puisque parfois se dessinent des tactiques, plus ou moins bien informées, visant à accroître la probabilité de régularisation par un changement d'adresse. Dès lors que l'allocation d'un bien rare procède d'une gestion locale, les disparités dans le traitement des dossiers et donc les inégalités d'accès à un droit sont grandes d'un territoire à un autre.

***Tableau 4.* Trois modèles de justice locale dans l'attribution des cartes de séjour temporaire pour les étrangers malades**

| Idéal-type | Référentiel dominant | Statut valorisé | Principe appliqué | Taux d'avis favorable |
|---|---|---|---|---|
| *Légalisme strict* | Autorité de la loi | Fonctionnaire | Raison d'État | Faible |
| *Libéralité inconditionnelle* | Autonomie de la profession | Inspecteur | Pratique de santé publique | Élevé |
| *Générosité raisonnée* | Morale du métier | Médecin | Intime conviction du clinicien | Intermédiaire |

Les médecins inspecteurs ne sont d'ailleurs pas les seuls à mettre en œuvre une justice locale à géométrie variable. Leurs collègues cliniciens, libéraux ou hospitaliers, souvent sollicités pour transmettre à la DDASS un rapport sur la pathologie dont souffre l'étranger malade, sont également soumis à des tensions contradictoires. Entre le retrait prudent de certains à l'égard d'une mission qu'ils ne reconnaissent pas comme la leur (« ce n'est pas à nous de décider des titres de séjour ») et l'instrumentalisation militante de la mesure par d'autres qui y voient l'opportunité d'une action juste (« si nous pouvons ainsi aider des personnes en difficulté, nous devons le faire »), toutes les positions sont possibles. Soit les deux cas suivants illustrant ces deux attitudes extrêmes.

Un jeune homme algérien en situation irrégulière résidant en France depuis neuf ans consulte à l'hôpital pour des séquelles de poliomyélite se manifestant par des déformations des membres inférieurs, une boiterie et des douleurs. L'orthopédiste préconise, dans un courrier adressé au médecin traitant, une série d'interventions de correction et, parallèlement, une longue rééducation au terme de laquelle il est possible d'entrevoir une récupération fonctionnelle satisfaisante. Afin de mener à bien ce programme chirurgical, il est évidemment nécessaire que le patient bénéficie certes d'une couverture sociale, ce que lui assurerait de toute façon l'aide médicale, mais aussi plus globalement d'une certaine sécurité personnelle, ce que l'autorisation de séjour pour soins lui garantirait. Un rapport est donc demandé à l'orthopédiste pour documenter le dossier du jeune homme en vue du dépôt de son dossier à la préfecture. Cette fois cependant, le chirurgien se rétracte, affirmant que l'intervention n'est pas souhaitable et qu'il ne peut rédiger un certificat indiquant la durée des soins comme cela lui est demandé : « la prise en charge se limitera à la prescription de chaussures orthopédiques », conclut-il, dans sa lettre de réponse [13].

L'attitude thérapeutique du chirurgien s'est modifiée dès lors qu'il lui a fallu l'engager devant l'administration : il n'est plus question de réparer le handicap, mais seulement d'aménager un appareillage minimal qui ne suppose donc pas la justification d'une autorisation de séjour. Autre médecin, autres mœurs :

Une femme béninoise de quarante-cinq ans sollicite une autorisation de séjour pour soins. Elle est venue en France une dizaine d'années plus tôt pour accompagner son jeune fils auquel une tumeur rare des muscles avait été diagnostiquée et qui devait subir un long traitement anticancéreux. Une fois guéri, ce dernier est retourné au pays, mais sa mère est restée travailler pour subvenir aux besoins de ses enfants. Sans titre de séjour, elle a vécu et fait vivre sa famille avec la rémunération d'emplois non déclarés de femme de ménage ou de garde d'enfants. Sa principale préoccupation est de continuer à faire venir son fils une fois par an pour effectuer un bilan médical. Lors de la consultation hospitalière au cours de laquelle elle fait évaluer son propre état de santé, on ne lui trouve qu'une hypertension artérielle modérée, de surcroît bien équilibrée par un traitement simple. Sensible à son histoire, le généraliste établit pourtant un certificat pour la préfecture mentionnant l'existence d'une « maladie grave qui mettrait en jeu le pronostic vital en cas de retour au pays ».

L'attestation délivrée par le médecin revient en somme à demander une autorisation de séjour pour soins par procuration : en l'obtenant pour la mère qui souffre d'une pathologie banale et contrôlée, il permet de soigner le fils atteint d'une affection grave.

Ce sont là deux manières opposées d'endosser la responsabilité civique du médecin. Aussi contradictoires soient-elles, les deux attitudes témoignent néanmoins, chacune à sa façon, de ce que ces professionnels inscrivent leur expertise médicale dans un espace politique où les repères déontologiques semblent s'estomper. Énoncer un diagnostic et un pronostic – pour le clinicien, un acte quotidien dont la difficulté n'est, en principe, que technique – devient ainsi un problème de conscience qui lui paraît engager des enjeux idéologiques ou éthiques : c'est vrai pour celui qui se récuse, alors qu'il lui suffirait de produire un rapport médical descriptif n'engageant que sa compétence médicale, comme pour celui qui certifie une gravité surestimée de la maladie, quand il ne lui est demandé que de constater un état clinique. Entre ces deux positions extrêmes – refus de se prononcer, justification par excès – dont la première semble plus fréquente que la seconde, toutes les modulations sont possibles, non seulement d'un expert à l'autre, mais aussi d'un moment à l'autre pour un même médecin. Ainsi la justice locale se décline-t-elle autant en fonction de l'application de principes clairement énoncés que dans un double jeu d'arbitraire et de contingence, comme on l'a vu à propos des aides d'urgence. Arbitraire manifestant le bon vouloir de l'expert (sévérité ou générosité dispensée de manière discrétionnaire), contingence rappelant les effets du hasard (variations du jugement selon l'humeur ou l'heure). Mais si ces variations sur le thème de la justice locale sont possibles, c'est que, contrairement à ce que la réglementation laisse supposer, l'objet même sur lequel porte la délibération se prête à des interprétations diverses.

## Les cadres du jugement

Le texte législatif, précisé dans une circulaire aux préfets, indique en effet trois conditions pour que soit fondé le recours à la raison humanitaire. L'une porte sur le séjour, les deux autres sur la situation médicale proprement dite. Aussi précises qu'elles puissent apparaître – chaque mot du texte étant pesé, comme le montrent les infimes variations de vocabulaire d'une version à l'autre et comme le soulignent les luttes des associations pour faire modifier tel ou tel terme –, ces conditions donnent lieu à des interprétations variables et, par conséquent, confrontent les agents à la nécessité de statuer en fonction de valeurs morales et non uniquement de critères techniques. Ce qui est vrai de toutes les expertises médico-administratives l'est avec une intensité particulière lorsque l'on a affaire à des situations dans lesquelles se trouvent impliqués à la fois des problèmes vitaux (pour les malades, dont la reconduite à la frontière peut signer un arrêt de mort) et des questions politiques (pour la société, dont le rapport à l'immigration se révèle éminemment sensible). S'engagent alors, entre l'expert clinicien et le malade étranger, des épreuves de vérité dans lesquels la décision supposée juste s'élabore, et parfois se négocie, parole contre parole.

Premier critère, donc, le bénéficiaire doit être un « étranger résidant habituellement en France », ce que la circulaire du 12 mai 1998 suggère d'« apprécier avec souplesse », tout en ajoutant que « la durée de séjour ne sera qu'exceptionnellement inférieure à un an ». Ce critère vise, on le comprend, à éviter que des personnes venues en France seulement pour faire soigner leur maladie bénéficient à la fois d'une carte de séjour temporaire et d'une gratuité des soins dans le cadre de l'aide médicale. De telles situations ne sont toutefois pas rares, en particulier depuis le passage du régime dérogatoire au plein droit, en 1997 : ainsi des étrangers régulièrement installés en France font-ils parfois venir un parent atteint d'une affection chronique pour lui permettre de pratiquer des examens et d'adapter son traitement ; d'abord présents sous couvert d'un visa de court séjour justifié par leur visite à leur famille, ils se trouvent, à la péremption de ce dernier, en situation irrégulière et peuvent alors prétendre, du moins certains le pensent-ils ou se l'entendent-ils dire, à une régularisation de leur séjour, par la carte temporaire, et à un accès aux soins, par l'aide médicale. Cette double procédure appelle une double expertise : celle du médecin, qui peut apporter dans son évaluation clinique les éléments indiquant s'il y a ou non « résidence habituelle », ce qui pèsera dans l'avis finalement rendu par le médecin inspecteur sur le bien-fondé du titre de séjour ; celle de l'assistant social, qui doit mentionner dans le dossier qu'il adresse à la sécurité sociale, si la personne « réside habituellement », de manière à justifier l'aide médicale. L'appréciation de ce critère, dans l'esprit même de la circulaire d'application, laisse une place significative à l'interprétation par les agents, dès lors que le temps passé en France est court : moins d'un an, selon les termes de la circulaire. Dès lors, deux situations administrativement semblables peuvent donner lieu à des appréciations contraires.

> Un homme algérien de quarante-quatre ans vient en France où réside sa sœur pour faire soigner ce qu'on lui a dit être un « cancer de la gorge ». Lors de la consultation, qui a lieu dans le mois qui suit son arrivée, le médecin diagnostique une pathologie moins grave, à savoir une forme particulière de réaction allergique, relevant d'une investigation complémentaire simple et d'un traitement médicamenteux banal. Compte tenu de la plausibilité de son retour après l'achèvement de ses soins, le critère résidentiel est opposé à sa demande de carte de séjour temporaire et d'aide médicale : le travailleur social ne peut déclarer que la personne vit « habituellement » sur le territoire français. À l'inverse, une femme algérienne de trente-huit ans rejoint son frère installé en France à la suite de la mort de son mari dans des conditions suspectes qui lui font craindre pour sa propre existence en raison du climat de violence qui règne dans son pays. Elle consulte quelques semaines plus tard pour un syndrome dépressif et des problèmes endocriniens, appelant un suivi psychiatrique et une exploration biologique. Dans ce cas, l'estimation de la probabilité qu'elle ne rentre pas dans son pays conduit à donner une lecture prospective de sa résidence : l'assistante sociale établit le document indiquant que la personne est amenée à demeurer sur le territoire français, élément qui lui permettra d'obtenir une autorisation de séjour pour soins et un accès gratuit aux prestations médicales.

Au-delà donc de ce qui est présenté comme une simple évaluation objective des chances que la personne reste en France, c'est aussi un jugement sur la légitimité du séjour qui est produit : l'homme venu pour soigner sa maladie est considéré comme moins légitime pour prétendre à une « résidence habituelle » que la femme invoquant des menaces, même si en l'occurrence elles ne sont pas authentifiées. Plus généralement, ce sont des éléments tels que l'évocation d'années d'enfance ou d'adolescence en France, la présence d'un conjoint ou de jeunes enfants déjà installés, ainsi que la découverte d'une affection grave nécessitant un traitement long qui vont conduire à présumer la stabilité résidentielle et à valider la sollicitation d'une autorisation de séjour ou d'une aide médicale. La médecine, on le sait, exerce toujours un pouvoir sur le temps des patients, ne serait-ce que par l'imposition d'une attente. Ce pouvoir ne s'exerce toutefois pas seulement sur la gestion de leur présent, il inclut aussi l'intervention sur leur futur, surtout lorsqu'il s'agit de décider de leur attribuer un bien rare, tel qu'un titre de séjour ou une gratuité des soins.

Pour autant, l'évaluation de ce critère n'est pas le résultat unilatéral de la délibération du médecin expert ou du travailleur social. Les étrangers et leurs familles peuvent également développer des tactiques en connaissance de cause. Parfois informés des subtilités de la réglementation par un avocat ou par une association, ils tendent à faire valoir un projet d'installation, voire des contraintes pesant sur le retour.

> Un homme sénégalais vivant et travaillant en France depuis de nombreuses années fait venir sa mère septuagénaire qui souffre de problèmes de santé liés à son âge et notamment d'une cataracte qu'il veut faire opérer dans un hôpital français. À l'assistante sociale qui lui demande si la vieille femme envisage de rester vivre avec lui ensuite, il répond affirmativement et un dossier d'aide médicale est constitué à la CPAM. Au médecin expert qui doit rédiger le rapport d'évaluation clinique pour la DDASS, il indique au contraire que sa mère rentrera au pays une fois les soins terminés.

Ces deux affirmations sont cependant moins contradictoires qu'il n'y paraît – et l'on aurait tort d'en faire un simple jeu de dissimulation – tant, dans des situations comme celle-ci, les décisions familiales ne sont pas définitivement tranchées et peuvent donner lieu à des aménagements, en fonction de l'évolution de la pathologie, mais aussi des relations intrafamiliales qui engagent des jeux complexes d'obligations.

Deuxième critère requis par le législateur, « l'état de santé nécessitant une prise en charge dont le défaut pourrait entraîner des conséquences d'une exceptionnelle gravité ». C'est bien sûr ce critère qui justifie l'expertise médicale, celle du clinicien qui transmet son évaluation et celle du médecin inspecteur qui rend son avis. À cet égard, la comparaison entre les trois départements déjà évoqués révèle des différences importantes. Il faut mettre ici à part le cas du Val-de-Marne, puisque, à cette époque, dans 96,7 % des cas, le médecin inspecteur y statue favorablement, c'est-à-dire presque indépendamment de l'affection constatée. Si l'on s'en tient donc aux deux autres, les Hauts-de-Seine et la Seine-Saint-Denis, dont les proportions d'avis favorables sont respectivement de 42,7 % et 74,5 %, on constate que l'écart entre ces deux taux tient essentiellement à une différence d'appréciation concernant certaines pathologies. Jugement similaire, en effet, en ce qui concerne les affections réputées mortelles : 100 et 99 % parmi les 129 cas de cancers ; 91 et 100 % parmi les 384 cas de sida. Évaluation discordante en revanche dans les maladies chroniques : 28 et 84 % pour les 121 diabétiques ; 24 et 92 % pour les 122 cardiopathies. Position diamétralement opposée enfin à l'égard des troubles psychiatriques : 0 et 80 % parmi les 119 dossiers présentés.

Trois classes de pathologies se dessinent ainsi au regard de la mise en œuvre de l'expertise médicale. La première se compose des maladies engageant le pronostic vital et donnant lieu à des avis presque systématiquement favorables, avec de surcroît la mention d'une durée « indéterminée » du suivi qui permet l'obtention d'une carte d'une année, quel que soit le temps de résidence. La deuxième regroupe des affections graves impliquant un traitement prolongé et une surveillance régulière pour lesquelles l'appréciation se fait « au cas par cas », en prenant notamment en compte le critère portant sur la possibilité de se soigner au pays, comme on le verra. La troisième, enfin, concerne les maladies mentales à l'égard desquelles deux positions tranchées s'opposent : selon les uns, non seulement elles relèvent d'une prise en charge médicale au même titre que n'importe quelle affection somatique, mais en outre elles résultent, en partie au moins, de la situation juridique des patients, l'obtention d'un titre de séjour ayant alors un effet thérapeutique ; selon les autres, ces troubles sont certes liés aux conditions d'existence, en particulier à la précarité économique et résidentielle, mais pour cette raison même, il n'y a pas lieu de mettre en œuvre un traitement psychiatrique qui ne peut que chroniciser les situations, quand un retour au pays serait susceptible de donner un environnement social et même thérapeutique plus propice à la guérison. Des formes intermédiaires existent cependant, comme l'illustre le cas suivant :

> Un homme tunisien de trente-trois ans sollicite un titre de séjour pour soins afin de pouvoir mener à leur terme les examens complémentaires coûteux qui lui ont été prescrits pour l'exploration de douleurs thoraciques. Il est arrivé en France quatre ans plus tôt pour chercher du travail comme mécanicien afin de pouvoir « aider sa famille » au pays et avec l'espoir de « faire sa vie ». Mais sans titre de séjour, il doit se contenter de « petits boulots » mal

> rémunérés, lui permettant à peine de payer ses propres dépenses. La frustration que suscite l'échec de son projet de migration et l'anxiété qui en résulte entrent probablement pour une bonne part dans la symptomatologie qu'il présente et dont diverses consultations spécialisées déjà effectuées laissent entrevoir la bénignité organique. L'expertise médicale qui lui permettra éventuellement d'obtenir la carte d'un an à laquelle il prétend se pose ainsi dans les termes énoncés par l'un des médecins inspecteurs : « La vie en situation précaire, ça dégrade les gens. Pour nous, ce n'est pas facile de statuer sur le mal-être, la déprime, la déglingue. » Si, prenant prétexte de la réalisation des examens complémentaires, le médecin puis la préfecture donnent dans ce cas un avis favorable à la régularisation « pour soins », il est probable que ce titre de séjour lui permette de trouver du travail, pour autant qu'il soit assorti, comme la loi le prévoit, d'une autorisation d'occuper un emploi. Ses symptômes auront alors servi, au prix d'une pathologisation de son état (dans lequel le psychique et le somatique sont inséparables) et d'une médicalisation de sa prise en charge (cinq médecins assurent, plus ou moins régulièrement, son suivi), à faciliter sa reconnaissance juridique et son insertion sociale, conduisant peut-être même, au bout du compte, à faire disparaître les troubles dont l'exploration avait justifié le titre de séjour temporaire.

Cercle médicalement vertueux, serait-on tenté de penser en l'occurrence, mais qui institue le corps comme lieu ultime de la vérité de l'étranger. Un tel investissement corporel est propice à toutes sortes d'épreuves de véridiction auxquelles sont soumis les prétendants au précieux titre de séjour, mais dans lesquelles ils sont susceptibles de développer leurs propres tactiques. On peut ainsi déterminer quatre figures de la véracité en fonction de la réalité de la pathologie et de l'identité du demandeur (tableau 5)[14]. Chacune d'elles est ici désignée du point de vue que porte sur elle la société, à commencer par les professionnels de la santé eux-mêmes : elle ne représente donc pas une lecture prétendument objective, mais bien une typologie intersubjective.

***Tableau 5.*** **Les figures de la véracité**

| | **Pathologie vraie** | **Pathologie fausse** |
|---|---|---|
| *Identité vraie* | Conformité | Simulation |
| *Identité fausse* | Usurpation | Imposture |

Note : Les modes de qualification adoptés correspondent à la manière dont chacune de ces figures est appréhendée et, souvent, nommée dans le monde social : ainsi, le malade authentique se présentant sous son vrai nom est considéré comme « conforme », alors que la personne inventant ou exagérant une symptomatologie est vue comme « simulatrice ». On se situe donc ici dans une logique de désignation, au sens interactionniste.

La figure la plus fréquente – et en l'occurrence la moins intéressante pour mon propos – est évidemment celle que l'on peut qualifier de « conforme » : l'étranger, qui se présente sous son vrai nom, invoque une pathologie avérée. Néanmoins, on a vu les problèmes d'interprétation que pose cette situation qui n'est simple qu'en apparence.

Une autre figure correspond à ce que les agents administratifs qualifient d'« usurpation d'identité » : l'étranger malade, précisément parce qu'il est en situation irrégulière, peut être conduit à effectuer ses examens ou à suivre ses traitements sous un autre nom permettant la prise en charge financière de ses soins.

> Un homme marocain sollicite une carte de séjour temporaire pour raison de santé : il souffre d'une pathologie athéromateuse dont la principale complication a été, quelques années auparavant, un accident vasculaire cérébral régressif qui a conduit à une intervention chirurgicale

pour remplacer un fragment d'artère carotide bouchée. Cette opération a cependant été réalisée sous un autre nom qui apparaît sur le compte rendu opératoire. Bien que sa véritable identité soit indiquée sur les examens complémentaires les plus récents, la discordance des noms suscite la suspicion de l'infirmière de santé publique chargée d'instruire son dossier à la DDASS. Ne pouvant conduire elle-même un examen clinique, elle demande à un médecin hospitalier de s'assurer que la pathologie correspond bien au patient. En l'occurrence, la vérification est facile, puisque la cicatrice de la cervicotomie atteste la réalité du geste chirurgical : la personne n'avait pas menti.

La figure suivante est généralement connue sous le nom de « simulation » : l'étranger se présente sous son vrai nom, mais avec une maladie fictive. Comme pour toute situation dans laquelle la pathologie entraîne des bénéfices secondaires potentiels, la procédure d'obtention d'un titre de séjour pour soins appelle le soupçon sur la réalité de la pathologie. Cependant, plus souvent que des affections créées de toutes pièces, on suspecte généralement une majoration de la part du malade et, parfois, une complaisance de la part du médecin :

Un homme malien de trente-trois ans, en France depuis plusieurs années, demande une régularisation pour soins à l'appui de laquelle il présente la lettre manuscrite d'un médecin détaillant la liste impressionnante des radiographies, échographies, examens biologiques et parasitaires effectués et concluant à la nécessité de poursuivre le bilan pour « rechercher la cause d'une anomalie sanguine et d'une aérocolie qui comprimait le diaphragme ». Doutant de la signification péjorative du trouble hématologique et du signe intestinal, le médecin inspecteur sollicite une expertise au cours de laquelle une nouvelle demande de précisions est adressée au généraliste. Cette fois, intimidé peut-être, ce dernier répond, alors qu'aucun nouvel élé-

> ment n'est intervenu, que le patient se plaignait simplement de « troubles divers aussi imprécis que nombreux », mais que « tout était cliniquement et biologiquement normal ». Les modifications de la numération sanguine et les manifestations radiologiques de l'aérophagie se trouvaient ainsi ramenées dans les limites normales de la physiologie. En l'occurrence, le médecin était lui-même partie prenante de la simulation.

La dernière figure résulte d'une double falsification, pour laquelle on parle souvent d'« imposture » : dans ce cas, maladie et identité sont d'emprunt.

> Un homme d'Afrique de l'Ouest dépose une demande de titre de séjour pour soins. L'épais dossier médical qu'une association humanitaire a constitué pour la DDASS atteste l'existence d'un sida à un stade évolué. Néanmoins, dans la mesure où les derniers examens biologiques remontent à plusieurs mois, une actualisation est demandée à l'hôpital. Lors de ce nouveau bilan, des résultats étonnamment discordants sont constatés, conduisant à une vérification sérologique et à la découverte de l'absence d'infection rétrovirale. Le dossier médical présenté était un faux.

Enfin, toujours dans le registre médical, intervient un troisième critère, « l'impossibilité de suivre effectivement un traitement approprié dans le pays d'origine », pour reprendre les mots de la circulaire d'application. Ce texte précise d'ailleurs que la condition ainsi énoncée « dépend non seulement de l'existence des moyens sanitaires adéquats, mais encore des capacités d'accès du patient à ces moyens ». La précision est d'importance : elle indique que le médecin doit apprécier la disponibilité et l'accessibilité des soins, entendus aussi bien en termes d'instruments diagnostiques que de procédures thérapeutiques. Plus encore, la circulaire ajoute que, dans cette évaluation de la situation médicale dans le pays d'origine, le médecin inspecteur doit « prendre en considération les structures, équipements et financements existants, ainsi que les personnels compétents pour l'affection en cause » et vérifier, « s'agissant de personnes le plus souvent démunies, l'existence d'une couverture sociale et de son étendue ou d'une prise en charge financière des soins par la collectivité ». C'est dire que, si l'on s'en tenait à cette formulation, les ressortissants de la quasi-totalité des pays du tiers-monde seraient de potentiels bénéficiaires de ce titre de séjour. C'est bien ce que cet homme burkinabé avait compris et retenu de son entretien dans une association de défense des étrangers à laquelle il s'était adressé : « Je lui ai montré mes ordonnances, elle m'a dit que je devais avoir une maladie grave. Moi, les médicaments, je ne peux pas les acheter au Burkina Faso, là-bas c'est seulement pour les riches. Elle m'a dit d'aller voir mon médecin et si j'ai une bonne preuve d'appui, ce n'est pas un problème, j'aurai le titre de séjour. Il suffit de montrer qu'on ne peut pas se soigner chez nous. »

Là encore, les choses ne sont pourtant pas si simples. L'interprétation libérale qu'autorise la réglementation induit d'importantes variations entre experts. Certains cherchent à s'assurer tant bien que mal de la situation médico-sanitaire dans le pays considéré, voire se plaignent de l'absence d'un service qui centraliserait les informations pertinentes et dont la circulaire laisse entendre que le « médecin conseiller technique de la Direction de la population et des migrations » pourrait en tenir lieu : on conçoit le caractère utopique d'un tel projet, supposant une connaissance universelle des systèmes de soins en même temps qu'une évaluation globale de chaque lieu. La plupart cependant ont renoncé à envisager une telle possibilité et tendent à calquer leur appréciation sur le critère de gravité de la maladie : pour les affections mortelles, comme le cancer et le sida, il est présumé que les conditions d'accès à des soins que l'on sait complexes et coûteux ne sont pas réunies ; pour les pathologies chroniques, telles que le diabète ou l'hypertension artérielle, leur sévérité sert empiriquement à trancher entre les patients pour lesquels les soins doivent être faits en France et les autres. Trop difficilement objectivable, ce critère apparaît donc, à l'usage, comme largement redondant avec le précédent.

Sauf dans un cas : ce qui relève de la santé mentale. Comme on l'a vu, deux attitudes opposées se retrouvent en effet ici parmi les psychiatres cliniciens et les médecins inspecteurs. D'un côté, ceux qui estiment que les troubles psychiques relèvent d'une prise en charge comme les autres pathologies et que la même exigence de qualité doit être posée pour n'importe quel malade : le retour au pays serait doublement préjudiciable, parce qu'il exposerait la personne aux conditions qu'elle a cherché à fuir en émigrant et parce qu'il interromprait le traitement psychiatrique tel qu'il est envisagé dans le contexte médical français. De l'autre côté, ceux pour qui l'origine du patient, surtout lorsqu'il est africain, détermine une appréciation spécifique : rentrer chez lui aurait une vertu doublement thérapeutique, à la fois en restaurant l'environnement social familier et en donnant accès aux traitements locaux, qu'il s'agisse de rituels ou de soins délivrés par des guérisseurs. Dans les deux cas, ce sont des présupposés apparemment généreux mais exactement symétriques qui conduisent les uns, au nom de la nocivité du contexte du pays de la personne et d'un argumentaire universaliste, et les autres, en se référant au caractère présumé bénéfique du milieu d'origine et à une justification culturaliste, à transmettre à leurs préfectures des avis radicalement contraires. On retrouve là une ligne de division qui traverse le champ de la santé mentale dès lors que l'on a affaire à des immigrés[15]. Elle est ici tracée en fonction du fait que l'on considère comme plus pathogène la situation qui a conduit à l'émigration ou la condition qui prévaut dans la société d'immigration. Il s'agit bien, là encore, de confrontations de vérités.

Entre les trois critères évoqués – la durée de séjour, la nature de la maladie et l'accessibilité du traitement en cas de retour forcé –, les pouvoirs publics ont choisi d'intervenir sur le dernier lorsqu'ils ont considéré, au début des années 2000, qu'il fallait réduire le nombre d'étrangers bénéficiant d'une régularisation pour soins. Plusieurs tentatives ont été conduites, par le ministère de l'Intérieur conjointement avec le ministère de la Santé, pour établir des listes de pays indiquant, pour chacun d'eux et en fonction des principales pathologies, les ressources thérapeutiques disponibles, avec l'idée qu'il serait ainsi possible de mieux contrôler les avis rendus par les médecins inspecteurs. L'idée est inspirée du principe qui a permis, en matière d'asile, de définir des « pays sûrs » dont les ressortissants se trouvaient *a priori* exclus du statut de réfugié. Dans la dernière formulation, proposée en 2006, une forme de « droit opposable » inversé permettrait au préfet qui aurait connaissance de la maladie de l'étranger de contrevenir à l'avis du médecin inspecteur, ce qui suppose la levée du secret médical. Les efforts déployés par les pouvoirs publics pour restreindre la portée de la régularisation pour soins, y compris au détriment des règles éthiques élémentaires, révèlent ainsi par contrecoup la puissance potentielle de la raison humanitaire.

À côté des trois critères qui viennent d'être discutés, d'autres éléments non explicités dans la loi entrent en ligne de compte dans la délibération des experts. « Ce n'est pas simple, mais ça ne peut pas être simple, explique un médecin inspecteur. On essaie d'examiner chaque situation en prenant en compte la durée du séjour, la situation du pays d'origine, y compris politique, l'âge de la personne, si elle est soutien de famille, s'il y a des enfants. » C'est dire que les données concernant la santé, qui seules déterminent en principe l'avis fourni par la DDASS, ne sont qu'un élément saisi par le médecin dans un contexte où les dimensions affective et morale jouent un rôle essentiel. Tel est particulièrement le cas lorsque les experts de l'État ne se contentent pas de l'examen du dossier, mais s'engagent dans un colloque singulier d'un genre inhabituel qui met en présence un malade qui n'est pas en attente de soins, mais d'un titre de séjour, et un professionnel de santé qui n'est pas en mesure de le traiter, puisqu'il est censé s'occuper de populations.

Signe de la relation d'empathie qui s'instaure parfois dans ces situations, ce commentaire d'un médecin inspecteur amené à statuer sur plusieurs centaines de dossiers chaque année : « plus on passe de temps avec une personne et plus on tend à dire oui ». Probablement est-ce pour réduire cette tension interpersonnelle, avec la compassion qu'elle produit, que les textes réglementaires ne cessent d'instituer des normes procédurales plus neutres et distantes, l'expert devant désormais trancher sur dossier. Mais, que ce soit dans la rencontre avec le malade ou sur la simple lecture du dossier, il n'en demeure pas moins que la vérité du corps, telle que l'institue la loi, n'acquiert toute sa légitimité que par rapport à une vérité de la personne, plus globale, telle que l'évalue l'expert. Cette vérité de la personne inclut son histoire et sa situation présente, mais teste aussi ses qualités rhétoriques (pour entraîner la conviction) et relationnelles (pour susciter la sympathie). Pour l'aspirant au titre de séjour délivré au nom de la raison humanitaire, le passage devant l'expert clinicien puis devant le médecin inspecteur se présente bien comme une épreuve au cours de laquelle il est jugé.

*

En une décennie, le principe de la régularisation des étrangers malades s'est donc imposé et la mesure, présentée comme compassionnelle, a été initialement accueillie de manière consensuelle. Toutefois, cet unanimisme des sentiments moraux n'a eu qu'un temps. Dix ans après l'inscription de la raison humanitaire – rebaptisée médicale – dans la législation française, son succès suscite la polémique : « 28 797. C'est le nombre d'étrangers qui, en 2004, ont bénéficié d'une carte de séjour en France au titre d'une prise en charge médicale "dont le défaut pourrait entraîner pour eux des conséquences d'une exceptionnelle gravité, sous réserve qu'ils ne puissent bénéficier d'un traitement approprié dans le pays dont ils sont originaires". Ils étaient 1 078 en 1998. Plus de la moitié de ces pathologies lourdes ressortit à la psychiatrie. La France ? Une vraie terre d'asile pour ceux qui n'ont pas le moral. » C'est en ces termes que, le 11 octobre 2007, le magazine *Le Point* commentait sous la plume du polémiste Jacques Marseille l'évolution des chiffres de la régularisation pour soins. En réalité, la plupart des récits recueillis relèvent de situations bien plus tragiques que ce que laisse entendre la formulation ironique sur le moral des étrangers ; non seulement le sida, le cancer, l'hépatite chronique ou l'insuffisance rénale terminale sont des pathologies fréquentes mais en outre, même lorsque les maladies sont moins sévères, les réalités sociales auxquelles sont confrontées les personnes concernées prêtent généralement peu au sarcasme. De plus les statistiques présentées sont grossièrement manipulées : en fait, 16 164 étrangers ont obtenu un titre de séjour pour soins en 2004, ce qui révèle une exagération de 78 % dans les chiffres invoqués ; par comparaison, ils étaient 7 259 en

2001 et 1 045 en 1998, ce qui atteste tout de même une progression remarquable. Quant à la proportion alléguée de troubles psychiatriques, elle supposerait que les médecins inspecteurs aient levé le secret médical en divulguant les affections sur lesquelles ils ont statué, ce qui n'est évidemment pas le cas ; malgré les tentatives de mettre en œuvre une telle mesure dans les préfectures, envisagée notamment dans la version de travail d'une circulaire ministérielle en 2006, cette atteinte à la déontologie n'était pas encore de mise en 2007 lorsque l'article était écrit. Nonobstant son humour méprisant et ses chiffres inexacts, ce commentaire est doublement significatif. D'abord, il souligne un phénomène indéniable : la croissance rapide des régularisations pour soins. Ensuite, il dévoile un fait nouveau : la rupture du consensus autour de la raison humanitaire.

Jusqu'au début des années 1990, il était tout à fait exceptionnel de se réclamer de la maladie pour obtenir un titre de séjour. Une décennie plus tard, le critère des soins médicaux est devenu l'un des premiers motifs de régularisation et même celui dont la progression est la plus forte. Il faut néanmoins être prudent dans l'interprétation de cette évolution. Premièrement, elle ne correspond pas à une arrivée massive de nouveaux malades, mais pour l'essentiel à la reconnaissance d'un droit pour des personnes résidant souvent depuis plusieurs années sur le territoire français ; il faut par conséquent la penser comme la régularisation, au sens strict, d'une situation considérée comme de plus en plus problématique par les autorités sanitaires. Deuxièmement, elle est largement majorée par le fait que la quasi-totalité des autorisations octroyées ne valent que pour une année et font donc l'objet d'un renouvellement qui gonfle artificiellement la comptabilité du ministère ; en fait, les nouvelles délivrances ne représentent qu'un peu moins de quatre cas sur dix. Même sous ces deux réserves, il n'en est pas moins remarquable que le nombre de personnes nouvellement admises au titre de la maladie soit passé de 455 à 7 737 entre 1998 et 2005[16]. Dans ce contexte, les pouvoirs publics multiplient désormais les dispositions visant à restreindre les possibilités d'accéder à ce droit (notamment par l'établissement de fiches des traitements disponibles par pays), à exercer des pressions sur les médecins inspecteurs (en les menaçant de sanctions si leurs décisions sont jugées trop laxistes) et finalement à multiplier les obstacles administratifs pour les étrangers eux-mêmes (par des refus d'instruire des dossiers et des demandes de paiement de frais élevés, notamment). Mais au-delà de ces pratiques, une délégitimation de la raison humanitaire s'opère à travers des contestations de plus en plus fréquentes – dont l'article du *Point* est un signe parmi d'autres – du droit aux soins, discrédité comme abusif et menacé chaque année dans les débats parlementaires.

Cette délégitimation n'est d'ailleurs pas propre à la France. Lorsque la raison humanitaire était entrée dans le droit français pour protéger les étrangers malades du risque de reconduite à la frontière, on avait en effet pu penser que, sous la pression des organisations non gouvernementales (Médecins du monde avait en particulier mobilisé ses sections européennes dans ce sens) et compte tenu de l'état du droit communautaire (notamment dans le cadre de la Convention européenne des droits de l'homme), ce dispositif allait s'étendre dans le reste de l'Europe. Plusieurs pays adoptaient des mesures en ce sens, généralement limitées et discrétionnaires (par exemple, la Grande-Bretagne renonçait à l'expulsion de malades au stade terminal d'une affection mortelle) et une jurisprudence européenne s'établissait peu à peu (sur la base d'une interprétation large de l'article 3 de la Convention qui stipule l'interdiction de la torture et des peines ou des traitements inhumains ou dégradants). Outre qu'elle demeurait modeste dans ses effets réels, cette extension de la protection juridique des malades s'est pourtant trouvée considérablement réduite par une décision de la Cour européenne des droits de l'homme, le 27 mai 2008. Le jugement portait sur un cas opposant une femme ougandaise atteinte d'une forme grave de sida et le gouvernement britannique : considérant d'une part qu'il était théoriquement possible de recevoir un traitement en Ouganda, quel que soit le caractère prohibitif des prix des antirétroviraux, et d'autre part que les pays européens ne pouvaient pas être tenus de combler les disparités de soins entre nations, la Cour rejetait l'appel de la malade et autorisait sa reconduite à la frontière[17]. La logique de la souveraineté des États dans le contrôle de l'immigration prévalait désormais clairement sur l'universalité du principe du droit à la vie. Le protocole compassionnel venait de trouver sa limite.

CHAPITRE 4

# Une épreuve de vérité

## La reconnaissance par corps des demandeurs d'asile

> Dès le départ, l'expérience du réfugié met la confiance à l'épreuve. Le réfugié se méfie et suscite la méfiance. Au sens le plus profond, on devient un réfugié bien avant de s'enfuir de son pays et on continue de l'être même après qu'on a reçu l'asile dans un nouveau lieu parmi de nouvelles personnes.
>
> VALENTINE DANIEL et JOHN KNUDSEN, *Mistrusting Refugees*

En 2004, la France est devenue le premier pays industrialisé pour le nombre de demandes d'asile enregistrées, avec 58 550 dossiers déposés, devant les États-Unis, le Royaume-Uni et l'Allemagne qui, jusqu'alors, occupaient les trois premières places avec des effectifs de l'ordre du double de celui de la France. La même année, cependant, le taux des accords donnés par l'Office français de protection des réfugiés et des apatrides (Ofpra), qui n'avait cessé de diminuer depuis trente ans, atteignait son étiage le plus bas avec 9,3 %. Ainsi, lorsque l'on tient compte non pas des demandes déposées mais des statuts effectivement obtenus, la France, avec un peu plus de 100 000 réfugiés sur les 9 millions que comptait le monde en 2004, arrive-t-elle très loin derrière non seulement le Pakistan, l'Iran, la Tanzanie ou le Tchad, entre autres (car il ne faut pas oublier que ce sont les pays du Sud qui assurent l'essentiel de la prise en charge de ces réfugiés), mais également l'Allemagne, les États-Unis et le Royaume-Uni (qui en comptaient alors respectivement 960 000, 450 000 et 280 000)[1]. Contrairement donc aux déclarations alarmistes du gouvernement français auxquelles faisaient écho les images médiatiques de réfugiés débordant les capacités d'accueil d'une société qui n'avait plus les moyens de sa générosité, la situation demeurait démographiquement contrôlée et politiquement supportable.

Cette tension entre un niveau élevé de demandes d'asile et un taux faible de statuts accordés, évidemment problématique dans le pays qui continue à se présenter comme le « berceau des droits de l'homme », a été idéologiquement résolue depuis un quart de siècle en faisant porter un discrédit croissant sur la parole des demandeurs d'asile, de façon à pouvoir justifier la baisse régulière des décisions favorables à leur requête. C'est parce que les « faux réfugiés » devenaient de plus en plus nombreux que les officiers de l'Ofpra devaient se montrer plus exigeants dans l'examen des dossiers, affirmait-on. On n'était donc pas plus sévère, mais seulement plus rigoureux pour faire face à l'afflux de demandes infondées. Dans ces conditions, le récit du demandeur d'asile, qui avait longtemps été le seul élément témoignant de son histoire et justifiant sa demande, ne suffisait plus à attester la vérité des persécutions subies : le corps, qui devait en avoir conservé la trace, pouvait en apporter la preuve tangible[2]. La médecine fut alors convoquée pour fournir son expertise sur les cicatrices laissées par les violences passées et les organisations spécialisées dans l'accueil des étrangers se mirent à produire des certificats médico-psychologiques.

> M. V., âgé de quarante ans, tamoul, déclare avoir été persécuté par les autorités sri lankaises en raison de ses liens présumés avec le LTTE [*Liberation Tigers of Tamil Eelam,* Tigres de libération de l'Îlam Tamoul]. Il dit notamment avoir été blessé par balle alors qu'il s'enfuyait par peur d'être arrêté le 5 mai 1998 puis laissé pour mort après avoir été poignardé à deux reprises par des militaires sri lankais. L'examen clinique retrouve : au niveau de la main droite, une cicatrice suturée sur la face dorsale et une autre cicatrice punctiforme en regard, plus petite, compatibles avec les points d'impact et de sortie d'une balle ; une cicatrice punctiforme de la joue gauche en regard d'une autre cicatrice buccale compatibles également avec un traumatisme balistique ; une cicatrice parasternale gauche ; une cicatrice au niveau de la fosse iliaque droite, arrondie de 3 cm de diamètre ; une cicatrice de 1 cm, arrondie au niveau de la face interne du bras gauche ; une cicatrice punctiforme au niveau de la face antérieure de la jambe gauche ; une cicatrice rectiligne verticale, thoracique, médiane, de 6 cm, compatible avec une séquelle de coup de couteau ; une cicatrice rectiligne de 10 cm au niveau de la face externe de l'épaule gauche, compatible avec une séquelle de coup de couteau. Les constatations de l'examen sont compatibles avec les traumatismes relatés par M. V. Certificat rédigé à la demande de l'intéressé et remis en main propre.

De cette attestation précise et démonstrative faite par un médecin du Comité médical pour les exilés (Comede), on ignore – comme c'est presque toujours le cas – ce que l'Ofpra a fait. En a-t-il tenu compte ou pas ? Cet homme fait-il partie des 4,9 % de Sri Lankais auxquels cette institution a accordé l'asile en 2005 ou des 95,1 % auxquels elle l'a refusé ? On ne le sait pas plus que pour les 563 autres personnes originaires de ce pays ayant consulté au Comede la même année, dont 84 % déclaraient avoir été victimes de violence et 47 % avoir subi des tortures[3]. Dans son rapport annuel, l'Ofpra notait :

> Sri Lanka. Les demandes, très majoritairement de l'ethnie tamoule, invoquent toujours la violence et les craintes de persécution ou de mauvais traitements, de la part des autorités aussi bien que de l'organisation LTTE. Ils font référence à des arrestations, à des détentions et des sévices imputables notamment à l'aide logistique, alimentaire et sanitaire qu'eux-mêmes ou des proches auraient ou seraient soupçonnés à tort d'avoir apporté aux combattants de l'organisation séparatiste tamoule.

Plus encore que la forme de détachement implicitement suspicieux adoptée dans ces lignes, le décalage entre le contenu du commentaire, qui évoque des faits dramatiques, et le taux d'accord, qui demeure particulièrement bas, révèle le peu de crédit octroyé à la parole du demandeur d'asile. Cette année-là, un demandeur sri lankais sur vingt seulement bénéficiera du statut accordé par l'Ofpra. Parmi les dix-neuf qui n'auront pas convaincu l'officier chargé d'examiner leur dossier, un autre parviendra peut-être à arracher le statut de réfugié lors de son passage devant la Commission des recours des réfugiés (devenue Cour nationale du droit d'asile en 2008). Les dix-huit qui auront échoué dans cette épreuve deviendront des déboutés dont la plupart se perdront au milieu des étrangers en situation irrégulière et quelques-uns se feront arrêter et renvoyer dans leur pays souvent au péril de leur vie. Dans ces conditions, le certificat médical ou psychologique, tel que celui présenté par le requérant sri lankais, devient un élément crucial de preuve.

C'est à ce nouveau « régime de véridiction[4] » que je m'intéresse dans ce chapitre, à cette recherche d'une vérité que la parole du demandeur d'asile ne serait plus à même de faire reconnaître mais dont son corps porterait encore la trace sous la forme de séquelles de tortures et que seule l'expertise médicale serait en mesure d'énoncer. Je m'attacherai notamment à comprendre les conditions de son émergence en la resituant dans l'histoire contemporaine de l'asile. Je m'efforcerai ensuite d'analyser comment la certification médicale et psychologique des persécutions subies met à l'épreuve le monde des organisations qui interviennent auprès des demandeurs d'asile. J'examinerai enfin ce que le déplacement du récit et de la parole vers le corps et l'expertise transforme de la subjectivité politique des réfugiés. À travers cette exploration au cœur des politiques de l'asile, il s'agira d'appréhender les tensions et les contradictions à l'œuvre dans les économies morales des sociétés occidentales lorsqu'elles affirment des principes généreux de protection des victimes de persécutions, tout en administrant leur présence dans les termes restrictifs du contrôle de l'immigration.

## Le lieu de la véridiction

Au plus fort des années de violence en Colombie, Michael Taussig rapporte sa visite à un jeune militant d'extrême gauche qui, pour avoir tenté avec les autres membres de son groupuscule de dénoncer les atteintes aux droits de l'homme commises par l'armée, avait été arrêté, enlevé, torturé[5]. Encore profondément marqué par cette expérience de laquelle il avait réchappé par miracle après qu'on l'avait laissé pour mort dans un parc, l'homme se met à parler :

> Il me raconta qu'il avait été torturé et me dit combien il avait eu mal lorsqu'on lui avait remplacé les menottes par

> de la corde, comment il avait eu le sentiment de se noyer lorsqu'on lui avait enfoncé la serviette mouillée dans la bouche et ce que c'était que de s'être fait tirer dessus sans être tué pendant qu'il était enfermé dans le sac. Il pencha alors sa tête presque sur mes genoux et guida mon doigt dans ses cheveux jusqu'aux renflements des blessures dans sa chair irrégulièrement creusée. « Comme les fidèles avec les plaies du Christ », murmura un ami lorsque je lui en parlai quelques jours plus tard.

C'est, au fond, presque le même geste qu'esquissent deux hommes algériens, l'un qui montre la grande cicatrice qui barre son cou, l'autre qui dévoile des stigmates sur ses lombes, dans les photographies d'Olivier Pasquiers exposées par le Comede sous l'intitulé « Maux d'exil » il y a quelques années[6]. Tout se passe comme s'ils avaient quelque chose à prouver d'une histoire que l'administration de l'asile leur contestait. La torture laisse sur le corps la marque du bourreau que cette trace, désormais, atteste. Manifestation du pouvoir, d'un côté ; expression de la vérité, de l'autre. C'est ce qu'il nous faut comprendre.

Le corps est en effet, d'abord, le lieu par excellence où s'appose l'empreinte du pouvoir. Dans les sociétés traditionnelles, les rituels d'initiation ont la double fonction d'inscrire sur le corps la loi du groupe, de permettre son inculcation, mais également d'imprimer dans les corps les codes et les normes qui organisent les rapports de pouvoir et autorisent leur reproduction[7]. Dans les guerres contemporaines, les imaginaires de la violence tout autant que les théories de l'extermination ont déployé des pratiques, allant des viols collectifs au marquage des prisonniers, procédant de logiques qui excèdent la pure brutalité pour indiquer le projet du pouvoir[8]. Qu'il s'inscrive dans l'ordre de la reproduction sociale ou dans le désordre de la violence barbare, le corps est investi en tant qu'il est à la fois ce par quoi se montre et se démontre le pouvoir. Dans sa version extrême qu'incarne la radicalité des régimes dictatoriaux ou totalitaires tout au long du XXe siècle, sa disparition même manifeste l'absolu et l'arbitraire de la force brute, quand on efface jusqu'à la trace physique des individus ou d'un peuple tout entier. De ce fait, le corps est politique parce qu'en dernier ressort, il est toujours ce qui atteste le pouvoir.

Or, dans les sociétés occidentales pacifiées, cette incorporation de l'ordre politique s'est progressivement effacée, ou tout au moins atténuée, à mesure que la violence physique a perdu de sa légitimité et que, jusque dans le châtiment des coupables, le « fond suppliciant » de la justice criminelle s'est trouvé « enveloppé de plus en plus largement par une pénalité de l'incorporel », pour reprendre la formulation de Michel Foucault[9]. La proscription de la torture et l'abolition de la peine de mort participent de cette déprise physique du pouvoir. Le politique n'a toutefois pas perdu tout lien avec le corps. Par un singulier mouvement de retournement historique, dans les sociétés contemporaines – du moins dans celles où l'État assure à peu près sa fonction monopolistique en matière de violence légitime –, le corps, qui n'est plus principalement le lieu où se manifeste la force du pouvoir, devient le lieu où s'éprouve la vérité des individus. Pour le pauvre qui doit exhiber les stigmates de la misère afin de bénéficier de l'aide publique ou de la charité privée, comme pour l'étranger qui est tenu de faire état de sa maladie ou de sa souffrance afin d'obtenir un titre de séjour, le corps est devenu ce qui atteste une vérité.

C'est à la lumière de ce nouveau régime de véridiction qu'il faut comprendre la place prise, depuis quelques années, par le certificat médical dans les demandes d'asile en France[10]. Attendu par les institutions chargées de décider du bien-fondé de ces demandes, réclamé par les avocats et les associations afin de mieux défendre les causes individuelles de leurs clients, espéré avidement par les étrangers eux-mêmes qui en savent ou en imaginent l'autorité, le certificat établi par un médecin, parfois par un psychologue, attestant les persécutions subies, est devenu une pièce essentielle des dossiers administratifs soumis à l'évaluation des représentants de l'État. La procédure française de reconnaissance des réfugiés repose en effet sur deux institutions créées par la loi du 25 juillet 1952 : l'Ofpra, qui statue en première instance, et la Commission des recours des réfugiés (CRR), qui examine les situations des déboutés faisant appel. Le candidat à l'asile dépose ainsi son dossier auprès de l'Ofpra qui décidera ou non de le convoquer et qui émettra ou non un avis favorable. Dans le cas d'un refus, il peut se présenter devant la CRR dont le jugement sera considéré comme définitif. Une expertise médicale peut donc être sollicitée à l'une ou l'autre de ces étapes, par ces organismes d'État, par les demandeurs d'asile, ou par des agents qui assurent une médiation juridique ou sociale entre les deux, qu'ils soient avocats ou membres d'associations. Si elle n'a pas retiré sa nécessité au récit autobiographique par lequel les candidats au statut de réfugié politique s'efforcent de prouver qu'ils relèvent bien des critères qui leur permettent de se réclamer de la protection de la convention de Genève de 1951, cette expertise est de plus en plus souvent demandée pour en vérifier la validité. Les cicatrices, physiques mais aussi parfois psychiques, sont le signe tangible que la torture a bien eu lieu, que la violence a bien été perpétrée. Comme Thomas, l'apôtre sceptique de l'Évangile après la résurrection de Jésus, l'État français a besoin de toucher les blessures pour croire.

Pour les réfugiés, le corps est donc le lieu d'une inscription dont la signification procède d'une double temporalité.

Inscription du pouvoir, d'abord, par les persécutions qu'il a subies dans son pays d'origine. Inscription de la vérité, ensuite, pour autant qu'il témoigne de ces persécutions pour les institutions de son pays d'accueil. C'est dire que le cas des demandeurs d'asile nous situe à l'articulation de deux histoires du corps : celle par laquelle le pouvoir se manifeste ; celle par laquelle une vérité s'énonce. Nul besoin de rappeler que la torture trouve précisément sa légitimité dans la recherche supposée de la vérité quand bien même elle vise avant tout à imposer par la terreur un ordre du pouvoir. Que la personne qui a été exposée à ces persécutions dans le pays qu'elle a quitté se trouve soumise dans le pays où elle cherche refuge à une nouvelle épreuve par laquelle le pouvoir, certes démocratique, s'efforce de produire une vérité – bien sûr sans brutalité physique mais non sans une certaine violence psychologique dont les témoignages recueillis révèlent les conséquences – n'est pas le moindre paradoxe des politiques contemporaines de l'asile.

## La meilleure preuve

Soit la lettre suivante, extraite d'un corpus de courriers d'avocat colligés par le Comede :

> Paris, le… – Monsieur, Je fais suite à l'audience du… dernier à la Commission des recours des réfugiés. Il faut *absolument,* pour que vous puissiez obtenir le statut de réfugié, m'adresser un certificat médical sur les traces qui sont restées sur votre corps après les tortures et mauvais traitements qui vous ont été infligés, notamment en ce qui concerne votre œil. N'hésitez pas à me contacter si vous avez une quelconque difficulté. Dans l'attente, je vous prie de croire, Monsieur, etc.

Cette lettre révèle combien le corps est devenu le lieu de production de la vérité sur le demandeur d'asile. Le Comede a ainsi enregistré, entre la fin des années 1990 et le début des années 2000, un doublement des délivrances de certificats médicaux à l'appui des dossiers de candidats au statut de réfugié politique : plus d'un millier par an en sont désormais rédigés et d'aucuns n'hésitent pas à parler d'une « épidémie des demandes de certification médicale[11] ». L'évolution du nombre des attestations dans cette institution est effectivement saisissante : en 1984, alors que l'expertise commence à se développer, 151 certificats sont produits ; en 1994, on en compte 584 ; en 2001, on atteint le chiffre de 1 171. Proportionnellement au nombre des consultations de soins, les médecins consacrent aujourd'hui cinq fois plus de leur temps à l'expertise qu'il y a quinze ans. Du reste, cette progression n'a pu être récemment contrôlée que par une démarche volontariste visant à limiter la quantité d'expertises faites. Même si les politiques institutionnelles et les pratiques organisationnelles varient d'une structure à l'autre, toutes les associations font un constat analogue, qu'elles dénoncent régulièrement : « Faut-il un papier pour prouver la torture ? » s'indigne l'auteur anonyme d'un dossier sur le certificat médical dans la *Lettre* de juin 2002 de l'association Primo Levi, spécialisée dans l'aide aux victimes de violences, parlant d'une « inflation progressive des demandes, tant vis-à-vis des médecins que des psychothérapeutes ». Cette évolution doit être resituée dans le temps historique de l'asile.

Comme les autres nations, la France est d'autant plus généreuse qu'elle ne supporte guère de coût à l'être. Lorsque les demandes d'asile sont en nombre réduit, dans un contexte économique où les réfugiés peuvent aisément intégrer une main-d'œuvre recherchée, elle fait preuve de solidarité à l'égard des victimes de persécutions dans le monde, fidèle à l'esprit de la Constitution du 24 juin 1793[12]. En ce sens, on peut dire qu'au long du XIXe siècle, il n'y a pas eu véritablement de problème de l'asile, même si une pression démographique s'est exercée lors de certains conflits au-delà de ses frontières. Ce n'est qu'au XXe siècle que l'on peut parler de « question des réfugiés », en particulier dans les suites de la Première et surtout de la Seconde Guerre mondiale, au moment où les étrangers fuyant les persécutions ou les violences sont devenus, dans toute l'Europe, des indésirables[13]. La première réponse internationale est la création en 1921, sous l'égide de la Société des nations, d'un Haut Commissariat aux Réfugiés, du reste plus directement liée à la révolution bolchevique et à ses centaines de milliers d'exilés qu'au conflit mondial proprement dit ; or, la montée des totalitarismes et des nationalismes dans l'Europe de l'entre-deux-guerres débordera rapidement les modestes moyens réglementaires et financiers de cette institution[14]. C'est la signature de la Convention de Genève en 1951 qui marque l'entrée officielle dans la politique contemporaine de l'asile. Toutefois, on l'oublie souvent, la tension est forte dès l'origine entre, d'un côté, une idéologie humaniste qui promeut le droit à l'asile et donne une représentation ennoblie du réfugié, et, de l'autre, une pragmatique politique qui se défie de ces populations apatrides et les réduit à la condition économique d'immigré[15]. L'utopie de la première, encore marquée par l'esprit du « plus jamais ça » après la découverte des crimes nazis, rencontre le réalisme de la seconde, déjà empreinte de la « raison libérale » d'une globalisation en marche, dans la mesure où la reconstruction d'une Europe détruite, bientôt relayée par l'expansion économique internationale, a besoin de main-d'œuvre. Une fois l'importante vague de réfugiés de l'immédiat après-guerre résorbée, les États sont relativement peu regardants sur ces exilés qui seront moins reconnus dans un esprit de justice que tolérés pour leur contribution à la richesse nationale.

Au début des années 1970, la situation se modifie brutalement dans un contexte de « crise du pétrole » et de montée du chômage, mais aussi avec la découverte des conditions de vie faites aux étrangers, sous la pression de mouvements de contestation sociale : une véritable politique d'État fondée sur le contrôle des mouvements migratoires et sur l'intégration sociale des étrangers se met alors en place[16]. Le contrôle porte d'abord sur les déplacements de travailleurs, fortement restreints à partir de 1974, puis sur le regroupement familial, surtout après 1984. Quant à l'intégration, elle concerne notamment le logement et vise à résorber l'important parc de cités de transit et d'habitat privé insalubre. Dans ce nouveau contexte, le nombre de demandeurs d'asile augmente brusquement. Ils étaient 2 071 en 1974, ils sont 15 500 en 1976. Les chiffres s'élèveront progressivement dans les années suivantes pour atteindre un maximum de 61 422 en 1989. En quinze ans, les effectifs ont donc été multipliés par trente.

La relation entre l'arrêt de l'immigration de travail et l'accroissement des demandes d'asile, pour évidente qu'elle soit au regard des statistiques de l'Ofpra, n'en est pas moins complexe à interpréter. On a généralement tendance à considérer que, voyant les entrées sur le territoire français se fermer, beaucoup de candidats à l'immigration se sont orientés vers l'asile, encore très ouvert puisqu'en 1974, ce sont 90 % des demandes qui sont évaluées positivement par l'administration, ce taux d'acceptation atteignant même 95 % en 1976, tandis qu'il ne sera plus que de 28 % en 1989. L'interprétation est partiellement exacte et il est vrai que les candidats à l'immigration apprennent à emprunter les voies qui leur sont disponibles. Cette explication, dont on voit qu'elle nourrit le discours de discrédit des demandeurs d'asile, méconnaît toutefois le fait qu'à l'inverse, jusque dans les années 1970, en l'absence de politique publique de gestion des flux migratoires et alors que la loi de l'offre et de la demande économiques en était le seul régulateur, l'usage était que le contrat de travail fasse *de facto* office de titre de séjour. Dans ces conditions, pour beaucoup de solliciteurs potentiels de l'asile, il n'était pas nécessaire de passer par l'évaluation administrative de l'Ofpra quand trouver un emploi permettait bien plus facilement d'assurer une sécurité à la fois matérielle et juridique.

Quoi qu'il en soit, dans la nouvelle configuration de l'immigration, la politique de l'asile s'est profondément redéfinie. Au milieu des années 1970, dix-neuf demandeurs sur vingt obtenaient le statut de réfugié. Au début des années 1990, ils n'étaient plus que trois sur vingt à bénéficier d'un avis favorable de l'administration française. Le taux d'accord de l'Ofpra a encore diminué depuis lors, passant sous les 10 % au cours des années 2000[17]. Il y a un quart de siècle, l'asile faisait l'objet d'une relation de confiance où le demandeur était présumé dire la vérité ; ou, pour être exact, il n'y avait alors pas d'enjeu quant au nombre de réfugiés et, par conséquent, pas non plus d'enjeu à savoir si les demandeurs disaient vrai ou non. Par contraste, on voit que l'asile s'inscrit aujourd'hui dans un climat de suspicion où le demandeur est soupçonné d'être un profiteur qui abuse de l'hospitalité nationale, ou tout au moins un immigré économique qui se fait passer pour une victime de persécutions. Dans ce contexte de délégitimation de la parole du demandeur d'asile, le développement de l'expertise médicale prend alors tout son sens.

« Au fur et à mesure que le nombre de demandes de certificats a augmenté, le nombre de demandeurs d'asile obtenant le statut a baissé. » Par cette formule, un médecin travaillant dans une association d'aide aux réfugiés entendait signifier l'inutilité des certificats médicaux qu'on lui demandait de produire. Leur inefficacité lui paraissait avérée puisqu'il observait un rendement décroissant en matière d'asile : d'un côté, la proportion des statuts accordés ne cessait de diminuer tandis que, de l'autre, on faisait toujours davantage appel à l'expertise médicale. En réalité, la relation d'inférence est exactement inverse : c'est parce que l'asile est devenu illégitime, et donc de plus en plus difficilement attribué sur la seule foi du récit, que les certificats prennent une place plus grande. Quand la contestation du bien-fondé des demandes d'asile devient systématique, non seulement toute preuve est bonne à prendre, mais celle qui provient d'un agent – à qui l'on fait le crédit de sa neutralité et de son expertise – a plus de force encore que celle de la personne elle-même. Comme le dit un juge assesseur de la Commission des recours des réfugiés lors d'un entretien : « Toutes les preuves, indices et autres sont admissibles. Après, le juge se forge une intime conviction sur la base du récit d'abord, qui reste l'élément fondamental, sa cohérence, sa crédibilité ou ses contradictions, et ensuite, un peu comme en matière pénale, où l'aveu est perçu comme la reine des preuves, le certificat médical, du côté des avocats et des demandeurs d'asile, est un peu perçu comme la reine des preuves. »

Ce commentaire suggère deux phénomènes : d'abord, l'investissement imaginaire dont le certificat médical fait l'objet ; ensuite, l'efficacité toute relative dont il est réellement doté[18]. Fétichisation paradoxale en ce qu'elle n'est pas empiriquement fondée. Entre celui qui se soumet au jugement et celui qui rend la justice, le certificat médical voit ainsi sa valeur symbolique et pratique sinon s'inverser, du moins s'infléchir. Pour les avocats et les demandeurs, il est un sésame. Pour les administratifs et les juges, il est une pièce parmi d'autres. Pour les uns comme pour les autres, cependant, il est une innovation politique : la validation des récits des demandeurs d'asile par l'inscription corporelle des persécutions qu'ils ont subies produit une nouvelle forme d'administration transnationale.

## L'éthique à la peine

Au sein du monde associatif, la question devient alors lancinante : faut-il continuer à faire des certificats médicaux ? Comme le souligne Sibel Agrali, alors directrice du centre Primo Levi, spécialisé dans les soins et le soutien aux victimes de violence politique[19] :

> Le principe de précaution voudrait que quelqu'un qui dit avoir été violé ou torturé soit admis comme l'étant. Quel sens cela a-t-il de demander à un thérapeute qu'il atteste la vérité de ce qu'ont enduré ses patients ? [...] Lorsqu'une demande de certification médicale fait irruption dans la relation thérapeutique, elle est rarement « spontanée » de la part du patient. Celui-ci, généralement pressé par son avocat, par des compatriotes ou par des accompagnateurs associatifs, demande ce document comme s'il s'agissait d'un impératif de la procédure de demande d'asile, dès qu'il est fait mention de violences subies. [...] Entre la logique de la preuve et la logique de la torture – qui, au-delà du corps qu'elle fait souffrir, « constitue essentiellement une agression contre les structures psychologiques et sociales fondamentales de l'individu » – il y a incompatibilité totale. Quelle cause sert-on réellement quand on participe à ce système dysfonctionnant ?

À lire leurs comptes rendus de réunions et leurs rapports d'activité depuis quinze ans, à entendre les vétérans des associations raconter leur expérience, toutes celles et tous ceux qui prennent en charge les demandeurs d'asile et les victimes de torture n'ont cessé d'être confrontés à ce questionnement sur l'efficacité et la signification des certificats qu'on leur réclame. Ainsi, dans un document de 1991 du Comede, le rapporteur de la « Commission sur les certificats » écrivait déjà, s'efforçant de rendre compte de discussions parfois houleuses : « Il est difficile de retranscrire la richesse des arguments de chacun qui n'apporte au total aucune solution simple et évidente. On constate un malaise général dans la formule actuelle où personne n'est satisfait, entre un désir de tout arrêter pour certains, un sentiment de saturation pour d'autres, une insatisfaction du peu de temps qu'on a maintenant pour la rédaction. » Un article rédigé par la coordinatrice médicale du Comede explicitait ce malaise[20] :

> Un nombre croissant de personnes qui ont été victimes de sévices et de tortures dans leur pays d'origine viennent voir le médecin pour obtenir un certificat médical afin d'appuyer leur demande d'asile auprès des services concernés. Cette inflation de demandes constitue une alarme pour deux raisons essentielles. Premièrement, l'exigence de la preuve devient de plus en plus prégnante pour le requérant et aboutit à des dérives majeures : comment peut-il faire entendre qu'il craint avec raison des représailles s'il rentre dans son pays ? Deuxièmement, les administrateurs et les magistrats attachent quasi instinctivement une plus grande importance aux séquelles physiques de la torture alors que celle-ci s'inscrit dans un programme de déstructuration et de dépersonnalisation de l'individu : l'agression physique qui est l'image la plus populaire de la torture en est aussi le témoin le plus réducteur.

Les récriminations associatives contre les certificats ne sont donc pas nouvelles. La critique la plus forte à l'encontre de l'attestation médicale tient au détournement qu'elle opère au regard de la Convention de Genève, selon laquelle est considérée comme réfugiée toute personne qui, « craignant avec raison d'être persécutée du fait de sa race, de sa religion, de sa nationalité, de son appartenance à un certain groupe social ou de ses opinions politiques, se trouve hors du pays dont elle a la nationalité et qui ne peut ou, du fait de cette crainte, ne veut se réclamer de la protection de ce pays ». La crainte des persécutions n'implique pas que l'on ait effectivement été soi-même torturé : elle peut provenir de menaces proférées de manière directe ou indirecte, de liens réels ou suspectés avec un groupe politique, religieux ou ethnique en danger, de meurtres ou de disparitions survenus dans l'entourage proche. Même lorsque des tortures ont été subies, elles ne laissent pas nécessairement de traces visibles : les descriptions que donnent les demandeurs d'asile concernent souvent des viols, des coups de matraque, des décharges d'électricité, des immersions prolongées dans l'eau, des positions attachées par les pieds la tête en bas. Demander un certificat médical attestant l'existence de cicatrices compatibles avec le récit, c'est de fait restreindre considérablement le champ d'application du statut conventionnel de réfugié et c'est également réduire par contrecoup les chances de celles et ceux qui n'ont pas de stigmates à montrer[21]. Certes, personne ne dit que le statut ne peut pas être octroyé en l'absence de certificat, mais la plus-value accordée aux traces corporelles fait reculer le principe de la « crainte d'être persécuté » qui, par définition, n'a pas de traduction physique. Si, pour la personne concernée, l'attestation peut jouer un rôle positif, en revanche, à terme et pour l'ensemble des réfugiés, elle entraîne une perte de chances et un recul du droit.

Toutefois, le certificat n'est pas seulement un document qui rabat l'esprit des textes fondateurs de l'asile sur la seule violence inscrite sur et dans les corps : il participe en outre de la disqualification de la parole des victimes en faisant intervenir un expert censé dire le vrai à leur place. La méfiance à l'encontre des récits que livrent les demandeurs d'asile s'est en effet développée à mesure que les politiques se faisaient plus restrictives et que s'exerçaient des contraintes plus fortes sur les officiers de l'Ofpra et les juges de la CRR. Plus les pouvoirs publics augmentaient la pression sur les institutions et leurs agents pour réduire la proportion et le nombre de statuts de réfugiés accordés, plus ces agents avaient besoin de se convaincre que les demandeurs d'asile exagéraient, simulaient, inventaient, et ce afin de pouvoir, au bout du compte, justifier à leurs propres yeux des décisions de refus qui ne soient pas la pure négation du sens de leur activité. Progressivement, comme l'expliquait un juge assesseur du Haut Commissariat aux Réfugiés siégeant à la CRR, ils intériorisaient le taux vers lequel ils devaient tendre et usaient des critères de jugement qui leur permettaient, dans les années 2000, de retenir en moyenne à peine un dossier sur dix, quand ils en validaient proportionnellement neuf fois plus dans les années 1970. Dans ces conditions, rédiger des certificats attestant que, selon la formule consacrée, les constatations de l'examen étaient compatibles avec les dires du demandeur d'asile, c'était substituer à la parole de ce dernier une expertise et contribuer à la délégitimation des récits. Cette dévalorisation de la parole du demandeur d'asile prend évidemment une dimension singulière lorsqu'il s'agit de faits pour lesquels le médecin a peu à dire : c'est notamment le cas des violences sexuelles pour lesquelles, le plus souvent, les séquelles physiques sont heureusement absentes à distance de l'acte ; l'empreinte psychique vient alors parfois se substituer à l'inscription corporelle manquante, au titre du traumatisme et de ses séquelles[22]. À côté des médecins, ce sont donc aussi les psychologues qui explorent désormais la vérité des narrations en quête des cauchemars et autres symptômes qui attesteront l'état de stress post-traumatique.

Face à ces ambiguïtés et ces dangers de la certification médicale, certaines associations n'ont guère d'état d'âme. Au fond, pour elles, l'essentiel est de donner sa chance au demandeur que l'on a devant soi et qui pourra utiliser l'expertise pour donner plus de crédibilité à son dossier. Il n'y a du reste pas de débat en leur sein sur cette question. Telles étaient, lors de l'enquête, les positions du Centre Minkowska, spécialisé dans la santé mentale des réfugiés et des immigrés, et du Centre de l'Avre, Association pour les victimes de la répression en exil, dissoute depuis lors, de même que du Centre droit et éthique de la santé à Lyon. D'autres associations sont au contraire déchirées par ces contradictions entre la conception qu'elles se font de leur mission et le rôle qu'on leur demande de jouer. Alors qu'elles sont supposées prendre en charge les personnes victimes de persécutions et, au-delà de leurs cas singuliers, défendre leur cause dans l'espace public, notamment contre une politique d'État toujours plus restrictive en matière de droit de l'asile, elles se voient peu à peu absorbées dans un travail de collaboration avec les institutions publiques qu'elles aident à opérer leur sélection parmi les candidats au statut de réfugié. Des discussions passionnelles les animent de façon récurrente et parfois les divisent.

Mais toutes ne tirent pas les mêmes conclusions d'une analyse pourtant partagée. Pour les unes, quel que soit leur désaccord avec la procédure telle qu'elle se développe et les sollicitations telles qu'elles leur sont adressées, on ne peut se dérober à l'activité experte. Selon elles, c'est le droit des personnes d'en faire la demande, c'est le devoir des médecins d'y apporter une réponse et c'est peut-être finalement un élément qui permettra au candidat d'obtenir son statut. De plus, dans l'hypothèse où les associations ne feraient plus de certificats, on peut craindre, affirment-elles, que soit mis en place un corps d'experts accrédités qui auraient, par rapport aux actuels experts militants, le double inconvénient d'être coûteux pour les demandeurs d'asile et de se montrer moins sensibles à leur défense. Le Comede, association médicale fondée en 1979 pour donner des soins aux immigrés malades et qui délivre aujourd'hui plus de 10 000 consultations par an dans un hôpital du sud de Paris, a fait ce choix de continuer à établir des certificats. Pour d'autres, le refus d'entrer dans les ambiguïtés et les contradictions du certificat l'emporte sur ses bénéfices supposés. C'est donc, par rapport à l'administration et aux magistrats qui font appel aux associations, une position de rupture, destinée à éviter toute forme de collaboration, vécue comme une complicité, avec la procédure en cours. L'association Primo Levi, créée en 1995 à la suite d'une scission avec l'Avre et dont l'activité, principalement de soutien médico-psychologique aux victimes de la torture, est évaluée à 3 000 consultations par an, annonce régulièrement son intention de ne plus faire de certificat.

On peut considérer que la première posture relève d'une éthique de la responsabilité et la seconde d'une éthique de la conviction[23]. La première juge par l'anticipation des effets prévisibles, la seconde s'appuie sur l'adhésion à une doctrine supérieure. Certes, les tenants du refus ne négligent pas les effets de leur décision (ou, à l'inverse, du maintien du *statu quo*), mais ils font prévaloir le principe sur les conséquences immédiates. De même, les praticiens du certificat ne manquent pas d'une doctrine (et du reste, participent avec les autres au combat politique pour le droit d'asile), mais ils mettent en avant les avantages attendus, aussi limités soient-ils.

Cependant, on a bien affaire à deux types de rapports entre les moyens et les fins. Dans la position ici analysée comme relevant de l'éthique de la responsabilité, l'arrêt de la certification est considéré avant tout sous l'angle des conséquences pour les demandeurs : perte de chance à court terme par défaut d'expertise (sans ce document, un individu donné voit sa probabilité d'obtenir un statut réduite) et à moyen terme par remplacement des experts (les nouveaux étant réputés moins engagés et donc moins favorables aux réfugiés). Dans la position inverse, considérée comme se référant à une éthique de la conviction, cette perte de chance est envisagée comme le prix à payer à la fois pour éviter la compromission (collaborer avec les pouvoirs publics dans une politique restrictive de l'asile) et pour obliger le gouvernement à assumer ses choix (sans en faire porter le poids à des experts). Pragmatique du dialogue, d'un côté, stratégie de rupture, de l'autre. Si toutes les associations participent d'une réaction de « protestation[24] » similaire, leurs choix politiques reposent sur des présupposés éthiques différents.

Les options qui viennent d'être décrites correspondent à la position officielle, plus ou moins stable, des différentes associations. Elles ne rendent pas exactement compte des pratiques. Au sein de chacune des associations, les attitudes et les pratiques des médecins et des psychologues demeurent hétérogènes, comme le révèlent les entretiens conduits avec eux, l'observation de leur consultation et l'examen des certificats établis, lorsqu'ils existent. Il s'agit là d'une illustration tout à fait ordinaire des écarts à la norme dans le fonctionnement d'une institution. Cependant, même à l'occasion de ces prises de distance, ce qui reste remarquable, c'est la prégnance de la réflexion et de la discussion éthiques dans la politique quotidienne des associations, les émotions et les déchirements qu'elles suscitent dans les débats, les doutes et les difficultés qu'elles provoquent dans l'exercice quotidien de chaque clinicien[25]. Faire ou ne pas faire de certificat médical : autour de ce dilemme, chacun, dans la conversation comme dans l'action, manifeste une véritable passion éthique qui relève de cette logique émotionnelle propre à la gestion de l'asile[26]. S'il en est ainsi, en effet, c'est qu'au-delà de leurs dissensions les médecins et les psychologues perçoivent bien le décalage entre le sens que les violences peuvent avoir pour les personnes qui les ont subies et la réduction sémantique que l'examen clinique opère en décrivant des cicatrices physiques, d'une part, entre les raisons profondes de leur propre engagement pour la cause des réfugiés qui les a amenés dans ces associations et les actes administratifs de vérification qu'ils sont tenus de faire, d'autre part. Défenseurs du droit d'asile, ils se trouvent compromis dans une police des corps.

On peut d'ailleurs faire l'hypothèse raisonnable que les tensions éthiques entre les associations et au sein de chacune d'elles sont d'autant plus fortes que leur marge de manœuvre est en fait restreinte. Car, dans une certaine mesure, la question de savoir s'il faut ou non faire des certificats et s'ils ont ou non une efficacité, est tranchée en dehors de l'espace où elle est débattue. Elle l'est fondamentalement au niveau de l'Union européenne dans les accords de Dublin de 1990 qui établissent les relations de solidarité entre les États en ce qui concerne l'asile, dans le traité d'Amsterdam de 1997 qui institue la communautarisation des politiques d'immigration et d'asile, au sommet de Tampere en 1999 qui, tout en affirmant la spécificité de chacune d'elle, lie les politiques d'immigration et d'asile, et enfin lors de la réunion de Paris de 2008 qui a consacré le Pacte européen sur l'immigration et l'asile[27]. Elle l'est parallèlement dans les consignes données par le gouvernement et l'administration aux agents pour réduire le nombre de personnes obtenant le statut de réfugié, mais probablement aussi dans l'intériorisation par ces agents d'un ensemble d'idées communes sur l'explosion des demandes d'asile, sur l'absence de bien-fondé de nombre d'entre elles, sur la nécessité d'en finir avec des attributions trop libérales du statut, tous éléments qui ne sont pas spécifiques à la situation française[28]. Dans ces conditions, il est remarquable que, depuis 1995, indépendamment des variations de la situation internationale et de la fluctuation du nombre de demandes, le taux cumulé d'accords de l'Ofpra et de la Commission des recours des réfugiés soit demeuré relativement stable, compris entre 15 et 20 %, comme si une norme s'appliquait désormais, la générosité relative de la CRR venant compenser la sévérité croissante de l'Ofpra. Dès lors, l'influence des certificats ne peut se faire qu'à la marge, « sauvant » quelques dossiers sans guère modifier l'économie générale de l'obtention de l'asile. Finalement, les évolutions de la politique (par exemple, l'invention de la notion administrative de « pays sûr » permettant un refus presque systématique de leurs ressortissants qui demandent l'asile) ou les attitudes individuelles des décideurs (officiers de l'Ofpra ou juges de la CRR plus ou moins libéraux dans l'interprétation du cadre administrativo-juridique qui leur est donné) sont de bien plus de poids que la certification médicale à propos de laquelle les associations se tourmentent tellement. Beaucoup de bruit pour rien, serait-on tenté de dire, si précisément on s'en tenait au seul critère de l'efficacité. Or, c'est d'autre chose qu'il est question dans ces débats qui agitent le monde associatif : la défense de principes moraux en politique, et notamment la reconnaissance de la raison des victimes de persécutions face à la raison d'État.

## Écrire pour attester

Pour autant que l'on accepte de rédiger des certificats certifiant l'existence de traces de la violence subie par les demandeurs d'asile, la question devient : comment écrire sur cette violence ? Quelle vérité peut-on en dire qui ne trahisse pas l'expérience de la souffrance et qui ne se substitue pas à la parole des réfugiés[29] ? Pour l'expert chargé d'attester la trace que laisse la torture sur un corps, le problème est avant tout technique. Il s'agit de mobiliser une compétence au service d'une cause. Il faut décrire les séquelles pour valider un récit. Citons, à titre d'exemple, la conclusion d'un long certificat médical rédigé par un médecin du Comede et concernant un homme de « nationalité zaïroise » :

> Le récit que nous fait Monsieur B. des circonstances de son arrestation et des sévices qu'il a reçus lors de celle-ci et de son séjour à la prison de N., est particulièrement détaillé, cohérent et parfois même entaché d'émotion. L'examen clinique reste cependant assez pauvre. Les douleurs thoraciques sont vraisemblablement liées à une arthrite chondro-sternale post-traumatique qui ne peut être décelée radiologiquement. Le fait que Monsieur B. ait une dent absente alors que le reste de la denture est en bon état, est bien en faveur de la cause énoncée. La cicatrice abdominale n'a pu être mise en relation avec un traumatisme précis par Monsieur B., qui dit avoir plus ou moins perdu conscience. L'ensemble fait cependant que l'on peut croire à la véracité des faits allégués. Certificat remis en mains propres à l'intéressé afin de faire valoir ce que de droit.

Le déroulement des attestations médicales est parfaitement stéréotypé. Il commence par la formule « Je soussigné… », se poursuit par la « déclaration » de la personne, puis viennent ses « doléances », ensuite l'« examen », enfin les « conclusions » qui se terminent par cette autre formule « Certificat remis en mains propres… ». Dans le cas présent, la déclaration, au style direct et au mode indicatif, est longuement développée : ici, il fait trente-six lignes denses. Les circonstances politiques sont évoquées, puis le récit détaillé de l'arrestation :

> Monsieur B. nous dit : « Je travaillais à la société S. comme magasinier quand un des responsables de la régie m'a demandé de laisser passer du matériel de propagande transporté par la compagnie aérienne au nom de Monsieur V., un socialiste belge qui soutenait le parti clandestin d'opposition, l'UDPS. J'ai accepté et j'en ai laissé passer plusieurs. […] Le 30 juillet 1985, cinq agents de la BCRS sont venus m'arrêter à mon domicile. J'ai été tabassé dès le moment de l'arrestation et dans la Jeep qui me transportait. Frappé à coups de botte au niveau de la joue gauche, j'ai senti qu'une de mes dents avait été touchée, ça me faisait très mal, j'ai commencé à saigner, puis je me suis rendu compte que la dent était tombée. »

Ce sont ensuite les sévices physiques lors de l'internement dans le camp de détention qui sont rapportés :

> L'après-midi on est venu me chercher et on m'a amené dans un bureau pour y être interrogé par un des commissaires. J'ai dit la vérité sur ce qui s'était passé et c'est alors qu'un des militaires m'a giflé et comme je ne voulais plus répondre aux questions, on m'a donné des coups de matraque de caoutchouc au niveau de la tête et des épaules. Je n'en pouvais plus, j'étais sonné, on m'a menacé de mort. Ensuite on m'a attaché les mains avec des menottes dans le dos et on m'a amené dehors ; on m'a jeté de l'eau froide en me disant que je devais rester couché là. J'ai vu alors que j'étais blessé au ventre. On m'a remis debout au bout d'une heure, on a continué à me donner des coups de

poing en me demandant de parler. On a voulu me forcer à porter quelqu'un sur le dos et comme je ne pouvais pas, j'ai reçu trois coups de botte au niveau de la poitrine. Au troisième, j'ai perdu connaissance…

Les doléances dont le certificat fait état sont « des douleurs thoraciques », « l'absence d'une dent » et « une cicatrice au niveau de l'abdomen ». L'examen apporte, par contraste avec le récit, une contribution modeste : « la douleur est réveillée par la pression antéropostérieure du thorax », mais la radiographie « ne montre pas de lésion osseuse » ; bien sûr, on note « l'absence de la 2$^{e}$ prémolaire supérieure gauche », mais il est bien des raisons d'avoir perdu une dent ; assurément il existe au niveau abdominal une « cicatrice grossièrement horizontale et rectiligne », mais il est difficile d'en affirmer l'origine. D'où la conclusion citée qui manifeste, bien plus qu'une vérité clinique lue sur le corps, une intime conviction attachée à l'histoire racontée. Faute de pouvoir attribuer de façon probante les signes physiques à une cause violente, l'auteur du certificat évoque le détail, la cohérence et l'émotion du récit, terminant une description peu démonstrative par une formule – « on peut croire à la véracité des faits allégués » – qui relève de la profession de foi.

Ce certificat médical a été rédigé en 1987. Il appartient au premier âge de l'expertise clinique en matière de torture. La demande institutionnelle vient seulement d'émerger. Les associations ne se sont pas encore fait une doctrine. Chacun des médecins sollicités par les candidats au statut de réfugié ou par l'administration de l'asile répond de son mieux, mêlant les canons de la certification médicale (formules standardisées, attention descriptive, prudence interprétative) et le souci de la parole juste (respect du récit, mise en valeur des détails probants, engagement personnel dans la conclusion). Les règles générales n'entravent pas la liberté d'écriture. L'analyse d'une série d'expertises rédigées au cours de cette période montre du reste, comme on peut s'y attendre dès lors que l'exercice est laissé à l'initiative de chacun, une assez grande variation stylistique dans les certificats.

Mais ce temps est révolu. Dès le début des années 1990, sous la pression de la demande sociale et politique, le Comede établit des normes de rédaction, dont une première synthèse est produite dans un document interne en novembre 1991. Désormais, il faut « essayer de faire court et juste ». Cette réduction porte principalement sur le récit. Tandis que le texte du certificat précédent couvrait une page et demie, ce ne sont plus que quelques lignes au style indirect et au mode conditionnel, comme dans cette attestation qui date de 2002 : « Ce patient d'origine tamoule aurait été arrêté en 1996, suite à son implication dans l'aide aux Tigres, et incarcéré. Il déclare avoir subi des tortures et avoir été frappé à coups de baïonnette et brûlé avec des cigarettes[30]. » S'agissant de la partie clinique, en revanche, la consigne est qu'il faut « apporter des précisions sur les doléances ou les constatations de l'examen ». Tout ce qui relève de l'expertise médicale est détaillé, comme dans ce même certificat : « Au niveau de la racine du pouce gauche, deux cicatrices, l'une longitudinale de 3 cm de long et l'autre ovalaire relative à un coup par arme blanche ; au niveau de l'avant-bras gauche, cinq lésions arrondies typiques de brûlures par cigarettes ; au niveau de la jambe droite, plusieurs cicatrices avec perte de substance par arme blanche. » La conclusion, lit-on encore dans les recommandations, doit essayer de « mieux relier les faits cités et les sévices constatés », sans mentionner « les éléments négatifs dans les doléances ou à l'examen ». On ne doit plus, comme dans le certificat établi naguère, signaler « un examen clinique pauvre » ou constater que « la cicatrice n'a pu être mise en relation avec un traumatisme précis ». L'honnêteté dont on pouvait penser qu'elle serait au bout du compte efficace n'est plus de mise. De fait, la formulation finale se standardise sèchement : « L'ensemble des constatations est compatible avec les déclarations du patient. » Bien qu'il suive une structure rhétorique analogue, le certificat médical ainsi redéfini prend une tout autre signification sociale.

La réduction du récit des violences subies, ramené à sa plus simple expression, tient principalement à trois raisons : premièrement, une volonté de ne pas se montrer redondant par rapport à la parole de la personne, ce qui contribuerait à sa perte de légitimité ; deuxièmement, un souci de coller au principe de l'exercice selon lequel le médecin ne doit parler que de ce qu'il peut attester ; troisièmement, il faut bien le reconnaître aussi, un effet d'épuisement lié au nombre de demandes et qui conduit à une sorte de routinisation de la certification. Réduire ainsi la part de l'histoire de la personne dans le document qu'on lui remet pour les officiers de l'Ofpra ou les juges de la CRR, c'est littéralement participer de la déshistoricisation des réfugiés[31]. Cette séparation s'inscrit dans un mouvement plus large que l'on peut décrire comme une différenciation des fonctions et un partage des rôles au sein du monde associatif. En l'occurrence, la défense des demandeurs d'asile se fait sur trois fronts principaux : le droit, par lequel les pouvoirs publics sont interpellés ; l'aide au récit, qui consiste en un accompagnement des personnes dans l'élaboration de l'histoire qu'ils doivent présenter devant l'administration ou les juges ; l'expertise médicale, qui repose sur la certification des traces de la violence pour ces mêmes institutions. Des trois fronts, le premier concerne le collectif (les réfugiés, voire l'asile dans son principe) alors que les deux autres visent les individus (par une intervention personnalisée). Dans la division des tâches qui s'effectue entre spécialistes de l'aide au récit et experts de la certification médicale, se joue donc une forme de séparation du narratif et du corporel. Certes, le médecin doit relier ce que le corps lui révèle à ce que la narration lui a appris. Toutefois, il ne s'aventure que sur son propre terrain, celui de la clinique, laissant la reconstitution biographique aux agents qui se sont spécialisés dans cette activité : avocats bien sûr, mais aussi associations, comme le Service œcuménique d'entraide (Cimade), et structures d'hébergement, comme les Centres d'accueil des demandeurs d'asile (Cada). La condition de validité de l'expertise du médecin tient à la délimitation, dans son acte, de son champ de compétence. Le renoncement au sentiment moral qui l'animait en s'engageant dans cette activité de soin et de soutien est le prix à payer pour que son certificat soit crédible et donc efficace. Dès lors, il ne parle plus d'« émotion » dans le récit et ne dit plus « croire » la parole du demandeur. Il est celui qui examine et décrit des « cicatrices constatées », en s'efforçant d'affirmer la probabilité d'un lien avec les « faits allégués ». De militant qu'il s'était imaginé, il se voit devenu simple légiste.

Pourtant l'expertise a une autre fonction que celle, utilitaire, ouvertement annoncée. Elle n'est pas seulement destinée à l'officier de l'Ofpra ou au juge de la CRR qui va statuer sur la demande d'asile. Elle est également investie d'une fonction que les médecins considèrent comme thérapeutique, mais que l'on peut aussi dire éthique. Faire un certificat, c'est reconnaître que la personne a bien été victime des violences qu'elle dit avoir subies. La personne est écoutée et, surtout, elle sait qu'elle a été entendue. Si celles et ceux qui ont fait l'expérience de l'horreur extrême sont confrontés à une douloureuse « gestion de l'indicible[32] », ils le sont aussi souvent à une gestion de l'inaudible qui n'est pas moins éprouvante. Aujourd'hui, l'*ethos* de l'administration en matière d'asile est dominé par la suspicion. Les histoires sont mises en doute, les faits sont discutés, les preuves sont disqualifiées. Avoir convaincu le médecin, c'est avoir fait un premier pas, peut-être décisif, dans la production de sa vérité. La marque n'est désormais plus seulement sur – ou dans – le corps ; elle est présente dans un document à valeur légale. La trace scripturaire, qu'elle reprenne le récit ou qu'elle témoigne des séquelles, enveloppe de sa légitimité les fragiles paroles et les blessures invisibles du candidat au statut de réfugié. L'écriture n'a donc pas seulement une vertu pratique. Elle a en outre une valeur symbolique et, par conséquent politique, que les certificats médicaux nous rappellent. Dans un contexte de scepticisme généralisé, l'attestation écrite est la forme supérieure de la véridiction.

*

Aussi marginale statistiquement que demeure leur présence en Europe – notamment au regard du nombre de réfugiés que comptent les pays du Sud –, les demandeurs d'asile représentent un enjeu majeur pour le monde contemporain. Comme les « personnes déplacées » au lendemain des deux guerres mondiales, les victimes de violences qui sollicitent aujourd'hui la protection des États occidentaux mettent à l'épreuve non seulement leur dispositif réglementaire mais aussi leur sens moral et leur responsabilité politique. Dans cette perspective, on pourrait dire que si les apatrides ont été, comme le suggère Hannah Arendt, les figures morales et politiques par excellence du XX^e^ siècle européen, les demandeurs d'asile paraissent désormais occuper cette place. Il faudrait en effet distinguer, analytiquement, les réfugiés comme phénomène de masse sur les continents africain et asiatique et les demandeurs d'asile comme réalité au contraire hyperindividualisée en Europe et en Amérique du Nord. Gestion collective pour les premiers, que les organisations internationales regroupent dans des camps, et singularisation du traitement des seconds, au sujet desquels les appareils étatiques se livrent à une véritable casuistique. À la « corporéité anonyme[33] » des uns, on opposerait ainsi l'exploration minutieuse du corps des autres, en quête de ces traces susceptibles d'attester la vérité de la condition.

Il nous faut ici nous arrêter sur un paradoxe tragique. La pratique de la torture est, on le sait, condamnée par les conventions internationales, celle de 1949 sur le droit humanitaire et, plus spécifiquement, celle contre la torture adoptée par les Nations unies en 1984. Que l'existence de ces textes ne garantisse pas la disparition des sévices physiques, il suffit – en s'en tenant aux démocraties occidentales – de se remémorer les exactions ordinaires commises hier par l'armée française pendant la guerre d'Algérie ou d'évoquer les traitements dégradants employés aujourd'hui par les forces militaires états-uniennes dans les prisons d'Irak pour s'en convaincre. Dans une perspective d'histoire morale et politique, la question n'est donc pas de se demander si la torture a diminué de fréquence dans la période contemporaine, mais bien de constater qu'elle est devenue illégale et assez largement illégitime (même si certaines prises de position en France après la révélation de la pratique généralisée de la torture en Algérie et surtout aux États-Unis après les attentats du 11 septembre 2001 montrent qu'il existe une résistance à cette évolution). La torture n'a pas disparu, elle doit simplement demeurer secrète[34]. Le contraste à cet égard est remarquable avec la pratique publique des supplices que l'on supposait autrefois avoir une vertu pédagogique. Non seulement il faut la dissimuler, mais il faut également en effacer la trace pour ne pas risquer de se retrouver un jour devant un tribunal international. Ce qui peut signifier deux choses : soit faire disparaître totalement les corps (les fosses communes en témoignent parfois rétrospectivement) ; soit utiliser des techniques qui ne laissent pas de marques décelables (que la souffrance infligée soit physique ou psychologique). C'est donc au moment où la pratique de la torture évolue vers des formes de plus en plus invisibles que l'on exige une visibilité des stigmates sur les corps pour attester que la persécution a bien eu lieu. Alors que la parole des victimes de violences politiques est systématiquement mise en doute, c'est maintenant leur corps que l'on interroge – un corps qui, le plus souvent, parle peu, parce que les tortionnaires ont intérêt à le rendre muet.

Du reste, même quand il parle, le corps du persécuté ne suffit pas toujours à fonder la vérité de son histoire. À propos d'un Sri Lankais dont le certificat médical était présenté en ouverture de ce chapitre, je mentionnais que le plus souvent on ignore l'efficacité de l'attestation fournie aux instances qui décident d'attribuer ou non le statut de réfugié. Il arrive pourtant qu'on le sache. Ainsi en est-il pour Elanchelvan Rajendram[35]. Selon la reconstitution de sa biographie, c'est à l'âge de vingt-six ans qu'il est venu en France et a déposé sa demande d'asile. Sri Lankais d'origine tamoule, il a vécu dans une zone contrôlée par les Tigres, mouvement auquel appartenait son frère aîné qui a été tué par l'armée. Arrêté avec son père par les militaires sri lankais peu après la mort de son frère, il a été emprisonné et torturé pendant vingt jours, y compris par arme blanche. À sa sortie de prison, s'étant caché dans les locaux d'un parti qui collaborait avec le gouvernement national et pour lequel lui-même travaillait, il est cette fois menacé par les Tigres qui l'accusent de se compromettre avec l'ennemi. Un second frère est assassiné à son tour. Ses parents décident alors qu'il doit quitter le pays. Au terme d'un long périple organisé par des passeurs, il arrive à Strasbourg. L'Ofpra rejette sa demande au motif que le récit est trop « stéréotypé » et insuffisamment « circonstancié ». Une requête en appel est introduite devant la CRR avec de nombreuses pièces dont un certificat de décès par balle de son frère et une attestation de cicatrices rédigée par un praticien hospitalier. Les juges ne sont pas plus convaincus que ne l'étaient les officiers et ils déclarent même que le lien entre les constatations cliniques et les sévices rapportés n'est pas établi. À la suite de modifications de la législation française en matière d'asile, le jeune homme, aidé par une association strasbourgeoise, présente de nouveau son dossier devant l'Ofpra puis devant la CRR, arguant à nouveau de sa « peur de retourner dans un pays où sa sécurité n'est pas assurée » : les deux instances confirment leur décision. Après une dernière tentative auprès du tribunal administratif pour essayer, en vain, de faire lever la mesure de reconduite à la frontière, le jeune homme est expulsé vers le Sri Lanka. Quelques mois plus tard, le 28 février 2007, il est abattu de seize balles par l'armée sri lankaise lors d'une patrouille. « Je ne sais plus quoi faire pour qu'on me croie », avait-il écrit à la Commission des recours lors de sa dernière demande d'examen de son dossier. À l'évidence, ni son récit ni ses documents n'avaient réussi à rendre sa cause crédible. Même la lettre du praticien hospitalier attestant l'existence de cicatrices compatibles avec les faits racontés s'était avérée inutile. Objet modeste de la politique de l'asile, le certificat médical est ainsi parfois le fil ténu à quoi tient l'existence – physique mais aussi psychique – du candidat au statut de réfugié. Dans le cas d'Elanchelvan Rajendram, le fil s'était rompu.

LIMEN

# Frontières

CHAPITRE 5

# Une hospitalité ambiguë

## L'administration des indésirables

À la différence du *peregrinus* qui habite hors des limites du territoire, *hostis* est l'étranger « en tant qu'on lui reconnaît des droits égaux à ceux des citoyens romains ». Un lien d'égalité et de réciprocité est établi entre cet étranger et le citoyen de Rome, ce qui peut conduire à la notion précise d'hospitalité... Par un changement dont nous ne connaissons pas les conditions précises, le mot *hostis* a pris une acception « hostile » et désormais, il ne s'applique qu'à l'« ennemi ».

ÉMILE BENVENISTE, *Vocabulaire des institutions indo-européennes*

Deux semaines seulement après sa prise de fonction dans le gouvernement de Jean-Pierre Raffarin, le nouveau ministre de l'Intérieur, Nicolas Sarkozy, fit le 23 mai 2002 une visite spectaculaire au centre de transit de Sangatte, dans le nord de la France. Depuis le 24 septembre 1999, date de son ouverture, le grand hangar situé sur le territoire d'une petite commune balnéaire du Pas-de-Calais était devenu un point de passage presque obligé pour les étrangers en partance pour la Grande-Bretagne où ils demanderaient l'asile : en deux ans et demi, 55 000 d'entre eux y avaient trouvé un abri provisoire avant la traversée en train ou en bateau à Calais. Administré par la Croix-Rouge dans le cadre d'un contrat signé avec l'État, le lieu, qui avait autrefois servi d'entrepôt pour le matériel servant à creuser le tunnel sous la Manche, avait été maintes fois dénoncé par les organisations de défense des immigrés et les associations de droits de l'homme qui, au regard des conditions matérielles d'hébergement et du caractère juridiquement indéfini du dispositif, le qualifiaient non pas de centre mais de « camp [1] ». Un camp assez singulier cependant, puisqu'il n'était pas enclos de barbelés et qu'on pouvait donc y entrer ou en sortir à sa guise. Il avait été ouvert avec deux cents places ; deux ans plus tard, les sept cents lits ne suffisaient plus et l'on évoquait en réalité mille trois cents personnes occupant les 25 000 $m^2$, avec chaque semaine quatre cents arrivées et presque autant de départs. En donnant à sa visite une forte exposition médiatique, le ministre de l'Intérieur manifestait symboliquement la rupture qu'il entendait effectuer par rapport à la politique de ses prédécesseurs de gauche : il serait strict en matière d'immigration et sévère à l'encontre des étrangers sans titre de séjour, mais il ne tolérerait pas les manquements à la démocratie [2]. C'est au nom de la République qu'il fermerait Sangatte. Stigmatisant l'image d'une structure « sinistre », il retourna l'argument de ses adversaires en assurant refuser les « conditions indignes » que l'on fait aux étrangers. Lui-même et ses collaborateurs, à commencer par Brice Hortefeux, qui deviendrait quelques années plus tard le premier ministre de l'Immigration, de l'Intégration, de l'Identité nationale et du Développement solidaire, allèrent jusqu'à reprendre à leur compte le mot « camp » pour mieux dénoncer la politique passée et justifier la fermeture. Le terme s'était du reste banalisé dans l'espace public et la presse le reprenait de manière presque anodine dans ses comptes rendus. Dans les journaux, on parlait du « camp de la Croix-Rouge [3] ». Le paradoxe étant que le centre, qui avait été ouvert en invoquant l'argument humanitaire, était désormais fermé au nom du même principe. Or, dans les deux cas, la compassion annoncée n'était pas loin d'une répression occultée.

La préhistoire de Sangatte est plus longue qu'on ne le pense généralement[4]. Au milieu des années 1980, ce sont surtout des Pakistanais et des Vietnamiens qu'on trouve dans le Calaisis, en attente d'un passage vers l'Angleterre. Au début des années 1990, les ressortissants des pays d'Europe de l'Est, notamment les Polonais, libérés par l'effondrement des régimes communistes, et les Sri Lankais, généralement tamouls, fuyant la guerre civile dans leur pays, deviennent plus nombreux. Au cours de cette période, les Britanniques commencent à refuser d'instruire certaines demandes d'asile et à refouler les indésirables vers la France. Au milieu des années 1990, des initiatives locales se développent pour prendre en charge les personnes de plus en plus nombreuses qui errent dans Calais et ses alentours : association La Belle Étoile en 1994 et Collectif de soutien en urgence aux refoulés en 1997. La situation devient préoccupante en 1998 avec l'arrivée de Kosovars persécutés par le gouvernement serbe. « Calais, reflet du chaos », titre le quotidien local *Nord Littoral* le 6 août 1998 : « Des Kosovars candidats à l'exil en Angleterre dans les pires conditions, un Roumain qui vient tenter sa chance outre-Manche, des familles tziganes refoulées par les autorités britanniques : au fil des rencontres, Calais se révèle comme un entonnoir de la misère. » Au printemps suivant, le préfet, qui avait jusqu'alors refusé cette solution, se voit contraint par l'afflux de Kosovars d'ouvrir un entrepôt, mais seulement comme abri de nuit. « Après avoir annoncé le dispositif de sécurisation, celui de l'humanisation ? » s'interroge un journaliste local le 24 avril 1999, jour de l'ouverture de ce dispositif. Malgré cela, dès le 4 juin, le hangar est fermé par les services préfectoraux. Pendant tout l'été, les candidats à l'asile, qui n'ont plus de refuge, campent dans le parc Saint-Pierre au centre de Calais avec le soutien de l'association C'Sur. Progressivement, les Kosovars sont remplacés par les Afghans et les Kurdes, essentiellement d'Irak, qui fuient les régimes taliban et baasiste. Le 11 août 1999, sous le titre « L'État cherche la sortie », *Nord Littoral* affirme : « Concilier l'aide humanitaire aux réfugiés et le refus de l'immigration clandestine : telle est la volonté du préfet qui reconnaît avoir du mal à trouver le point d'équilibre. »

La difficile concrétisation d'un mot d'ordre qui ressemble à un oxymore – une répression compassionnelle – se produit néanmoins dans les jours qui suivent. Le 14 août, l'ouverture d'un centre d'accueil d'urgence est annoncée. Le 19 août, 210 personnes sont interpellées. Le 24 août, 200 réfugiés s'installent dans le hangar. Le quotidien commente : « Alors que le parc Saint-Pierre reprenait un visage un peu plus conforme à ce qu'est un parc, le sous-préfet de Calais signalait que le dispositif passait de la phase de l'humanitaire à celle de la sécurisation. » L'inverse, en somme, de ce qu'on avait cru entrevoir quatre mois plus tôt lorsque l'« humanisation » semblait succéder à la « sécurisation ».

Cette tension entre humanité et sécurité, entre compassion et répression – telle qu'elle s'exprime autour de la question des réfugiés et plus largement des immigrés –, est une caractéristique majeure de la gestion des étrangers dans la France contemporaine et, jusqu'à un certain point, en Europe. Dans sa linguistique comparée indo-européenne, Émile Benveniste souligne la curieuse ambiguïté de l'étymologie du mot hospitalité[5]. Le terme latin d'où vient ce mot est *hospes,* lui-même composé à partir de *hostis.* Or, le premier indique l'hôte et le second signifie l'ennemi. « Pour expliquer le rapport entre "hôte" et “ennemi”, note le linguiste, on admet en général que l’un et l’autre dérivent du sens de “étranger” qui est encore attesté en latin ; d’où “étranger favorable → hôte” et “étranger hostile → ennemi”. » Pourtant, *hostis* n’a pas toujours eu cette connotation négative. Initialement, comme le rappelle l’exergue de ce chapitre, il signifiait une relation contractuelle d’égalité et de réciprocité avec l’étranger – celui qui vit dans la cité. De même en grec, *xénos,* qui veut dire étranger, suppose un pacte qui implique des obligations et des échanges. Il y a cependant eu, dans l’histoire romaine, un moment où les transformations sociales n’ont plus été compatibles avec le type de relations d’égalité et de réciprocité qui avait été institué à l’égard des étrangers : « Quand l’ancienne société devient nation, les relations d’homme à homme, de clan à clan, s’abolissent ; seule subsiste la distinction de ce qui est intérieur ou extérieur à la *civitas.* » Lorsque *hostis* signifiera l’ennemi, il faudra alors un autre mot, *hospes,* pour dire l’hôte – chacun des deux termes renvoyant explicitement à l’étranger. Cette confusion entre hospitalité et hostilité, qui remonte donc à la fondation étymologique et politique de la figure de l’étranger, est centrale pour penser l’extranéité dans le monde contemporain.

Prolongeant cette réflexion, Jacques Derrida en donne une lecture presque psychologique[6] :

> On peut devenir virtuellement xénophobe pour protéger ou prétendre protéger sa propre hospitalité, le propre chez soi qui rend possible sa propre hospitalité. Je veux être maître chez moi pour y recevoir qui je veux. Je commence à tenir pour un étranger indésirable, et virtuellement pour un ennemi, quiconque empiète sur mon chez-moi, sur mon pouvoir d’hospitalité, sur ma souveraineté d’hôte. Cet autre devient un sujet hostile dont je risque de devenir l’otage.

Dialectique de l'hospitalité et de l'hostilité, de l'hôte et de l'otage : on reconnaît la rhétorique des politiques de l'immigration, telle qu'elle se déploie depuis deux décennies. Nous ne pouvons réussir l'intégration des immigrés légaux qu'à condition d'éconduire avec plus de sévérité les étrangers illégaux, disait-on dans les années 1990. On feignait alors d'oublier qu'un nombre croissant d'immigrés légaux devenaient des étrangers illégaux lorsqu'on leur refusait le renouvellement de leur titre de séjour, qu'on rejetait leur demande d'asile ou qu'ils avaient une condamnation pénale, autrement dit on éludait le fait que la frontière entre les deux catégories était de plus en plus poreuse et que l'on ne pouvait plus garantir aux « réguliers » qu'ils le resteraient. Nous sommes en droit de promouvoir une immigration choisie, ajoute-t-on dans les années 2000, en réduisant l'hospitalité au seul enjeu de l'utilité et en considérant donc comme mal venus celles et ceux qui ne sont pas « élus », au risque notamment de réduire l'asile comme peau de chagrin[7]. En somme, on est passé en une décennie d'une logique de distinction légale (séparer les réguliers des irréguliers sur le territoire) à une logique de discrimination légitime (séparer les désirés des indésirables avant leur entrée sur le territoire). Or, Sangatte est le témoin de ce glissement : il ne s'agit pas véritablement d'un centre d'accueil où l'on traiterait des demandes d'asile ; il ne s'agit pas non plus d'un centre de rétention d'où l'on expulserait les réfugiés déboutés ; c'est un lieu sans statut, à vocation humanitaire mais installé pour des raisons sécuritaires, dans lequel les étrangers sont censés passer et n'ont jamais vocation à rester. C'est un lieu de transit dans lequel on ne réprime pas l'irrégularité – présente, la police est étonnamment tolérante – et où les indésirables sont rendus invisibles – pour autant qu'ils disparaissent rapidement pour de bon en rejoignant les côtes anglaises.

Ni hôtes ni ennemis, ils bénéficient d'une hospitalité furtive, sans droits – et d'abord sans droit d'asile. Ils sont de purs obligés. À mesure cependant que les autorités britanniques durcissent leur politique d'accueil à l'égard de ces réfugiés et que le passage devient difficile et risqué, les relations entre raison humanitaire et logique sécuritaire se font plus tendues dans le centre. Ce seront finalement les mêmes arguments – l'humanité et la sécurité – qui, après avoir justifié l'ouverture du centre de Sangatte, permettront de légitimer de sa fermeture.

Pour tenter de rendre compte de cette singulière association de compassion et de répression, dont le « moment Sangatte » est un révélateur, je commencerai par revenir sur ce qui se joue dans et autour du centre et notamment sur la suspension du droit provoquée par la double invocation humanitaire et sécuritaire. Je resituerai ensuite ces enjeux dans le contexte des politiques contemporaines de l'immigration, en particulier avec ce que l'on peut appeler une humanitarisation de l'asile. Je proposerai enfin de relire les processus de mondialisation à la lumière de l'histoire de ce dernier caravansérail que Sangatte représente.

## Une inversion des rôles

Le visiteur qui se rendait au centre d'accueil de Sangatte en ce début d'année 2002 ne pouvait manquer d'être frappé par l'association de deux symboles : à l'entrée de l'immense entrepôt, d'un côté un drapeau de la Croix-Rouge flottait au vent alors que, de l'autre, un car de CRS stationnait en permanence. Ayant pénétré dans l'enceinte du centre d'accueil, il était encore plus saisi par le spectacle qu'il découvrait dans cette partie du hangar qu'on appelait la « place du village » et qui était le cœur des activités : c'était une sorte d'immense vestibule que l'on devait traverser pour rejoindre les tentes et les baraquements d'allure militaire où dormaient les réfugiés. Je notais dans mon journal de terrain, le 22 mars 2002 :

> Sur la place du village, la plupart des hommes sont debout par petits groupes. Au milieu, un petit dispositif de jeux en bois pour enfants ; quelques grands font du vélo ou du roller ; d'autres jouent à la marelle. Il y a aussi un coin télévision avec huit rangées de sièges dont seuls les trois premiers peuvent voir l'image minuscule et dont uniquement le premier rang a une chance de percevoir le son. Plus loin, sur un banc, près de l'infirmerie, une dizaine d'hommes attendent leur tour pour la visite médicale. Derrière les barrières qui séparent les réfugiés du personnel, les membres de la Croix-Rouge discutent ou s'affairent. Quand des nouveaux venus arrivent, on les accueille en passant de l'autre côté de la barrière pour les interroger et les enregistrer, opération qui dure au total moins d'une minute. Les situations personnelles sont évoquées à voix haute devant tous les présents. À cinq mètres au-dessus de la foule qui circule sur la place du village, une coursive métallique longe un bâtiment préfabriqué qui domine les lieux comme un mirador inoffensif. Des policiers ostensiblement armés et manifestement placides surveillent l'agitation quelques mètres plus bas. À plusieurs moments de la journée, et notamment lors des repas, des patrouilles passent au milieu des réfugiés qui ne semblent pas inquiétés par ces déambulations devenues familières.

L'espace du centre est ainsi structuré et occupé par une double présence institutionnelle : la Croix-Rouge, avec ses bureaux, son infirmerie, ses agents ; la police nationale, avec sa compagnie de CRS, ses lieux d'observation en surplomb, sa présence discrète mais visible.

La cohabitation des deux institutions – humanitaire et policière – n'a pourtant pas toujours existé. En fait, la Croix-Rouge est depuis l'ouverture du centre le gestionnaire des lieux : cette mission lui a été confiée par l'État et c'est la Direction de la population et des migrations qui assure concrètement le financement de l'opération ; l'organisation humanitaire s'était portée candidate à cette fonction et, outre les liens politiques étroits qu'elle avait avec le pouvoir (son président de l'époque, Marc Gentilini, étant un proche du président de la République Jacques Chirac), elle pouvait se prévaloir de son expérience non seulement dans des camps de réfugiés sur d'autres continents, mais aussi dans des espaces d'exception sur le territoire français (comme la zone d'attente de l'aéroport de Roissy dont le responsable pour la Croix-Rouge, Michel Derr, est devenu directeur du centre de Sangatte[8]). En revanche, les CRS n'ont été présents sur place qu'à la suite de plusieurs incidents violents survenus parmi les réfugiés : dans un contexte de concurrence entre les différents groupes nationaux pour le contrôle de la manne des passages vers la Grande-Bretagne, les intimidations et les bagarres se sont multipliées, en particulier entre Kurdes et Afghans (on m'expliqua que le tarif demandé par les passeurs se situait entre 500 et 1 000 dollars, les Kurdes étant moins exigeants que les Afghans). Début 2002, il a donc été demandé que la police assure la sécurité sur place vingt-quatre heures sur vingt-quatre, ce qui n'a pas empêché divers troubles de survenir, parfois graves (l'une des rixes a fait un mort et deux blessés en avril 2002 et un match de football entre les deux groupes a dégénéré en bataille rangée au mois de mai 2002). Souci humanitaire et préoccupation sécuritaire sont ainsi inextricablement liés, puisque c'est la concentration de populations, en nombre croissant et dans des conditions dégradées, mais aussi la pression de plus en plus forte des difficultés de la traversée et donc la compétition toujours plus intense entre les passeurs qui génèrent à la fois le besoin d'humanitaire et l'obligation de sécurité.

Au quotidien, les rôles des deux institutions se recoupent du reste en partie. La Croix-Rouge est souvent amenée à exercer une fonction de contrôle, voire de sanction. J'assiste à la scène suivante. Un réfugié cherche à entrer dans le camp avec trois sacs de pommes de cinq kilos. Les agents de l'association présents à l'entrée lui interdisent l'accès au hangar. Ils craignent, assurent-ils, qu'il ne s'agisse d'un « trafic de marchandises ». La responsable de l'accueil est appelée en renfort. Le réfugié lui explique que c'est pour une fête qu'ils vont célébrer avec des amis. Elle répond qu'elle ne veut rien savoir. L'affaire n'en reste cependant pas là. D'autres réfugiés s'en mêlent, une femme intervient comme médiatrice. De guerre lasse, on laisse entrer les pommes, en ajoutant qu'aucune autre denrée ne sera autorisée pour l'événement. Une heure plus tard, un employé de la Croix-Rouge déclare avoir surpris les hommes en train de revendre les pommes près de la « mosquée », espace sans mur consacré à la prière. La responsable exige que les pommes soient distribuées gratuitement. La protestation enfle parmi les réfugiés. Un peu après, il faut intervenir pour les calmer. Ce type d'épisode est quotidien : non seulement les agents humanitaires se retrouvent à « faire la police » dans le centre, mais les faits les plus anodins prennent des proportions étonnantes et donnent lieu à un interventionnisme permanent. Comme le remarque un employé de la Croix-Rouge : « Il était décevant de voir comment des travailleurs humanitaires pouvaient devenir si amers. Pour eux, toutes les illusions initiales qui leur avaient fait croire que les réfugiés recevraient avec docilité et gratitude l'assistance qu'ils leur apportaient avaient laissé place à une fatigue compassionnelle[9]. » En réalité, le problème était que la tâche que l'État avait confiée à l'organisation humanitaire était avant tout d'ordre public, ce que n'avaient pas compris ses employés en s'engageant. À l'inverse, la police nationale se montrait plutôt indifférente, voire presque bienveillante. Les CRS ne manifestaient aucune agressivité à l'égard des étrangers, ils ne vérifiaient jamais leur titre de séjour alors que tous étaient pratiquement sans papiers en règle et que, partout ailleurs dans le pays, les contrôles d'identité se multipliaient. Évidemment, ils ne les conduisaient jamais non plus au centre de rétention voisin de Coquelles où des centaines d'immigrés en situation irrégulière attendaient leur reconduite à la frontière. Même, il leur arrivait souvent de ramener au centre des étrangers trouvés errants en ville ou près du port afin qu'ils soient hébergés et soignés. Leurs patrouilles pluriquotidiennes dans le hangar se déroulaient sans heurt, y compris lorsque des fouilles générales à la recherche d'armes avaient lieu. Quant aux réseaux de passeurs, ils s'en désintéressaient, au moins tant que des rixes ne survenaient pas. Leur mission de sécurité publique était ainsi largement dissuasive et, au quotidien, c'était bien les agents de la Croix-Rouge qui assuraient le maintien de l'ordre dans le centre.

Cet équilibre fragile et cette ambiguïté institutionnelle pouvaient perdurer tant que le centre conservait sa fonction de transit : les réfugiés ne passaient guère plus de quelques jours, voire semaines, dans le hangar avant de partir pour la Grande-Bretagne ; par conséquent, les tensions locales n'étaient que transitoires. Les responsables de la Croix-Rouge entérinaient eux-mêmes par leurs discours et leurs pratiques cette situation. Un document préparé par l'Office des migrations internationales était remis aux réfugiés à leur entrée dans le centre[10]. Il commençait par ces mots : « Vous êtes actuellement un résident du centre d'accueil de Sangatte qui est administré par la Croix-Rouge française. Ce centre a été installé par le gouvernement français pour apporter une assistance humanitaire de court terme aux immigrés irréguliers comme vous. Cependant, cette situation est et ne peut être que temporaire et précaire. » Or, au regard de cette situation, l'alternative proposée en titre du fascicule : « La dignité ou l'exploitation, le choix est entre vos mains » paraissait pour le moins sans issue. D'une part, le document insistait sur les dangers encourus à tenter de rejoindre les côtes anglaises : « les barbelés contiennent des milliers de lames de rasoir qui peuvent provoquer des blessures profondes ; les rails sont électrifiés en 25 000 volts et peuvent causer une électrocution ; se cacher sous un camion vous expose au risque d'être écrasé ou asphyxié ; attraper un train en mouvement peut entraîner des amputations ou la mort, et les courants d'air dans le tunnel peuvent atteindre 300 km/h et vous projeter sur la voie. » Il était même rappelé le décès de quatre immigrés essayant de traverser en 2001 et de cinquante-huit clandestins chinois cachés dans un camion en 2000. Au-delà de ces dangers vitaux, le risque d'échec de la demande d'asile en Grande-Bretagne et donc de renvoi au pays était souligné. D'autre part, le document ne mentionnait nullement la possibilité pour les réfugiés de demander l'asile en France où ils se trouvaient. Cette information n'était jamais donnée par la Croix-Rouge et n'était effectivement pas connue des résidents du centre. Tout se passait comme si le Royaume-Uni, pourtant de plus en plus inaccessible, était le seul pays où l'asile pouvait être envisagé. Cette stratégie de communication s'avérait efficace puisque, sur 55 000 personnes passées par le centre de Sangatte en deux ans et demi, seules 350 demandes d'asile furent déposées, soit moins d'un pour cent.

En fait, la seule issue présentée à la fin du document était le retour au pays, pour lequel une aide de l'Office des migrations internationales était proposée. On devine toutefois combien peu réaliste était cette hypothèse au regard des mois passés à voyager, des dépenses considérables engagées, des périls nombreux affrontés pour parvenir enfin aux portes de ce que certains journalistes locaux appelaient l'« Eldorado anglais ». Et l'on comprend aussi que, lorsque le jour de Noël 2001, cinq cents réfugiés, principalement afghans, se ruèrent dans le tunnel avant d'être arrêtés, puis relâchés par la police, la responsabilité de la Croix-Rouge ait été invoquée en Grande-Bretagne[11]. Ce n'était là qu'un nouvel épisode, certes plus spectaculaire, dans une longue histoire de mise en cause de la France accusée de favoriser par sa politique l'afflux de réfugiés sur le sol britannique : une fois de plus, les Anglais demandèrent la fermeture de ce qu'ils appelaient « le camp de réfugiés de Sangatte ». Débutées sous le précédent gouvernement français, les négociations conduites à partir de mai 2002 entre les deux ministres de l'Intérieur, Nicolas Sarkozy et David Blunkett, aboutirent à un accord liant la fermeture du centre à l'acceptation par les autorités britanniques de la régularisation des personnes encore présentes sur le site. « L'adieu à Sangatte », titrait le quotidien *Libération* le 3 décembre 2002, en racontant le départ vers l'Angleterre des derniers réfugiés.

La substitution du droit d'asile par la raison humanitaire, dont la politique du centre de Sangatte offre ainsi une démonstration exemplaire, s'inscrit néanmoins dans un phénomène plus vaste qui s'est développé durant les années 1990 : la subsidiarisation de l'asile et l'avènement de l'humanitaire. Il a pour toile de fond la subordination de la question des réfugiés aux politiques de contrôle des flux migratoires, engagée au sommet de Tampere en 1999 et achevée avec la signature du Pacte européen sur l'immigration et l'asile en 2008.

## La subsidiarisation de l'asile

Marie est une jeune femme haïtienne. Elle est venue en France lorsqu'elle avait vingt-trois ans. Elle y demanda l'asile. Le récit qu'elle me fit n'est certainement guère différent de celui qu'elle livra à l'Office français de protection des réfugiés et des apatrides (Ofpra) et plus tard à la Commission des recours pour les réfugiés (CRR). Son père, un dissident politique, avait été assassiné quelques années plus tôt. Sa mère disparut quelque temps après et tous pensèrent qu'elle avait été enlevée et abattue. Un jour que Marie était chez elle avec son ami, un groupe de jeunes hommes fit irruption dans la maison. Elle fut victime d'un viol collectif. Terrorisée, elle alla se cacher chez une tante. Au bout de quelques semaines, elle réussit à quitter le pays et vint avec son ami en France pour y demander l'asile. L'Ofpra rejeta sa demande : probablement considéra-t-on qu'il n'était pas établi que le viol collectif fût un acte politique et qu'il s'agissait au fond de violences ordinaires n'impliquant pas la notion de persécutions en raison de l'appartenance à un groupe social comme le prévoit la Convention de Genève[12]. Marie fit appel de cette décision, mais la CRR ne se montra pas plus indulgente et la jeune femme fut définitivement déboutée. La chose n'est pas étonnante : les décisions sont conformes aux pratiques de cette période. Non seulement, en 2000, les taux d'accord de l'Ofpra n'étaient plus que de 11,3 % auxquels s'ajoutaient 5,8 % par les recours de la CRR (soit, toutes admissions comprises, un demandeur sur six à qui l'on accordait l'asile), mais les ressortissants haïtiens étaient encore plus mal lotis avec 3,3 % en première instance par l'Ofpra et 3,8 % en seconde instance devant la CRR (soit une proportion globale d'un statut de réfugié obtenu pour quatorze demandes déposées[13]). La guerre civile en Haïti, le régime de terreur entretenu par les militaires, l'instabilité politique entre les deux présidences de Jean-Bertrand Aristide ne suffisaient à l'évidence pas à valider les critères conventionnels.

De ce fait, Marie fut réduite, comme la plupart des 80 % de demandeurs d'asile déboutés, à passer dans la clandestinité. Elle se cacha chez une amie, d'où elle ne sortait plus par peur d'un contrôle d'identité. Au bout de deux ans, amaigrie et dépressive, elle se résigna, sous la pression de ses proches, à consulter un médecin de ville qui, préoccupé par son état, l'adressa à l'hôpital. Là, elle vit un psychiatre qui rédigea un rapport inquiétant mentionnant un risque suicidaire, avec l'intention de le faire valoir dans un dossier que l'on soumettrait à la préfecture en vue de la régularisation de la jeune femme. L'existence d'une maladie grave ne pouvant être traitée dans le pays d'origine ouvrait droit en effet à un titre de séjour pour raison humanitaire. L'affaire était toutefois risquée car, comme on l'a vu, les cas psychiatriques pouvaient, en fonction des opinions des médecins inspecteurs amenés à statuer, donner lieu à des appréciations contradictoires : pour les uns, les troubles mentaux trouveraient une meilleure prise en charge au pays et la régularisation ne s'imposait donc pas ; pour les autres, les signes dépressifs avaient précisément leur origine dans la précarité juridique et par conséquent la régularisation pouvait présenter des vertus thérapeutiques. L'hésitation du psychiatre devant la meilleure stratégie à adopter fut cependant de courte durée. Lors de la deuxième visite à l'hôpital, l'examen sérologique qui avait été demandé à la première consultation se révéla positif pour le virus du sida. Un bilan complémentaire confirma la présence d'une maladie déjà évolutive. Il sembla évident à chacun que le viol collectif était la cause de la contamination. Le dossier pour la préfecture fut rapidement constitué et l'accord fut obtenu sans peine. Là encore, les statistiques auraient pu laisser anticiper cette issue favorable. D'une part, les ressortissants haïtiens arrivaient en troisième position des nationalités en ce qui concerne les demandes de régularisation pour cause médicale et, d'autre part, le sida était de loin la première des pathologies invoquées, les avis favorables des médecins inspecteurs étant dans ce cas presque systématiques[14]. Ainsi Marie, à qui l'on avait d'abord refusé l'asile, obtint-elle un titre de séjour pour raison humanitaire. Sur les violences qu'elle avait subies, sa parole avait été mise en doute et c'est son corps qui, finalement, avait parlé pour elle.

L'histoire de Marie est exemplaire mais banale. Combien d'autres déboutés du statut de réfugié ont dû leur régularisation à une maladie grave qui leur permettait de se réclamer de la raison humanitaire ? Souvent la découverte d'un sida venait « réparer » l'injustice de l'asile refusé, comme pour cette femme centrafricaine dont le mari avait été torturé et assassiné ou pour ce pasteur congolais qui affirmait avoir été persécuté à cause de ses prédications ou encore pour ce syndicaliste camerounais qui disait avoir été emprisonné et battu et dont la maison avait été brûlée. Bien conseillée par un avocat, une association ou un parent, la personne pouvait consulter un médecin afin de faire valoir son état de santé, pourvu qu'il pût être démontré que le défaut de traitement aurait des « conséquences d'une exceptionnelle gravité ». Face à cette évolution, on pourrait certes tenir un raisonnement pragmatique et se dire qu'au fond l'essentiel est d'obtenir un titre de séjour. Ce serait pourtant négliger trois éléments. Premièrement, tous les déboutés ne peuvent évidemment pas se prévaloir d'une maladie grave, et les médecins qu'ils consultent vivent comme une épreuve le moment où ils doivent leur expliquer que la pathologie dont ils souffrent n'est « pas assez sérieuse » pour justifier le recours à la clause médicale. Deuxièmement, pour les déboutés qui obtiennent leur régularisation au titre de leur maladie, ce document n'offre pas les mêmes garanties que l'asile et notamment fait l'objet d'un réexamen généralement annuel qui peut conduire, parce que l'état de santé s'est amélioré, au non-renouvellement de la carte de séjour. Troisièmement, il n'est pas certain que la reconnaissance sociale et l'expérience subjective soient les mêmes lorsqu'on obtient le statut de réfugié et quand on est régularisé comme malade.

Ainsi, en un peu plus de deux décennies, à mesure que l'asile perdait de son crédit, la maladie en gagnait et un déplacement s'opérait, dans les régularisations, de la moins légitime vers la plus légitime. Rappelons l'évolution des statistiques de l'Ofpra : au début des années 1980, on comptait un peu moins de 20 000 demandes par an et près de 15 000 statuts de réfugiés obtenus, soit environ 75 % de taux d'accord ; au début des années 1990, alors que le nombre de demandes avait considérablement augmenté jusqu'à dépasser 80 000 par an, l'effectif de réfugiés reconnus s'était à peu près maintenu en valeur absolue, aux alentours de 13 000, correspondant à une diminution sensible du taux d'accord autour de 15 % ; dans la décennie suivante, les demandes recommencèrent à baisser, grâce à un important travail de dissuasion à l'entrée sur le territoire mais, alors qu'on aurait pu penser que cette sélection en amont allait conduire à une remontée des taux d'accord, ces derniers demeurèrent bas, reprenant même leur courbe descendante au début des années 2000, jusqu'à passer au-dessous des 3 000 personnes protégées, soit une proportion de 7,8 %. En un quart de siècle, l'asile avait donc été divisé par cinq en valeur absolue et par dix en valeur relative. Avec pour effet arithmétique un accroissement rapide du nombre des déboutés, c'est-à-dire des étrangers en situation irrégulière, sur le territoire français : 171 000 de plus pour la seule période comprise entre 2003 et 2007. Une partie de ces déboutés s'orientait alors vers les autres voies de régularisation possible, à commencer par la maladie qui leur permettait – si elle était jugée assez grave... – de se réclamer de la clause médicale.

La substitution de la raison humanitaire à la protection asilaire n'est pas seulement un phénomène mathématique, en quelque sorte de vases communicants, dans lequel certains déboutés choisiraient d'être régularisés comme malades. Elle correspond aussi à une stratégie administrative et, en dernier ressort, à une décision politique. C'est ce que révèle l'opération de régularisations de 1998[15]. Il s'agit de la troisième grande vague de régularisations depuis la « fermeture des frontières » de 1974. La première, organisée en 1981, concernait essentiellement des travailleurs immigrés sans titre de séjour, pour la plupart munis de contrats de travail : sur 150 000 demandes, 130 000 régularisations avaient eu lieu. La deuxième, lancée en 1991, visait à examiner les situations de déboutés de l'asile : sur 48 000 dossiers, 15 000 avaient bénéficié d'un titre de séjour. La troisième, mise en place après la victoire de la gauche aux élections législatives de 1997, cherchait à apurer les effets d'une série de lois de contrôle de l'immigration de plus en plus restrictives, dites lois Pasqua et Debré, qui avaient eu pour résultat un accroissement important du nombre des étrangers en situation irrégulière, dont certains étaient considérés comme « non régularisables et non expulsables » : 180 000 demandes avaient été déposées, dont 150 000 recevables, parmi lesquelles environ 80 000 obtinrent finalement une autorisation de séjour ; parmi elles, 3 238 concernaient des causes médicales. Me commentant ces chiffres en juin 1999, un haut fonctionnaire de la Direction des libertés publiques et des affaires juridiques au ministère de l'Intérieur, qui avait assuré le suivi national de cette importante opération, m'expliqua en particulier comment ses services avaient procédé lorsqu'ils étaient confrontés à des situations associant des « risques vitaux » en cas de retour dans le pays et une « maladie grave » imposant une prise en charge indisponible dans le pays : « La raison humanitaire est une catégorie nouvelle qui est assez bien identifiée. Nous avons systématiquement considéré les risques vitaux comme subsidiaires et la maladie grave comme principale. » En conséquence, ce qui pouvait apparaître comme une décision individuelle – de déboutés malades, d'avocats les défendant, d'associations leur venant en aide, d'agents préfectoraux désireux de leur redonner une chance – était en réalité aussi un choix fait par l'administration. L'asile politique devenait secondaire par rapport à la raison humanitaire. Plus consensuelle et moins discutable, la logique de la compassion prévalait désormais sur le droit à la protection.

Le déplacement est significatif. Si l'on reprend la distinction proposée par Giorgio Agamben, entre *zoé,* la vie biologique, et *bios,* la vie qualifiée, on voit que ce qui est à l'œuvre dans ce glissement, c'est la perte de reconnaissance de la seconde et au contraire la légitimation inédite de la première. Qu'une personne soit mise en danger en raison de son engagement militant ou de son appartenance à un « groupe social », ce dernier étant défini par l'ethnie, la religion ou le sexe, devient « subsidiaire » par rapport à la menace que fait peser sur son corps l'existence d'une pathologie. On est moins prêt à créditer le combattant pour une cause ou la victime d'une persécution que l'être souffrant d'une affection grave. « Cette maladie qui me tue est aujourd'hui ce qui me permet de vivre », me disait, dans une formule saisissante, un homme nigérian qui, après une dizaine d'années d'errance en situation irrégulière entre la France et l'Allemagne, de dénonciations en arrestations, de travaux précaires en abris de fortune, avait fini par obtenir un titre de séjour pour raison humanitaire lorsqu'on lui avait découvert un sida, du reste à un stade déjà avancé : il savait que le retour au pays signifiait la mort par défaut de traitement et qu'à l'inverse, la carte dont il bénéficiait lui permettait enfin de vivre presque normalement[16]. Peu à peu, grâce à la couverture maladie universelle et aux aides sociales, au soutien de médecins et d'associations, il s'était réinventé une vie entièrement construite autour de ce corps malade. En somme, sa vie biologique lui ouvrait droit à une vie sociale. C'est d'ailleurs le sens que les professionnels de la santé et les membres d'associations d'entraide qui l'entouraient donnaient à leur action : s'appuyer sur la pathologie physique pour retrouver des droits sociaux. Plus largement, les organisations humanitaires, à commencer par Médecins du monde et Médecins sans frontières, mais aussi les associations de malades, notamment Aides et Act Up, s'étaient servi de l'argument de la vie nue (on ne peut pas ne pas soigner des malades et les laisser mourir) pour obtenir une forme de citoyenneté minimale (avec en particulier le droit au séjour ou l'aide médicale[17]). Ce faisant, elles dévoilaient et confortaient une logique de gouvernement par laquelle la *zoé* prime sur la *bios* et s'impose dans la *polis*. L'histoire de l'*East Sea* en apportera un dernier élément de preuve.

## L'humanitarisation du droit

Le 17 février 2001, un cargo battant pavillon cambodgien s'échouait sur les côtes varoises. À son bord, neuf cent huit personnes : hommes, femmes, enfants. Certes, à cette époque, les images de bateaux traversant la Méditerranée pour atteindre les côtes de l'Espagne, de l'Italie et de la Grèce, mais aussi de l'île de Malte, étaient devenues familières ; la vision de dizaines de personnes, généralement africaines, transies de froid sur une plage sous le contrôle de forces de police était presque banale, tout comme l'annonce de cadavres recueillis en mer. Pourtant, l'*East Sea* offrait une situation inédite à plus d'un titre : il avait à son bord un nombre de passagers bien plus élevé que ce qu'on avait l'habitude de voir ; il était en provenance du Moyen-Orient et non d'Afrique ; les étrangers affirmaient pour la plupart être des Kurdes fuyant les persécutions dont ils étaient victimes en Irak ; ils voulaient effectivement demander l'asile, à ceci près toutefois qu'ils avaient prévu de le faire en Grande-Bretagne ou en Allemagne ; la France n'était donc pour eux qu'une « terre d'exil par accident », comme l'observa un agent de la police de l'air et des frontières. Alors que les « clandestins », ainsi qu'on les appela au début, étaient enfermés dans le camp militaire de Fréjus où des équipes de la Croix-Rouge se hâtaient pour aménager une caserne désaffectée, les médias affluaient, montrant des enfants en pleurs, des femmes enceintes, des vieillards malades derrière des grillages auxquels s'accrochaient des hommes aux visages défaits et implorants. Ces images poignantes soulevèrent une vive émotion dans le pays. Tandis que la réaction initiale du Premier secrétaire du Parti socialiste, François Hollande, avait été de dire qu'il ne fallait pas « inciter à un trafic de main-d'œuvre et donner l'illusion et l'espoir d'une intégration dans notre pays », le porte-parole du RPR, Patrick Devedjian, se montrait plus ouvert, déclarant que « nous n'avons pas d'autre choix, pour le moment, que de soutenir la misère et de les accueillir naturellement » : d'une manière générale, les représentants politiques semblaient jouer à contre-emploi, la gauche dans le registre de la sévérité, insistant sur le fait que « tout le monde ne pourra rester sur le territoire français », la droite dans le registre de la générosité, parlant de ces « pauvres gens[18] ». Au gouvernement, le ministre socialiste de l'Intérieur, Daniel Vaillant, reconnaissait que « c'était un drame humain », ajoutant : « mais au-delà de l'émotion, il y a des règles » et signifiant qu'il n'entendait pas préjuger du statut de réfugié de ces naufragés. Quant au Premier ministre, Lionel Jospin, il affirmait que « le choix premier serait celui de l'humanitaire » mais qu'il ne fallait pas « donner une sorte de prime à ces entreprises criminelles de transport ». Cependant, confronté à la vague de sympathie dans l'opinion (moins d'une semaine après l'événement, un sondage montrait déjà que 78 % des Français étaient favorables à l'accueil des naufragés et 58 % à « l'octroi du statut de réfugié au cas par cas ») et surtout conscient du risque d'invalidation judiciaire de la mesure d'enfermement (la constitution du camp comme « zone d'attente » extraterritoriale était illégale puisque les passagers avaient foulé le sol français en descendant du cargo), le gouvernement décida de libérer les naufragés en leur donnant un sauf-conduit qui leur permettait de demander l'asile.

Bien peu tirèrent parti de cette opportunité. Deux mois plus tard, on ne comptait plus que 196 d'entre eux sur le territoire français, soit 21 % de l'effectif de départ, les autres étant partis dans des pays voisins, essentiellement l'Allemagne. En examinant les dossiers des 130 candidats à l'asile déposés à l'Ofpra, on découvrit qu'ils n'étaient pas Irakiens mais Syriens, qu'ils n'avaient pas embarqué sur une plage turque mais sur la côte libanaise, enfin qu'ils étaient bien kurdes mais de la minorité yazidie. Ainsi les cartes détaillant leur itinéraire qu'avaient publiées les journaux étaient des fictions. « Si vous dites que vous êtes syriens, leur avaient dit les passeurs, ils vous renverront. » À cette époque, vu depuis les réseaux clandestins du Moyen-Orient, le régime de Saddam

Hussein semblait avoir plus mauvaise presse dans le monde occidental que le régime voisin de Bachar el-Assad : l'appréciation était probablement lucide. Quoi qu'il en soit, cette géopolitique de l'asile constitue un élément important de l'imaginaire des réfugiés et des passeurs, c'est-à-dire de l'idée qu'ils se font des éléments sur lesquels leur demande sera évaluée. Le caractère parfois stéréotypé des récits, dont se plaignent les officiers de l'Ofpra et les juges de la CRR, en témoigne : plus que d'histoires vraies, les réfugiés ont besoin de narrations efficaces.

Quelques jours après l'échouage du navire, un chroniqueur avait eu cette formule : « Un bateau est venu, une sorte d'*Exodus* clandestin et fantôme, frapper aux côtes du pays. Sans autre destination que de n'en plus partir et sans autre pavillon que celui des demandeurs d'asile, ayant eux économiquement brûlé leurs vaisseaux. L'*East Sea* est en somme venu tester les principes humanitaires de la France, pays des droits de l'homme[19]. » En ce sens, l'aventure du cargo et de ses passagers serait une épreuve de vérité pour la société française – et pas seulement pour son gouvernement. Mais de quelle vérité ? Dans un premier temps, on l'a vu, les naufragés ont été qualifiés de « clandestins » par les uns, de « pauvres gens » par les autres ; on s'est empressé de dénoncer les filières de trafic d'êtres humains ; on a annoncé que ces hôtes imprévus n'avaient pas vocation à rester – et cela pour les meilleures raisons, puisqu'il s'agissait de lutter contre des entreprises criminelles. Dans un deuxième temps, lorsque l'émotion a gagné, que les rescapés ont pu se présenter ou être présentés comme des victimes à la fois des persécutions irakiennes et de passeurs peu scrupuleux, il a fallu composer, au nom de la compassion : « Le cœur a des arguments, voire tout simplement des réflexes, que la raison doit pouvoir entendre », s'enthousiasmait en paraphrasant Pascal l'éditorialiste du *Monde,* tout à son approbation du revirement du Premier ministre désormais prêt à faire le « choix de l'humanitaire » dans le traitement des situations individuelles[20]. En fait, là où il aurait suffi de se réclamer de la Convention de Genève de 1951, on invoquait les sentiments moraux, et même des « réflexes » émotionnels pour justifier l'asile.

Se référant au contexte d'après la Seconde Guerre mondiale, Hannah Arendt écrivait : « La première grave atteinte portée aux États-nations par suite de l'arrivée de centaines de milliers d'apatrides a été que le droit d'asile, le seul droit qui ait jamais figuré comme symbole des droits de l'homme dans le domaine des relations internationales, a été aboli. Le deuxième grand choc que le monde européen ait subi en contrecoup de l'arrivée des réfugiés a été de prendre conscience qu'il était impossible de se débarrasser d'eux ou de les transformer en nationaux du pays d'asile[21]. » Peu après la rédaction de ce texte, la Convention de Genève était signée. On pouvait penser que le droit d'asile venait d'être restauré et que les réfugiés trouveraient désormais une place dans le monde. Un demi-siècle plus tard, l'épisode de l'*East Sea* montre – et ce n'est évidemment pas le seul signe de ce phénomène – que les choses ne sont pas si simples et que les deux mêmes tensions, évoquées dans le texte sur le « déclin de l'État-nation et la fin des droits de l'homme », sont toujours d'actualité : d'une part, le droit d'asile est sinon aboli, du moins considérablement réduit, non seulement quantitativement (la proportion d'accords donnés diminuée de cinq à dix fois en vingt-cinq ans), mais aussi qualitativement (la dégradation de l'image du réfugié, de plus en plus souvent assimilé à un clandestin) ; d'autre part, les demandeurs d'asile sont redevenus des indésirables dont on ne peut pourtant pas se défaire (d'où le travail policier exercé par la plupart des États européens pour tenter de faire porter la charge des réfugiés sur leurs voisins, sujet majeur des négociations qui ont précédé la conclusion du Pacte européen sur l'immigration et l'asile en 2008). Pour résoudre cette tension – le discrédit de l'asile et l'inévitabilité des réfugiés –, les États disposent de deux moyens : la répression qui se veut dissuasive (et l'est certainement plus qu'on ne le croit) ; la compassion qui rend acceptables les indésirables (en les montrant sous leur jour le plus émouvant). Après avoir essayé la première, le gouvernement français a opté pour la seconde. À son époque, Hannah Arendt, qui avait repéré l'une (la répression), n'avait pas reconnu l'autre (la compassion) à laquelle elle avait pourtant consacré ailleurs des pages éclairantes. Probablement y a-t-il là un indice de l'innovation politique contemporaine. Pour requalifier l'asile, il faut dorénavant l'inscrire sous la raison humanitaire. Ce qui peut aller jusqu'à l'occulter, comme à Sangatte où l'information sur ce droit était escamotée. L'histoire du centre d'accueil du Calaisis a valeur de symbole.

## Le dernier caravansérail

C'est d'ailleurs à Sangatte qu'Ariane Mnouchkine est allée chercher la matière de son spectacle théâtral *Le Dernier Caravansérail* créé à la Cartoucherie de Vincennes en 2003 et produit au festival d'Avignon durant l'été de la même année. Performance en une soixantaine de tableaux dans lesquels jouaient trente-six acteurs du monde entier et dont la version intégrale, lorsqu'elle était montrée, durait huit heures. Il était question de ces réfugiés disséminés dans le monde et de leurs périples pour rejoindre des pays où le droit d'asile leur était, pensaient-ils, promis. Persécutions dans les pays d'origine, filières d'immigration clandestine, trafics de jeunes femmes, traversées des mers et des déserts, enfermements dans des camps et franchissements de barbelés : il s'agissait de reconstituer des « odyssées » contemporaines comme l'indiquait le sous-titre. Le spectacle jouait résolument sur les sentiments moraux, mais il mobilisait l'indignation du spectateur plutôt que sa compassion. L'intention en était politique en même temps que poétique. Il fallait témoigner de situations vécues, fussent-elles réinventées[22]. Car l'aventure créatrice avait commencé deux ans plus tôt dans le centre d'accueil du Pas-de-Calais où la directrice du Théâtre du Soleil était allée recueillir des récits de réfugiés, en compagnie d'un poète et comédien kurde. De là, au gré des représentations de la troupe, la directrice et ses collaborateurs avaient visité des centres de rétention en Australie, en Nouvelle-Zélande, à Bali. Le spectacle était né de la somme de ces expériences et de ces narrations. Or, la géographie des réfugiés qu'il décrit ne fait guère la différence entre le centre d'accueil (ouvert) de Sangatte et le centre de rétention (fermé) de Baxter en Australie, pas plus qu'entre le cargo *East Sea* s'échouant sur les côtes varoises (et dont les 908 passagers kurdes ont été finalement autorisés à demander l'asile) et le cargo *Tampa* interdit d'accoster sur les rivages australiens (avec à son bord des naufragés afghans d'un bateau de pêche[23]). Au fond, la condition du réfugié devient une condition humaine dont les contextes particuliers et les réalités nationales importent relativement peu. L'errance, le danger, l'incertitude, l'enfermement, les droits bafoués, tels sont les éléments constitutifs de cette condition. Avec au bout du voyage : Sangatte, dernier caravansérail dont les confins, sur la scène du théâtre, se fondent avec les barbelés qui protègent les installations d'Eurotunnel. Ainsi, de hangar auquel les autorités françaises cherchent à donner une image anodine, le lieu tend-il à devenir un espace menaçant de détention – un camp.

La référence au camp est, dans le cas de Sangatte, polémique. Et si l'on y ajoute la qualification de transit, à quoi renvoie le séjour de courte durée en vue du départ vers l'Angleterre, on sait que se profile l'ombre de Drancy, « camp de transit » qu'on désignait du reste parfois de manière euphémisée comme « centre de regroupement ». De Sangatte, les pouvoirs publics parlent donc comme d'un centre d'accueil alors que les organisations non gouvernementales le dénoncent comme camp de réfugiés, formule que reprend à son compte le nouveau ministre de l'Intérieur en 2002 pour stigmatiser la politique de son prédécesseur. La presse elle-même, tant française que britannique, semble hésitante, jouant de l'effet dramatique du camp dans les titres et utilisant la formule officielle du centre dans le corps des articles[24]. La question est d'autant plus sensible peut-être qu'elle renvoie en l'occurrence à un enjeu de mémoire locale. Car Sangatte a été le site d'un camp nazi pendant la Seconde Guerre mondiale. Comme d'autres villes côtières, la commune a eu sur son territoire à partir de 1942 un camp de travail où des Juifs servaient de main-d'œuvre forcée pour la construction du mur de l'Atlantique avant de partir, pour la plupart, vers Auschwitz[25]. Que toute trace physique en ait disparu et que toute marque mémorielle en soit absente aujourd'hui ne signifie pas que l'enfouissement du passé soit complet ou définitif.

Revenons à la question de la désignation. Faut-il trancher ? On l'aura compris, j'ai dans ce texte pris le parti d'utiliser le terme « centre d'accueil » qui est, si l'on peut dire, le terme autochtone. Le problème n'est toutefois pas résolu pour autant. En effet, au sens strict, Sangatte n'est effectivement pas un camp, puisque c'est un lieu ouvert et que les étrangers sont libres d'y entrer et d'en sortir sous le regard placide des policiers (ce qui est aussi le cas de la plupart des camps de réfugiés dans le tiers-monde). Mais Sangatte présente la plupart des éléments structurels et organisationnels d'un camp (à commencer par la concentration de personnes qui vivent sur place dans une totale dépendance, la présence de personnels qui ont des rôles d'assistance autant que de contrôle, la fonctionnalité de l'espace de type militaire, etc.)[26]. Dans son histoire des camps français de la Seconde Guerre mondiale, Denis Peschanski montre qu'au-delà du rôle qu'est censé avoir un camp (qui peut aller de la protection invoquée à la persécution assumée) et de la population qu'il regroupe (qui varie en fonction des besoins politiques), certains traits sont communs à tous : « Une constante : le poids de la conjoncture, le primat du temps sur l'espace. Toujours, l'administration tenta de relever le défi des contraintes conjoncturelles et du volontarisme des autorités de tutelle. Toujours elle tenta de gérer l'ingérable[27]. » La force de la contingence (« le primat du temps sur l'espace ») et l'aporie de gouvernement (« gérer l'ingérable ») caractérisent assurément ce qu'on peut appeler la configuration du camp et, de ce point de vue, Sangatte obéit bien à ces logiques et relève de cette configuration. Mais cette similitude suffit-elle à considérer que la « problématisation » soit comparable ? La question est donc moins de savoir s'il s'agit d'un camp que de le caractériser. Pour l'exprimer autrement, la forme nous dit-elle le fond et la figure du camp peut-elle se passer de son contexte ? L'affirmer ou même le suggérer me semble manquer la singularité du gouvernement contemporain de l'asile.

La thèse, forte et controversée, de Giorgio Agamben est connue[28] : « Au lieu de déduire, des événements qui s'y sont produits, la définition des camps, nous nous demanderons plutôt : qu'est-ce qu'un camp, quelle est sa structure juridico-politique pour que de tels événements y aient pu trouver leur lieu ? On sera ainsi amené à considérer le camp de concentration non pas comme un fait historique mais d'une certaine façon comme la matrice cachée, le *nomos* de l'espace politique dans lequel nous vivons encore. » Dans cette perspective, il en vient à donner cette définition remarquable, inspirée de la célèbre formule de Walter Benjamin : « Le camp est l'espace qui s'ouvre lorsque l'état d'exception commence à devenir la règle. » De là, pour lui, l'assimilation de toutes les formes d'internement où se manifeste l'exception, encore que l'on puisse noter l'absence des camps nazis dans le parallèle qui suit :

> On appellera donc camp aussi bien le stade de Bari où, en 1991, la police italienne entassa provisoirement les immigrés albanais clandestins avant de les renvoyer dans leur pays, que le Vélodrome d'Hiver où les autorités de Vichy rassemblèrent les juifs avant de les remettre aux Allemands ; aussi bien le camp de concentration pour étrangers à Cottbus-Sielow, où le gouvernement de Weimar recueillit les réfugiés juifs des pays de l'Est, que les zones d'attente dans les aéroports internationaux français, où sont retenus les étrangers désireux de se voir reconnaître le statut de réfugiés. Dans chacun de ces cas, un lieu apparemment anodin délimite en réalité un espace où l'ordre juridique normal est en fait suspendu et où commettre ou non des atrocités ne dépend pas du droit, mais seulement du degré de civilité et de sens moral de la police qui agit provisoirement comme souveraine.

La conclusion de cette démonstration s'impose alors : « Le paradigme biopolitique de l'Occident est aujourd'hui le camp et non la cité. » Dans le prolongement de cette thèse, certains ont précisément associé Sangatte aux formes les plus extrêmes de l'exception, y compris

Guantanamo. Ainsi Michel Agier écrit-il : « À différentes échelles, les épisodes récents concernant le centre de la Croix-Rouge de Sangatte, l'isolement par le gouvernement australien de réfugiés afghans sur l'île de Nauru, ou encore la pérennisation d'un vide juridique concernant les six cents détenus du camp de Guantanamo, ont tous montré l'instauration au plan mondial d'un ensemble d'espaces et de régimes d'exception. La chasse aux indésirables du système mondial semble bien ouverte[29]. » Par rapport à la thèse de Giorgio Agamben, on peut noter un déplacement significatif de registre, puisqu'on passe de l'analyse (« l'état d'exception devient la règle ») à la dénonciation (« la chasse aux indésirables semble ouverte »). Le postulat de l'indifférenciation des formes d'internement demeure néanmoins inchangé, et même étendu hors de l'Europe.

À cette thèse du camp comme paradigme de la modernité, des arguments de nature morale et historique ont été souvent été opposés : les premiers contestaient la vision alarmiste du monde contemporain (et il est vrai que Giorgio Agamben conclut *Homo sacer* par l'annonce d'une « catastrophe biopolitique sans précédent ») ; les seconds reprochaient la banalisation du caractère unique de l'extermination des Juifs (et, en effet, dans *État d'exception,* Giorgio Agamben poursuit son enquête en comparant Guantanamo et Auschwitz du point de vue de la disparition de toute citoyenneté des détenus dans les deux camps[30]). Ce n'est toutefois pas dans ces approches, somme toute extérieures à la démonstration, que je voudrais me situer, mais au contraire dans une perspective que je dirai interne, là où me semble se trouver le cœur de la thèse. D'une part, s'il est vrai que le camp est l'espace qui s'ouvre quand l'état d'exception commence à devenir la règle, alors il est indispensable d'identifier l'état d'exception pour ce qu'il est. À Sangatte, en l'occurrence, le droit commun prévaut, à peu près comme il prévaudrait dans un foyer d'hébergement pour sans domicile fixe – c'est-à-dire avec des exceptions. La police n'est pas limitée par son degré de civilité ou son sens moral, mais par le cadre juridique de son activité professionnelle. Significativement, la principale soustraction de droit concerne en fait, on l'a vu, l'asile qui n'est pas présenté comme une alternative au départ vers l'Angleterre. D'autre part, s'il est vrai que le camp a une structure juridico-politique, alors il importe de traiter avec autant de rigueur le politique que le juridique. À Sangatte, ce politique est conditionné par le double impératif sécuritaire et humanitaire, et non pas persécuteur ou éradicateur, comme ce fut le cas historiquement dans bien d'autres camps. Pour maintenir l'ordre public, il faut soustraire les étrangers à la vue des habitants ; en revanche, pour assurer la protection des réfugiés, il faut leur donner un abri et des repas. Certes, pour que le centre puisse remplir cette double fonction, il a toujours été nécessaire de le maintenir dans un état d'extrême précarité qui n'était pas un élément accidentel, par défaut de moyens, mais intentionnel, pour des raisons politiques.

Au fond, proposer, comme j'essaie de le faire ici, des gradations (dans l'exception) et des différenciations (dans les fonctions), c'est résister au pathos que, de manière compréhensible, la permanence des camps suscite[31]. C'est, plus précisément, récuser les principes d'équivalence (tout se vaut) ou les affirmations de l'indivisibilité (il y a une logique unique), et donc réitérer ce que Jacques Rancière appelle le « scandale démocratique[32] ». Et c'est tout simplement rappeler la complexité et l'ambiguïté des choses, afin d'affirmer que jamais un paradigme n'abolit le réel. C'est bien le moins que puissent faire les sciences sociales en apportant à l'analyse philosophique l'épreuve de leurs enquêtes. D'ailleurs, pour affiner un peu l'analyse des camps et mettre à l'épreuve leur unicité, une dernière distinction mériterait d'être faite parmi les populations indésirables entre celles qu'on juge expulsables, et qu'on souhaite refouler comme à Roissy ou tout au moins ne plus voir comme à Sangatte, et des populations qu'on estime exterminables, que leur disparition décidée soit physique comme à Auschwitz ou sociale comme à Guantanamo. De cette distinction découlent des formes d'exception différentes et des structures politiques distinctes.

Le dernier caravansérail était-il donc le dernier camp ? À cette question, il est désormais possible de répondre que le centre de Sangatte est peut-être le dernier camp de la France contemporaine, mais un camp dont l'hospitalité minimaliste relève davantage de l'humanitaire que de l'asile – en somme, un camp de réfugiés dont les résidents ne furent jamais considérés comme des réfugiés.

*

Fermer le centre de Sangatte n'a du reste pas plus résolu les problèmes humanitaires que les enjeux sécuritaires posés par la présence de réfugiés en partance pour la Grande-Bretagne. Dans les jours qui ont suivi la fermeture, les étrangers se sont installés sur les plages et près du port, dans des abris de fortune ou sous des tentes, à l'intérieur d'entrepôts ou de blockhaus abandonnés de la Seconde Guerre mondiale. La police a repris son travail d'avant la période du centre, mais avec de nouveaux moyens : elle a ainsi été accusée par des membres d'associations locales de « chasser » les réfugiés, de les « gazer » (en utilisant des bombes lacrymogènes dans les abris) et de les « enfumer » (en mettant le feu dans des blockhaus). Un collectif After Sangatte s'est créé pour témoigner d'une situation qui est bien différente de la période précédente sur deux points : d'une part, elle s'est aggravée du point de vue de la précarité des centaines de réfugiés quotidiennement présents sur les plages ; d'autre part, elle est devenue quasiment invisible dans l'espace public[33]. De ce fait, l'histoire du centre nous apporte, jusque dans sa disparition et ce qui s'est ensuivi, des éléments précieux d'intelligibilité sur le traitement moral et politique de l'asile dans le monde contemporain.

Vu depuis l'Europe, ce monde n'a en effet cessé de se polariser entre un Nord et un Sud et de creuser l'écart entre les deux. L'Union européenne représente, même dans les contextes de crises économiques, un ensemble politique privilégié en ce qui concerne la paix civile, les droits humains, la protection sociale (et ce, quoi que l'on pense des évolutions des politiques communautaires). La distinction linguistique et juridique entre « communautaires » et « étrangers » y devient de plus en plus décisive dans le fonctionnement de l'Union, étant entendu que les seuls étrangers posant problème sont ceux en provenance des pays non occidentaux : les exigences tant pour l'entrée que pour le maintien sur le territoire européen ne sont pas les mêmes pour des ressortissants des États-Unis et des États africains. La situation privilégiée des Européens est en effet perçue comme menacée par trois types d'enjeux sécuritaires. Le premier enjeu est de sécurité publique, tant extérieure qu'intérieure : d'une part, c'est le danger terroriste que les attentats à Londres et Madrid ont objectivé et qui devient, quoiqu'à un moindre degré comparé à l'Amérique du Nord, une justification du contrôle accru aux frontières ; d'autre part, c'est le péril interne, représenté par les enfants d'immigrés souvent devenus citoyens nationaux, et les émeutes de l'automne 2005 en France, qui ont montré combien l'explication par l'immigration servait de justification à des politiques d'accueil toujours plus restrictives. Le second enjeu est de sécurité sociale : les acquis de la protection en matière d'emploi et d'éducation, de chômage et de retraite, de couverture face à la maladie et d'allocations familiales sont considérés comme fragilisés par l'immigration, et cela indépendamment des démonstrations apportées par les experts sur les effets souvent bénéfiques des contributions démographiques et financières des étrangers. Le troisième enjeu est identitaire : relativement peu mis en avant jusqu'à une période récente, il se cristallise sur la méfiance et même l'hostilité à l'égard de l'islam comme religion et des musulmans comme groupe et se manifeste par la volonté d'affirmer la permanence d'une Europe chrétienne et blanche jusque dans les textes constitutionnels ; le débat sur l'entrée de la Turquie dans l'Union européenne est largement sous-tendu par cette question identitaire. Cette triple menace sur la sécurité de l'Europe conduit à subordonner la politique de l'asile à la politique de l'immigration, elle-même conçue à partir de ces perspectives inquiètes dont on sait qu'elles sont entretenues avec constance par les partis d'extrême droite, et souvent de droite, depuis au moins trois décennies. La France est à cet égard exemplaire à la fois du rendement électoral élevé du thème du péril immigré et de la porosité des frontières partisanes autour de ces questions. La création, en 2007, d'un ministère associant pour la première fois dans son intitulé l'immigration et l'identité nationale y marque l'aboutissement prévisible de cette évolution.

Dans ces conditions, l'arrivée de migrants, fussent-ils demandeurs d'asile, doit être restreinte autant que possible. Car si la mondialisation permet à certains de s'affranchir de la contrainte territoriale, et donc des frontières, les autres se voient au contraire confinés sur leur territoire ou se heurtent lorsqu'ils veulent s'y soustraire à l'étanchéité des frontières. Dans l'espace européen de Schengen et, à un moindre degré, dans le reste des pays de l'Union, la circulation des personnes est rendue toujours plus aisée par les législations successives[34]. Mais aux portes de l'Europe, les difficultés pour entrer sur le territoire et les facilités pour en être expulsé n'ont cessé de s'accroître. Ainsi, le contrôle aux frontières s'est-il renforcé notamment dans les aéroports avec des technologies de plus en plus performantes d'identification biométriques, allant jusqu'à l'exigence de preuves génétiques de filiation (les « tests ADN »), et de coordination informatique, avec la mise en place de l'Agence européenne pour la gestion opérationnelle aux frontières extérieures (connue sous le nom de « Frontex »). Parallèlement, les mesures répressives visant à éloigner les étrangers plus efficacement se sont renforcées, avec notamment le vote en juin 2008 de la directive dite « Retour » qui autorise le maintien dans les centres de rétention jusqu'à dix-huit mois (au lieu de trente-deux jours en France, ce qui correspondait déjà à un triplement récent de la durée légale) et impose une peine systématique de cinq années d'interdiction de séjour (qui n'existait pas en France, hormis dans les cas de décision judiciaire à la suite d'un délit). Cette régulation est, paradoxalement, d'autant plus stricte que l'espace européen est aussi un espace de droit – et donc de droits, notamment de droits de l'homme. L'oublieraient-elles que les institutions européennes se l'entendraient rappeler par les organisations non gouvernementales qui œuvrent dans le domaine de l'asile, de l'immigration, des droits de l'homme. Tout l'effort des gouvernements européens est en conséquence tendu vers la réduction maximale de celles et ceux qui peuvent précisément prétendre à ces droits. Pour que puisse être maintenu l'idéal d'une terre des droits de l'homme, il faut que les prétendants à en bénéficier soient le moins nombreux possible.

La multiplication des dispositifs d'extralégalité correspond à cette logique de soustraction à la possibilité d'invoquer le droit. Ainsi en est-il des zones d'attente qui jouent de plus en plus le rôle de filtre en amont de l'asile : pris à la sortie de l'avion, un nombre croissant d'étrangers est maintenu en rétention dans des locaux aéroportuaires pour examen de leur situation et, le cas échéant, de leur demande d'asile ; dans ces lieux, ils peuvent prétendre, pour autant qu'ils y aient accès avant d'être renvoyés, à l'assistance juridique de l'Anafé (Association nationale d'assistance aux frontières pour les étrangers), un groupement associatif qui est le seul à avoir une présence autorisée ; soixante-cinq de ces zones d'attente existent sur le territoire français avec un statut d'extraterritorialité qui permet éventuellement de soustraire des candidats à la possibilité de l'asile ; pour la seule zone d'attente de Roissy, qui est de loin la plus importante, le nombre de personnes retenues est passé d'une moyenne de 5 000 au milieu des années 1990 à une moyenne supérieure à 20 000 à partir de 2001 ; le taux d'admission au titre de l'asile est dans la même période passé de 60 % en 1995 à 3 % en 2003 avant de remonter[35]. Toutefois, ces dispositifs ne peuvent être qu'un pis-aller, du point de vue des États, dans la mesure où ils sont coûteux et présentent une certaine visibilité en raison de la présence associative. D'où l'importance des initiatives convergentes visant à réaliser ce filtrage encore plus en amont, par la mise en place de camps aux frontières de l'Europe, soit aux marges les plus éloignées, comme en Pologne, les plus isolées, comme certaines îles de la Grèce, ou les plus enclavées, comme les territoires espagnols de Ceuta et Melilla, soit même de l'autre côté de ces frontières, à l'est, avec l'Albanie et la Croatie, et au sud, avec la Lybie et le Maroc : la Grande-Bretagne a ainsi présenté au sommet de Thessalonique en 2003 un tel plan d'externalisation du contrôle et de la rétention, avec l'installation de *transit processing centers,* de fait conçus sur le modèle du camp[36]. La logique d'ensemble de ces dispositifs est donc double. Il s'agit bien sûr d'empêcher les arrivées de migrants et de dissuader des candidats futurs, mais il s'agit aussi de rendre invisible cette tâche ingrate, voire de la faire exécuter par d'autres.

Car tel est en effet le problème auquel sont confrontés les pays européens : tant qu'existent des Sangatte, il y a toujours la possibilité que des organisations non gouvernementales protestent, voire que des communautés nationales éprouvent de la compassion à l'égard des indésirables redevenus des malheureux. Dès lors, il est essentiel de soustraire à la vue autant que faire se peut l'activité de refoulement massif et de tri sélectif, soit de manière assez imparfaite dans des zones d'attente, soit de façon plus efficace dans des camps situés hors du territoire européen, où peut s'opérer le travail sécuritaire. Certes, il reste toujours une part d'étrangers qui parviennent à franchir tous ces obstacles. À ces rescapés, on fera alors valoir la raison humanitaire plutôt que le droit à l'asile. En cela, Sangatte est un témoignage précieux sur un temps où le sécuritaire et l'humanitaire étaient encore confondus.

Témoignage précieux essentiellement pour nous cependant car, dans le parcours des migrants en quête d'asile, le centre du nord de la France n'était qu'une parenthèse. C'est ce que montre le film *In This World* de Michael Winterbottom[37]. Si le jeune héros afghan, qui vit avec sa famille dans un camp de réfugiés au Pakistan, prend un jour la route de l'Europe à l'instigation de ses parents, c'est pour des raisons économiques, parce qu'il faut que les plus jeunes s'en sortent. Sa longue traversée de l'Asie centrale et du Moyen-Orient avec son cousin le mène de péril en péril et de passeur en passeur jusqu'à Istanbul, d'où il s'embarque à bord d'un cargo dissimulé dans un container au fond duquel son ami mourra asphyxié avec de nombreux autres de leurs compagnons. Après avoir parcouru du sud au nord l'Italie et la France, il arrive à Sangatte où il séjourne brièvement au centre avant de passer en Angleterre. En cela, il nous parle d'un temps où la chose était encore réalisable. Six ans plus tard, le film *Welcome,* de Philippe Lioret, nous dépeint une autre réalité : celle d'une traversée devenue impossible. Mais revenons au jeune Afghan. En tant que mineur, il obtient en Angleterre un statut de protection subsidiaire, dont il sait déjà qu'il le perdra à dix-huit ans, et trouve un travail au noir comme plongeur dans un restaurant, d'où sa prochaine entrée dans la clandestinité laisse difficilement imaginer qu'il puisse s'échapper avant longtemps. Outre donc qu'il nous rappelle combien plus nombreux sont les réfugiés dans le tiers-monde que dans les pays occidentaux et qu'il nous invite, dans son prélude, à nous interroger sur la frontière entre réfugiés économiques et politiques, le film montre qu'au bout du compte, avec ou sans l'asile, l'hospitalité que lui offre l'Eldorado anglais, comme disent les journalistes, c'est l'intégration dans le sous-prolétariat des clandestins. Sangatte était l'ultime mot de passe pour y accéder.

DEUXIÈME PARTIE

# Mondes

CHAPITRE 6

# Un massacre des innocents

## Les représentations de l'enfance au temps du sida

> Aux yeux de la nature, un enfant est beaucoup plus important qu'un vieil homme, et il excite une sympathie à la fois beaucoup plus vive et bien plus universelle. Il est bon qu'il en soit ainsi. On peut tout attendre, ou du moins tout espérer, de l'enfant, alors qu'à l'ordinaire, on ne peut attendre ou espérer que très peu du vieil homme. La faiblesse de l'enfant éveille les affections de la plus grande brute et du cœur le plus dur.
>
> ADAM SMITH,
> *Théorie des sentiments moraux*

Lorsque s'ouvrit, le 9 juillet 2000, à Durban, la Treizième Conférence internationale sur le sida, l'Afrique du Sud était déjà considérée comme la nation la plus touchée dans le monde par l'épidémie. Par un phénomène remarquable, mais jusqu'à présent mal compris, ce pays qui, au début des années 1990, paraissait tellement épargné par le virus qu'il faisait l'objet d'études visant à expliquer cette relative immunité (moins de 1 % de la population était infectée à ce moment), était devenu une décennie plus tard l'épicentre mondial de la pandémie (les estimations donnaient alors un taux de 24 % de séroprévalence[1]). À cette évolution inédite par sa rapidité s'ajoutait une coïncidence tragique : la progression foudroyante de la maladie, qui affectait principalement la population noire du pays, survenait précisément au moment où la nation sud-africaine sortait d'une longue période d'oppression et de ségrégation qui avait principalement touché cette population et avait abouti à quarante-six années d'apartheid. Les perspectives heureuses ouvertes par cette libération tant attendue se trouvaient ainsi profondément assombries par la menace biologique d'une affection qui, en cette année 2000, touchait déjà quatre millions et demi de personnes et dont on annonçait qu'en deux décennies, elle allait réduire de vingt ans l'espérance de vie des Sud-Africains noirs. Héros de la lutte contre l'apartheid, Chris Hani, qui devait être assassiné un peu plus tard par un extrémiste blanc, avait entrevu le nouveau péril auquel la société allait se trouver confrontée et, dès 1990, il affirmait qu'après avoir abattu la suprématie blanche le prochain combat serait contre le sida[2]. Dix ans plus tard, l'engagement politique des dirigeants de la « nouvelle Afrique du Sud » paraissait moins convaincant. On avait reproché à Nelson Mandela une certaine tiédeur en la matière. On accusait maintenant Thabo Mbeki, son successeur à la tête de l'État, de faire résolument obstruction à la lutte contre l'épidémie. Le scandale était venu de la découverte de ses affinités avec des cercles scientifiques hétérodoxes californiens qui niaient l'étiologie virale du sida et imputaient les décès aux traitements antirétroviraux. Donnant foi à ces thèses, le président avait demandé à réunir un panel de savants pour faire une sorte d'état des connaissances et, feignant de croire que la vérité scientifique n'était pas établie, il associait à parts égales des chercheurs renommés et des dissidents marginalisés. Pour ajouter à la provocation, il organisa cette rencontre quelques jours seulement avant la conférence mondiale. On ne s'étonnera pas que, dans ces conditions, la moitié de l'assistance à l'événement se soit levée lors de son discours inaugural, en signe de protestation. En fait, ce jour-là, le héros ne fut pas le chef de l'État hôte, mais un enfant.

Succédant au président sud-africain devant les milliers de participants à la conférence, Nkosi Johnson était en effet devenu une icône de la maladie[3]. Il était né onze ans plus tôt de père inconnu dans un township près de Johannesburg. Lorsque sa mère, souffrant du sida, se résolut à l'abandonner, il fut adopté par une femme blanche spécialiste de relations publiques et administratrice d'un centre de soins, Gail Johnson. À l'âge de huit ans, il fit la une de la presse sud-africaine, après qu'une école de son quartier blanc lui eut refusé son inscription en raison de son infection. Les protestations contraignirent la direction scolaire à revenir sur sa décision et le petit garçon devint le symbole de la lutte contre les discriminations liées à la maladie. Lorsque sa mère biologique mourut, sa présence aux funérailles fit l'objet d'une médiatisation considérable. Un peu plus tard, Gail Johnson ouvrit en sa présence le premier des *« Nkosi's Haven »* (refuges de Nkosi) destinés aux mères séropositives et à leurs enfants. Quand la Conférence internationale sur le sida eut lieu, il en fut donc le *« keynote speaker »*. Il commença ainsi : « Bonjour, mon nom est Nkosi Johnson, j'habite à Melville, Johannesburg, Afrique du Sud. J'ai onze ans et j'ai un sida au stade de maladie. Je suis né séropositif. » Puis il raconta sa vie, ses deux mères, la discrimination, l'enterrement, le refuge – et conclut :

> Quand je serai grand, je veux faire des conférences sur le sida pour beaucoup de gens et si Mommy Gail me laisse faire, je voyagerai dans tout le pays. Je veux que les gens comprennent ce qu'est le sida, pour qu'ils fassent attention

> mais aussi aient du respect. Vous ne pouvez pas attraper le sida en touchant, en serrant, en embrassant, en tenant la main de quelqu'un qui est infecté. Prenez soin de nous et acceptez-nous – nous sommes tous des êtres humains. Nous avons des mains. Nous avons des pieds. Nous pouvons marcher, nous pouvons parler, nous avons des besoins comme tout le monde. N'ayez pas peur de nous. Nous sommes tous pareils.

Tel était du moins le discours que Nkosi Johnson avait préparé avec sa mère et qu'il était censé lire ce soir-là[4]. Impressionné par la scène, les lumières et le public nombreux, ému par l'ovation debout qu'il reçut, gêné peut-être aussi par des problèmes techniques, il buta sur les mots et ne parvint pas à rendre son texte audible. Restèrent de lui pour la postérité sa présence souriante dans un costume trop grand et la version écrite de son discours. Quelques mois plus tard, son état de santé s'aggrava. Il lança un appel au président Thabo Mbeki, lui demandant de rendre les antirétroviraux accessibles à tous les malades et surtout de s'engager dans la prévention de la transmission de la mère à l'enfant dont lui-même avait été la victime. Une chronique médiatique morbide commença et, presque chaque jour, tandis que son état empirait, les journalistes publiaient des messages de sa part, invitant le chef de l'État à lui rendre visite et plaidant pour l'accès aux médicaments. Lorsqu'il mourut le 1er juin 2001 sans avoir reçu la visite de Thabo Mbeki (son épouse était néanmoins venue le voir à titre privé), beaucoup s'indignèrent de l'insensibilité du président à la souffrance de l'enfant. On apprit cependant dans les jours qui suivirent son décès que le petit garçon était déjà dans le coma depuis plusieurs semaines et que les messages pathétiques qu'on lui attribuait étaient en réalité rédigés par sa mère adoptive, militante de la cause des traitements.

## Une icône de la maladie

La triste fin médiatique de Nkosi Johnson marque un tournant dans l'épidémie : elle signe l'entrée de l'enfant dans l'espace public. Jusque-là, il avait été pratiquement absent des discussions et des enjeux autour du sida. Lorsque, dans les années 1980, les premiers cas avaient été diagnostiqués, c'était, pensait-on, une maladie circonscrite au milieu homosexuel. À cette époque, les adolescents étaient dans la rue, manifestant pour la fin de l'apartheid et provoquant les forces de la police blanche. Quand, au cours de la décennie 1990, la situation devint plus préoccupante dans les townships et certains anciens *homelands,* c'était, affirmait-on, une infection touchant les adultes sexuellement actifs. Dans cette période, en dépit des taux de séroprévalence toujours plus inquiétants provenant de consultations prénatales, qui auraient pu permettre d'anticiper l'infection des nouveau-nés, l'enfance semblait en dehors de l'épidémie : il est vrai que dans le contexte de reconstruction de la société, elle symbolisait l'avenir de la nation. Avec Nkosi Johnson, non seulement les Sud-Africains devenaient conscients de la réalité épidémiologique d'une infection qui touchait des dizaines de milliers d'enfants, mais il leur devenait possible de concevoir une nouvelle représentation morale du sida. Alors que les homosexuels principalement blancs et, plus tard, les hommes et les femmes noirs étaient considérés, en raison de leurs pratiques sexuelles supposées, comme responsables de leur infection (et les messages d'éducation et de prévention insistaient toujours sur la promiscuité et sur la responsabilité), les enfants portaient, eux, la marque de l'innocence : ils étaient nés infectés. Leur culpabilité ne pouvait être engagée dans le malheur qui leur arrivait. Au contraire, ils devenaient les victimes, d'une part, des conduites irresponsables de leurs parents – ce que les personnels de santé rappelaient volontiers aux femmes enceintes séropositives lorsqu'elles venaient accoucher à la maternité – et, d'autre part, des décisions inappropriées du gouvernement qui tardait à mettre en place les programmes de réduction de la transmission de la mère à l'enfant.

Mais avec Nkosi Johnson, l'enfant n'était pas seulement une victime, il devenait un héros[5]. Il l'avait été – grâce à sa mère adoptive – lorsque la question de la discrimination à l'encontre des enfants malades dans les écoles avait été soulevée publiquement et il l'était devenu – toujours par l'entremise maternelle – quand il apparut comme le champion de l'accès aux traitements. Ce nouveau statut fut consacré par l'affiche que réalisa en 2001 l'organisation non gouvernementale Treatment Action Campaign, fer de lance de l'activisme du sida, en collaboration avec la Cosatu, fédération syndicale unitaire. On fêtait cette année-là les vingt-cinq ans du soulèvement de Soweto qui, le 16 juin 1976, commença avec la mort d'un jeune manifestant, Hector Petersen, dont l'image du corps porté par un camarade en pleurs devint le symbole mondial de la lutte contre l'apartheid. Sur l'affiche noire et rouge exigeant l'accès aux antirétroviraux, deux photographies en noir et blanc avec ces deux simples légendes : « 16 June 1976 Hector Petersen Age 13 » et « 1 June 2001 Nkosi Johnson Age 12 ». Pour le public qui découvrait ces images placardées sur les murs, la juxtaposition des deux héros avait quelque chose de familier. On était alors habitué, en Afrique du Sud, à penser la lutte contre le sida comme l'équivalent aujourd'hui du combat contre l'apartheid hier : ce rapprochement entre les deux causes était devenu un lieu commun sur lequel personne ne songeait plus à s'interroger. Or, les deux morts ne signifient pas la même chose. Hector Petersen a été tué par un tir de la police chargée de réprimer une manifestation contre l'imposition de l'afrikaans comme langue dans les écoles des townships. Nkosi Johnson est mort d'une maladie pour laquelle aucun traitement préventif n'existait lorsqu'il l'a contractée à sa naissance. Même si les deux événements tragiques ont, chacun en leur temps, soulevé une vague nationale de compassion, la mort politique de l'un n'est pas identique à la mort biologique de l'autre. Plus largement, la lutte contre la maladie ne peut être assimilée au combat contre le régime raciste qu'au prix d'un effacement du sens de chacune des mobilisations. C'est du reste la limite de l'activisme du sida puisqu'en établissant un parallèle entre les deux, il renvoie dos à dos l'ennemi d'hier – le gouvernement suprématiste blanc – et l'adversaire d'aujourd'hui – le gouvernement démocratique multiracial. Beaucoup le lui reprocheront, surtout quand sera lancé le mouvement de désobéissance civique contre Thabo Mbeki et ses ministres, puisque c'était précisément l'arme avec laquelle les townships avaient combattu le régime d'apartheid quelques décennies plus tôt.

Quoi qu'il en soit, l'enfance fait avec Nkosi Johnson son entrée sur la scène sud-africaine du sida – et même plus précisément sur sa scène morale. Probablement est-il moins l'initiateur que le révélateur d'un phénomène qui va s'amplifiant dans les mois et les années suivants : la présence des enfants comme enjeu central de l'épidémie. Cette présence recouvre pourtant des réalités différentes. En fait, trois figures se dessinent progressivement. La première est celle de l'enfant souffrant : elle se cristallise notamment autour du risque de transmission de la mère à l'enfant. La deuxième est celle de l'enfant violé : elle concerne en particulier des filles en bas âge. La troisième est celle de l'enfant orphelin : elle met en jeu le futur de la société sud-africaine. Le point commun de ces trois figures est d'associer une représentation morale et une représentation sociale : l'innocence et la vulnérabilité. L'inversion de ces images est cependant toujours possible, les victimes pouvant, dans certaines conditions, être vues à leur tour comme dangereuses. Ce que je voudrais essayer de saisir dans ce texte, en reprenant successivement ces trois figures, ce sont les « politiques culturelles de l'enfance[6] » et singulièrement leur dimension morale. J'analyserai donc la manière dont les questions ont été posées dans l'espace public en la confrontant avec les observations que j'ai pu faire lors de mes enquêtes dans les townships de Soweto et Alexandra, à Johannesburg, et les anciens *homelands* du Nord, dans la province du Limpopo.

## L'économie de la souffrance

*« Suffer, the little children »,* souffrez petits enfants, titrait l'éditorial du *Saturday Star* le 30 janvier 1999. « Le coût nécessaire pour sauver la vie de l'être humain le plus pathétique et le plus vulnérable, un bébé, de la sinistre emprise de la mort est étonnamment faible : seulement 400 rands (environ 60 US $). Et pourtant la ministre de la Santé Nkosazana Zuma ne semble pas prête à payer cette somme », écrivait le journaliste. Ayant comparé les sommes concernées avec les dépenses militaires en négociation et démontré les bénéfices économiques de la prévention au regard des dépenses prévisibles de traitement des petits malades, il concluait :

> Bien au-delà des implications financières il y a les enjeux moraux : avons-nous le droit de condamner ces enfants à

> mourir quand nous sommes en mesure de les sauver ? et avons-nous le droit de priver les générations futures de potentiels leaders, artistes, artisans de la paix ? En tant que nation, nous serons jugés en fonction de ce qui est dans nos cœurs et de ce que nous faisons les uns pour les autres, et non de ce qui est dans nos arsenaux ou de ce qu'est notre déficit budgétaire.

Pendant plusieurs années, la presse multiplia les articles et les tribunes aux titres tout aussi dramatiques : *« Babies too poor to live », « The high cost of living babies », « Babies' lives in balance »* ou encore *« How many more babies must die »*. Quelques jours avant le début de la conférence de Durban, trois chercheurs sud-africains réputés avaient exhorté le président Thabo Mbeki de « laisser la science aux savants », dans un texte illustré d'une photographie de nourrisson endormi ainsi légendée : « Une petite fille de huit mois souffrant du sida abandonnée dans un hospice ; les conséquences involontaires des doutes exprimés par le président sur les causes du sida pourraient être des souffrances inimaginables et de nombreuses morts évitables. » Le jour de l'ouverture de la rencontre internationale, la même image fut utilisée par un autre quotidien, avec ce titre : « Une victime innocente : cette enfant a le sida et, quand elle sera suffisamment âgée pour comprendre, devra se préparer à accepter cette terrible vérité sur son futur. » Enfin, alors que la manifestation scientifique touchait à sa fin, le même journal barrait spectaculairement sa une de cinquante-quatre reproductions du visage d'un bébé avec cet intitulé : « Chaque jour nous pouvons sauver tous ces petits enfants du virus du sida[7]. » Au cours de cette période, l'accusation de « génocide » et la référence à un « holocauste » devinrent d'ailleurs presque banales dans le débat public, énoncées par les plus grandes autorités scientifiques et morales du pays, et reprises parfois dans les commentaires entendus dans les quartiers.

Ces interpellations du pouvoir concernaient la question de la transmission de la mère à l'enfant. On était alors dans les débuts de nouveaux protocoles thérapeutiques, d'abord mis en œuvre dans les pays occidentaux, puis expérimentés dans le tiers-monde, consistant à donner des antirétroviraux à la mère à la fin de sa grossesse et à l'enfant à la naissance. Des essais cliniques conduits en Thaïlande et en Ouganda avaient montré l'efficacité, respectivement et successivement, de l'AZT et, plus encore, de la Névirapine : pour un coût faible, une réduction significative de la transmission du virus au nouveau-né était obtenue. Ces expérimentations prometteuses furent suivies de nouveaux essais cette fois sur plusieurs sites, dont des hôpitaux sud-africains. Elles donnèrent cependant lieu à des controverses. D'un côté, une partie de la communauté médicale s'enthousiasmait pour cette méthode simple, efficace, sans danger et peu coûteuse, parvenant sans peine à convaincre les médias de la bonne nouvelle : on avait trouvé le *« magic bullet*[8] *»,* autrement dit le médicament miracle, et il fallait donc immédiatement mettre ce traitement à la portée de tous. De l'autre côté, les pouvoirs publics temporisaient, émettaient des réserves, ralentissaient les essais thérapeutiques et retardaient la mise en place du traitement au plan national : officiellement, on invoquait un principe de précaution, mais certains membres du gouvernement, à commencer par le président lui-même, se montraient sensibles à l'« hérésie[9] » des dissidents californiens selon laquelle les antirétroviraux tuaient les malades. L'accusation passa rapidement de la presse à la justice. Une plainte fut déposée contre les autorités provinciales du Mpumalanga par l'organisation non gouvernementale AIDS Law Project, symboliquement au nom de *« baby Tinashe ».* La petite fille, alors âgée de six mois, avait été contaminée à sa naissance et son avocat reprochait donc au gouvernement de la province de ne pas avoir informé la mère de l'existence d'un traitement pouvant réduire le risque de transmission[10]. À la suite de ce procès, plusieurs autres eurent lieu qui aboutirent, en avril 2002 après diverses procédures en appel, à la condamnation du gouvernement sud-africain et à l'obligation pour lui de mettre en œuvre les programmes de prévention. Il fallut néanmoins encore quelques années pour rendre effectif l'accès à ces traitements dans les hôpitaux, en raison notamment de problèmes organisationnels majeurs hérités de l'apartheid mais aussi de l'indifférence de beaucoup de professionnels de santé à l'égard des femmes malades.

La représentation des enfants comme victimes à la fois de la maladie et du pouvoir apparaît rétrospectivement comme un élément central de la mobilisation sociale et de la production médiatique pendant la période de crise profonde que traverse la société sud-africaine autour de la question du sida. Elle fournit un argument puissant aux activistes et une ressource efficace aux journalistes. Qui pourrait s'opposer à la perspective de sauver des vies de nouveau-nés ? Comment ne pas condamner un gouvernement qui met en péril la part la plus fragile de sa population ? Cette image a toutefois deux conséquences qui ne sont jamais discutées. D'une part, elle souligne en creux la responsabilité des adultes. Une sorte d'échelle d'innocence et de vulnérabilité s'établit implicitement entre trois catégories de personnes infectées. Les hommes apparaissent généralement comme les principaux coupables : non seulement on parle de leur infidélité conjugale et de leur irresponsabilité paternelle, mais on les accuse d'être violents ; le stéréotype du « violeur » se banalise, en partie étayé par des enquêtes épidémiologiques et sociologiques qui montrent la fréquence des violences sexuelles. Les femmes semblent occuper une position intermédiaire et ambiguë : d'un côté, elles participent, pense-t-on, de la « promiscuité sexuelle » dont on fait un trait culturel de la population noire ; de l'autre, elles sont vues comme « vulnérables » à la brutalité des hommes et en particulier à l'imposition d'une sexualité non protégée. Les enfants enfin sont, eux, à la fois innocents et vulnérables : s'ils sont contaminés, ce ne peut être que la faute de leurs parents, pense-t-on.

Or, les enquêtes sur les conditions de vie des familles dans les townships et les anciens *homelands,* sans remettre en cause la réalité de l'instabilité matrimoniale et la domination masculine, montrent que cette réalité s'inscrit elle-même dans un passé et un présent d'extrême précarité et de violence ordinaire[11]. Une économie politique du sida est à cet égard plus éclairante qu'une version morale des théories du choix rationnel : faute de comprendre ces déterminations plus larges, on est souvent réduit à des interprétations psychologiques qui essentialisent les comportements et, finalement, transforment les victimes en coupables. D'autre part, si la mise en avant de l'enfance comme victime permet de justifier la mise en œuvre de programmes de prévention de la transmission materno-fœtale du virus, elle conduit à passer sous silence la question du traitement des mères. Les protocoles, du moins au début, ne concernent que la réduction de la contamination de l'enfant : les antirétroviraux que reçoit la femme n'ont pas pour objectif de la traiter, mais seulement de diminuer le risque pour le nouveau-né. Plus encore, il est facile de prévoir que ces traitements très brefs risquent d'entraîner des résistances ultérieures à ces médicaments, pourtant essentiels en raison de leur large disponibilité et de leur faible coût : c'est effectivement ce que montrent les enquêtes conduites dans les années suivantes ; lorsqu'on les traite ultérieurement, les femmes soumises à ce protocole lors de leur accouchement présentent des niveaux élevés d'inefficacité de toute une classe de traitements dits de première intention. Sauver des enfants revient au bout du compte à mettre involontairement en danger les femmes. La priorité accordée aux enfants et l'indifférence manifestée à l'égard des femmes sont d'ailleurs communes à nombre de dispositifs de santé, malgré tout appelés materno-infantiles, développés depuis plusieurs décennies dans le tiers-monde[12]. Ainsi la mise en avant des enfants victimes, c'est-à-dire innocents et vulnérables, a-t-elle un prix qui est à la fois symbolique – la représentation stigmatisante, par contraste, des autres catégories de malades – et pratique – la justification du délaissement relatif des mères, au risque de compromettre l'évolution future de leur affection.

Il ne s'agit donc pas ici de contester le bien-fondé des programmes de réduction de la transmission de la mère à l'enfant, non plus que de discuter l'engagement des activistes du sida sur ce front, mais plutôt de montrer les conséquences imprévues provoquées par la construction morale de l'enfance. La moralisation d'une cause tend en effet à générer des discriminations morales entre ce qu'il est plus ou moins légitime de défendre, ou souvent à conforter des jugements moraux qui étaient déjà à l'œuvre dans le monde social. Dans les témoignages recueillis auprès de femmes malades du sida ou lors des observations faites dans des services hospitaliers, il apparaissait que la compassion à l'égard des enfants avait pour contrepartie le désintérêt, voire une certaine cruauté à l'égard des mères. L'une d'elles me racontait comment la sage-femme de la maternité rurale où l'on avait découvert son infection la dénigrait publiquement, en l'accusant d'importer le virus de Johannesburg. Une autre, pourtant mal en point, refusa l'hospitalisation dans le service où je l'avais amenée en évoquant les discriminations qu'elle y avait subies à cause de sa maladie. Le moment de l'accouchement pouvait devenir particulièrement éprouvant pour ces femmes parfois brutalisées, insultées et accusées d'être responsables du malheur de leur enfant[13]. Bien entendu, la représentation de l'innocence des nouveau-nés dans l'espace public n'était pas la cause de cette maltraitance ; elle confortait cependant les préjugés qui rendaient les mères coupables, tout comme la représentation de la vulnérabilité des femmes confirmait les accusations de violence à l'encontre des hommes. À ceci près que ces derniers n'avaient pas en rendre compte dans les hôpitaux, mais – parfois – devant la police et la justice.

## Le scandale du viol

« *Things fall apart* », un monde en déréliction : le dossier publié sous ce titre emprunté au roman de Chinua Achebe par le *Mail and Guardian* de Johannesburg, le 9 novembre 2001, était accablant. L'article commençait sur une tonalité littéralement apocalyptique :

> « La venue du Seigneur est proche, je vous le dis », affirme Jan Pietersen, le regard fixe dans la direction du soleil couchant. « Ils ont rejeté le nom du Seigneur. » Il se tait. Debout devant son humble demeure à Louisvale, un township dans la périphérie poussiéreuse de la ville d'Upington, dans la province du Northern Cape. Ses yeux sombres brillent des reflets des derniers feux du crépuscule, Pietersen sourit tristement, secouant la tête. « C'est effrayant, au-delà de mon imagination. »

L'événement qui suscite ces commentaires est un drame dont le récit a bouleversé la société sud-africaine.

Une petite fille de neuf mois a été violée dans ce township habité par la population métisse de la région du Cap. La pénétration a causé d'importantes lésions. Les suspects sont six hommes du voisinage, dont l'arrière-grand-père de la fillette. Ils étaient en état d'ébriété au moment des faits. Le père, âgé de vingt-quatre ans, et la mère, âgée de seize ans, qui avaient laissé l'enfant seule, étaient eux-mêmes ivres lorsque le viol a eu lieu. L'article décrit avec force détails la scène, revient sur les éléments cliniques recueillis chez le médecin, rapporte les propos consternés ou vengeurs des voisins, reprend le discours des habitants sur le traumatisme pour la population et la malédiction pour le township. L'auteur a apporté un soin particulier à l'écriture, mélange de réalisme et de lyrisme. La photographie en pleine page, à la une du journal, montre la grand-mère et une voisine : les deux femmes se tiennent le visage dans une main, pour pleurer nous suggère-t-on, en fait plus probablement pour se dissimuler ; une sœur de la victime, elle, se tient à leurs côtés et regarde l'objectif. La légende n'épargne pas le lecteur : « Dans la faible lueur du salon, les femmes ont découvert, en écartant les jambes de l'enfant, une blessure béante, ensanglantée. » L'intolérable se fait ici sensationnel. L'hebdomadaire a pourtant la réputation d'une publication sérieuse, et même intellectuelle.

Si ce terrible fait divers a occupé une place particulière dans l'histoire morale récente de l'Afrique du Sud, il s'inscrit dans un contexte plus large de mise en chroniques de l'horreur. Chaque jour la presse égrène son lot de brutalités et de crimes non seulement dans les journaux spécialisés dans ce type de sujets, mais également dans les grands quotidiens nationaux. Il y a quelque chose de singulier dans cette complaisance des médias à produire une image saisissante, voire repoussante, de la société sud-africaine. Sans sous-estimer la réalité des faits de violence, il est difficile de ne pas s'interroger sur la signification de cette représentation nationale de soi dans le registre de l'abjection. L'imaginaire de l'Afrique du Sud est ainsi moins celui de la peur de la violence – pourtant réelle dans l'expérience des individus – que celui de son obscénité. Les faits concernant les enfants sont à cet égard les plus éprouvants. En particulier, les histoires de viols de très jeunes enfants, celui de la fillette de Louisvale étant évidemment un cas extrême. Même s'ils sont heureusement peu nombreux, ces faits sont particulièrement visibles en raison bien sûr de leur ignominie, mais surtout du traitement sensationnaliste qu'en font les journalistes. « L'image du viol de l'enfant est trop horrible pour être publiée », titre un quotidien. Malgré cette apparente mise en garde, l'auteur de l'article ne passe aucun détail anatomique et substitue sans peine à l'image la description qui commence par ces mots : « La photographie des blessures de la petite fille de six ans victime d'un viol raconte l'histoire d'une inconcevable douleur et d'une sauvagerie inimaginable. » Les articles se multiplient sur « un cas qui choque même le tribunal », sur les « milliers d'enfants violés chaque jour » ou sur « la menace de sida qui ajoute à la tragédie du viol d'enfant » et même sur « la bestialité en augmentation en Afrique du Sud[14] ». La presse donne à voir une médiatique galerie des monstres, dans laquelle les crimes contre les enfants apparaissent comme les plus intolérables et ce d'autant qu'ils sont souvent commis par des proches. Certainement une telle exhibition s'inscrit dans un phénomène mondial qui a rendu visibles les abus sexuels à l'encontre des enfants, notamment les pratiques incestueuses, que l'on méconnaissait jusqu'à une période récente. Toutefois, sa radicalisation et sa spectacularisation dans l'horreur appellent une réflexion sur sa signification : pourquoi la société sud-africaine se présente-t-elle de telle manière au monde et, surtout, à elle-même ? On peut avancer deux hypothèses qui ne s'excluent pas mutuellement : l'une propose une lecture en quelque sorte fonctionnaliste, l'autre dévoile une logique souvent culturaliste.

En premier lieu, le traitement du viol d'enfant comme fait divers extrême, à la fois en raison de l'âge des victimes et des dommages physiques provoqués, tend à occulter la banalité de la violence sexuelle, aussi bien en termes de fréquence qu'en termes de pratiques. La focalisation sur les événements les plus atroces a paradoxalement un effet rassurant. Au fond, ces hommes qui ont des pratiques pédophiles sauvages sont des malades mentaux dangereux dont il faut prémunir la société. Il y aurait une sorte d'extériorité du mal. Or, les abus sexuels atteignent des niveaux très élevés en Afrique du Sud. Avec toutes les réserves usuelles sur les problèmes méthodologiques concernant les enquêtes sur les violences sexuelles, on estime que 7 % des femmes ont déjà eu des pratiques sexuelles sans consentement, ce chiffre étant – fait inattendu – d'autant plus élevé que les femmes sont jeunes et – donnée encore plus remarquable – deux fois plus faible parmi les femmes noires que parmi les femmes blanches. Lorsque des hommes sont interrogés de leur côté, 15 % reconnaissent avoir violé ou tenté de violer leur femme ou leur compagne au cours des dix dernières années. S'agissant plus particulièrement des enfants et des adolescents, les deux principales études en population générale montrent que, parmi les femmes interrogées, 1,2 % dans l'une et 1,6 % dans l'autre déclare avoir eu des relations sexuelles non consenties avant l'âge de quinze ans et presque toujours après dix ans[15]. Les auteurs de ces violences étaient souvent des enseignants qui usaient de leur pouvoir en menaçant par exemple de donner des mauvaises notes.

Par contraste, les viols d'enfants en bas âge sont heureusement tout à fait exceptionnels, donnant lieu chaque année à quelques faits divers particulièrement tragiques qu'il faut cependant mettre en regard des 221 000 abus sexuels signalés à la police par des jeunes filles de moins de dix-sept ans en 1999. D'une manière générale, bien que les médias fassent du viol d'enfants le « fléau de la nouvelle Afrique du Sud[16] », toutes les études confirment qu'il s'agit d'un phénomène marginal et que le problème réel concerne davantage les violences sexuelles quotidiennes commises sur des jeunes filles ou des femmes d'âge mûr, en général dans le cadre de relations avec le partenaire régulier ou avec un proche. C'était le cas dans mes propres enquêtes, telles ces jeunes femmes du quartier d'Alexandra, toutes deux malades du sida : Sophia qui vivait depuis l'âge de quatorze ans avec un garçon à peine plus vieux qu'elle qui la violentait par jalousie ; Astrid dont le père, si tendre et si attentionné jusqu'à ce moment, l'avait violé un jour qu'il était ivre au sortir d'une fête, alors qu'elle venait d'avoir seize ans. Autrement dit, le sensationnalisme autour des viols d'enfants éclipse l'ordinaire des violences sexuelles à l'encontre des filles et des femmes. Il met en avant la monstruosité de pratiques exceptionnelles au détriment d'une réflexion sur la domination masculine, la brutalité conjugale, les pratiques incestueuses et le harcèlement sexuel, du milieu scolaire au monde du travail, de l'environnement familial à l'espace de la rue.

En second lieu, le traitement hyperbolique des viols d'enfants participe d'une forme d'exotisation racialiste assez commune dans la société sud-africaine. Ce procédé consiste à représenter des faits sociaux comme des singularités culturelles. Donner le spectacle des horreurs commises tend à faire de l'Afrique du Sud un « monde à part », pour reprendre le titre d'un célèbre film de Chris

Menges contre l'apartheid. Or, cette singularisation concerne implicitement – mais de manière transparente pour les Sud-Africains – la population noire, ou plutôt les hommes noirs. C'est bien là le cœur de la controverse suscitée par une série d'interventions publiques de Charlene Smith à la suite du viol qu'elle avait subi. Cette journaliste avait d'abord publié le récit de cette expérience traumatique puis s'était mise à dénoncer une « société de violeurs », y compris dans la presse internationale : sans jamais qualifier racialement le problème, elle donnait à ses lecteurs toutes les clés leur permettant de comprendre que son propos visait les hommes noirs ; elle se référait en particulier à la « tradition », à la « culture », à la « promiscuité sexuelle », aux *« sugar daddies »* (protecteurs âgés et riches) et au *« virgin cleansing myth »* (croyance supposée dans la purification par le viol de jeunes filles vierges), tous éléments associés à la population africaine[17]. Tout en lui reconnaissant le courage de son témoignage, le président Thabo Mbeki l'accusa de « racisme », déclenchant les protestations de l'opposition libérale blanche qui retourna la critique et dénonça à son tour une instrumentalisation de la question raciale. Quelques mois plus tard, la journaliste récidiva sous le titre provocateur : « Devrions-nous mettre des ceintures de chasteté à nos enfants ? » Il s'agissait cette fois d'évoquer diverses pratiques sexuelles observées sur le continent africain et supposées exotiques.

La présentation de la dangerosité sexuelle des hommes noirs n'est toutefois pas nouvelle. L'imaginaire occidental de la sexualité des Africains a une longue histoire précoloniale et coloniale qui se nourrit d'une représentation fantasmatique de l'autre que les zoos humains ont porté à leur extrême. En Afrique du Sud, la proximité des Blancs et des Noirs dans les villes et les centres industriels, à partir de la fin du XIX^e^ siècle, a donné lieu à un discours commun sur la « sexualité africaine » qui stigmatise les « pulsions sexuelles », décrit les femmes comme licencieuses et les hommes comme dangereux ; le thème du « péril noir » se banalise ; il n'a de fait jamais quitté l'univers mental de la société blanche. Avec le sida, il renaît sous une forme caricaturale au temps de l'apartheid et prend une expression euphémisée dans les années qui suivent sa disparition[18]. Il s'agit donc bien d'une construction sociale inscrite dans la durée qui tend à culturaliser la violence, c'est-à-dire à l'essentialiser en termes culturels, pour en faire un trait spécifique des sociétés africaines, autrement dit des populations noires. Or, outre que les enquêtes montrent que les violences sexuelles, y compris incestueuses ou conjugales, sont au moins aussi fréquentes parmi la population blanche, il importe de comprendre que la violence sexuelle s'inscrit dans une réalité à la fois historique et sociale de la violence. On ne peut pas isoler la brutalité des relations entre hommes et femmes ou entre garçons et filles de la brutalisation des relations sociales au cours des dernières décennies, que ce soit celle de l'apartheid ou de la lutte contre ce régime. Bien des hommes noirs aujourd'hui ont été des adolescents dans les années de quasi-guerre civile où l'usage de la force s'est généralisé non seulement dans ses expressions politiques mais aussi dans ses manifestations ordinaires, au sein des quartiers et des familles. L'essentialisation culturaliste de la violence ignore cet héritage d'un passé proche et les conditions de la reproduction sociale de la violence.

Cette vérité élémentaire se manifeste du reste dans un déplacement récent du débat sur les violences sexuelles en Afrique du Sud. Lorsque la question avait émergé dans l'espace public à la fin des années 1990, les enfants étaient toujours des victimes. Désormais, de plus en plus souvent, ils apparaissent comme les auteurs de ces violences. Une série d'études exprime une inquiétude nouvelle sur des viols commis sur des filles et des garçons par des adolescents à peine plus âgés, soit de manière individuelle, soit en groupe, à l'école ou dans le quartier mais aussi dans les prisons pour mineurs. Les travailleurs sociaux et les juges pour enfants affirment que les auteurs de violences sexuelles sont de plus en plus jeunes. Pour expliquer le phénomène, ils mettent en cause la circulation des films pornographiques ou, de façon plus anodine, le visionnage de feuilletons télévisés[19]. Ainsi, la panique morale autour des violences sexuelles infantiles, qui s'est développée au cours de la dernière décennie, se reconfigure-t-elle aujourd'hui d'une manière qui brouille en partie les fondements de la sociologie morale de l'enfance. D'innocents, les enfants se changent en coupables : les adultes ne sont donc plus les seuls auteurs des abus sexuels, les adolescents eux-mêmes peuvent en quelque sorte devenir leurs propres prédateurs. Pour autant, c'est encore leur vulnérabilité qui est mise en cause dans ces cas, appelant la protection des adultes. En revanche, les réalités économiques et sociales dans lesquelles s'inscrivent ces pratiques violentes, la déstructuration des familles liée aux migrations de travail des parents, l'abandon des enfants livrés à eux-mêmes au point de devenir pour certains des chefs de ménage *de facto* demeurent peu explorés. La découverte des viols d'enfants par des enfants vient surtout renforcer la représentation commune d'une société dans laquelle la barbarie, trait culturel supposé immémorial, s'étendrait de proche en proche à toutes les catégories et tous les âges.

## Le drame des orphelins

« Pourquoi les orphelins du sida devraient-ils recevoir un traitement particulier par rapport aux autres enfants sans parents qui ont faim ? », interrogeait le président Thabo Mbeki lors d'une conférence à l'adresse de chefs traditionnels prononcée le 3 avril 2007. Répondant à l'un d'eux qui se plaignait de la discrimination positive en faveur de cette seule catégorie d'orphelins dans certains programmes et critiquant les bonnes œuvres des donateurs internationaux destinées aux seules conséquences du sida, il poursuivait :

> Un orphelin est un orphelin. On ne peut pas dire que ces orphelins-ci sont plus importants parce que leurs parents sont morts du sida et qu'ils nécessitent par conséquent un traitement spécial. Un enfant dont les parents sont morts dans un accident de voiture est aussi un orphelin. On ne peut pas avoir une situation dans laquelle il y a cinq enfants qui ont faim : on en prend deux pour les nourrir et on laisse les trois autres sans assistance[20].

La polémique peut surprendre. Elle est pourtant instructive. En fait, au cours des années 2000, la question des « orphelins du sida » est devenue une préoccupation des politiques internationales d'assistance sur le continent africain. Des tableaux alarmistes et des projections catastrophistes ont été rendus publics : selon les calculs faits par l'Unicef et Onusida, le nombre d'orphelins à cause du sida atteindrait 25 millions dans le monde en 2010, dont 82 % sur le continent africain ; ces chiffres correspondent aux enfants ayant perdu l'un ou l'autre de leurs parents, mais certains auteurs considèrent cette estimation beaucoup trop faible au regard de la réalité sociale[21]. Des moyens considérables ont été alloués spécifiquement pour les actions en faveur de ces enfants : significativement, alors que l'USAID réduisait ses programmes en faveur de la prévention par le préservatif pour lui préférer la promotion de l'abstinence et de la fidélité, des ressources importantes étaient mises en œuvre pour les orphelins ; le conservatisme compassionnel revendiqué par le gouvernement états-unien trouvait là une expression idéale de l'application de ses choix moraux différenciés[22]. En Afrique du Sud, la situation était évidemment préoccupante, mais retardée : d'une part, les taux de séroprévalence de la population adulte jeune laissaient entrevoir une ascension rapide du nombre d'orphelins ; d'autre part, l'explosion récente de l'épidémie suggérait un décalage dans le temps, puisque le pic de mortalité n'était pas encore survenu. La tonalité générale des discours était à l'inquiétude. Le ministre du Développement social évoquait l'une des pires conséquences de l'épidémie avec un million d'orphelins à court terme, les organisations non gouvernementales surenchérissant pour livrer des statistiques encore plus préoccupantes. Dans son édition du 20 octobre 2000, le *Mail and Guardian* publiait un « Guide de survie pour les orphelins du sida ». Le pathos était à son comble. La dramatisation de la question des orphelins du sida repose de fait sur deux éléments : la statistique et la compassion. La première établit la gravité du problème, la seconde en appelle aux sentiments du public. L'une et l'autre sont présentées comme allant de soi. Il est cependant nécessaire de s'interroger sur ces évidences.

Commençons par les chiffres. Les projections démographiques pour l'Afrique du Sud donnent 2 millions d'enfants orphelins de mère, soit pour les orphelins de l'un ou l'autre parent entre 3,6 et 4,8 millions ou encore 9 à 12 % de la population totale du pays, en 2015. Les mêmes données sont reprises et parfois même majorées en invoquant des facteurs de sous-estimation. Or, les enquêtes conduites dans la population invitent à plus de prudence dans les constats et leur interprétation[23]. Avant le début de l'épidémie, on comptait 2 % des enfants dont la mère était morte, 7,6 % dont le père était décédé, 0,6 % qui avaient perdu leurs deux parents. En revanche, 12,9 % vivaient sans leur mère, 35,3 % sans leur père et 9,7 % sans aucun des deux parents. Seuls 31,9 % des enfants sud-africains étaient élevés par leurs deux parents. Dix ans plus tard, on estime à 3,2 % les orphelins de mère, 8,9 % les orphelins de père et à 1,1 % les orphelins de mère et de père. Quant aux enfants élevés sans leurs parents, ils sont 12,8 % en ce qui concerne l'absence de la mère, 39 % pour l'absence du père et 7,2 % qui vivent sans aucun des deux. Finalement, 27,8 % seulement des enfants sud-africains sont dans une famille où leur père et leur mère sont présents.

Ces enquêtes appellent une série d'observations. Tout d'abord, le nombre des enfants vivant sans au moins l'un de leurs parents est environ six fois plus élevé que le nombre des enfants orphelins de l'un des deux parents, ratio qui ne diminue que légèrement avec la survenue de l'épidémie ; si l'on considère les enfants vivant sans aucun de leurs deux parents, leur nombre est même quinze fois supérieur dans la première enquête et sept fois dans la seconde. Ce constat signifie, d'une part, que la question des enfants séparés de leurs parents est une question bien plus grave démographiquement que la question des enfants orphelins, et, d'autre part, que l'une et l'autre de ces questions se posaient avant l'épidémie de sida qui n'a fait qu'amplifier une réalité préexistante. De plus, les pères décédés sont bien plus nombreux que les mères, soit quatre fois plus avant l'épidémie, trois fois plus dix ans après, ce qui peut étonner au regard de l'épidémiologie du sida qui affecte plus durement les femmes jeunes que les hommes et impliquerait donc une mortalité plus élevée. Il en est de même de l'absence des pères qui est constatée trois fois plus souvent que l'absence des mères. Cette observation implique, d'un côté, que le sida n'intervient que pour une proportion limitée des orphelins de mère et même faible en ce qui concerne les orphelins de père et, de l'autre, que le nombre d'enfants orphelins de père ou vivant sans leur père est bien supérieur au nombre correspondant pour la mère, même si l'on peut penser que dans les années à venir le poids du sida pèsera plus sur la mortalité féminine.

Pour résumer le propos, on peut dire d'abord que le problème des enfants élevés en l'absence de l'un ou l'autre de leurs parents, voire des deux, ne date pas de l'épidémie de sida, mais que l'on ne s'y était jamais intéressé avant alors même qu'il concerne les deux tiers des enfants ; ensuite, on observe que la focalisation sur le sida, même aujourd'hui, ignore à la fois la majorité des orphelins, qui le sont pour une autre cause, et la totalité des enfants vivant sans leurs parents, qui ont quitté le domicile familial. Ces deux conclusions sont liées : ce sont les conditions de vie des familles, la déstructuration des ménages engagée depuis un siècle par les migrations de travail et la mortalité masculine liée aux homicides et plus généralement aux morts violentes qu'il s'agit de prendre en considération et non simplement le phénomène épidémiologique du sida. Les hommes et les femmes qui m'ont raconté leur histoire à Soweto ou à Alexandra et plus encore dans les anciens *homelands* du nord du pays avaient, pour la plupart, été élevés par des grands-parents, parce que leurs parents travaillaient à plusieurs centaines de kilomètres et, parfois, recomposaient loin de chez eux un second foyer. Aujourd'hui également, beaucoup des enfants que je voyais dans ces familles vivaient à leur tour avec une grand-mère ou une tante, parfois à la suite de la mort de leurs parents, mais bien plus souvent à cause d'un exil forcé en quête d'un emploi. Ainsi, contrairement à ce que laissent accroire les programmes d'aide internationale, la question des orphelins et plus généralement des enfants séparés de leurs parents n'est pas d'abord la triste conséquence d'une fatalité biologique, elle est surtout la conséquence d'inégalités structurelles historiquement constituées[24]. Plus qu'à l'économie morale des orphelins, c'est à son économie politique qu'il faudrait s'intéresser. Or, le consensus compassionnel risquerait de s'émousser sous l'effet de la critique sociale.

Venons-en précisément à la mobilisation des sentiments autour des orphelins. La plupart des documents produits par les agences internationales de développement et les organisations non gouvernementales mettent en avant la tragédie des enfants sans mère (rarement les pères sont évoqués), les conséquences psychologiques et affectives (et non les précédents historiques et les causes sociales), la vulnérabilité et la souffrance des orphelins. Progressivement, toutefois, d'autres thématiques apparaissent dans certains articles ou dans des documents officiels. Ils ne concernent plus le drame des enfants mais les enjeux de sécurité. Ils dépeignent une situation catastrophique dans laquelle les orphelins livrés à eux-mêmes deviennent des enfants des rues qui menacent l'ordre public, voire des enfants soldats recrutés par les rébellions africaines. Dans le cas de l'Afrique du Sud, l'augmentation de la criminalité, déjà préoccupante, est anticipée et devient une « bombe à retardement », comme dans cette note publiée par un chercheur de l'Institute for Security Studies et citée par la plupart des rapports internationaux ultérieurs[25] :

> L'âge et le sida apporteront une contribution substantielle à l'augmentation de la criminalité dans les dix ou vingt prochaines années. D'ici une décennie, un Sud-Africain sur quatre aura entre quinze et vingt-quatre ans. C'est dans cette catégorie d'âge que la propension au crime est la plus élevée. À cette même échéance approximativement, il y

> aura une explosion de la population des orphelins à cause du sida. Élevés sans leurs parents et mal surveillés par des membres de la famille ou des organisations d'aide sociale, cette masse croissante d'orphelins sera plus à risque de s'engager dans une activité criminelle.

L'auteur reprend un peu plus tard son analyse en introduisant cette fois une dimension psychologique : « La perte des parents à cause du sida peut accroître la vulnérabilité émotionnelle des enfants. Privés de leurs parents à cause du sida, ils souffrent du deuil comme tous les orphelins, mais la perte peut être exacerbée par les préjugés et l'exclusion. La honte, la peur et le rejet qui entourent les personnes affectées par le sida peuvent créer un stress et un isolement plus grands. En plus du stigmate, ces enfants peuvent souffrir d'un traumatisme particulier. Tous ces facteurs ont des implications sur les niveaux de crime et de victimation. »

Ici, le souci humanitaire à l'égard des enfants malheureux rejoint la préoccupation sécuritaire à l'encontre des enfants dangereux. C'est que la frontière entre les deux est mince et poreuse : la victime peut aisément se transformer en criminel. Bien que ne reposant sur aucune étude sociologique et bien qu'elles soient même démenties par des observations ethnographiques faites dans des pays déjà touchés depuis plus longtemps par l'épidémie, de telles analyses qui s'appuient sur un mélange de préjugés, d'intuitions et de statistiques non discutées fournissent une sorte de vulgate pour les institutions internationales et les organisations non gouvernementales, qui sont d'autant moins portées à la critiquer qu'elle apporte des justifications aux demandes de ressources financières pour les programmes d'assistance aux orphelins. Or, rien ne prouve que les enfants qui n'ont pas leurs parents ne trouvent pas dans leur entourage familial proche des parents pour les élever. Le *« fostering »*, c'est-à-dire l'adoption informelle par une grand-mère ou une tante le plus souvent, est une pratique éprouvée dans la société sud-africaine qui est, comme on l'a vu, exposée depuis plusieurs générations à la séparation des enfants de leurs parents, à cause des migrations à la recherche de travail dans des lieux où les familles ne peuvent être réunies : ni les baraquements des mines ou des fermes en ce qui concerne les hommes, ni les arrière-cuisines des maisons en ce qui concerne les femmes employées comme domestiques ne sont prévus pour faire de la place aux enfants.

Dans les observations que j'ai pu conduire, les enfants orphelins étaient toujours pris en charge par des membres de la famille, d'ordinaire une grand-mère, parfois une tante, avec du reste des conflits fréquents entre les lignages paternel et maternel. Car la présence de ces orphelins n'allait pas sans poser des problèmes, même si ce n'était pas toujours dans le sens attendu. On se disputait fréquemment pour obtenir la garde des enfants. En effet, le gouvernement avait mis en place, pour les parents adoptants, des *« foster child grant*[26] *»* dont le montant dépassait le salaire moyen d'un ouvrier ; les ressources anticipées suscitaient donc des vocations pour s'occuper des orphelins, conduisant même à des conflits entre membres de la famille pour en obtenir le droit de garde et l'allocation correspondante.

Les réserves exprimées par le président sud-africain, toujours très sensible sur les questions nationales (les enfants en tant que génération future sont au cœur des enjeux de souveraineté partout dans le tiers-monde) et suspicieux à l'encontre du monde occidental (le sida est depuis le début de l'épidémie une affaire conduite à partir des pays européens et nord-américains), apparaissent probablement plus intelligibles désormais. Le déploiement de la générosité internationale autour des orphelins du sida et sa justification par un discours catastrophiste relèvent d'une méconnaissance aussi bien du passé (et donc de l'ancienneté du problème des orphelins) que du présent (et notamment des ressources familiales et institutionnelles mobilisées dans le pays). L'exacerbation conjointe de l'apitoiement sur les souffrances actuelles et de l'inquiétude pour les désordres annoncés ajoute à la confusion des émotions autour d'une tragédie dont on ne prend pas la mesure à la fois historique et politique. Cette confusion n'est d'ailleurs pas seulement perceptible au niveau international, elle l'est également au plan local. Les classes moyennes et supérieures semblent mieux préparées à aider les orphelins à distance qu'à tolérer leur présence dans leur environnement. Ainsi, des habitants de quartiers résidentiels de Durban se sont-ils mobilisés pour la fermeture d'un orphelinat construit dans leur voisinage : « Nous pensons que ce centre devrait être situé dans la communauté d'où proviennent ces enfants », écrivaient les habitants dans une lettre adressée à la municipalité, l'un d'entre eux se plaignant que « la seule vue d'un enfant noir dans ce quartier dévalue notre bien » et d'autres insultant les enfants « en leur disant de retourner dans leur township[27] ». La compassion a ses limites, qui sont certes territoriales, mais avant tout, en Afrique du Sud comme ailleurs, sociales et raciales.

*

L'enfance en tant que catégorie sociale appartient à l'histoire moderne, comme Philippe Ariès et d'autres après lui nous l'ont appris. En tant que catégorie morale et politique, ou plus exactement comme catégorie morale en politique, elle est toutefois plus récente. Elle apparaît en Europe de l'Ouest et en Amérique du Nord à la fin du XIX^e siècle avec les lois contre les mauvais traitements aux enfants, avec l'institution du travail social essentiellement orienté vers les milieux populaires, plus largement avec la généralisation progressive de politiques de protection de l'enfance. Elle se mondialise progressivement après la Seconde Guerre mondiale avec notamment la création du Fonds des Nations unies pour l'enfance en 1946, le vote par l'Assemblée générale de l'Onu d'une Déclaration des droits de l'enfant en 1959 et le vote par cette même instance d'une Convention des droits de l'enfant en 1989. Cette évolution se fait parallèlement à une mobilisation croissante des organisations non gouvernementales autour de la maltraitance infantile à partir de 1970, puis du travail des enfants au cours de la décennie 1980, enfin des abus sexuels dans les années 1990. La représentation de l'enfance qui sous-tend cette politique met en avant l'innocence, comme qualité morale, et la vulnérabilité, comme qualité sociale. La première renvoie à la pureté originelle, la seconde débouche sur la nécessité d'une protection. Les adultes sont en quelque sorte témoins de l'une et responsables de l'autre.

Le sida, avec les connotations morales de faute et de déviance qui lui ont été attachées dès le début de l'épidémie et avec les dimensions sociales d'inégalité et de violence qui le caractérisent dans le contexte sud-africain en particulier, est un révélateur des enjeux que cristallise l'enfance. Initialement absents et invisibles, les enfants sont devenus omniprésents au début des années 2000, au moment même où les controverses scientifiques et politiques autour de la maladie se multipliaient. Dans un espace public radicalisé où les parties en conflit s'adressaient mutuellement les accusations les plus graves – y compris de génocide –, où la diabolisation de l'adversaire prenait une expression racialisée, où la mémoire du passé tragique de l'apartheid était sans cesse réactivée, la cause des enfants devenait à son tour un enjeu. Leur innocence contrastait avec les conduites des adultes que l'on qualifiait d'irresponsables. Leur vulnérabilité suscitait une empathie qu'il était possible de mobiliser. Trois figures se sont alors dessinées. L'enfant malade, sans autre responsabilité dans son malheur que le fait d'être né, apparaissait comme une victime pure de l'insouciance des adultes et de l'impéritie du pouvoir. L'enfant violé, presque toujours par un proche, offrait l'image la plus obscène et la plus intolérable de ce statut de victime expiatoire de la folie des hommes. L'enfant orphelin, souffrant autant du deuil que de son isolement, semblait une victime non seulement au présent mais aussi au futur.

Bien entendu, ces figures correspondent à des situations concrètes et les enfants concernés méritent l'attention qui leur est portée. La manière dont ces figures sont publiquement exposées n'en appelle pas moins l'exercice d'un regard critique. Il faut ainsi prendre la mesure de cette exaltation du malheur, de l'exagération des chiffres, de l'exhibition de l'horreur, de la mise en scène de la souffrance, de la catastrophisation du monde social. La fin justifie les moyens, peut-on penser, et la compassion pousse à l'action. En montrant les enfants malades, on contraint les pouvoirs publics à mettre en œuvre des traitements préventifs. En racontant les enfants violés, on sensibilise la société aux abus sexuels sur mineurs. En parlant des enfants orphelins, on suscite une aide nationale et internationale. Cette mobilisation émotionnelle est pourtant fragile et ambiguë. L'enfant malade devient un fardeau pour la société, l'enfant violé se révèle être à son tour auteur de violence, l'enfant orphelin se transforme en un criminel potentiel. Surtout, cette emphase affective essentialise des enfants victimes bien loin de la réalité sociale dans laquelle ils vivent. Le poids de la pauvreté et le rôle de l'exploitation dans la progression de la maladie dans les milieux populaires, la banalité et la genèse de la violence dans les relations sociales, la permanence de formes traditionnelles de solidarité familiale : tout ce qui constitue le contexte de vie des enfants disparaît. En éludant cette réalité complexe dans laquelle les jugements moraux se font plus incertains et les solutions moins univoques, la compassion peut paradoxalement s'avérer un sentiment qui permet de faire l'économie d'une action plus exigeante.

CHAPITRE 7

# Un désir d'exception

## La gestion des sinistrés de catastrophe

> La tradition des opprimés nous enseigne que l'état d'exception dans lequel nous vivons est la règle. Nous devons parvenir à une conception de l'histoire qui rende compte de cette situation.
>
> WALTER BENJAMIN, *Sur le concept d'histoire*

Le tsunami qui a frappé l'Asie du Sud le 26 décembre 2004, causant la mort de 285 000 personnes et suscitant une campagne de dons estimés à plus de 5 milliards d'euros, a dramatiquement rappelé cette donnée historique : les catastrophes naturelles, en tant qu'elles représentent la manifestation à la fois la plus massive (par le nombre de leurs victimes) et la plus pure (par leur caractère supposé hors du pouvoir des hommes) du malheur collectif, appartiennent à l'univers moral moderne. On connaît la formule de Theodor Adorno selon laquelle « le tremblement de terre de Lisbonne suffit à guérir Voltaire de la théodicée leibnizienne[1] ». Pour les sociétés européennes, et singulièrement pour les élites intellectuelles des Lumières, la mise à l'épreuve s'opérait alors sur deux registres : d'une part, la théorie morale, et notamment le principe du meilleur des mondes possibles que la tragédie récusait brutalement ; et, d'autre part, les sentiments moraux, à commencer par la compassion suscitée sur tout le continent par cette infortune si soudaine et si proche. Certes, aujourd'hui, l'interprétation de l'événement n'est plus cherchée du côté de la colère divine comme elle l'était jadis – les sociodicées tendant à remplacer des théodicées qui n'ont cependant pas complètement disparu –, mais sa capacité à mobiliser la sympathie à l'égard des sinistrés n'a rien perdu de sa force – et c'est même le contraire, puisque les médias nous font vivre leur détresse à la fois dans l'immédiateté et la proximité des images et des émotions, à travers des descriptions émouvantes ou des récits bouleversants. En ce sens, les séismes de Turquie et d'Haïti, les ouragans Mitch et Katrina, l'éruption du Nevado del Ruiz et les inondations du Bangladesh font partie de notre paysage affectif ordinaire, avec le pathos de ces terribles faits divers, et supposent notre engagement empathique inconditionnel, fût-il à distance sous la forme d'un chèque versé à une association humanitaire. En somme, les catastrophes naturelles[2] représentent des parenthèses consensuelles dans le flux de l'histoire, moments privilégiés de manifestation des solidarités, d'ignorance des inégalités et de suspension des conflits : ainsi le tsunami a-t-il semblé faire oublier les disparités de condition entre touristes occidentaux et populations locales à Phuket aussi bien que les violences de la guerre civile à Banda Aceh ; ne comptaient plus que les victimes et les sinistrés, tous objets, apparemment, d'une même sollicitude[3]. Que ces moments soient fugaces et que la réalité des inégalités et des conflits reprenne rapidement le dessus ne fait que souligner le caractère d'exception morale mais aussi politique de ces événements. C'est ce que l'événement connu au Venezuela sous le nom de « *Tragedia* » révèle avec une évidence particulière puisque l'exception y a été formellement décrétée pour des raisons humanitaires.

Le 15 décembre 1999, à la suite de pluies diluviennes qui se sont abattues sur la capitale Caracas et sur la région voisine de Vargas, des torrents de boue et des glissements de terrain entraînent une catastrophe sans précédent dans l'histoire récente du pays : dans les jours qui suivent, on déplore plusieurs milliers de morts et l'on dénombre des dizaines de milliers de déplacés[4]. Face à cette épreuve exceptionnelle, l'Assemblée nationale constituante déclare l'état d'urgence et donne au président Hugo Chávez les pleins pouvoirs :

> Considérant que prévaut sur tout le territoire national une situation météorologique extraordinaire, le pouvoir exécutif est autorisé à prendre toutes les décisions et mesures nécessaires pour prévenir d'autres dégâts, pour prendre soin des personnes affectées et pour coordonner l'action conjointe des corps constitués au niveau national, régional et municipal. Le peuple est appelé à se mobiliser en solidarité et à collaborer aux opérations de secours et doit par conséquent obéir aux instructions des autorités.

Le fait remarquable est alors le consensus national – au-delà d'une Assemblée constituante largement acquise au chef de l'État et suivant donc ses consignes – autour du principe de cet état d'urgence : le drame justifie l'exception. D'ailleurs, les représentants du peuple ont agi avec une certaine modération dans leur proclamation et n'ont pas suspendu les libertés fondamentales. De même, le président, un colonel qui compte déjà à son actif une tentative de coup d'État, évite-t-il une démonstration de force trop spectaculaire. La militarisation se limite à la zone la plus sinistrée où elle est totale, officiellement justifiée par l'aide aux victimes. En fait, plus encore que la dialectique du droit et de l'anomie, la tension entre la compassion et l'ordre caractérise ce moment historique. Ce qui fait de la

*Tragedia* un événement singulier – dans les deux acceptions du terme –, c'est qu'elle produit un état d'exception humanitaire, si l'on ose ce paradoxe. Ce n'est en effet pas au nom de la menace à la sécurité publique que provoquerait, classiquement, une déclaration de guerre ou, aujourd'hui, un danger d'attaque terroriste, mais au nom de l'émotion suscitée par le cataclysme et ses répercussions humaines que l'état d'urgence s'impose à tous pour rendre les sauvetages plus efficaces. Ce n'est pas la peur d'un danger qui autorise les mesures exceptionnelles, mais la sympathie pour les sinistrés qui les appelle et les cautionne. Car telle est bien l'originalité de la situation : loin d'être la décision du souverain, l'état d'exception est souhaité par de larges segments de la société, transportés en quelque sorte par une vague de générosité à l'égard des victimes et par un sentiment de confiance dans la personne du président. Habituellement redouté et dénoncé, l'état d'exception est ici désiré.

Situation proprement extraordinaire, sera-t-on tenté de penser, au regard à la fois des circonstances de la proclamation de l'état d'urgence et des sentiments qui le légitiment. Le Venezuela serait un cas unique, sans portée au-delà de ses frontières – et c'est bien ainsi que l'image nationale est construite dans l'espace public vénézuélien, sur le modèle précisément de l'exception. Pourtant, si l'on analyse la place qu'occupe aujourd'hui l'humanitaire dans le gouvernement du monde et notamment sur le terrain des guerres, la manière dont les interventions militaires se justifient dans le registre moral de l'humanitaire, comme en Somalie ou au Kosovo, et dont les organisations humanitaires accompagnent le déploiement des opérations militaires, par exemple en Afghanistan ou en Irak, le cas vénézuélien mérite peut-être d'être considéré pour son exemplarité plutôt que pour son exceptionnalité[5]. Qu'au nom de l'humanitaire, l'exception puisse être prononcée n'est vraisemblablement au fond que la manifestation d'une vérité profonde du monde contemporain : d'une part, la banalisation de l'exception ; d'autre part, sa justification par des raisons humanitaires.

## La routinisation de l'urgence

L'illumination de Walter Benjamin[6] selon laquelle l'état d'exception serait devenu la règle est historiquement située : elle apparaît, comme une fulgurance, dans un texte écrit au cours des premiers mois de 1940, quelques semaines avant son suicide, et publié à titre posthume en 1942 par un institut de recherche californien. Le philosophe est alors profondément et personnellement éprouvé par la violence de ces temps tragiques, les conditions précipitées de son exil, son errance à travers l'Europe apathique face à la montée des fascismes, son internement dans un camp français après la déclaration de guerre avec l'Allemagne, sa fuite de Paris à l'arrivée de l'armée du Reich, la confiscation de son appartement et de sa bibliothèque par la Gestapo[7]. Au-delà de son drame personnel, son œuvre fait entièrement écho à une réalité plus collective[8], à l'irrémédiable perte d'un monde dont il a été le témoin et la victime, à l'annonce d'un âge nouveau qu'il a vu commencer avec la Première Guerre mondiale et dont la suspension de la Constitution de Weimar marque l'avènement, et à l'entrée dans un cycle de l'humanité dans lequel, écrit-il, « l'art de raconter des histoires touche à sa fin ». Dès lors, l'exception faite règle est une vérité biographique autant qu'historique, marquée par l'aboutissement d'un processus de redéfinition du sens de la politique dans la première moitié du XX<sup>e</sup> siècle. Dans une certaine mesure, toute la reconstruction du monde après la fin de la Seconde Guerre mondiale procède, sous le leitmotiv du « plus jamais ça », d'une tentative globale – au plan rhétorique, mais aussi juridique et institutionnel – d'en finir avec la possibilité même d'un état d'exception parce qu'il serait susceptible d'opérer un retour vers ce que l'on a connu et que l'on ne veut plus connaître. Chacun sait bien sûr que, dans les faits, nombreux ont été les contre-exemples de cet effort – des totalitarismes de l'Est aux dictatures du Sud, de la colonie à la post-colonie –, mais jusqu'à récemment, pouvait encore prévaloir, sous la formule de la « fin de l'histoire[9] », l'utopie d'une démocratie planétaire à venir construite sur un modèle occidental retrouvé.

Or, depuis quelques années, cette supposée « loi de l'histoire » se trouve remise en cause, au point que se banalise l'idée que l'époque contemporaine serait de nouveau celle d'une exception devenue la règle. Avec cette nouvelle prise de conscience, les suites des événements du 11 septembre 2001 et les conditions extralégales de la lutte contre le terrorisme rapidement transformée en guerre contre l'« axe du Mal » constituent pour beaucoup d'observateurs une rupture historique[10]. Dans ces conditions, l'étonnant retour en grâce de l'œuvre de Carl Schmitt, théoricien de l'état d'exception longtemps disqualifié pour sa justification philosophique de l'État nazi et ses compromissions personnelles avec ses représentants, semble particulièrement significatif[11]. Dans sa forme la plus radicale, la thèse de l'exception comme règle déborde néanmoins les circonstances conjoncturelles de la chute des tours de New York et de la politique impériale de l'Amérique. Pour Giorgio Agamben notamment, « la création volontaire d'un état d'urgence permanent (même s'il n'est pas déclaré au sens technique) est devenue l'une des pratiques essentielles des États contemporains, y compris ceux qu'on appelle démocratiques[12] ». Ainsi, le mouvement ne serait pas nouveau, il serait ininterrompu tout au long du siècle qui vient de s'achever : « Devant l'irrésistible progression de ce qui a été défini comme une "guerre civile mondiale", l'état d'exception tend toujours plus à se présenter comme le paradigme de gouvernement dominant dans la politique contemporaine. » Dès lors, d'Hitler promulguant en 1933 un « décret pour la protection du peuple et de l'État » qui suspendait les libertés instituées par la Constitution de Weimar à George W. Bush prenant en 2001 un « ordre militaire » qui permettait la détention indéfinie des suspects de terrorisme dans le prolongement du Patriot Act, il s'agirait de penser une continuité, sinon historique évidemment, du moins généalogique.

Les sciences sociales ne peuvent toutefois pas prendre pour argent comptant les termes de la discussion ainsi formulés. Il leur faut la problématiser en s'interrogeant à la fois sur la normalisation supposée de l'état d'exception et sur la généralisation du discours sur l'exception. Aujourd'hui, l'un ne va pas sans l'autre et les faits sont indissociables de leur mise en mots. C'est en ce sens que l'on peut parler – paradoxalement – de banalisation de l'exception : banalisation de l'usage pratique et du référentiel théorique. À l'inflation politique correspond une inflation rhétorique – et réciproquement[13]. Pour dépasser ce qui risquerait cependant de devenir un jeu de miroir entre la réalité et sa construction, il est nécessaire d'inscrire la réflexion dans une sorte d'épreuve empirique. Au-delà de l'affirmation d'une généralisation de la situation d'exception, qu'en est-il concrètement de l'état d'urgence dans les sociétés contemporaines ? À quelles réalités observables correspond aujourd'hui la conception décisionniste du droit ? Comment saisir dans la complexité de ses significations et de ses conséquences la question de la souveraineté ? Telles sont les interrogations qui sous-tendent l'enquête conduite sur la gestion politique d'une catastrophe naturelle au Venezuela. Il s'agit, d'une part, de rendre compte, avec les instruments de la philosophie politique, d'un moment historique particulier – le « moment » néobolivarien – qui est généralement pensé dans le langage de la pure émotion, qu'elle soit compassionnelle ou politicienne, comme on le verra, et, d'autre part, en quelque sorte symétriquement – du singulier au général et peut-être de l'ethnographique à l'anthropologique – de dissoudre l'unicité de la catégorie d'exception[14]. Une anthropologie politique de l'exception repose en effet sur cette double exigence de faire sens historiquement et ethnographiquement de situations singulières.

Pour Carl Schmitt, on le sait : « Est souverain celui qui décide de la situation exceptionnelle[15]. » L'exception est donc ce qui définit la souveraineté et procède de la décision : les trois termes ont partie liée. Plus que d'une simple notion juridique, il s'agit d'un concept théorique sur lequel l'auteur de la *Théologie politique* hésite lexicalement, utilisant presque indifféremment *Ausnahmezustand, Ausnahmefall, Notstand* et *Notfall,* que l'on peut traduire respectivement par situation d'exception, cas d'exception, situation d'urgence et cas d'urgence. Cette indétermination souligne le fait que l'enjeu n'est pas celui d'une délimitation par le droit, dont il constitue la négation, mais, de façon plus pragmatique, de la « situation qui rend actuelle la question du sujet de la souveraineté », c'est-à-dire de celui qui « décide autant de l'existence du cas de nécessité extrême que des mesures à prendre pour y mettre fin ». Dans sa forme la plus manifeste, l'état d'exception se caractérise, en présence d'un danger pour l'ordre public national et notamment de guerre, par une suspension des garanties constitutionnelles et la remise des pleins pouvoirs au souverain, souvent un militaire. Par rapport à ce schéma traditionnel, l'état d'urgence contemporain, sous ses formes les plus fréquemment rencontrées, présente une double variante : premièrement, il ne suppose pas nécessairement une véritable guerre, mais la présence d'une menace, dont l'après-11 septembre 2001 peut constituer le fait paradigmatique ; deuxièmement, il n'implique pas une abolition du droit, mais plutôt la remise en cause de certaines libertés, comme c'est le cas dans le camp de Guantanamo. Autrement dit, il faut désormais penser l'état d'exception comme une condition modulée, et donc euphémisée, tant dans ses causes que dans ses effets – ce que peu de commentateurs relèvent.

C'est dans le cadre de ce renouvellement des modalités pratiques de l'état de siège traditionnel que prend sens la réponse du président Hugo Chávez à la *Tragedia.*

## La communauté des affects

« *Y el Ávila bajó al mar* » (et l'Ávila s'enfonça dans la mer). Par cette représentation imagée, le quotidien *El Nacional* s'efforça, dans un dossier spécial, de rendre compte de la violence inédite des glissements de terrain et des torrents de boue sous l'effet des pluies torrentielles qui se sont abattues sur la région côtière du Venezuela. En dix jours, 1 200 centimètres d'eau, soit quatre fois le seuil considéré comme potentiellement dangereux, sont tombés sur la cordillère qui longe le littoral et notamment sur les flancs de l'Ávila, montagne qui, d'un côté, domine la ville de Caracas et, de l'autre, descend vers l'état de Vargas. Deux types de phénomènes se conjuguent dans ces circonstances. D'une part, le gonflement des sols provoque des instabilités et des glissements de terrain *(derrumbes),* entraînant avec eux des quartiers entiers : construits sur des pentes réputées inconstructibles, les quartiers les plus populaires, qui sont souvent composés de constructions illégales *(ranchos),* constituent les principales zones affectées par ce type de risque. D'autre part, l'accumulation des eaux grossit les rivières qui dévalent tels des torrents chargés de blocs de pierre et d'alluvions de boue *(deslaves),* débordant le lit habituel et dessinant de nouveaux tracés dans les rues et entre les maisons : dans les cités balnéaires situées au pied de la montagne, hôtels de luxe et quartiers résidentiels *(urbanizaciones)* ne sont pas épargnés mais, là encore, les maisons des zones marginales et irrégulières s'avèrent particulièrement fragiles devant le cataclysme. Comme dans de nombreuses agglomérations d'Amérique latine, les politiques foncières et environnementales produisent les conditions objectives des catastrophes qui, si elles revêtent un caractère d'aléa, n'en sont pas moins hautement prévisibles, au regard de l'exposition au risque, tout particulièrement dans les zones d'auto-construction à la périphérie des grandes agglomérations. Du reste, chaque année, dans les périodes de fortes pluies, de petites catastrophes surviennent, dont les sinistrés, insuffisamment nombreux et trop illégitimes, demeurent invisibles : les victimes des maisons emportées par un glissement de terrain ou un torrent de boue ne suscitent guère la solidarité ou la compassion de la nation.

En ce mois de décembre 1999, deux différences – l'une surtout quantitative, l'autre principalement qualitative – font toutefois du désastre une tragédie nationale : la brutalité spectaculaire du cataclysme et le nombre de morts, de blessés et de sinistrés (initialement surestimé de surcroît), d'une part ; le caractère apparemment non discriminant de cette violence naturelle qui affecte les pauvres comme les riches (la région affectée en bord de mer étant une zone balnéaire), d'autre part. L'intensité de l'expérience du drame est rapportée par une religieuse qui travaille comme infirmière dans un hôpital confessionnel de l'état de Vargas :

> Au sein de la communauté, nous ressentions la peur et même une sorte de terreur, au point que certaines des sœurs disaient que nous ne devions pas nous endormir. À dix heures du soir, nous sommes sorties sur la terrasse de l'hôpital et vers onze heures trente, nous avons commencé à percevoir un grondement dont l'écho terrible était difficile à localiser. Nous savions que quelque chose d'horrible était en train de se passer. Il y a eu un immense fracas et à ce moment la lumière s'est éteinte. À partir de ce moment, nous avons entendu les cris des personnes qui couraient dans les rues pour échapper à la furie de la rivière et qui tentaient de secourir leurs êtres chers engloutis dans les flots. C'était un torrent où se mélangeaient l'eau, la terre, le sable, les pierres, les arbres, les maisons, les personnes, les animaux, les véhicules, toute sorte d'éboulis sur une hauteur d'une quinzaine de mètres et à une vitesse d'environ cent kilomètres à l'heure. Nous ressentions la destruction et la mort très proches de nous. Nous parlions avec la mère supérieure qui nous encourageait à nous mettre entre les mains de la Providence, à prier de tout notre cœur et à suivre les recommandations des autorités.

Parallèlement, prévaut l'idée que tous, indistinctement, sont touchés, ce que décrit cette même religieuse en parlant des sinistrés recueillis dans son hôpital au lendemain de la catastrophe : « Parmi eux, on trouvait tous les types de personnes : des riches et des pauvres, des savants et des ignorants, des bons et des méchants, des Blancs et des Noirs, des prêtres et des malandrins. » La puissance du désastre et le partage de l'infortune se conjuguent en un sentiment de communion nationale dans le malheur qui nourrit, au moins les premiers jours, la solidarité et la compassion. Nous sommes tous des sinistrés de Vargas : ainsi pourrait-on résumer le sentiment de la société vénézuélienne devant la *Tragedia*.

Le 15 décembre 1999 : c'est cette date que la chronique de la catastrophe a retenue comme moment fatidique. Si des signes avant-coureurs ont existé dans les jours qui ont précédé, avec des effondrements localisés de maisons et quelques morts accidentelles signalées, il est en effet incontestable que la recrudescence des pluies à partir du 14 et le déferlement des flots dans la soirée du 15 ont fait de cette journée le véritable tournant historique du drame. Mais ce qui a fait de cette date un symbole politique particulièrement fort, c'est sa parfaite coïncidence avec un autre événement majeur, tout à fait prévisible celui-là : les élections nationales qui devaient permettre au peuple de statuer sur le projet de constitution destiné à jeter les bases de la nouvelle « République bolivarienne » appelée de ses vœux par le président Hugo Chávez. Le chef de l'État, putschiste manqué du 4 février 1992, avait été démocratiquement élu le 6 décembre 1998 au terme d'une campagne durant laquelle il avait prôné une refondation de la nation, inspirée par l'épopée de la figure tutélaire du *Libertador* Simón Bolívar, mort en 1830 en Colombie, dont les cendres avaient été rapatriées en 1842 au Venezuela[16]. Le travail de l'Assemblée nationale constituante que le président de la République avait convoquée quelques mois après sa prise de fonctions avait mis en œuvre ce programme dans un texte dont les trois cent cinquante articles étaient soumis à la sanction des urnes. Les résultats du vote – pour lequel 88 % des suffrages furent favorables au projet de constitution – disent parfaitement le consensus très large dont bénéficiait alors Hugo Chávez (même s'il faut ajouter que le taux d'abstention fut de 63 %). Il incarnait littéralement la régénération d'un Venezuela qu'observateurs, hommes politiques et simples citoyens voyaient comme un pays en pleine déréliction. L'argent de la rente pétrolière coulait à flots, une élite clientéliste en tirait profit, cependant que la majorité de la population s'enfonçait dans la pauvreté[17]. Dans ce contexte, Hugo Chávez, chef charismatique à la réputation d'intégrité, est celui qui prétend à la fois faire revivre un passé glorieux et instaurer une nouvelle éthique. Usant volontiers d'un langage mystique et d'une symbolique christique, nourrissant ses discours interminables d'éléments religieux, il offre à la nation meurtrie et divisée la perspective d'un rachat. L'état d'urgence est à ce prix.

La *Tragedia* réunit donc dans un même événement et au cours d'une même journée, d'une part, la communion dans le malheur qui, parce qu'il frappe indistinctement toutes les catégories de la société, rassemble le pays tout entier, et, d'autre part, la rédemption dans les urnes qui, par la grâce d'une refonte constitutionnelle, signifie une promesse de régénération nationale. Pour faire face à l'affliction, on invoque l'« union sacrée » des partis. La rhétorique utilisée renvoie bien à une théologie politique, au sens schmittien. La figure du chef qui décide de prendre les pleins pouvoirs, au moment du péril, pour sauver la patrie en danger trouve toute sa légitimité dans ce cadre. Elle est comme une réminiscence d'un temps où les « deux corps du Roi[18] » manifestaient à la fois l'immanence et la transcendance du pouvoir. Mais en ce jour dramatique, il faut aussi que le souverain manifeste à l'égard des sinistrés toute sa sympathie. Il doit se montrer, en la circonstance, à la fois autoritaire et compassionnel.

## L'illusion de l'égalité

L'intervention humanitaire a pris, au cours des deux dernières décennies, une place croissante dans la gestion des affaires du monde. Loin du modèle traditionnel de la Croix-Rouge, à la fois intimement liée à la scène militaire et supposée neutre par rapport à ses protagonistes, les formes contemporaines de l'action humanitaire, toutes diverses qu'elles soient, ont en commun une certaine difficulté à se situer par rapport aux acteurs militaires. En fait, de la Bosnie à l'Afghanistan, du Rwanda à l'Irak, la notion même d'intervention « militaro-humanitaire » est devenue un lieu commun de la rhétorique politique de justification de ce qu'on appelait naguère des « guerres justes ». Deux types d'institution se sont particulièrement distingués dans le développement planétaire « nouvel ordre humanitaire[19] » : les organisations non gouvernementales, à commencer par Médecins sans frontières et Médecins du monde ; les agences onusiennes, avec notamment le Haut Commissariat des Nations unies pour les Réfugiés. À côté de ces acteurs classiques, qui sont également les plus légitimes, on s'est peu intéressé, jusqu'à une période récente, aux États nationaux en ce qu'ils peuvent, eux aussi, être porteurs d'une politique humanitaire, souvent du reste étroitement liée à des pratiques militaires. L'histoire vénézuélienne en fournit une illustration.

Mais qu'appelle-t-on humanitaire ? Empiriquement, il s'agit, on l'a vu, d'une notion à géométrie variable, sorte d'objet éthique à forte valeur ajoutée dont beaucoup d'agents se réclament pour définir ou justifier ce qu'ils font. On peut toutefois en proposer trois traits essentiels. Le premier concerne la temporalité de l'intervention humanitaire, qui est celle de l'urgence : la brutalité de l'événement suppose d'agir immédiatement, à la différence d'autres modalités inscrites dans la durée, comme celles qui relèvent de ce qu'on appelle le développement. Le deuxième touche à l'objet de la mobilisation humanitaire, qui consiste prioritairement à sauver des vies : la légitimité si forte dont elle est investie tient précisément à ce qu'elle peut revendiquer un nombre d'existences arrachées à la mort par famine, épidémie, blessure. Le troisième manifeste le ressort de l'action humanitaire, qui procède d'un sentiment moral, au sens des philosophes anglais classiques : elle joue à la fois dans le registre de l'émotion et des valeurs, de ce que l'on ressent et de ce à quoi l'on croit. Ces trois critères se retrouvent dans la « gestion de la crise », pour reprendre l'expression employée par le ministre vénézuélien de la Défense le 24 décembre. Il est vrai que, disant cela, il prétend justifier – « avec toute la douleur de mon âme », s'excuse-t-il – le passage de la phase, encore pleine d'espoir, des secours par les hélicoptères à la phase, déjà lugubre, de nettoyage par les bulldozers : il n'est déjà plus dans l'humanitaire, la reconstruction commence. Reprenons ces trois composantes et voyons-les à l'œuvre.

*« Emergencia nacional »,* titrent les quotidiens dans les jours qui suivent. L'urgence est, dans une telle catastrophe, une évidence factuelle qui s'impose à tous. Elle est aussi un geste politique que décident les pouvoirs publics. Fait remarquable, l'état d'urgence a été décrété à Vargas dès le 6 décembre devant le désastre annoncé et un premier bataillon des forces armées a été envoyé sur place dès le 11 décembre pour secourir cinq cents sinistrés. Mais, au lendemain du 15 décembre, les victimes se comptent par dizaines de milliers sans qu'il soit possible de chiffrer avec plus de précision le coût humain des intempéries, car les communications sont pratiquement inexistantes. Le 16, alors que le président en appelle

à l'unité nationale et que le Conseil des ministres déclare cinq États en situation d'urgence, les premiers secours interviennent de façon désordonnée. Un secouriste raconte : « Lors de l'évacuation massive de la population, la désorganisation était totale et les familles de sinistrés étaient perdues. L'aéroport était chaotique, car au lieu de fermer ses portes, comme le veut le protocole d'urgence, on a laissé entrer les sinistrés des quartiers proches. Il aurait dû rester fonctionnel et devenir ainsi le centre de commandement. Au lieu de quoi le *barrio* s'est mis dans l'aéroport. » En pareil cas, c'est la cellule de crise du ministère de l'Intérieur, composée de civils, qui est censée intervenir et qui, par conséquent, coordonne les opérations depuis l'aéroport où les hélicoptères et les avions font sans cesse des rotations pour évacuer les sinistrés. Cependant, le manque de moyens et le défaut d'organisation rendent les sauvetages difficiles : comme le confiait le chef de cette cellule dans un entretien, « la gestion du désastre a été un désastre ». Le 17, prenant acte de l'incapacité de la Défense civile à faire face à la situation, l'Assemblée nationale constituante se réunit et, « exerçant son pouvoir constituant originaire, décrète l'état d'urgence sur tout le territoire de la République pendant la durée de la catastrophe ». Sans remettre en question les garanties constitutionnelles, que prévoient les textes toujours en vigueur puisque la nouvelle Constitution n'est pas encore entrée en application, elle « autorise le président à adopter les mesures qui s'avéreraient nécessaires pour éviter des dégâts plus importants », selon le quotidien *El Nacional* du 22 décembre. Le soir, la zone est entièrement militarisée. La première phase, dite d'urgence, qui dure jusqu'au 27 décembre, mobilise treize mille deux cents militaires des trois armes (marine, aviation et armée de terre) et de la gendarmerie, avec des avions, des hélicoptères et des bateaux. Leur mission est de transférer les sinistrés vers des refuges, de répondre aux premières nécessités, de recueillir et de distribuer l'aide humanitaire, d'administrer des soins médicaux et de récupérer les cadavres, de nettoyer les canalisations et de déblayer les rues. L'urgence comme condition temporelle et comme procédure juridique devient une justification en soi de toutes les actions menées au titre des sauvetages : « Nous sommes en état d'urgence et nous pouvons faire tout ce que nous voulons », déclare un fonctionnaire de la sécurité. On verra les conséquences, parfois dramatiques, de cet arbitraire assumé. Or, d'emblée, apparaît la convergence du sentiment d'urgence et de l'état d'urgence, autrement dit du geste humanitaire et de l'acte juridique, au nom d'une nécessité supérieure de sauvetage des sinistrés.

« La désespérance de sauver des vies était très grande », raconte Enrique Alberto Martín Cuervo, « expert en désastre », dans le rapport qu'il rédige pour l'organisation de secours Humboldt[20]. Dans les premiers jours, il s'agit en effet d'assurer l'évacuation de personnes qui ont réussi à se hisser sur des toits, des terrasses, des balcons et qui sont recueillies par les avions et surtout les hélicoptères, ou qui ont pu gagner les plages couvertes d'alluvions où des canots de sauvetage leur sont envoyés par la mer. Une jeune femme raconte comment elle a cru mourir jusqu'à ce que l'on vienne enfin la secourir : « J'avais de l'eau jusqu'à la ceinture. Ça coulait très fort. Ma peau était presque pourrie. » Les témoignages dramatiques se multiplient qui mettent en scène les conditions de survie dans la catastrophe. Un adolescent de douze ans, découvert par hasard dans un quartier pauvre, est sauvé par des pompiers : « Il était emmuré dans les éboulis de la vieille route de Caracas-La Guaira », explique une infirmière dans le quotidien *El Nacional* le 18 décembre. Le récit, comme de nombreux autres recueillis par les journalistes, montre à quel point les rescapés sont passés près de la mort. La précarité de l'existence et la nudité de la vie sont la matière même de l'intervention humanitaire, aussi bien dans ces sauvetages individuels que dans les décomptes ultérieurs du nombre de rescapés. Les victimes, ce sont avant tout des corps physiques dans la naturalité de leurs besoins et de leur vulnérabilité.

Dans cette situation, l'illusion de l'égalité des êtres humains devant le malheur, mais aussi face à la compassion, est un puissant moteur de l'action collective. Un médecin explique ainsi : « Tous les niveaux sociaux étaient mélangés, riches et pauvres, et nous soignions tout le monde de la même façon. » La réalité est pourtant plus complexe. Si, au moment des secours, les sauveteurs ne semblent pas faire de différence entre les sinistrés et si, même, des hommes fortunés n'hésitent pas à utiliser leur hélicoptère personnel pour participer à l'évacuation des rescapés sans distinction de classe, en revanche, dès les premiers moments de l'urgence passés, le sens des valeurs hiérarchiques reprend ses droits, de façon quasi naturelle. Débordés par le nombre des victimes abritées dans les refuges de la capitale, les militaires organisent rapidement des transferts massifs vers l'intérieur du pays, à des centaines de kilomètres du lieu de la catastrophe.

Deux femmes évacuées par les forces armées vers Barquisimeto ont raconté leur arrivée à l'aéroport de cette ville située dans la cordillère, à l'est de Caracas. La première, issue de milieu populaire et originaire des quartiers pauvres de Vargas, fut accueillie dans la garnison où elle put immédiatement se laver et se réchauffer. N'ayant nulle part où aller, elle y fut ensuite hébergée et nourrie avec ses enfants pendant plusieurs mois, contre un travail dans le nettoyage. La seconde, membre des classes moyennes et habitant les zones résidentielles du littoral, rencontra dans le fort militaire un ingénieur qui participait aux secours et qui lui proposa de venir prendre une douche avec sa fille dans son bureau. Elle appela alors des amis, qui lui prêtèrent une maison, et sa fille, rentrée précipitamment des États-Unis où elle vivait, la fit ramener dans la capitale par deux voitures que son entreprise avait affrétées pour elle. C'est dire combien la vie physiquement menacée des victimes a tôt fait de se « resocialiser » selon les lignes habituelles des inégalités dès le temps du sauvetage passé.

« Nous avons souffert comme les pauvres, nous leur avons donné tout ce que nous avions, sans en attendre aucune récompense… Nous étions avec les pauvres et, comme eux, nous éprouvions tout de la douleur et de la nécessité. » Ainsi les Petites sœurs des pauvres expriment-elles leur expérience de la catastrophe[21]. Le sentiment moral le plus partagé, en ces temps de malheur, est bien la compassion, entendue comme une communion dans la souffrance, une sympathie dans la proximité. Pour les secouristes, sur le terrain, la chose ne fait aucun doute : tous racontent comment ils se sont sentis affectés personnellement par ce qui arrivait à leurs concitoyens et comment ils n'ont pas compté leurs efforts pour sauver celles et ceux qui pouvaient l'être. Mais pour que « cette belle leçon de solidarité que les Vénézuéliens sont en train de donner à ses leaders », selon un éditorial de *El Nacional* en date du 21 décembre, prenne corps, il faut que toute la nation puisse participer à cette empathie. Ici, les médias jouent un rôle essentiel en transformant la réalité abstraite des chiffres de décès ou de sinistrés en récits individuels et dramatiques. Le plus bouleversant pour la société vénézuélienne aura sans nul doute été l'histoire de la petite Maria Eugenia, dont le sauvetage retransmis minute par minute en direct à la télévision correspond à une forme désormais convenue de médiatisation du drame, depuis Armero en Colombie. Le 16 décembre au matin, un cameraman qui filme les coulées de boue dans le parking d'un immeuble résidentiel découvre dans son zoom un bras d'enfant qui s'agite sous un amoncellement de détritus. Il appelle au secours et des habitants s'empressent de dégager l'enfant, prisonnière des détritus et des gravats, toujours dans l'objectif de la caméra. Diffusée en boucle à la télévision dans les jours qui suivent, la séquence se termine par l'image de la petite fille se blottissant dans les bras de son sauveteur. Les épisodes suivants ne sont pas moins pathétiques, puisque le frère de Maria Eugenia est retrouvé vivant dans un arbre, alors que sa mère ne réapparaîtra jamais, et que sa petite chienne, vue à la télévision sur une photo de famille, lui est ramenée quelques semaines plus tard par un homme qui l'avait recueillie.

La question du regard et du support matériel que lui apportent les médias, à commencer par la télévision, est essentielle pour saisir le mouvement émotionnel qui rassemble le pays et transfigure la nation : c'est le regard qui rapproche et par lequel on compatit ; c'est ce mouvement qui suscite l'aide humanitaire. À côté des plus de sept millions de bolivares de dons réunis durant les cinq premiers jours qui témoignent, selon la presse locale, de la générosité du peuple vénézuélien, les contributions internationales sont vues comme autant de « gestes amis ». Les gouvernements des États-Unis et de la France sont les premiers à apporter leur soutien, suivis bientôt par le Programme des Nations unies pour le développement, la Banque interaméricaine de développement, les organisations non gouvernementales au premier rang desquelles l'association Caritas. Cette belle solidarité mondiale autour des sinistrés de Vargas sera à peine ébranlée par la décision d'Hugo Chávez de refuser aux navires américains d'accoster afin de préserver la souveraineté nationale. Le président lui-même ne manquera pas une occasion de se montrer sur le terrain au milieu des sauveteurs ou en compagnie des victimes, apportant le réconfort de sa présence charismatique et manifestant la compassion du chef à l'égard de son peuple.

L'humanitaire, tel que nous venons d'en décrire le fonctionnement dans l'exception, construit un rapport inégal entre celui qui aide et celui que l'on aide. Le fait est attesté en maints endroits où l'urgence d'une catastrophe réduit la condition des sinistrés à leur pure existence physique et suscite des mouvements ambigus de pitié et de solidarité. Les victimes ne sont pas dupes du traitement qui leur est fait, surtout lorsqu'elles sont de milieu modeste, les stigmates de la pauvreté redoublant les stigmates du malheur[22]. Sans doute faut-il porter au crédit du président vénézuélien d'avoir pris la mesure de l'injustice sociale du geste humanitaire qui s'ajoute à l'infortune commune de la catastrophe naturelle, lui qui a précisément proposé de retourner les stigmates en rebaptisant les sinistrés. La langue espagnole les nomme en effet *damnificados,* terme qui, même s'il est d'usage en somme banalisé, n'en a pas moins une étymologie religieusement connotée par la référence à la damnation, fût-elle, en l'occurrence, détachée de l'idée de faute. Pour rompre avec cette ambiguïté lexicale, Hugo Chávez suggéra, dans son émission radiophonique hebdomadaire « Allo Presidente », de remplacer ce terme par celui de *dignificados,* ceux à qui l'on reconnaît leur dignité. Autrement dit, le malheur ne rabaisse pas, il grandit. De damnés de la terre, les rescapés en deviennent les rédimés. Certes, la requalification des sinistrés dans cette terminologie religieuse n'a que peu d'effets sur les conditions concrètes de leur confinement dans des camps militaires. Il en faut plus pour transformer les réflexes de la société à l'égard de ses pauvres et de l'armée en état d'urgence. Le renversement du mot révèle cependant la force de la symbolique chrétienne dans la gestion politique de la crise. Elle lie pouvoir et rédemption. Elle associe la grâce de l'infortune et la justification de l'exception.

## Dommages collatéraux

La violence est au cœur du contrat social moderne, de Thomas Hobbes à John Rawls. L'échange se joue entre une société qui accepte de déléguer son pouvoir et l'État qui le reçoit en garantissant ainsi plus de bien-être aux citoyens[23]. Tel est bien l'enjeu du contrat qui se noue implicitement dans l'état d'exception, en général, et dans celui qualifié ici d'humanitaire, en particulier. En décrétant l'état d'urgence, l'Assemblée nationale constituante, qui incarne dans ce moment tragique la souveraineté populaire, donne au président de la République non pas les pleins pouvoirs, qui supposeraient une suspension des garanties constitutionnelles, mais une latitude absolue pour définir ce qui doit être décidé pour le bien commun. Le sentiment moral qui unit la nation derrière son chef et l'exigence supérieure que représente le devoir de sauver des vies justifient l'état d'urgence. Pourtant, l'expérience montre que, même dans les situations qui exploitent le plus l'argument humanitaire pour légitimer l'intervention militaire, la violence est au cœur de l'exception, enfouie sous les justifications éthiques, ne demandant qu'à sortir au gré des circonstances[24]. L'intervention de l'armée dans l'État de Vargas n'échappe pas à cette règle.

Certes, la violence instituée dans l'ordre politique par le recul du droit était, disait-on, le prix à payer pour éviter une violence plus grande qui n'est pas seulement celle du déchaînement de la nature, mais également celle du dérèglement de la société. Dès le deuxième jour de la catastrophe, en effet, les premiers signes d'anomie apparaissent :

les pillages et les saccages dans les quartiers résidentiels commencent dès le 17 décembre. « Pendant cette nuit-là, le diable est entré dans le corps des délinquants qui, au lieu de rendre grâce à Dieu de leur avoir permis de vivre, prirent la vie de Vénézuéliens innocents », raconte le représentant de l'association Humboldt. Le sentiment d'insécurité est croissant parmi les survivants qui essaient de se réfugier dans les lieux publics pour tenter d'échapper aux agressions. La Petite sœur des pauvres se souvient :

> Les actes de vandalisme et les affrontements entre bandes rivales qui s'entretuaient, les violences et les destructions en tout genre, se multiplièrent. Ce fut une autre tragédie, peut-être plus grave encore que celle que nous avions vécue… Par tous les moyens, nous avons cherché la protection des militaires, jusqu'à ce qu'enfin le mardi, nous recevions une réponse avec l'arrivée d'un bataillon de l'*Intelligencia Militar*.

C'est donc autant pour maintenir l'ordre public menacé par l'anomie de l'après-catastrophe que pour organiser l'aide aux victimes encore susceptibles d'être sauvées du désastre que l'armée est sollicitée. Pour beaucoup de Vénézuéliens, les militaires représentent une double garantie d'efficacité dans les secours et de sécurité face aux désordres. Dans les faits toutefois, les rôles sont partagés entre, d'un côté, les trois armes qui ont une fonction d'organisation des sauvetages et des évacuations, et de l'autre, la Garde nationale, la Police militaire, la Direction du renseignement militaire, enfin les membres de la tant redoutée DISIP, *Dirección del servicio de intelligencia y prevención,* du ministère de l'Intérieur, qui assurent le travail de répression.

La proclamation de l'état d'urgence apparaît dans ces conditions comme une mesure presque technique, une manière pratique de gérer la crise, une nécessité de bon sens pour éviter le pire. D'ailleurs, on prend bien soin de lui conserver tout l'habillage démocratique. L'Assemblée nationale constituante émet un décret qui parle plutôt d'« état d'alerte », tout en donnant au président toutes les prérogatives qu'il jugera utiles pour faire face à la gravité de la situation. Les garanties constitutionnelles sont maintenues, même si pratiquement aucun contrôle n'est prévu de l'action des « commandos spéciaux » dans les zones sinistrées. Le gouvernement se garde de tout acte autoritaire, mais laisse l'armée émettre un texte qui demande aux habitants de la région de ne pas sortir de chez eux de neuf heures du soir à sept heures du matin, établissant par là un couvre-feu qui se traduit par l'ordre donné aux soldats d'« ouvrir le feu » sur toute personne circulant de nuit et n'obtempérant pas à l'ordre de présenter ses papiers. Autrement dit, l'état d'urgence, jamais prononcé officiellement, est en vigueur pratiquement. Le ministre de l'Intérieur semble du reste le reconnaître en utilisant l'expression « déclaration d'urgence ». Ainsi, pendant plusieurs semaines, sur le territoire dévasté d'un État vénézuélien, les forces de l'ordre, militaires et civiles, ont de larges pouvoirs. La société non seulement n'y voit rien à redire, mais au contraire trouve souhaitable et nécessaire cette démonstration d'autorité. Le sécuritaire et l'humanitaire ont ici partie liée, semble-t-il.

Au-delà de cette justification pragmatique, la décision d'instauration de l'état d'urgence s'inscrit dans l'histoire politique du pays. Comme le dira le ministre des Affaires étrangères José Vicente Rangel à propos des exactions commises par les militaires : « Au Venezuela, nous vivons dans une culture de l'arbitraire du pouvoir, qu'on n'arrête pas du jour au lendemain par un changement de gouvernement ou un changement de Constitution[25]. » Depuis son indépendance, le Venezuela a été gouverné de façon presque permanente, au moins jusqu'en 1959, par des généraux et des juntes militaires. La construction même de la nation est étroitement liée à cette expérience singulière du pouvoir de l'armée. Cette continuité évidente dans la longue durée ne doit néanmoins pas conduire à sous-estimer la profonde rupture introduite par Hugo Chávez. D'une part, il prend le pouvoir démocratiquement, après avoir échoué dans son coup d'État de 1992, et le moindre des paradoxes n'est pas que ce putschiste manqué soit apparu à une très large majorité de Vénézuéliens qui l'a élu en 1998, puis réélu en 2000, comme le rédempteur de la démocratie. D'autre part, il renoue moins avec le caudillisme traditionnel de ses prédécesseurs qu'avec un bolivarianisme révolutionnaire, produit d'une reconstruction idéologique qui, par un saut chronologique de plus d'un siècle et demi, renoue avec l'origine mythique du Venezuela[26]. On est bien, là encore, dans le registre de la foi qui puise aux sources intemporelles de la religion et de la nation.

L'épreuve des faits sera pourtant redoutable pour cette mystique du pouvoir. Venus en sauveurs, militaires et policiers vont rapidement se transformer, aux yeux d'une large part de l'opinion, en criminels. Sous le titre *« Emergencia en la emergencia »,* le Programme vénézuélien d'éducation et d'action en matière de droits de l'homme *(Provea)* dénonce les exactions commises par les forces de l'ordre dans la province de Vargas[27] : exécutions sommaires, enlèvements, violences sont exposés dans un rapport sans complaisance. Un témoin rapporte avoir entendu des membres des forces de l'ordre présents sur place commenter comment ils exécutaient ceux qu'ils identifiaient comme « pilleurs, violeurs ou voleurs », en utilisant des bâtons et des battes de baseball afin de produire sur les corps des traces semblables à celles que « pourrait causer un décès occasionné par la catastrophe » et, deux précautions valant mieux qu'une, en les enterrant dans des « fosses communes ». Cette justice sommaire, avec sa suppression des preuves organisée, est attestée par plusieurs récits. Dans ce contexte d'arbitraire, des erreurs, si l'on peut dire, peuvent se produire, comme pour ce jeune venu reprendre ses biens dans son appartement qui, pris pour un cambrioleur, est abattu sans sommation. Du reste, ne sont pas seulement concernés les délinquants pris sur le fait, par exemple en train de mettre à sac un supermarché ou un appartement, mais également ceux qui ont des antécédents avec la police ou la justice, que l'on vient chercher à leur domicile pour les emmener et les faire disparaître. Cependant, les forces armées et les forces spéciales ne se contentent pas de cette répression violente, ils participent aux saccages et aux pillages. Plusieurs témoignages font état de leur passage dans les quartiers résidentiels où ils venaient prélever une sorte de butin de guerre. L'un d'entre eux suggère d'ailleurs des jeux complexes entre les différents groupes d'intervention : des fonctionnaires de la police politique (DISIP), appelés sur les lieux de la mise à sac de la maison d'un capitaine de l'armée, découvrent sur place un groupe d'une vingtaine de parachutistes en train de la dévaliser, sous le prétexte d'y chercher des armes. Comme le confie l'un des secouristes civils resté sur place :

> Pendant la nuit, les tirs des armes à feu étaient incessants. C'était des heures de fusillade. La DISIP contre les *malandros*. L'Armée de terre contre les *malandros*. Et tous pillaient… Moi, j'ai des photos de soldats en train de piller. J'ai fait le premier rapport sur les violations des droits de l'homme, mais je ne suis pas allé témoigner. Je craignais que les militaires ne me cherchent pour me tuer, car nous n'étions que trois, moi seul j'avais un appareil photo et cela, les militaires le savaient. Un matin, nous avons

> entendu du bruit, des coups pour ouvrir les portes. C'était des militaires avec un major. Ils essayaient de forcer un coffre. Mon collègue était armé, il leur a crié de sortir et j'ai vu alors s'avancer une file de petits soldats avec des bérets rouges. Je les ai photographiés pendant que mon ami les tenait en joue.

Le chef des opérations de la douane maritime, le colonel Manuel Carpio, reconnaîtra officiellement que parmi les soixante-quatre personnes arrêtées lors du sac de la zone portuaire, la plupart étaient « vêtus d'uniformes de policiers et de pompiers, et même de la Garde nationale[28] ». Faute de place dans les prisons locales, les pillards seront remis à leurs corps respectifs.

Dès lors, pour le gouvernement, la marge de manœuvre est étroite entre le souci du maintien de l'ordre militaire dans la région dévastée et la reconnaissance des exactions commises par les forces de sécurité, entre le soutien aux puissants corps d'armée et de police et la réponse à apporter aux accusations formulées par les associations de droits de l'homme, entre l'application de l'état d'urgence et le maintien de l'état de droit. Sur cette ligne de crête, la situation du président et de ses proches est d'autant plus délicate que, d'une part, ces événements surviennent au moment même où la nouvelle Constitution est censée mieux garantir que par le passé le fonctionnement de la démocratie, et que, d'autre part, la catastrophe fait l'objet d'une médiatisation importante dans l'espace public international où le chef de l'État entend faire jouer à son pays un rôle de modèle. Hugo Chávez lui-même intervient le 16 janvier, lors de son dialogue radiophonique hebdomadaire avec les auditeurs : « Il n'y a pas la moindre preuve des violations des droits de l'homme, seulement des spéculations. » Se mettant lui-même en scène, il ajoute, en signe tout autant de son scepticisme que de sa bonne foi :

« Amenez-moi les mains liées et les yeux bandés pour parler avec les témoins. » De fait, si des commissions d'enquête sont nommées, les autorités préfèrent mettre en scène les succès des militaires, notamment par les hommages qui leur sont publiquement rendus. Ainsi, le général Gerardo Briceño García décore-t-il un groupe de gendarmes de la Garde nationale pour son courage dans la mise en œuvre des secours aux sinistrés, tout en invitant les citoyens à déclarer les exactions dont ils auraient pu être victimes, « de façon à préserver l'image de notre institution ». Parallèlement, à côté des témoignages des déprédations et des violences des forces de sécurité, la presse publie des documents attestant la solidarité, souvent qualifiée en termes religieux, qui avait prévalu dans la gestion de la catastrophe. Un jésuite, membre du service aux réfugiés mis en place par sa congrégation, Alfredo Infante, raconte la mobilisation générale dans la paroisse Jesús Obrero : « Les membres de la maison militaire, sous la coordination du sergent Pacheco, qui fait partie de notre communauté chrétienne, furent à la hauteur, apportant leur valeureuse collaboration et démontrant leurs qualités humaines[29]. » Laissant le mot de la fin à ce soldat méritant, l'homme d'Église se souvient : « Le sergent Pacheco résumait ainsi, après la messe et le repas de Noël, son expérience : "Quelles grandes choses nous pouvons faire quand nous travaillons main dans la main avec ceux qui sont dans le besoin ! Cela me donne un sentiment de paix". » La rédemption collective suppose ce double mouvement consistant, d'un côté, à produire au grand jour les signes de la grâce qui a touché la nation tout entière dans cette douloureuse épreuve, et de l'autre, à construire à la marge les méfaits accomplis sous couvert de l'urgence comme une réalité inévitable et répréhensible. L'exception était nécessaire et les crimes commis n'étaient qu'une exception dans l'exception.

*

L'exception est toujours saisie à travers les catégories du droit dont elle marque moins la négation que la frontière, puisqu'elle est souvent incluse et même prescrite dans les textes constitutionnels[30]. Pourtant, dans le cas vénézuélien, l'exception est pensée dans une tout autre perspective : ni acte juridique, en l'occurrence de l'Assemblée nationale constituante, ni même état de fait, institué par les forces armées, elle est ici un geste politique qui implique et traverse toute la société. L'exception, ce n'est pas seulement l'état d'exception proclamé (et l'on a vu qu'il ne l'était pas complètement dans ce cas), c'est aussi la situation exceptionnelle (vécue collectivement comme telle). Dès lors, la *Tragedia* prend sa pleine signification. Face à l'infortune la plus grande et la plus inévitable – du moins l'affirme-t-on en mettant en avant le déchaînement de la nature contre les hommes –, la population s'unit et la nation se rédime. Rien ne l'indique mieux que le leitmotiv des articles de presse et des entretiens réalisés dans lesquels il est sans cesse fait référence à l'indifférenciation du malheur et de l'assistance : sans distinction d'origine sociale ou raciale, répète-t-on à l'envi, ni dans la souffrance des victimes, ni dans l'aide des secouristes. Les habitants des quartiers résidentiels disent qu'ils ont partagé la misère des plus pauvres, les médecins de clinique privés se sont trouvés à soigner des patients des milieux populaires qu'ils n'avaient jamais eu l'occasion de rencontrer dans leur exercice professionnel jusqu'alors, des restaurants de luxe se sont improvisés cantines pour les malheureux. Illusion égalitaire qui rachète le poids de l'inégalité de la société vénézuélienne, bienfait de la générosité qui contrebalance la banalité de la corruption ? Certes. Mais aussi communion dans un même élan humanitaire : l'exception est peut-être moins dans le décret qui l'institue que dans le sentiment qui la justifie. Analyser l'un sans comprendre l'autre serait laisser échapper la dimension proprement théologique du politique.

*« Dios existe »,* écrit Yelitza Linares, universitaire et journaliste, qui publie le récit de sa conversion chrétienne au moment où, réfugiée sur le toit de sa maison ébranlée par les flots de boue et de gravats, persuadée qu'elle va mourir, elle se joint à ses voisines pour prier à haute voix, implorant en larmes l'aide divine, jusqu'à ce que la baisse des eaux rende finalement possible son sauvetage. La signification de ce qu'elle perçoit comme un miracle n'est pas seulement une vérité individuelle. Elle n'est compréhensible que dans le cadre plus large d'une histoire nationale où la *Tragedia* est présentée, par le clergé de même que par le gouvernement, comme une épreuve de laquelle la nation doit sortir renforcée. Dans le processus de régénération de l'État, énoncé selon une rhétorique au fond moins révolutionnaire que mystique et puisant dans une symbolique aussi religieuse que politique, la catastrophe a été vécue comme une épreuve permettant de reconstruire l'unité nationale et l'exception est apparue comme la modalité concrète de la rédemption collective acquise au prix d'une violence symbolique, voire de violences physiques. Certes, l'élan humanitaire unanime suscité par la catastrophe aura été de courte durée ; paradoxalement, ce temps de l'unité retrouvée dans le malheur aura même constitué le point de départ des divisions à venir, qui ont pris la forme de déchirements profonds et laissé le pays à plusieurs reprises au bord de la guerre civile, faisant peser la menace d'un nouvel état d'urgence, cette fois pour des raisons de stricte sécurité intérieure. Quand l'état de grâce a disparu, le social est apparu pour ce qu'il est, à savoir hiérarchisé, divisé et conflictuel.

Le drame vénézuélien peut être lu comme une sorte de parabole énonçant la vérité paradoxale des sociétés contemporaines face aux catastrophes naturelles. Parce qu'à la différence des guerres, les séismes, les ouragans, les inondations, les éruptions volcaniques ou encore les glissements de terrain semblent ne pas mettre en cause la responsabilité des hommes et, par conséquent, paraissent représenter une forme épurée du malheur, ils donnent lieu, au moins dans un premier temps, à des formes de communion entre tous ceux qui sont, directement dans leur vie ou indirectement à travers les images, affectés par les destructions, les deuils et les souffrances : un imaginaire d'humanité partagée se déploie alors, donnant à chacun l'illusion que les frontières ethniques et raciales, économiques et politiques s'effacent devant la vague unanime de solidarité. Mais parce que cette illusion ne saurait résister à l'épreuve de la réalité, la dureté des règles du jeu social ordinaire reprend rapidement le dessus : pillages par les rescapés, détournement des dons, exactions de l'armée, abus de pouvoir, règlements de compte deviennent ainsi la règle de l'exception, tandis que, plus subrepticement, se dévoilent les inégalités préexistantes des conditions devant la tragédie et se révèle l'indifférence satisfaite des classes privilégiées à l'égard des sinistrés. La langue espagnole dit mieux qu'aucune autre cette ambiguïté des scènes de catastrophe : les *damnificados* ne sont pas seulement les victimes du malheur, mais également les damnés de la terre ; à l'infortune s'ajoutent les stigmates. Que le président vénézuélien les rebaptise *dignificados* procède d'une intention louable et peut-être même porteuse d'effets performatifs. Une fois l'émotion retombée et la générosité tarie, ce geste symbolique ne leur épargnera pourtant ni les injustices ni les violences.

CHAPITRE 8

# Une subjectivité sans sujet

## Les métamorphoses de la figure du témoin

Si *testis* désigne le témoin en tant qu'il intervient comme tiers dans le litige entre deux sujets, et *superstes* celui qui a vécu jusqu'au bout une expérience, lui a survécu et peut donc la rapporter à d'autres, *auctor* désigne le témoin en tant que son témoignage exige toujours que quelque chose – fait, être, parole – lui préexiste, dont la réalité et la force doivent être confirmées ou certifiées. Le témoignage est donc toujours un acte d'« auteur ».

GIORGIO AGAMBEN, *Ce qui reste d'Auschwitz. L'archive et le témoin*

L'histoire officielle de Médecins sans frontières retient ce moment – la guerre du Biafra à la fin de 1968 – et l'urgence d'un nouvel impératif – porter témoignage et non plus seulement prêter assistance – comme l'acte de naissance de l'organisation et, plus largement, d'un nouvel âge de l'humanitaire[1]. Alors que le silence avait longtemps semblé être la condition nécessaire pour bénéficier de l'autorisation de toutes les parties en conflit dans les interventions de secours auprès des populations militaires et civiles, au point qu'il était quasiment devenu synonyme de neutralité, les organisations non gouvernementales revendiquent désormais au contraire non seulement le droit mais aussi l'obligation de parler publiquement des exactions, des crimes et, au-delà, des manquements au droit qu'elles constatent. Avec la naissance de Médecins sans frontières en 1971, le témoignage est devenu partie intégrante de l'intervention humanitaire au même titre que l'assistance[2]. Il ne s'agit plus exclusivement de sauver les victimes des guerres, il faut plaider leur cause. Or, comment le faire sans être confondu avec les institutions et les groupes politiques qui, eux aussi, affirment les défendre ? Et comment préserver une impartialité alors même que l'on choisit de parler au nom de certains protagonistes et d'en dénoncer d'autres ? Ces deux questions sont évidemment lancinantes puisqu'elles mettent en jeu la légitimité propre des organisations humanitaires et le crédit que l'on peut accorder à leur témoignage. À la première, elles répondent en affirmant se cantonner à leur domaine de compétence, à savoir l'action médicale et le droit humanitaire. À la seconde, elles rétorquent que le camp dans lequel elles se rangent est toujours celui des victimes[3]. Cependant, la délimitation du périmètre de leur domaine de compétence, d'une part, et la détermination de l'espace du camp des victimes, d'autre part, s'avèrent être à l'usage des opérations bien plus complexes qu'elles ne l'avaient anticipé : chaque situation concrète d'intervention humanitaire devient ainsi une épreuve au cours de laquelle les organisations se trouvent confrontées à d'autres acteurs, d'autres logiques, d'autres stratégies et découvrent les difficultés à tenir leur rôle de témoin moral.

Un changement majeur s'est produit au début des années 1990 avec le déploiement des psychiatres et des psychologues dans les missions humanitaires. Auparavant, seuls les médecins, les chirurgiens, les infirmiers et les logisticiens y avaient leur place. En un peu plus de dix ans, les spécialistes de la santé mentale, pourtant improbables acteurs de l'urgence, se sont imposés comme des intervenants incontournables. Traitant des « blessures de l'âme » qui étaient jusqu'alors passées inaperçues, ils peuvent aussi les utiliser pour faire entendre les « douleurs silencieuses » dans l'espace public international. L'atteste cet extrait d'un article justifiant leur action dans les Territoires palestiniens[4] :

> Les volontaires soignent et témoignent, utilisant le relais des médias pour faire connaître au monde les souffrances de populations qu'ils aident. Le bouleversement que ces témoignages produisent chez ceux qui les reçoivent amène à souhaiter construire une réponse qui n'est plus seulement matérielle et médicale, mais se situe sur le plan psychique. La demande des gens pour qu'on entende le récit de leurs expériences traumatiques est énorme. Pour que le trauma ne se répète pas de génération en génération et que le cycle infernal de la répétition soit brisé, il nous faut réparer les souffrances, même celles qui ne se disent pas, même celles qui ne se voient pas sur les corps, et par conséquent, commencer par les dire.

« De quoi le psychologue rend-il compte ? – Qu'observe-t-il ? », se demande Ludwig Wittgenstein[5]. Autrement dit, à quoi les experts de la psyché ont-ils réellement accès ? Est-ce à l'expérience des personnes ou simplement à leur comportement et à leur parole ? Cette interrogation est essentielle dès lors que le psychologue – ou le psychiatre – entend témoigner de ce que vivent les victimes de violences à leur place et en leur nom. Et c'est à elle que semblent répondre Veena Das et Arthur Kleinman lorsqu'ils écrivent[6] : « Les psychologues et les psychiatres documentent, décrivent et diagnostiquent l'état de stress post-traumatique et les autres conséquences traumatisantes du meurtre, du viol, de la torture, de la maltraitance et des autres formes de brutalité. » Dans une perspective anthropologique ou historique pourtant, les choses sont plus complexes. Les spécialistes de la santé mentale ne font pas qu'identifier des tableaux cliniques et établir des cadres nosographiques permettant de découvrir et d'attester une réalité jusque-là ignorée, celle de la souffrance des victimes de violences. Ils proposent également à travers leurs catégories et leurs témoignages de nouvelles grilles de lecture de la conflictualité contemporaine : ils disent la violence dans le langage de la subjectivité. De ce point de vue, le traumatisme n'est pas seulement la description clinique d'un état psychique, il est aussi la performation politique d'un état du monde. En d'autres termes, il produit un nouveau lexique de la guerre et fait exister la souffrance en la nommant.

## La subjectivation du politique

Que nous dit le témoignage des spécialistes de la santé mentale des subjectivités et que nous fait-il entendre des sujets ? C'est à cette interrogation que j'essaie de répondre maintenant. Pour l'exprimer autrement : quel travail de subjectivation politique le témoignage humanitaire produit-il ? Que l'on ne s'y méprenne pas cependant. La subjectivation[7] dont je parle ne présuppose pas davantage des sujets qui seraient des acteurs rationnels et autonomes qu'elle ne se réfère aux subjectivités enfouies dans les inconscients qu'explorent les psychanalystes. Je m'intéresse aux figures à travers lesquelles sont qualifiés des individus et auxquelles on les identifie, qu'eux-mêmes s'y reconnaissent ou non. En Palestine, le téméraire jeteur de pierres et la malheureuse victime de traumatisme – qui représentent potentiellement la même personne – sont deux de ces figures possibles. Parler de subjectivation politique ne préjuge donc nullement un « je » cartésien ou un « ego » freudien, une conscience ou un inconscient, auxquels les sciences sociales s'efforceraient d'accéder comme s'il s'agissait d'une vérité en dernière instance, mais la production de sujets et de subjectivités dotés de significations politiques dans le cadre d'interactions sociales. On ne se demandera pas si l'adolescent palestinien est un combattant ou un névrosé, on observera en revanche qu'il est présenté et se présente lui-même alternativement comme l'un et l'autre. On ne cherchera pas plus à savoir ce qu'est sa véritable expérience de la violence, mais à quoi correspondent ces diverses épreuves de véridiction auxquelles il est soumis par les instances politiques ou les organisations humanitaires, par les religieux ou les psychiatres : quelle vérité veut-on lui faire dire ou dire à travers lui ? Ainsi définie, la subjectivation politique correspond à la figure de l'interpellation suggérée par Louis Althusser donnant l'exemple de la personne hélée anonymement par le policier qui, en se retournant, montre qu'elle s'est reconnue dans cet appel, alors même que son nom n'a pas été prononcé[8]. On peut généraliser le propos. Toute désignation socialement pertinente (et donc culturellement construite) constitue à la fois un sujet qui est sommé de s'identifier, parfois malgré lui, à la manière dont il est qualifié, et une subjectivité qui se conforme, au moins en partie, à cette injonction : sur la scène politique du monde, le traumatisme produit le traumatisé comme l'humanitaire produit la victime. C'est dire qu'en Palestine la présence des psychiatres et des psychologues rend possible et nécessaire une forme particulière de subjectivation.

Par conséquent, cette façon de considérer la subjectivation s'oppose à la fois à la conception essentialiste qui réduit l'expérience du traumatisme à une « condition de traumatisé » (ce à quoi la caractérisation psychologique risque toujours d'aboutir) et à la critique moraliste qui dénonce la « victimisation des victimes » (selon le lieu commun à succès dans certains cercles intellectuels). En effet, d'un côté, récusant toute lecture réifiante, on reconnaît qu'il est d'autres façons d'interpréter la violence (pas seulement à travers le traumatisme, mais, par exemple, en termes de domination et de résistance) et, de l'autre, rejetant toute interprétation univoque, on affirme que les individus ont de multiples lieux d'identification (pas uniquement comme victimes mais aussi comme combattants ou comme martyres). L'enjeu est simultanément théorique et éthique, puisqu'il s'agit de comprendre une réalité dans sa complexité et de restituer aux individus leur part de liberté. La production de sujets politiques s'inscrit dès lors dans une tension irréductible entre subjectivation et assujettissement, comme le montre Judith Butler pour qui la subjectivation « consiste précisément dans cette dépendance fondamentale à l'égard d'un discours que nous ne choisissons jamais mais qui, paradoxalement, initie et soutient notre capacité à agir » et « signifie le processus par lequel on est subordonné par le pouvoir et le processus par lequel on devient un sujet[9] ». De ce point de vue, la psychiatrie humanitaire est, elle aussi, un pouvoir qui, sur les lieux des guerres en particulier, prescrit une certaine forme de discours légitime : la compassion à l'égard de la souffrance psychique produit ainsi une modalité particulière de subjectivation qui s'impose aux individus tandis que, dans le même temps, elle leur offre le moyen de faire entendre leur cause.

Il ne faut donc pas s'y tromper lorsqu'on parle d'affects : avec les instruments des sciences sociales, nous n'accédons qu'aux expressions culturellement signifiantes de ces affects et la psychiatrie elle-même fait à présent partie de cette culture qui permet de les interpréter sur le théâtre de la violence. On peut du reste relever que, dans ce domaine, la psychologie est passée des causes de la violence, lorsque la victimologie criminologique, née dans les années 1950, s'attachait à comprendre les facteurs criminogènes chez la victime – dès lors suspecte – à ses conséquences, avec une victimologie psychiatrique qui, depuis les années 1990, reconnaît au contraire pleinement la victime – désormais définitivement innocentée du crime qui l'atteint. Cette inversion de la chaîne des faits (des causes aux conséquences), mais aussi de l'évaluation des sujets (suspects devenus innocents), atteste, s'il en était besoin, la dimension profondément morale de cette subjectivation politique. Sur le terrain des conflits, psychiatres et psychologues n'énoncent pas seulement des diagnostics : ils produisent des jugements de valeur sur les protagonistes.

Que signifie alors témoigner de la violence dans le langage du traumatisme ? Comment l'introduction de la psychiatrie humanitaire, avec ses acteurs et ses concepts, transforme-t-elle l'expérience de l'oppression et de la guerre ? Comment les affects des protagonistes du conflit deviennent-ils des objets politiques ? Que gagne-t-on et que perd-on en termes de sens dans cette opération discursive ? Qu'est-ce qu'une politique du témoignage qui substitue sa vérité à la vérité de ceux au nom de qui elle se déploie ? Telles sont les questions que je voudrais poser dans ce chapitre, en m'appuyant sur un double travail d'enquête : d'une part, une série d'entretiens réalisés avec des membres de Médecins sans frontières et de Médecins du monde et, d'autre part, une observation conduite durant quatre ans au sein du conseil d'administration de Médecins sans frontières. Pour comprendre les enjeux de la scène humanitaire, il faudra d'abord revenir sur la polysémie de la notion de témoin et sur les métamorphoses de la figure qui le représente pour ensuite saisir comment le témoignage humanitaire peut produire une subjectivité sans sujet.

## D'un témoin l'autre

Le latin a deux mots pour désigner le « témoin[10] ». *Testis* est la personne qui assiste « en tiers » à une affaire opposant deux parties et qui pourra aider à trancher le litige parce qu'elle a vu ce qui s'est passé. *Superstes* est celui qui « subsiste au-delà » de ce qui s'est passé et qui est, par conséquent, celui qui a vécu l'événement et lui a survécu. Dans le premier cas, le témoin était extérieur à la scène, mais il l'a observée : plus exactement, il n'en est pas partie prenante et c'est au nom de cette neutralité supposée qu'il peut être entendu et cru, y compris devant un juge. Dans le second cas, le témoin a traversé l'épreuve, il en a été lui-même éprouvé : c'est donc parce qu'il était présent, en tant que victime lui-même de l'événement et, plus tard, en tant que rescapé que l'on écoute sa parole. Autrement dit, l'un atteste par son constat, l'autre par son expérience. La vérité du *testis,* à la troisième personne, est réputée objective. La vérité du *superstes,* à la première personne, s'affirme comme subjective. La seconde vaut par les affects qu'elle mobilise, la première par les affects dont elle se distancie. Dans les usages contemporains, cette frontière entre les deux figures tend toutefois à se troubler.

Le témoin, au sens de *superstes,* est devenu une figure de la période contemporaine[11]. Par ses écrits, Primo Levi en est l'archétype, l'un des premiers aussi. Rescapé, il est celui qui peut attester que quelque chose s'est produit parce qu'il l'a vécu. S'il a l'expérience des camps, il peut en dire la vérité. Le travail intellectuel qu'il opère sur sa propre subjectivité est la plus haute garantie de l'objectivité de son témoignage. De ce dernier, il dit cependant la limite absolue qui tient précisément à ce que, rescapé, il ne peut rapporter la vérité de ceux qui sont morts : « Nous, les survivants, ne sommes pas les vrais témoins. La destruction menée à son terme, l'œuvre accomplie, personne ne l'a racontée, comme personne n'est jamais venu raconter sa propre mort. Les engloutis, même s'ils avaient eu une plume et du papier, n'auraient pas témoigné, parce que leur mort avait commencé avant la mort corporelle. Nous, nous parlons à leur place, par délégation[12]. » Le rescapé, quand bien même il serait passé par les mêmes lieux et les mêmes épreuves, ne peut parler pour ceux qui n'ont pas survécu. Il témoigne de l'intémoignable. Dans cette situation extrême, le *superstes* brouille doublement la frontière qui le sépare du *testis :* parce qu'il est le seul qui puisse parler et n'ait pas intérêt à se taire, il s'appuie sur son expérience pour produire un constat ; parce qu'il a survécu, il ne peut pas dire ce qu'il n'a pas vécu, à savoir la mort. Bien que rescapé des camps, il ne s'autorise pourtant à en témoigner que comme un tiers. En sublimant ses affects dans une description froidement clinique de la machine d'extermination, il devient le témoin privilégié par lequel la vérité de l'inhumain peut advenir.

Parallèlement, la notion de témoin au sens de *testis* tend à subir, dans l'espace humanitaire contemporain, une torsion presque symétrique. La création du Comité international de la Croix-Rouge (CICR) dans les années 1870 reposait sur un principe de neutralité et son autorisation à intervenir sur les champs de bataille avait pour corollaire une clause implicite de silence. Pour pouvoir soigner, il fallait accepter de se taire. Le témoin s'interdisait donc de témoigner. Présente en tant que « tiers », l'organisation n'attestait cependant pas. La contradiction de cette situation devint évidente après la Seconde Guerre mondiale lorsqu'il s'avéra que des acteurs humanitaires avaient travaillé dans les camps sans en dénoncer l'existence. Il fallut pourtant attendre le début des années 1970 pour qu'elle entraînât une scission donnant naissance à Médecins sans frontières puis à Médecins du monde. C'est d'abord sur le refus de rester silencieux lors de la guerre du Biafra que la première de ces organisations est créée en 1971. C'est ensuite pour dire les conditions d'oppression par le régime communiste au Viêtnam que la seconde voit le jour en 1980[13]. Le deuxième âge de l'humanitaire correspond ainsi à l'avènement du témoin : non pas celui qui a traversé la tragédie, mais celui qui en a secouru les victimes. Dans cette tension permanente entre l'impératif d'assistance et l'impératif de dénonciation, les arrangements nécessaires laissent parfois la place à la rupture brutale, comme lors de la famine de 1985 en Éthiopie au cours de laquelle Médecins sans frontières fut expulsé du pays pour avoir accusé le gouvernement d'être responsable de la crise alimentaire. Le témoignage, qui s'inscrit dans un espace médiatique mondialisé, est désormais une dimension aussi essentielle de l'action humanitaire que l'est le secours. Les agents n'attestent pas par ce qu'ils ont vécu, mais par ce qu'ils ont vu. Ils n'ont pas traversé l'épreuve, puisque leur intervention suppose précisément l'établissement d'espaces sanctuarisés qualifiés de « couloirs humanitaires » où ils sont à l'abri des hostilités, ils se font en revanche les porte-parole de ceux qui en ont eu l'expérience. Même s'ils s'efforcent d'analyser les enjeux politiques des situations auxquelles ils sont confrontés, le registre dans lequel ils inscrivent leur témoignage public correspond logiquement à la manière dont leur légitimité s'est construite dans l'espace public : c'est la compassion. Ils parlent des corps, des blessures, des souffrances. Ainsi, par une sorte d'inversion des rôles traditionnels, ils occupent structurellement la place du *testis* tout en déployant l'argumentaire du *superstes*. Ils mettent en avant l'expérience plus que le constat, mais cette expérience est celle des autres à la place desquels ils parlent au monde.

Il faut bien prendre la mesure de cette configuration contemporaine du témoignage. D'un côté, le rescapé, par une forme de radicalité éthique, affirme qu'il ne peut pas témoigner pour ceux qui ne sont plus là ; malgré tout ce qu'il a vécu lui-même, il ne s'autorise pas à prendre la parole, sauf à justement mettre en question son statut de représentant qui s'exprimerait pour les disparus. De l'autre côté, l'acteur humanitaire, au nom d'un impératif moral, se fait le témoin de ceux qu'il secourt ; bien que rarement mandaté explicitement, il s'institue porte-parole des opprimés pour énoncer publiquement leur souffrance. Dans la période contemporaine, la prolixité des agents humanitaires est à la mesure du silence des rescapés. La voix des premiers se substitue à celle des seconds. Plus précisément, partout où les victimes de violence et d'inégalité sont supposées être privées du pouvoir de s'exprimer, les organisations internationales qui les défendent parlent à leur place. Ainsi, les organisations humanitaires se sont-elles imposées comme porte-parole des sans-voix.

Mais il y a plus. Dans cette nouvelle configuration du témoignage, où ce n'est pas le rescapé qui témoigne de ce qu'il a vécu, mais l'intervenant qui témoigne de ce qu'il a entendu, la nature spécifique du discours humanitaire tient à ce qu'il traite de plus en plus d'affects. Le rescapé, parce qu'il a besoin que soient établis les faits et parce qu'il sait le risque de n'être pas cru, écarte les affects. Au contraire, l'acteur humanitaire, parce qu'il veut émouvoir avant tout et parce qu'il sait qu'il bénéficie d'un capital de crédibilité, mobilise les affects. On pourrait en multiplier les illustrations sous la forme de parallèles entre des témoignages écrits, enregistrés, filmés, montrés des uns et des autres. Par exemple, à l'effort de dépouillement extrême des murs couverts des noms des morts dans les mémoriaux de la Shoah, on pourrait opposer la tentative de sensibiliser le public aux injustices du monde dans les expositions itinérantes de Médecins sans frontières : la traversée d'un *check point* ou la visite d'un camp de réfugiés auxquelles les visiteurs sont conviés sont censées leur permettre d'en faire l'expérience à travers « un moment d'émotion et de prise de conscience ». C'est dire que les deux figures archétypales du *testis* et du *superstes* opèrent dorénavant à fronts renversés : alors que la seconde se fait résolument objectivante, la première s'affirme dans le registre de la subjectivité. Le *superstes* qui a vécu la tragédie s'en tient parcimonieusement aux faits. Le *testis* qui n'en a vu que les conséquences s'efforce d'en rendre le vécu.

Ce travail de subjectivation humanitaire a trouvé assurément dans la psychiatrie un instrument privilégié de mise en forme de l'expérience des victimes des guerres, des catastrophes, des famines. L'invention de ce nouveau domaine d'action est pourtant récente. Si la psychiatrie militaire est confrontée aux névroses traumatiques au moins depuis la Première Guerre mondiale et si elle s'est donné de nouveaux outils avec l'état de stress post-traumatique autour de la guerre du Viêtnam[14], la psychiatrie humanitaire est née seulement en 1989, sur les ruines du séisme en Arménie, des initiatives simultanées de Médecins sans frontières et de Médecins du monde qui découvrirent les séquelles psychiques à distance de la catastrophe[15]. Jusqu'à cet événement, psychiatres et psychologues n'avaient pas leur place dans les missions d'urgence. À partir de cette date, ils vont conquérir un espace croissant, de la Roumanie au Caucase, de la Bosnie au Kosovo. Lors du tremblement de terre de Bam, en 2004, ils seront même plus nombreux à partir sur place que les chirurgiens et médecins, traditionnels acteurs de l'urgence. Contrairement à ce que pourrait laisser penser la chronologie des faits, l'essor de la psychiatrie humanitaire n'est cependant pas le résultat de la diffusion internationale des nouvelles catégories nosographiques produites aux États-Unis, à commencer par l'état de stress post-traumatique. Tous les entretiens conduits avec les acteurs intervenus sur ces scènes internationales où s'est inventée la psychiatrie humanitaire montrent qu'ils n'avaient reçu aucune formation et n'avaient aucune connaissance sur le traumatisme. Ce n'est qu'après avoir été confrontés à des situations et des symptomatologies en rapport avec des événements dramatiques qu'ils ont découverts, souvent de façon fortuite, que les tableaux cliniques qu'ils constataient pouvaient trouver leur place dans la nouvelle nosographie. Cette chronologie est importante car elle montre que la sollicitude humanitaire a précédé le regard médical. On s'est intéressé à la souffrance des victimes de catastrophes ou de conflits avant d'y reconnaître un traumatisme. Aujourd'hui encore, plus que l'établissement de diagnostics, rarement recherchés, et tout autant que la réalisation de soins, difficilement possible, la production de témoignages à partir d'expériences de victimes des violences justifie, pour beaucoup, la présence sur le terrain des psychologues et des psychiatres de Médecins sans frontières et de Médecins du monde.

Or, ce témoignage n'est pas constitué à partir de ce qu'ils ont vu mais de ce qu'ils ont entendu. Qu'il ait probablement plus de répercussions aujourd'hui sur la construction des causes politiques que le témoignage des rescapés qui ont vécu les événements ou des observateurs qui les ont constatés indique bien que la nature de ce qui est transmis a changé. Ce qui compte n'est pas que le fait soit avéré mais qu'il soit éprouvé. Ce n'est pas l'événement en soi qui vaut pour preuve, mais la trace qu'il laisse dans le psychisme ou la marque qu'il imprime dans le récit. L'affect joue, dans le témoignage que l'on porte à la connaissance du monde, à la fois comme ce qui atteste (la souffrance des populations) et dans ce que l'on produit en attestant (la compassion du public). La vérité qu'on recherche, ce n'est pas celle, objective, de ce qui s'est passé, c'est celle, subjective, de l'expérience qu'on en a. Psychologues et psychiatres, parce qu'ils accèdent à cette subjectivité, deviennent dès lors des témoins légitimes qui parlent au nom de ceux qui ont traversé des événements dramatiques. À côté de leur qualité de *testis* et au nom de ceux qui ont le statut de *superstes,* ils fondent leur témoignage sur une troisième figure, celle de l'*auctor,* celui dont la parole fait autorité[16]. Nulle part cette subjectivation du témoignage n'a été aussi manifeste qu'en Palestine, surtout à partir de la seconde Intifada, qui a donné lieu à un déploiement sans précédent des équipes de santé mentale de Médecins sans frontières et de Médecins du monde.

Présent dans les Territoires palestiniens depuis 1988, Médecins sans frontières y a ouvert son premier programme de soins psychologiques en 1994 avec une consultation dans le camp de réfugiés de Jénine. Parallèlement, Médecins du monde, dont la mission avait commencé en 1995, a développé une action modeste de soutien psychologique aux toxicomanes à Jérusalem-Est à partir de 1998. Cependant, pour les deux organisations non gouvernementales, ce n'est qu'avec la seconde Intifada, à la fin de l'année 2000, que la psychiatrie occupe le devant de la scène. Il y a une raison simple à cette mobilisation des spécialistes de santé mentale à ce moment : d'un côté, comme les visites exploratoires réalisées dans les premières semaines de l'insurrection le montrent, la société palestinienne n'avait pas besoin des ressources habituelles des organisations humanitaires, ayant sur place des médecins bien formés et des infrastructures sanitaires bien équipées ; de l'autre, la forte exposition médiatique de la reprise du conflit avec son ressort émotionnel rendait la présence de ces acteurs nécessaire à leurs yeux pour dénoncer les conséquences d'une crise qualifiée d'humanitaire. Autrement dit, il leur fallait « y être », comme on l'entend souvent dire, mais peut-être moins pour y faire de la médecine que pour manifester une présence et, à travers elle, être en mesure de témoigner. La psychiatrie offrait ici une alternative : il était légitime de supposer que les violences, les destructions, les humiliations infligées par l'armée israélienne à la population palestinienne avaient des conséquences psychiques importantes. Pourtant, il était évident que des soins psychologiques ne pourraient pas être délivrés dans des conditions satisfaisantes : les équipes palestiniennes étaient déjà à l'œuvre dans les services de santé ; quant à intervenir dans les quartiers, notamment les plus exposés, la précarité et le danger rendaient le travail de psychothérapie presque impossible. Dès lors, plus encore que dans des soins dont la possibilité et l'efficacité demeuraient hypothétiques, c'est dans le témoignage que les missions humanitaires pouvaient trouver un sens. S'assignant une fonction inédite, les psychiatres et les psychologues se mirent donc à colliger des notes personnelles et des vignettes cliniques pour dénoncer ce qu'ils voyaient. Ainsi se multiplièrent sur les sites web et dans les journaux destinés aux donateurs, auprès des médias et en direction des institutions internationales, des fragments de récits mettant en scène les acteurs humanitaires dans les Territoires palestiniens. Par une reconfiguration des rôles de témoin, le *testis* parlait maintenant à la première personne – à la place du *superstes* et en tant qu'*auctor*.

## Retour au martyr

Il existe une autre étymologie du témoin, car en grec, on utilise le mot *martus* qui prend le sens plus précis, avec les premiers Pères de l'Église, de martyr[17] : celui qui témoigne de l'existence de Dieu en acceptant de mourir pour ne pas trahir sa foi. Le sacrifice de sa vie porte témoignage. De même, en arabe, *shahid,* qui signifie témoin, veut dire également martyr. Le terme désigne celui qui est mort en accomplissant son devoir de musulman ou en participant à une guerre sainte. Le témoin est donc le sacrifié, celui qui a volontairement choisi de donner sa vie pour affirmer sa vérité – religieuse et, par extension, politique. À la différence du rescapé ou du tiers qui s'expriment à la première ou à la troisième personne, le martyr témoigne sans parole : il atteste par le sacrifice de sa vie et, au-delà de cette mort, par son image dont les reproductions picturales ou photographiques se multiplient comme des icônes vénérées par ceux qui peuvent attester de ce qu'il fut.

Dans les Territoires palestiniens, celui qui meurt dans un attentat suicide ou sous les balles ennemies est indifféremment qualifié de *shahid.* Le martyrologe palestinien mêle ainsi au moins deux figures distinctes : celui qui se donne volontairement la mort en tuant des militaires ou des civils israéliens et celui qui tombe sous les tirs de l'armée israélienne. Si la figure du « kamikaze » (en anglais *« suicide-bomber »*) domine de façon à la fois dramatique et polémique les représentations dans l'espace public international, elle ne concerne numériquement qu'une part réduite des décès de celles et ceux qui sont considérés comme des martyrs. Au cours des quatre premières années de la seconde Intifada, 112 attentats suicide étaient commis, alors que 3 275 Palestiniens étaient tués par les Israéliens, dont 173 femmes et 139 enfants de moins de douze ans[18]. Une mort palestinienne sur trente est donc liée aux attentats, les vingt-neuf autres résultant de tirs israéliens. C'est dire qu'en réunissant celui qui se sacrifie et celui qui est abattu, la qualification de martyr relève de la rhétorique militante visant à produire une condition unique de victimes héroïsées du conflit qui témoignent par leur mort, volontaire ou non, de leur résistance à l'oppression. Du reste, tel est bien le déplacement qui s'est opéré au cours des années récentes. La surreprésentation massive des jeunes hommes parmi les morts palestiniens depuis 2000 est directement liée à l'émergence et à la généralisation de la figure du jeteur de pierres, à la fois victime et héros, celui qui se sacrifie et celui qui est abattu : il expose son corps aux tirs israéliens[19]. À travers cette figure, s'opère une transformation de la subjectivité politique : là où le rapport de force est radicalement inégal, là où la négociation est devenue impossible, là où le futur de la nation semble bloqué, jouer sa vie apparaît comme l'ultime mode de subjectivation dans l'espace politique. Le jeune garçon – de plus en plus jeune – qui expose son corps aux balles ennemies met dramatiquement en scène l'impuissance de la société palestinienne. Figure imposée de l'adolescence masculine, il est le sujet politique qui atteste une résistance.

C'est pourtant une tout autre image que produit le témoignage de la psychiatrie humanitaire. Quelques mois après le début de la seconde Intifada, alors que l'on compte déjà 102 morts parmi les moins de dix-huit ans, dont 101 sont palestiniens, un quotidien français commence ainsi la description du conflit à Hébron[20] :

> En langage médical, on l'appelle énurésie ; au quotidien, pipi au lit. C'est un des principaux maux qui affectent les jeunes Palestiniens depuis le début de l'Intifada. Ces

> *shebab* qui lancent des pierres sur les soldats israéliens dans la journée, plus agressifs encore que des hommes, mouillent souvent leurs draps la nuit, exprimant ainsi la peur refoulée quelques heures plus tôt. Le symptôme a été découvert par les mères qui se sont confiées à des psychologues dépêchées par les organisations humanitaires.

Phénomène que confirme l'une de ces psychologues : « Ils n'ont pas d'autre moyen de manifester leur peur, explique-t-elle. Face aux soldats, devant les copains, et même en famille, ils doivent se montrer forts, presque des adultes. Faire pipi au lit est leur façon à eux de montrer qu'ils restent des enfants. » L'énurésie est en effet devenu un lieu commun du discours sur les conséquences de la violence. À côté de l'anxiété, du stress et des cauchemars, les psychiatres et les psychologues l'ont imposée comme l'expression la plus banale du régime de peur auquel sont soumis les enfants et comme la manifestation la plus évidente de la régression qu'elle entraîne. La juxtaposition de la figure du jeteur de pierres et de la clinique de l'adolescent énurétique révèle la fragilité des jeunes combattants : héros tragiques le jour, ils sont de pathétiques infirmes la nuit. Lorsqu'on sait l'importance du référentiel de la virilité dans la culture des jeunes Palestiniens, cette révélation au monde de blessures intimes qui provoquent de honteux relâchements sphinctériens bouleverse l'image que tentent de donner d'eux-mêmes ces adolescents[21]. Certes, le discours de la santé mentale – qui s'appuie ici sur une expérience ordinaire – dévoile une réalité qui semble plus proche au lecteur occidental des témoignages humanitaires : vulnérable, l'adolescent suscite une empathie plus consensuelle que lorsqu'on le montre provocateur ou violent. En même temps, il remplace le sujet martyr par un sujet souffrant : à la politique de la justice de laquelle se réclame le premier, il substitue une politique de la compassion qui a pour objet le second ; au geste de l'un, il préfère l'affect de l'autre. Un affect qui lie la victime et son public quand le geste, souvent, les sépare. La subjectivation humanitaire estompe la violence – ou plutôt, grâce aux psychiatres et aux psychologues, elle la requalifie en traumatisme.

Ce n'est d'ailleurs que l'une des multiples figures produites autour des jeunes garçons. La situation palestinienne fait l'objet de discours non seulement politiquement contradictoires, mais également profondément hétérogènes. C'est ce « champ discursif » dans lequel se croisent des interprétations concurrentes, tout particulièrement en ce qui concerne les enfants, qu'il convient de saisir plutôt que de prétendre « distiller un récit authentiquement palestinien[22] ». Dans cette confrontation de vérités – celle du politicien israélien qui dénonce l'emprise des groupes terroristes sur les adolescents et celle du poète palestinien qui exalte la résistance des jeunes combattants, celle du développeur qui met en exergue leur capacité d'agir pour un futur meilleur et celle du juriste qui souligne les violations des droits de l'homme à leur encontre –, il faut désormais ajouter une nouvelle voix : celle des acteurs de la psychiatrie humanitaire qui les décrivent comme victimes de traumatismes. Cette voix n'est toutefois pas nouvelle en Palestine. Dès 1979, le Gaza Community Mental Health Programme, fondé par un psychiatre palestinien formé à l'université d'Oxford, mettait en place des consultations et, parallèlement, des enquêtes dans lesquelles l'état de stress post-traumatique occupait une place croissante. Une série d'articles publiée dans des revues internationales et d'études mises en ligne sur le site web de l'association, relayée par des communiqués de presse, rendait publiques des statistiques concernant les conséquences psychiques du conflit sur la population. On y apprenait notamment que, dans un échantillon d'adolescents de dix à dix-neuf ans tirés au sort, 83 % avaient été témoins de tirs et 62 % avaient vu un voisin ou un parent blessé ou tué, 33 % souffraient d'états de stress post-traumatiques graves nécessitant des soins et 65 % présentaient des troubles psychologiques modérés ou mineurs[23]. Or, Médecins sans frontières donne une tout autre orientation à son témoignage : plutôt que des chiffres, ce sont des fragments narratifs ; plus que l'état de stress post-traumatique comme catégorie nosographique, c'est l'expérience du traumatisme rapportée dans un langage ordinaire ; il s'agit de toucher le public avec des histoires dans lesquelles les agents humanitaires se mettent en scène comme témoins privilégiés de la souffrance d'une population opprimée. Recueillies pendant plusieurs mois, les observations de terrain des psychiatres et psychologues seront réunies dans des *Chroniques palestiniennes*, document traduit en plusieurs langues et diffusé dans de nombreux pays, y compris Israël et la Palestine[24].

Témoignage au statut incertain, d'ailleurs : entre diagnostic et dénonciation, entre pathologie et expérience, ces chroniques parlent à la fois de clinique et de politique. Certes il est bien question d'anxiété, de dépression, de stress, de traumatisme – et, s'agissant des enfants, d'énurésie. Très vite, cependant, la situation locale, l'histoire familiale, le récit biographique, la vie quotidienne semblent prendre le dessus comme si les troubles psychologiques étaient insuffisants à exprimer ce que vivent les Palestiniens. À propos d'Ibrahim, arrêté, battu et relâché par des soldats israéliens quelque temps auparavant, il est dit qu'il « souffre d'un stress post-traumatique », mais c'est pour ajouter immédiatement :

> Il ne fait plus rien de la journée. Il reste au lit, fume et ressasse des idées de vengeance. Il souffre encore des

> coups qu'il a reçus, mais présente aussi des symptômes liés au traumatisme psychique. Il se sent faible, il a des maux de tête. Il dit qu'il n'oubliera jamais ceux qui l'ont frappé. Il raconte comment on lui a refusé d'être policier, ce qui l'a obligé de travailler dans les colonies, donc pour les Israéliens. Il croit que ses amis le considèrent comme un traître. Son sentiment d'injustice se nourrit aussi d'une histoire d'amour qui s'est mal terminée. Le soir il discute avec son groupe d'amis dont il se sent exclu.

Le classement nosographique n'est alors plus qu'un prétexte pour dire des souffrances qui mêlent les conditions sociohistoriques et les événements personnels, le désœuvrement et le travail, les amours et les amis. À bien lire ces chroniques, on se rend compte du reste que, bien souvent, le traumatisme n'atteste pas ce qu'il est censé attester, à savoir les violences de la guerre. D'un petit garçon qui souffre, dit-on, de « troubles liés à un stress post-traumatique », on apprend qu'ils sont dus à une chute grave de sa terrasse. D'un autre qui présente, explique-t-on, un bégaiement « à cause d'un événement traumatique », on précise que c'est à la suite d'une frayeur causée par un chien lorsqu'il était plus jeune. Pour bien des adultes, les états post-traumatiques observés sont rapportés en fait à des événements anciens, en général sans lien avec le conflit et dès lors moins probants que ne le voudraient les auteurs qui se rabattent sur des conjectures, comme à l'occasion de cette visite rendue à une famille cloîtrée dans une maison prise sous le feu de l'armée israélienne : « Malgré l'accalmie, il semble que beaucoup de personnes ont du mal à se détendre et à reprendre une vie normale. Peut-être y a-t-il ici les prémisses de l'installation du trauma. Si tel est le cas, nous devrions observer bientôt une symptomatologie de ce type. » De même, après une autre opération de destruction d'une quarantaine de maisons dont les habitants n'ont pas été autorisés à récupérér leurs affaires, ils notent : « En nous faufilant dans les rues étroites nous songeons à toutes ces blessures de l'âme qui viennent d'être infligées. Combien s'en sortiront sans trop de dégâts psychologiques ? Et demain va-t-il faire si froid ? Va-t-il encore pleuvoir ? » Paysage psychique et conditions climatiques sont liés dans une sorte de correspondance baudelairienne.

Plutôt que d'étayer des diagnostics, ce sont donc des impressions et des affects que l'on s'efforce de transmettre ou de susciter, au-delà des situations dramatiques que l'on rapporte. Ces affects, les habitants aussi bien que les intervenants les éprouvent. Un adolescent évoque une attaque de son école à Hébron : « Il n'est pas encore remis du choc ressenti lorsque sept de ses camarades ont été brûlés par une bombe lancée par des soldats dans la cour de récréation. Il en parle à peine, les yeux dans le vague, perdus vers la colline d'Abousina qu'il voit bombardée. » Un psychologue exprime ses sentiments devant un bulldozer occupé à raser des serres, des plantations, des puits, des maisons à Gaza :

> Il est énorme. Il avance et recule en arrachant les arbres. J'ai peur. Tout le monde a peur. Un avion passe le mur du son et c'est la terreur. Tous ceux qui travaillent cette terre depuis des dizaines d'années voient leur travail anéanti. Un père nous explique que ce soir lorsqu'il rentrera et qu'il dira à ses enfants qu'il n'y a plus rien, ils pleureront. Nous partons le cœur serré. Lorsque nous reviendrons, le paysage sera bien différent.

L'émotion peut également passer par la sobriété de la description. Venant après le bombardement d'une maison à Rafah : « Dans cette destruction, un homme qui n'avait pas eu le temps de s'enfuir a été projeté à l'intérieur de la maison du voisin. La vision de ce corps est traumatisante pour celui-ci, qui est le premier à le découvrir. Seuls ses vêtements permettent de reconnaître l'homme avec certitude, tant son corps est méconnaissable. » On l'aura compris : l'adjectif « traumatisant » qualifie ici un affect plutôt qu'il n'évoque un diagnostic. Le témoignage de la psychiatrie humanitaire veut avant tout suggérer l'expérience de la brutalité d'État avec des mots ordinaires.

Ainsi, plus que le traumatisme au sens clinique, c'est la violence au sens politique qui, par un détour remarquable, revient sans cesse dans ces carnets de psychiatres et de psychologues. De la souffrance, on passe à l'indignation. Le désespoir inverse l'anxiété : celle-ci s'exprime dans l'impossibilité d'agir, celui-là se traduit dans le geste de révolte. Signe de ce déplacement, bien des fragments de vie rapportés dans ces chroniques se terminent par la même évocation : il n'y a d'avenir que dans la mort – une mort choisie. Une adolescente de quatorze ans, qui garde dans son ventre une balle tirée alors qu'elle était à son domicile, dit ses projets : « Elle aurait bien aimé être martyre, mais peut-être arrivera-t-elle à être docteur. » Des fillettes âgées d'une dizaine d'années s'entretiennent avec un membre de l'équipe humanitaire : « Nous parlons de ce qu'elles vont faire quand elles seront grandes : me tuer, dit l'une d'elles. » Dans les chroniques, tous les dessins d'enfants représentent des « martyrs » qu'évoquent aussi la plupart des récits d'adolescents. « La doctrine du martyre est née pour justifier le scandale d'une mort insensée, d'un carnage qui ne pouvait que paraître absurde », écrit Giorgio Agamben à propos des premiers chrétiens[25]. Au-delà des troubles psychiques qu'ils étaient venus chercher pour rendre compte des effets du conflit, les psychiatres et les psychologues redécouvrent cette vérité dans les Territoires palestiniens, mais ils en infléchissent la signification : pour les enfants privés d'école, les parents privés d'emploi, les familles privées de toit, c'est la vie qui est insensée et la mort qui lui redonne un sens. Avec cette lecture, assurément tragique, le témoignage retrouve le martyrologe, dans la confusion étymologique du *martus,* témoin devenu martyr.

Ce retour, presque inconscient, aux sources de la violence explique probablement la virulence des réactions suscitées, dans les milieux israéliens et parmi les donateurs pro-israéliens de l'association, par ces chroniques[26]. Témoigner au nom des Palestiniens, c'est dire cette vérité par laquelle la mort redonne un sens à une vie invivable. On est finalement loin du traumatisme et, s'agissant de subjectivation, c'est du côté de la violence qu'elle se situe. Tout autre est l'usage du témoignage fait par Médecins du monde, pourtant sur le même terrain, avec les mêmes instruments, en mobilisant les mêmes spécialistes.

## La fin de l'histoire

Il est une dernière figure de témoin que nous livre l'investigation philologique : celle de l'*histôr* grec[27]. Ce témoin n'a pas nécessairement assisté à ce pour quoi il est convoqué (il atteste par ce qu'il a entendu et non par ce qu'il a vu) pas plus qu'il n'est celui qui doit trancher entre les deux versions conflictuelles (il est un garant de ce qui est convenu entre les parties). C'est dans le prolongement de cette signification première qu'Hérodote situe le travail de l'historien, à la fois enquête à partir de ce que l'on recueille oralement à travers le récit des autres et tentative de se tenir à égale distance des deux côtés de l'événement qu'il relate. Ce témoin-là doit donc indiquer ses sources tout comme il vise à l'impartialité.

La dramatisation et la radicalisation de la scène israélo-palestinienne rendent particulièrement délicate cette position. Les historiens – et plus largement tous les analystes – y sont volontiers classés d'un côté ou de l'autre. S'agissant des organisations humanitaires, il n'est évidemment pas question de faire de l'histoire : elles n'ont en principe pas à statuer sur le passé, mais à intervenir au présent. Pourtant, dès lors qu'elles veulent témoigner pour le monde de ce qu'elles savent, les enjeux auxquels elles sont confrontées ne sont pas si éloignés de ceux des historiens. Elles non plus n'assistent pas à ce qu'elles rapportent, mais transmettent ce qu'on leur raconte (non sans l'avoir mis en forme pour les besoins de la cause qu'elles entendent défendre). Elles non plus ne doivent pas choisir un camp, mais font profession de neutralité (condition même de leur intervention sur les lieux des conflits comme leurs chartes le proclament). Elles se distinguent toutefois des historiens sur deux points. D'une part, si elles témoignent, c'est en se servant du ressort de l'émotion plus que du registre de la raison : elles cherchent à convaincre plus qu'à expliquer ; à l'interprétation des faits elles préfèrent la mobilisation des acteurs. D'autre part, si elles s'efforcent d'être impartiales, c'est pour ajouter qu'elles veulent être auprès des victimes, fussent-elles des deux côtés du conflit : à leur manière, elles font une histoire des vaincus. Les deux éléments qui font la singularité – relative – des agents humanitaires ont partie liée : c'est parce que l'on parle des victimes (et en leur nom) que l'on peut (et que l'on se pense autorisé à) recourir au ressort de l'émotion. Leur souffrance justifie la sollicitation des affects.

Dans l'histoire contemporaine de l'action humanitaire, le choix des victimes s'est souvent fait implicitement d'un seul côté du conflit : les Biafrais, et non les Nigérians ; les Miskitos, et non les Nicaraguayens ; les Afghans, et non les Soviétiques ; les Kosovars, et non les Serbes ; les Timorais, et non les Indonésiens ; les Tchétchènes, et non les Russes ; les Irakiens, et non les États-Uniens. La genèse du conflit, le rapport de force entre les parties en présence et surtout la représentation de la situation dans l'espace public occidental conduisent généralement à une forme d'évidence au sujet des victimes. Ce n'est néanmoins pas toujours le cas. On sait notamment qu'il a fallu des batailles idéologiques internes au mouvement humanitaire pour qu'en 1979 les Vietnamiens fuyant le régime communiste dans des embarcations de fortune soient reconnus, par Médecins sans frontières, victimes à part entière, c'est-à-dire, concrètement, dignes d'être aidés. C'est de ce moment crucial et du mot d'ordre qui en a été tiré que se réclame aujourd'hui Médecins du monde en Palestine : « Il n'y a pas de bonnes et de mauvaises victimes », lit-on sur la couverture du rapport intitulé *Les Civils israéliens et palestiniens victimes d'un conflit sans fin*[28]. Le propos introductif du volume reprend cette formule et rappelle son invention lors de la tragédie en mer de Chine, puis développe l'énumération des conflits dans lesquels l'association n'a pas choisi son camp et conclut : « Il n'y a pas de bonnes et de mauvaises victimes. Ces propos s'appliquent aussi pour les populations civiles du conflit israélo-palestinien. » L'assertion semble aller de soi : comme l'*histôr* grec, le témoin humanitaire doit faire justice aux deux parties. Pourtant, l'affirmation implique une véritable rupture dans l'intervention de ces organisations internationales qui, jusqu'alors, s'était faite exclusivement dans les Territoires palestiniens et auprès de leurs habitants, compte tenu de la situation d'occupation et d'oppression qu'ils subissaient. Au sein de Médecins du monde même, la réorientation ne se fait pas sans heurt et la publication du rapport n'est pas évidente pour tous.

En fait, une année plus tôt, un premier document était paru. Résultat d'une mission d'enquête conjointe de Médecins du monde et de la Fédération internationale des droits de l'homme, il porte sur les violations du droit international humanitaire et des droits de l'homme par l'armée israélienne en Palestine. On y décrit les « entraves aux secours des malades et des blessés », les « mauvais traitements infligés aux blessés », les « morts et blessés conséquence d'un usage indiscriminé et disproportionné de la force », les « atteintes à la dignité des personnes par des traitements humiliants et dégradants », les « utilisations de boucliers humains », les « arrestations massives et arbitraires », les « conditions de détention et de traitement des détenus », les « destructions de biens mobiliers et immobiliers, privés et publics », entre autres exactions. De nombreux témoignages documentent cette analyse. Extrêmement précis, ils visent à attester la véracité des faits : des témoins visuels sont convoqués, des documents écrits sont produits, des pièces à conviction sont recherchées, tels que des balles ou des radiographies. Ainsi, à l'appui de la qualification des « atteintes délibérées à la vie et à l'intégrité corporelle », on rapporte cette histoire qui se déroule dans le camp de réfugiés d'Askar :

> Ce récit a fait l'objet d'un article de journal. Ces trois témoins ont été entendus par la mission et leurs blessures ont été constatées. Le 8 avril, à 11 heures du matin, Shaninaz, enceinte de 6 mois, nettoie les escaliers. Samer, son époux, entend des tirs. Il court dans le salon et voit ses quatre enfants et sa femme rentrer en courant. Alha (4 ans) est touché. Du sang sort de sa bouche. La mère prend son fils à bout de bras et tente une sortie pour alerter les soldats israéliens postés à 50 m de la maison. Un soldat tire sur elle. Une balle l'atteint à l'aine gauche. Elle tombe et l'enfant avec. Samer se trouvait juste derrière elle.

Dans ce cas, on dispose aussi des documents de l'hôpital où les deux blessés ont été opérés et où la mère a dû subir une césarienne. Le rapport se conclut en établissant la responsabilité de l'État israélien et de son armée et en appelant à « une paix juste et immédiate au Proche-Orient », ajoutant que celle-ci ne pourra pas être obtenue « sans la fin de l'occupation israélienne et sans la garantie, pour Israël et les Israéliens, de leur sécurité ». Dans ce rapport, les faits ont été préférés aux affects, la qualification juridique l'emporte sur le ressort émotionnel. Le témoignage produit un sujet de droit.

Cependant, au sein de Médecins du monde, des tensions se manifestent après la publication du document que certains jugent trop sévère à l'égard d'Israël. La nécessité d'un « rééquilibrage » est exprimée au conseil d'administration, notamment par plusieurs présidents actuel ou passés, que l'on soupçonne immédiatement de prendre position en ce sens pour des raisons d'affinité confessionnelle. Pour la première fois dans son histoire, l'organisation humanitaire, à vocation universelle, se trouve alors divisée par des allégeances communautaires supposées. En cela, elle n'échappe d'ailleurs pas à la polarisation du débat dans la société française et au soupçon qui y pèse sur toutes les prises de position autour du conflit israélo-palestinien, particulièrement lors de la seconde Intifada.

Le volume publié l'année suivante est composé de deux parties : la première reprend le rapport sur les violations du droit par les Israéliens ; la seconde présente un nouveau document sur les attentats provoqués par des Palestiniens comme la « suite de notre enquête ». Bien que la Fédération internationale des droits de l'homme ait refusé de se joindre à cette mission, Médecins du monde propose un néologisme d'allure juridique visant à qualifier les attaques palestiniennes : afin d'éviter de parler d'attentats suicide, qui mettent l'accent sur les assaillants et non sur les victimes, ou d'opérations kamikazes qui laissent supposer que les objectifs sont militaires, l'organisation parle d'attentats « démocides » pour indiquer que les cibles sont des civils, élargissant même l'usage de cet adjectif jusqu'à parler de gestes « démocides » pour désigner diverses violences contre des civils. L'essentiel de ce second rapport ne concerne toutefois plus les actes comme dans le premier document, mais leurs victimes. À cet égard, bien plus que les conséquences physiques des attentats, ce sont les conséquences psychiques qui font l'objet d'attention, et surtout l'état de stress post-traumatique qui donne lieu à des descriptions souvent détaillées. Ainsi peut-on lire ce tableau clinique concernant David, un infirmier qui a soigné des blessés après des attentats :

> Il présente un remaniement global et profond de sa personnalité polarisée sur l'événement traumatique et enkysté dans une névrose traumatique chronique ; au cours de l'entretien, il a manifesté des symptômes neurovégétatifs et d'hyperémotivité et des réactions psychomotrice. Il a consacré une grande partie de son récit à revendiquer un statut de victime d'attentat qu'il estime insuffisamment reconnu par la commission médicale du taux d'invalidité.

Le recours à la notion de traumatisme permet en effet d'étendre considérablement la notion de victime : au-delà des blessés et des témoins directs des attentats, ce sont les personnes « impliquées », c'est-à-dire les proches, les amis, les voisins, les camarades de classe, les collègues de travail et, plus largement, la « société en général », à commencer par les professionnels de la santé et du travail social, mais aussi les chauffeurs de bus et les membres de la police. Potentiellement, toute la population israélienne est susceptible de souffrir de symptômes post-traumatiques. À mesure que l'on s'éloigne du lieu de l'attentat, les descriptions se font moins cliniques : il s'agit de rendre compte d'une expérience plutôt que d'attester un diagnostic. Une femme qui vit à Jérusalem évoque ainsi les conséquences des attentats qu'elle a vus à la télévision : « J'ai le cœur qui saigne, je suis écorchée vive. J'essaie de me protéger, je ne regarde pas les images et je ne veux pas voir précisément les détails. » La narration est ici à la première personne : c'est la victime qui s'exprime et ce sont les affects plutôt que les faits que l'on recherche. Au lieu du sujet de droit défendu dans le rapport initial, le témoignage produit désormais un sujet de souffrance.

Entre les deux documents réunis dans un unique volume, une inversion s'est donc opérée. La subjectivation politique est passée d'une demande de justice à l'exposition d'une douleur. Le traumatisme s'est immiscé à la fois comme catégorie psychiatrique et comme expérience commune. Absent du premier rapport, il est omniprésent dans le second. Dès lors, la double revendication de cohérence et d'équilibre affirmée par les responsables de Médecins du monde ne convainc guère au sein même de l'organisation. En effet, d'une part, la seconde partie n'a été imaginée qu'*a posteriori* pour corriger l'impression de critique forte à l'encontre d'Israël dans la première, et d'autre part, le travail juridique opéré dans celle-ci n'a pas d'équivalent dans l'analyse médico-psychologique de celle-là. Certes, l'évaluation finale des crimes semble se répondre : crimes de guerre pour les Israéliens coupables de violations des droits humanitaire et de l'homme sur les populations palestiniennes ; crimes de guerre et crimes contre l'humanité pour les Palestiniens auteurs d'attentats. Mais, pour beaucoup, les attentats commis par des individus morts à la suite de leur geste ne peuvent pas avoir la même signification juridique que la qualification d'exactions perpétrées par l'armée d'une puissance occupante, sauf à suspendre toute perspective politique, ce que suggère justement la représentation cartographique du conflit dans les deux rapports. Dans le document de 2002 sur les exactions israéliennes, la carte donne en effet à voir, avec des contrastes de teintes, les parcelles émiettées des territoires administrés par l'Autorité palestinienne et leurs frontières en référence aux accords de 1994 et 1995. Dans le texte de 2003 sur les attentats palestiniens, en revanche, la carte, entièrement vierge, ne montre plus que les noms des lieux des attaques commises, sous la forme de petits éclairs. La géographie politique de la première a laissé la place à la violence nue de la seconde. Paradoxalement, l'effort des auteurs pour traiter symétriquement tous les crimes et toutes les victimes apparaît à beaucoup comme un parti pris au regard de l'asymétrie de fait des situations et suscite de virulentes critiques de la part notamment des équipes sur place. Là où l'on voulait proclamer la neutralité de l'*histôr,* on voit réapparaître la figure polémique du *martus.* Le témoin, *auctor,* y laisse un peu de son autorité.

Pour que l'opération de symétrisation soit possible, il a fallu poser une équivalence des victimes : d'un côté, des Palestiniens victimes de l'armée israélienne ; de l'autre, des Israéliens victimes des bombes palestiniennes. Ce principe d'équivalence ne vaut que pour autant que l'on compte des morts et des blessés, par une sorte de réduction de la personne à son corps exposé, ou à l'inverse pour autant que l'on dise des malheurs et des souffrances, par une forme d'extension infinie de la personne à son expérience racontée. La mère palestinienne qui pleure son enfant mort sous les tirs israéliens peut alors partager sa douleur avec la mère israélienne qui pleure son enfant mort dans un attentat palestinien. On sait que des mobilisations pour la paix se sont précisément construites, en marge du conflit israélo-palestinien, sur le rapprochement de ces expériences dramatiques : c'est dire que l'équivalence des victimes n'est pas un artifice des intervenants humanitaires, mais bien un principe que des acteurs locaux s'emploient à rendre opératoire. Cependant, du point de vue du témoignage donné au monde sur le conflit, l'attention exclusivement portée aux expériences dont on suscite l'expression non seulement détermine et confine les subjectivités politiques, mais aussi efface les histoires tant individuelles que collectives : le récit biographique comme le récit national tendent alors à se resserrer autour du traumatisme entendu bien au-delà de son périmètre psychiatrique. La singularité des trajectoires et des situations individuelles comme la spécificité des processus et des enjeux collectifs s'estompent : le camp et le kibboutz, le réfugié et le citoyen, l'occupé et l'occupant s'indifférencient dans un « vécu » douloureux supposé commun.

Certes, on ne peut sous-estimer l'effet performatif de cette manière de dire la violence, y compris dans le contexte israélo-palestinien[29]. Les images ont des implications effectives : en cela la subjectivation est politique. Néanmoins, il faut aussi considérer la restriction qu'opère un témoignage qui ramène la violence au traumatisme et le sujet à la victime[30]. Il faut saisir ce qu'il ne dit pas des situations historiques dans lesquelles s'inscrivent les morts et les souffrances lorsque l'on ne considère que le simple fait de mourir ou de souffrir. Il faut analyser ce que l'on efface d'intelligibilité du conflit au moment même où l'on dit le traumatisme et la victime. Dans cette opération de traduction, ce que perd le témoin humanitaire – lui que l'on croyait pourtant *histôr* – c'est, précisément, l'histoire.

*

Le témoin est devenu une figure politique majeure de notre temps. Des survivants des camps qui ont dit l'horreur de la machine exterminatrice aux invités des plateaux de télévision qui rapportent des expériences intimes, on a souvent souligné l'extension prise par le témoignage dans l'exposition de la violence dans l'espace public contemporain. Ce témoin correspond toutefois bien moins qu'on ne le croit à une figure homogène. Trop vite, on a tiré des conclusions sur la subjectivation victimaire qu'il était censé produire de manière univoque. Le détour étymologique s'est avéré heuristique en retrouvant des généalogies du témoin : du *testis* au *superstes,* du *martus* à l'*histôr,* une configuration testimoniale se constitue à travers la multiplication des figures du témoin, tantôt observateur tantôt rescapé, ici partie prenante, là garant de la vérité. Mais en outre, le travail ethnographique sur la production de témoignages humanitaires dans un contexte particulier, le conflit israélo-palestinien, a permis de comprendre les relations et les passages entre les différentes figures du témoin tout autant que la polysémie et l'instabilité de la configuration testimoniale : le jeteur de pierres devient victime de traumatisme ou l'être de souffrance redevient candidat au martyre ; l'attestation à la troisième personne fait place à la narration à la première et l'*auctor* impose son autorité aux autres figures du témoin.

Le témoignage humanitaire occupe dans l'espace ainsi décrit une position originale. Le témoin y est un porte-parole de la victime. À la différence de la situation classique où le témoin parle pour lui-même ou les siens, devant un tribunal, un micro ou une caméra, l'acteur humanitaire s'exprime au nom de celles et ceux qui sont censés ne pas avoir la possibilité d'accéder à l'espace public : il porte littéralement leur parole. Ce faisant, il l'éclaire, la transforme, la simplifie, la dramatise en fonction de son objectif qui n'est pas exactement de restituer une expérience mais de construire une cause. Cette construction s'appuie sur les ressorts reconnus de l'intervention humanitaire, à savoir la défense des victimes et l'appel à l'émotion. Bien sûr, les organisations humanitaires ne sont pas les seuls acteurs à s'exprimer au nom des humiliés et des offensés ; en revanche, elles sont probablement devenues, au plan international, les plus légitimes à le faire, à côté des institutions juridiques. On peut, par comparaison, penser à ce que furent en d'autres temps des mouvements religieux ou révolutionnaires s'exprimant également au nom des vaincus de l'histoire.

Avec l'humanitaire, la défense des victimes jointe à l'appel à l'émotion a longtemps conduit à utiliser le corps comme le lieu par excellence où se manifestait la violence et comme l'objet le mieux à même d'exposer la souffrance. Au cours de la période récente, l'introduction de la psychiatrie et de la psychologie, comme langages et comme métiers, a donné lieu à d'autres manières de considérer les victimes et de plaider leur cause. On pouvait penser que le traumatisme, parce qu'il est la trace psychique de la violence, et l'état de stress post-traumatique, parce qu'il en est la traduction nosographique, donneraient une dimension nouvelle au témoignage humanitaire. L'enquête conduite auprès de Médecins sans frontières et de Médecins du monde relativise cette évidence. Certes, il est fait référence à ces catégories, mais les conditions souvent précaires de recueil des observations, la diversité des expériences rencontrées sur les terrains d'intervention, la résistance à un modèle importé conçu comme trop rigide et surtout l'*ethos* des acteurs bien plus engagés dans la cause des victimes que dans l'établissement de diagnostics ont pour conséquence que le témoignage des psychiatres et des psychologues humanitaires procède moins par évaluation clinique que par jugement moral. C'est parce que l'on croit que des populations sont victimes d'une situation de violence que l'on veut témoigner des conséquences de cette situation sur leur psychisme ; quand bien même on parle de traumatisme, c'est souvent dans une acception générique. Le discours que l'on produit alors énonce des affects plutôt que des symptômes et, par un mécanisme de projection que suscite toujours la défense d'une cause, en dit autant sur le locuteur que sur la victime au nom de laquelle il s'exprime. Double paradoxe, donc, de ce témoignage de la psychiatrie humanitaire. D'une part, il se réfère moins à l'expertise clinique du traumatisme qu'au sens commun de la souffrance. D'autre part, il exprime davantage le sentiment moral du témoin que l'expérience vécue par la victime.

La subjectivation politique, telle que j'en ai proposé les contours, est tributaire de cette présentation des victimes et de leur cause. Tant du côté palestinien que du côté israélien, les agents sociaux tendent à construire leur présence dans l'espace public en termes d'affects. Le traumatisme, dont on se revendique de plus en plus des deux côtés, échappe largement à l'emprise de sa définition psychiatrique pour dire une condition psychologique aux contours bien moins nets. De ce point de vue, la victime n'est pas une simple figure rhétorique, elle devient aussi un sujet politique. L'affirmer ne signifie nullement que l'on présume que les personnes se considèrent elles-mêmes comme des victimes. Une telle généralisation, largement répandue, n'a guère de sens au niveau empirique, car non seulement les expériences en la matière sont diverses, mais surtout elles demeurent amplement inaccessibles à l'investigation ethnographique : que sait-on de ce que pensent et de ce qu'éprouvent les personnes confrontées à ces situations de violence ? En revanche, on peut dire que le témoignage humanitaire contribue à former des subjectivités victimaires auxquelles les agents sociaux doivent se référer y compris pour faire entendre une demande de justice, autrement dit précisément pour sortir de la logique de la compassion. La subjectivation politique passe donc par une double opération par laquelle des règles du jeu sont imposées (la psychiatrie humanitaire participe de cet effet de pouvoir) et à travers laquelle ces règles peuvent être appropriées, voire détournées (les acteurs locaux retrouvent ainsi de nouveaux espaces de liberté). L'humanitaire tendait à produire une subjectivité sans sujet historique. Les Palestiniens s'en emparent pour revendiquer précisément ce qui leur est nié : un statut de sujets politiques.

CHAPITRE 9

# Une humanité inégale

## L'assistance aux victimes de conflits

> Depuis qu'a disparu la croyance selon laquelle un Dieu dirigerait en gros les destinées du monde et, en dépit de toutes les sinuosités apparentes sur le chemin de l'humanité, la conduirait en maître jusqu'à son terme, les hommes doivent se proposer eux-mêmes des fins œcuméniques, qui embrassent toute la terre.
>
> FRIEDRICH NIETZSCHE, *Humain, trop humain*

Lorsque le bombardement du Kosovo par l'Otan, au printemps 1999, fut qualifié d'humanitaire, beaucoup d'analystes considérèrent qu'une étape avait été franchie dans la définition des guerres justes[1]. Les interventions des puissances occidentales en Afghanistan en 2001, puis en Irak en 2003 confirmèrent cette impression en montrant que les instruments mêmes de l'action humanitaire pouvaient être mobilisés au cœur d'opérations militaires. Cette évolution traduisait un phénomène amorcé au cours des deux dernières décennies. L'action humanitaire est en effet devenue une modalité majeure et un référentiel dominant de l'intervention politique du monde occidental sur les scènes mondiales du malheur, qu'il s'agisse de conflits armés, de catastrophes naturelles ou de leurs conséquences plus ou moins directes comme les épidémies, famines, handicaps ou traumatismes[2]. Naguère apanage des organisations non gouvernementales – Croix-Rouge puis Oxfam ou Médecins sans frontières et bien d'autres à leur suite – et intergouvernementales – Haut Commissariat des Nations unies pour les Réfugiés (UNHCR), plus récemment Bureau de la coordination des affaires humanitaires des Nations unies (OCHA) et Service d'aide humanitaire de la Commission européenne (ECHO) –, l'humanitaire est entré dans la politique des États. Dorénavant, nombre d'entre eux mettent en œuvre leur propre activité dans ce domaine – en France, avec un secrétariat d'État à l'Action humanitaire, ou en Grande-Bretagne, dans le cadre de l'Overseas Development Administration. Une forme de gouvernement, que ses promoteurs définissent comme l'introduction de la morale au cœur de la politique et qui aurait succédé à l'ordre de la guerre froide et de sa *Realpolitik,* semble ainsi se déployer à l'échelle planétaire. Dès lors, un nouveau langage s'impose à tous, qui produit un certain type d'intelligence du monde et configure une forme particulière de l'expérience collective. La façon dont on justifie les interventions armées comme en Somalie et dont on qualifie les crises internationales comme au Darfour, dont on enquête sur les responsabilités des militaires de la paix dans la survenue de massacres comme à Srebrenica ou dont on s'interroge sur les problèmes posés par l'administration des camps de réfugiés comme dans la région des Grands Lacs, la manière dont, finalement, on pense la politique internationale elle-même se trouvent profondément affectées par le répertoire d'images et d'actions qu'utilise et nourrit le monde humanitaire.

Une interprétation commune de cette situation inédite tend du reste à distinguer et opposer le politique et l'humanitaire, annonçant la substitution progressive du second au premier, voire l'avènement de l'humanitaire et la fin du politique. « L'humanitaire n'est pas une politique et il doit se tenir à l'écart des manœuvres politiques », affirme ainsi Rony Brauman, ancien président de Médecins sans frontières[3]. Plus radicalement encore, Giorgio Agamben déclare que « la séparation entre le politique et l'humanitaire à laquelle nous assistons aujourd'hui représente la phase extrême de la séparation entre les droits de l'homme et les droits du citoyen[4] ». Si cette interprétation ne manque pas de force, il n'est toutefois pas certain que le monde contemporain gagne en intelligibilité lorsqu'il est décrit en ces termes et l'on peut douter qu'il y ait, dans nos sociétés comme du reste dans toute société, un lieu vide du politique ou même un lieu hors du politique. Tout atteste au contraire que, loin de se séparer, l'humanitaire et le politique tendent à se confondre, autrement dit que l'humanitaire est bien une politique. Plus précisément, on observe à la fois une humanitarisation des politiques publiques et une politisation des organisations humanitaires. En France, tout particulièrement, au moins trois anciens présidents ou vice-présidents de Médecins sans frontières sont devenus ministres, certains ont eu des mandats électifs, d'autres sont entrés dans la haute fonction publique, et pas seulement dans le secteur traditionnel de l'action humanitaire, mais également de la santé et du social. À l'inverse, d'anciens ministres des Affaires sociales ou de la Santé devenaient présidents de grandes associations comme Action contre la faim et la Croix-Rouge française[5]. Au niveau international, le processus est plus marqué encore et l'on sait que, depuis le génocide tutsi au Rwanda et l'opération Turquoise tardivement conduite par l'armée française, les actions militaires occidentales sur les lieux des catastrophes et des conflits se font sous la bannière humanitaire et les tentatives d'enrôler les organisations non gouvernementales deviennent de plus en plus pressantes. Pour intervenir au Kosovo et en Irak, les gouvernements alliés, respectivement au sein de l'Otan et autour des États-Unis, se sont réclamés de l'urgence humanitaire, consacrant ainsi le déplacement de la légitimité des interventions du registre légal – puisqu'ils n'avaient pas l'aval des Nations unies – au registre moral – de la défense des droits de l'homme et même, de façon plus restrictive et spécifique, du droit humanitaire. On peut dès lors parler d'humanitarisation de la gestion des crises internationales, parallèlement à une politisation du champ humanitaire non gouvernemental. Cette évolution est condamnée par le mouvement humanitaire qui y voit une perte de sa pureté morale ou tout simplement de son indépendance avec les risques que cette perte fait courir à ses agents, mais les implications ultimes du point de vue des politiques de la vie en sont moins clairement perçues : elles sont pourtant, comme on va le voir, au cœur des tensions qui traversent les organisations non gouvernementales.

Le 28 mars 2003, le conseil d'administration de Médecins sans frontières se réunissait, comme tous les derniers vendredis de chaque mois, de 17 heures à 23 heures, dans les locaux du « siège », au premier étage d'un immeuble du 11e arrondissement de Paris. Il régnait, ce soir-là, une étrange atmosphère d'attente et d'excitation. Il y eut certes, comme à l'habitude, un rapide tour d'horizon évoquant brièvement la situation de quelques-unes des « missions » où, de par le monde, l'organisation non gouvernementale intervient, puis un examen plus approfondi accompagné de discussions autour de certains thèmes spécifiques concernant la vie associative ou les actions humanitaires. Il fut aussi question de la construction du « mouvement international », ce réseau qui rassemble les sections de vingt pays, dont six sont de fait en mesure de déployer des opérations, et qui s'efforce d'assurer une certaine cohérence identitaire et politique aux engagements de chaque entité nationale, au-delà des histoires et des cultures locales. On aborda également le programme désigné par l'acronyme *« DNDI »,* pour *Drugs for Neglected Diseases Initiative,* un projet original engagé deux ans auparavant pour mettre en œuvre, dans le cadre d'une collaboration internationale avec des fondations privées et des partenaires publics, une activité de recherche et développement pour des médicaments dont l'exploitation est jugée non rentable compte tenu de l'insolvabilité des malades qui, dans le tiers-monde, en auraient besoin.

Le conseil d'administration est une réunion publique. Tous les membres de l'association qui le souhaitent peuvent y participer, de même que les salariés qui en assurent au quotidien l'activité tant administrative qu'opérationnelle. Généralement, l'assistance s'éclaircit assez rapidement à mesure que l'heure avance. Ce soir-là pourtant, beaucoup étaient restés, attendant que l'on abordât le dernier thème annoncé. Il s'agissait de l'état des opérations en Irak. Huit jours plus tôt en effet, les troupes américaines et britanniques avaient commencé le bombardement de ce pays, mettant un terme à la longue chronique d'une guerre annoncée dans un climat de tensions et de divisions internationales croissantes. Il faut préciser que Médecins sans frontières a une histoire conflictuelle avec l'État irakien, ayant refusé d'intervenir dans ce pays du temps de l'embargo – alors même que l'Unicef rendait publiques les statistiques les plus alarmistes sur les centaines de milliers d'enfants mourant des conséquences de cette politique internationale – afin de ne pas céder à ce qui était considéré comme des manipulations du sentiment humanitaire international par le régime baasiste criminel. Après de longues et difficiles réflexions de son comité directeur, l'organisation avait tout de même décidé de maintenir à Bagdad une équipe de six personnes à la veille du déclenchement de la guerre. Selon le responsable parisien des programmes[6] :

> Intervenir sur un champ de bataille n'est pas facile. Six volontaires expatriés travaillent dans l'un des trente-deux hôpitaux de la ville. La base de vie a été sécurisée (stocks d'eau, de vivres, de médicaments, sacs de sable), les déplacements sont limités, les contacts d'identification auprès des deux belligérants très assidus. Mais le risque pris est présent dans la tête de chacun. Après évaluation sur place, une équipe réduite a décidé de rester. Nous avons estimé notre présence pertinente en analysant la balance risque-action.

Fallait-il donc laisser sur place des membres de l'association, compte tenu, d'un côté, du danger qu'ils encouraient, aussi bien par rapport au pouvoir baasiste et à ses militaires aux abois que par rapport à l'attaque américaine et à sa pluie de bombes, et de l'autre, de la faible efficacité prévisible de leur présence, puisqu'ils étaient si peu nombreux au regard de l'important dispositif de soins irakien à Bagdad ? Pouvait-on prendre le risque d'exposer la vie d'agents humanitaires pour sauver d'autres vies parmi les populations locales ? La discussion que suscita l'évocation de cette présence fut, semble-t-il, la plus vive qu'ait connue l'association au cours des dernières années. Elle éluda cependant ce qui en était la vérité la plus douloureuse : l'inégalité ontologique qui sous-tendait cette transaction entre des vies humaines, entre celles que l'on expose et celles que l'on sauve.

C'est de cette scène que j'aimerais partir pour m'interroger sur l'action humanitaire du point de vue des politiques de la vie et même, plus spécifiquement, du point de vue des différences qui les traversent. J'appelle « politiques de la vie » des politiques qui mettent en jeu des significations et des valeurs différenciées des vies humaines. Elles se distinguent des biopolitiques telles que les définit Michel Foucault qui, lui, analyse les technologies mises en œuvre et non les significations ou les valeurs et qui, surtout, s'intéresse aux populations plutôt qu'aux vies[7]. L'action humanitaire est certes une biopolitique au sens où elle déploie des techniques d'administration des populations en installant des camps de réfugiés, en mettant en place des couloirs protégés d'accès de l'aide, en recourant à des modes de communication sur le témoignage public des exactions commises, en faisant l'épidémiologie des maladies infectieuses, de la malnutrition, des traumatismes et même des violations du droit de la guerre. Toutefois, l'action humanitaire est également une politique de la vie pour autant qu'elle se donne pour objet de sauver des vies, ce qui suppose, comme on va le voir, non seulement d'en risquer d'autres, mais aussi de sélectionner celles que l'on doit préserver en priorité, par exemple lorsque les ressources en médicaments sont insuffisantes ; l'action humanitaire est enfin une politique de la vie dans la mesure où elle défend des causes publiquement, ce qui implique d'en délaisser d'autres et, surtout, de construire ces causes en choisissant la meilleure manière de représenter les vies des personnes assistées, par exemple comme victimes plutôt que comme résistants.

Biopolitiques et politiques de la vie ne se superposent donc pas plus qu'elles ne s'opposent. C'est à ces dernières que je m'intéresse ici. Avec elles, les enjeux moraux deviennent essentiels. Quel type de vie est en jeu, explicitement ou implicitement, dans l'intervention humanitaire ? Loin de poser un regard en surplomb, de juger en somme l'action humanitaire[8], je souhaite entrer en quelque sorte dans le cœur de l'activité humanitaire, analyser les conséquences des choix et des pratiques opérés, et par conséquent aller jusqu'au bout de la logique humanitaire[9]. C'est une triple ligne de vie que j'essaierai d'explorer ici : celle qui passe entre la vie, passivement sacrifiable, des populations et la vie, librement sacrifiée, des intervenants ; celle qui sépare la vie sacrée des soldats occidentaux et la vie sacrifiable des civils locaux ; celle enfin qui distingue la vie des volontaires expatriés et la vie des personnels nationaux. Toutes peuvent avoir des conséquences tragiques. Ainsi essaierai-je de dégager les traits d'une inégalité ontologique qui traverse et récuse le principe de commune humanité. Je le ferai en recourant à une forme dramaturgique classique avec ses unités de lieu, de temps et d'action, en revenant sur la scène que j'ai commencé d'évoquer, au début de la guerre d'Irak.

## Une morale en actes

Durant les mois qui ont précédé l'invasion des troupes américaines, Médecins sans frontières a, comme bien d'autres organisations humanitaires, conduit des missions dites exploratrices en Irak, mais aussi dans les pays voisins, afin d'en anticiper les conséquences, en nombre à la fois de blessés ou de malades sur place et de fugitifs ou de réfugiés de l'autre côté des frontières[10]. De délicates négociations ont notamment été engagées avec le ministère de la Santé et le Croissant-Rouge irakiens pour donner un cadre formel à la mission, aussi bien pour obtenir l'autorisation de séjour que pour garantir l'indépendance de travail. Le mémorandum en date du 11 mars 2003 indique deux propositions qui ont été acceptées par les deux parties et donnent en quelque sorte un mandat à l'association : une assistance dans un hôpital au sud de Bagdad et la prise en charge de vingt mille éventuels déplacés. Mais dans les jours qui suivent la signature de cet accord, les autorités irakiennes commencent à montrer leur mauvaise volonté à le respecter, interdisant, par exemple, aux volontaires de se rendre dans les hôpitaux pour y évaluer la situation sanitaire sous peine d'expulsion.

Le 18 mars, alors que George W. Bush vient de lancer un appel solennel à Saddam Hussein lui enjoignant de « quitter l'Irak dans les quarante-huit heures » et tandis que les derniers vols d'évacuation des personnels expatriés des organisations internationales et non gouvernementales partent de Bagdad, six membres de Médecins sans frontières – dont un chirurgien, un anesthésiste et un médecin – décident de rester malgré l'évident danger de la situation à venir. L'un d'eux est loin d'être inconnu : c'est le président du mouvement international. D'autres organisations ont d'ailleurs fait le même choix : outre le Comité international de la Croix-Rouge (CICR), il y a une petite représentation des associations Première urgence et Caritas. De même, trois cents journalistes sont présents sur place pour faire leur métier. Le 20 mars, les armées américaine et britannique lancent leur attaque et le bombardement de la capitale irakienne débute. Intense et intermittent, il va durer plusieurs jours pendant lesquels l'équipe sur place a très peu de possibilités de sortir de l'hôtel où elle se trouve et près duquel plusieurs missiles sont tombés, manifestant brutalement la réalité et la proximité du péril. On sait cependant que l'hôpital où elle a commencé à intervenir ne reçoit que quelques blessés légers pour lesquels elle fournit un peu de matériel chirurgical. « L'équipe a pour l'instant le sentiment d'être peu utile, mais prépare la suite », commente sobrement le coordinateur de la mission à Paris.

C'est dans ce contexte de menace mais aussi de doute que se déroule ce que le procès-verbal du conseil d'administration du 28 mars appelle un « débat sur la décision controversée d'installer une équipe à Bagdad[11] ». La question des conditions de sécurité de l'équipe est en effet au centre d'une vive discussion, comme elle l'a été quelques jours auparavant lors de la réunion du comité directeur au cours duquel a été entérinée la décision de rester malgré la proximité du début de l'intervention américaine. Des opinions contradictoires se sont exprimées et des divisions profondes se sont manifestées sur le bien-fondé d'une présence humanitaire dans ce contexte : elles portent à la fois sur l'évaluation du danger et sur l'anticipation de l'efficacité. Ainsi que le remarque le président, favorable au maintien d'une équipe, l'enjeu est le même sur toutes les scènes de l'action humanitaire : pour ceux qui sont sur place, une fois que le conflit est engagé, « il n'y a aucune sortie de secours garantie » ; il s'agit bien là « de contraintes propres à notre métier ». Rester dans un pays en guerre a toujours un coût, sinon en termes de pertes humaines, au moins du point de vue de leur éventualité. Pour autant, il conclut que « le niveau de risque que nous prenons à Bagdad ne nous a pas semblé sortir de ce que nous faisions ailleurs » et que « nous avons beaucoup d'équipes en zone de danger ». Certains, au sein de l'équipe de direction, ont une vision plus pessimiste du danger encouru et de la capacité de l'équipe locale à y faire face psychologiquement. Mais cette question de la sécurité, qui est mise en avant dans le débat, demeure évidemment subordonnée à une autre : pourquoi rester ? Si les risques sont importants, comment peut-on justifier de les prendre ? À quoi sert l'équipe sur place dans l'espace confiné et menacé où elle se trouve ? C'est à propos de l'utilité de la mission que les protagonistes manifestent la plus grande véhémence.

Pour les uns en effet, sur les scènes du monde où les volontaires de Médecins sans frontières s'exposent à des dangers objectifs, ils le font toujours pour apporter des « secours réels concrets », selon l'expression d'un coordinateur. Or, dans le cas irakien, la contribution d'une équipe de trois professionnels de la santé s'avère à l'évidence modeste au regard des centaines de médecins, chirurgiens et anesthésistes présents sur place dans les trente-cinq hôpitaux de Bagdad ou même, pour se limiter au cadre concret de l'intervention de l'équipe, des soixante médecins, chirurgiens et anesthésistes disposant de dix-sept blocs opératoires dans l'hôpital où les agents humanitaires s'efforcent d'apporter leur aide. L'efficacité est pourtant l'argument officiellement retenu pour rendre compte de la décision de rester. Selon le président, par exemple : « Si l'on a des représentants à Bagdad, c'est parce qu'ils vont apporter des secours. C'est le critère sur lequel nous avons arbitré. On envoie les équipes quand on pense qu'il y a une aide concrète à apporter, pas seulement au nom d'un idéal ! Cela doit être très clair et sans ambiguïté. » Beaucoup, cependant, ne sont pas convaincus par ces réponses, surtout compte tenu de la faiblesse des ressources humaines déployées au regard des dommages que chacun peut anticiper. L'un des membres historiques de l'association a sur ce point son interprétation : « C'est dans la charte MSF d'être sur les zones de guerre. Mais la chirurgie de guerre elle-même est inefficace puisqu'elle représente seulement dix pour cent de personnes sauvées par rapport à une situation sans intervention. Du coup, la question est : y être ou ne pas y être ? Si MSF n'y était pas, je me poserais des questions. » Pesant les arguments des uns et des autres, une administratrice en conclut : « C'est le vif du sujet. Le mouvement perpétuel entre les principes de la charte et l'efficacité réelle. Il y a des gens qui sont dans les principes, d'autres dans l'efficacité, cela se retrouve souvent dans les équipes. » Finalement, alors que le climat de la discussion devient très tendu, un jeune membre de l'association tente une sorte de motion de synthèse entre les deux logiques – entre les principes (moraux) et l'efficacité (en actes) : « À mon sens, énonce-t-il, ce que représente MSF, c'est une morale en actes. Il est impossible de dissocier les deux, et nous avons toujours eu conscience de la limite de notre action. Ce qui fait partie de nos principes, c'est que chaque vie sauvée compte et il y a des actes qui sauvent des vies. Je pense qu'à Bagdad cet espace devrait exister sous peu. » Son diagnostic était probablement juste, mais certainement pas son pronostic. Le démenti des faits sera cruel.

Quatre jours après cette réunion dans les locaux parisiens de Médecins sans frontières, deux des membres de l'équipe demeurée à Bagdad et leur chauffeur sont emmenés par des agents des services de renseignements irakiens dans un lieu qui demeure inconnu. Pendant plus d'une semaine, on est sans nouvelles de ceux que l'on hésite à qualifier publiquement d'otages et dont on évite de diffuser les noms dans la presse, afin de ne pas leur faire courir de risque supplémentaire. L'inquiétude s'installe au sein de l'association, tandis que les troupes occidentales approchent, que les conditions de sécurité dans la capitale ne cessent de se dégrader et que, finalement, l'hôpital où l'équipe espérait prêter assistance est pillé, conduisant de fait les quatre volontaires encore libres au désœuvrement. « C'est toute l'absurdité de la situation, déplore le coordinateur de la mission irakienne en France dans une note en date du 10 avril : MSF a dû suspendre ses activités au moment précis où les hôpitaux de la capitale sont débordés par les blessés. » Au terme de neuf jours de détention, les deux membres de l'association sont finalement libérés. Soixante-douze heures plus tard, États-Uniens et Britanniques occupent le centre de Bagdad. Pour l'équipe sur place, qui peut désormais rejoindre un petit centre hospitalier pour s'y déployer, le moment semble enfin venu d'être efficace auprès des victimes de la guerre dont le nombre s'accroît rapidement. D'ailleurs, les secours affluent, notamment des organisations qui avaient massé leurs agents et leur matériel de l'autre côté de la frontière, dans l'attente de réfugiés jamais arrivés.

Deux semaines plus tard, pourtant, le 28 avril, la décision est prise de quitter l'Irak. Médecins sans frontières s'en va donc avant même d'avoir commencé son œuvre humanitaire. Venus pour aider des « populations en danger », au moment où beaucoup avaient décidé de quitter un pays jugé bien trop risqué, les membres de la section française le quittent ainsi sans avoir pu agir, alors que la plupart des autres choisissent au contraire d'y revenir ou d'y rester, y compris les sections belge et néerlandaise de Médecins sans frontières. Ce retrait n'est pas compris par ceux qui avaient pris d'importants risques en restant et se voient sommés de se retirer quand d'importants besoins se font sentir. De ce fait, les Français partent désabusés, non sans avoir dénoncé, depuis le siège parisien, leurs collègues d'autres organisations humanitaires qui, selon eux, n'ont pas hésité à exagérer la gravité de la situation afin de sensibiliser leurs donateurs. « Recherche crise humanitaire, désespérément », ironisent un ancien président de l'association et le coordinateur du desk dans un texte paru quelques mois plus tard. « Pas de crise humanitaire en Irak », affirme de son côté le président en exercice dans un quotidien français[12]. Le chef de la mission, Bernard Calas, qui est l'un des otages libérés, ne partage toutefois pas cette vision, comme il le dit dans le dossier interne publié lors de l'assemblée générale de mai 2003 :

> La décision par la section française de quitter Bagdad m'a paru très hâtive et s'appuie selon moi sur des arguments discutables construits pour justifier une décision. Comme

> si la fin de la guerre laissait place automatiquement au temps de la reconstruction. À défaut de pouvoir la qualifier, nous avons donc disqualifié cette crise, sans explorer davantage les besoins de la population et les alternatives de négociation et de prise de parole. Ironiquement, on pourrait dire que la boucle est bouclée et qu'à défaut d'anticipation, la précipitation aura prévalu d'un bout à l'autre de notre intervention.

L'analyse est sévère, mais il est vrai qu'au terme de cette opération, pourtant conforme à l'esprit et à la lettre de la charte de l'association selon laquelle ses membres « apportent leurs secours aux populations en détresse » et « mesurent les risques et périls des missions qu'ils accomplissent », il apparaît que Médecins sans frontières n'a certainement pas eu l'efficacité par laquelle ses responsables avaient justifié le maintien d'une équipe et, notamment, n'a pas « sauvé des vies » comme ils l'escomptaient. Or, plus que cet « échec », finalement admis [13], c'est la passion suscitée par cette mission au sein du comité directeur et du conseil d'administration qui doit retenir l'attention.

## Le sens du sacrifice

Si l'on fait l'hypothèse que ce qui provoque une crise dans une institution est ce qui touche à ses fondements, alors il faut se demander ce qui sous-tend la controverse autour de la décision de demeurer en Irak. À travers la confrontation entre une éthique de conviction, représentée par l'adhésion à des principes quel qu'en soit le prix payé, et une éthique de responsabilité, correspondant à la juste mesure du risque par rapport à l'efficacité attendue, pour reprendre la distinction wébérienne, c'est le sens même de la médecine humanitaire qui est ici en jeu. En fait, dans le choc des arguments que renforce paradoxalement la formule finale d'une « morale en actes », deux figures de la vie s'opposent : la vie que l'on sauve, celle des victimes, et la vie que l'on expose, celle des intervenants. Physiquement, rien ne les distingue. Philosophiquement, un monde les sépare. Elles attestent en effet le dualisme, conceptualisé par Giorgio Agamben[14], entre la vie nue qu'il s'agit de secourir et la vie qualifiée que l'on met en jeu librement, entre la *zoé* des « populations locales » qui ne peuvent qu'attendre à la fois les bombes et les humanitaires en redoutant les premières et en se méfiant des seconds et la *bios* des « citoyens du monde » que sont ces intervenants qui viennent les assister avec courage et dévouement. Reconnaître cette inégalité des vies dans leur signification même – plus encore que dans les menaces qui pèsent objectivement sur elles –, ce n'est mettre en cause ni le bien-fondé de l'action humanitaire concrète qui se conduit au nom du droit des victimes ni la bonne foi des acteurs humanitaires individuels qui défendent ce droit, mais s'efforcer d'appréhender la configuration anthropologique dans laquelle l'une et les autres trouvent place. Dans cette configuration, le sacré ne réside plus dans l'homme maître de son existence, mais dans le seul fait de demeurer en vie. Aux uns, la liberté de se sacrifier pour une juste cause. Aux autres, la condition d'être sacrifiable dans une sale guerre. Cette inégalité est peut-être, dans les sociétés contemporaines, en même temps la plus intolérable éthiquement, car elle porte sur le sens même de la vie, et la mieux tolérée moralement, en ce qu'elle fonde le principe de l'altruisme[15]. Et c'est cette vérité que l'humanitaire dévoile sur le terrain irakien.

La politique humanitaire se présente en effet comme un parti pris résolu en faveur des « victimes ». Dans l'ordre du monde tel qu'elle le donne à voir, il y a des forts et des faibles. Les travailleurs humanitaires se déploient dans cet espace qui se trouve entre les deux, œuvrant auprès des seconds tout en dénonçant les premiers. Ils interviennent « là où la vie ne vaut pas une guinée[16] ». Ils s'adressent à celles et ceux qui sont considérés comme soumis à un risque de disparition physique et incapables d'assurer eux-mêmes le maintien de leur existence. Certes, toutes les situations de « survie », comme les acteurs les qualifient volontiers, ne sont pas aussi dramatiques et n'impliquent pas les mêmes risques vitaux, mais l'horizon visé par l'action humanitaire est bien celui de l'existence menacée. « Sauver des étrangers[17] », autrement dit des personnes que l'on ne connaît pas, au seul motif de leur humanité commune, telle est la plus haute mission que se donnent les organisations humanitaires. Un tel objectif suppose que soient définies des victimes. La chose peut paraître simple au regard de la manière dont nous percevons les conflits ou dont ils nous sont présentés. Elle suppose pourtant un double coup de force. D'une part, dans une guerre, il peut y avoir des victimes dans les deux camps, et souvent en dehors d'eux : les dichotomies morales habituelles, évidemment en partie fondées sur des faits politiques, impliquent au contraire une simplification du monde, dans laquelle les victimes doivent être identifiables et nommables, Biafrais, Tamouls, Tchétchènes, Kosovars, tout comme leurs agresseurs, Nigérians, Sri Lankais, Russes, Serbes ; or, la réalité échappe parfois à ces cadres lorsque, par exemple, les Tamouls commettent un massacre de paysans sri lankais, que les Tchétchènes enlèvent un membre d'une organisation humanitaire ou que les Kosovars albanophones deviennent les persécuteurs des familles serbes restées au Kosovo. D'autre part, présenter une population ou un peuple comme victime, c'est imposer à ses membres un statut dans lequel ils ne se reconnaissent pas nécessairement : l'individu représenté comme victime peut se voir comme combattant ou résistant, ou bien comme politiquement dominé et territorialement spolié ; néanmoins, il arrive fréquemment qu'il se plie à la catégorie qui lui est assignée en comprenant ses logiques et en anticipant ses bénéfices. Quoi qu'il en soit, cette construction est nécessaire à la justification de l'humanitaire, puisqu'elle détermine la cible de son intervention et lui est suffisante, en ce qu'elle n'a nul besoin du point de vue des personnes concernées sur la signification qu'elles donnent à leur situation. Les organisations non gouvernementales se trouvent du reste parfois conduites à réfléchir à ces questions lorsque des divergences d'interprétation apparaissent entre elles, comme ce fut le cas au Darfour quand les unes en appelaient à une intervention militaire pour éviter un « génocide » tandis que les autres considéraient qu'il s'agissait d'un conflit dans lequel il était illégitime d'intervenir.

Il est évidemment facile d'inscrire cette conception du monde et du rôle que doivent y jouer les travailleurs humanitaires dans la généalogie du « pouvoir pastoral » tel que Michel Foucault le caractérise, en référence au berger hébraïque et au berger chrétien[18]. Selon lui, ce qui caractérise ce pouvoir, c'est d'abord de s'exercer non pas sur un territoire mais « sur un troupeau », ensuite de se donner pour « fondamentalement bienfaisant », enfin d'être « individualisant » – « au point d'accepter de se sacrifier lui-même pour son troupeau ». Semblablement, le pouvoir des organisations humanitaires s'exerce sur une population qu'il faut assister, essentiellement pour le bien de ses membres, et même précisément de chacun d'eux. Ici, il importe de voir que l'action sur le collectif que constitue la population (dans un camp de réfugiés, par exemple) ne s'oppose nullement à l'action individuelle qui en est même la substance (chaque vie sauvée compte, dira-t-on). On comprend dès lors que rester à Bagdad, c'est se sentir responsable abstraitement d'un peuple sous les bombes, mais concrètement aussi des individus que l'on peut sauver, aussi rares soient-ils. Ce qui peut aller jusqu'à non pas se sacrifier, mais au moins en prendre le risque. Dès lors, l'inégalité fondatrice du geste humanitaire réside dans cette asymétrie des vies entre ceux dont la vie n'est que passivement sacrifiable, parce qu'ils sont pris sous les bombes, et ceux dont la vie peut être librement sacrifiée, parce qu'ils décident de rester. Pour les premiers, le don est sans possible contre-don, parce qu'on suppose qu'ils ne peuvent que recevoir. Ils sont les obligés du monde. Pour les seconds, le don peut aller jusqu'au don de soi. Au moins en théorie.

Sur cette scène de la guerre, il manque jusqu'à présent un protagoniste. J'ai montré les humanitaires face aux victimes qu'ils assistent. Il me faut maintenant les situer par rapport aux puissances militaires qui s'affrontent.

## Le prix à payer

L'ancien président de Médecins sans frontières Jean-Hervé Bradol est probablement celui qui donne la vision la plus sombre. « L'humanitaire peut faire de la résistance à l'élimination d'une partie de l'humanité un art de vivre fondé sur la satisfaction d'offrir inconditionnellement à une personne en danger de mort l'aide lui permettant de survivre », écrit-il[19]. Sa géographie morale du monde oppose deux continents : celui des « pouvoirs politiques institués » qui ont pour « fonction de décider du sacrifice humain, de départager les gouvernés entre ceux qui doivent vivre et ceux qui peuvent mourir » ; et celui du « projet humanitaire » qui a « pris le parti arbitraire et radical d'essayer de secourir ceux que la société sacrifie ». Le premier relève de l'« idéal cannibale », puisque « l'édification de l'ordre international requiert toujours son quota de victimes ». Le second procède d'une « dimension subversive », puisque « l'aide humanitaire s'adresse en priorité à ceux dont l'exigence de vivre se heurte à l'indifférence ou à l'hostilité ouverte des autres ». Ce monde binaire confronte ainsi une politique de la mort – celle des États criminels – et une politique de la vie – celle des acteurs humanitaires[20]. Entièrement définie en termes moraux, la politique devient une nouvelle guerre d'un axe du Bien contre un axe du Mal. Par un étonnant paradoxe, en ce début des années 2000, au moment même où certains pays, à commencer par les États-Unis, se lançaient dans une croisade morale contre leurs ennemis diabolisés, certains, au sein des organisations non gouvernementales, adoptaient un discours tout aussi manichéen. Le fait est toutefois moins étonnant qu'il n'y paraît et, si la formulation prend ici une tournure radicale, elle énonce cependant une vision du monde assez largement partagée au sein du monde humanitaire, au moins dans les organisations non gouvernementales françaises. En outre, le langage du sacrifice renvoie explicitement au fond religieux du pouvoir pastoral : dénoncer le « sacrifice humain » et sauver « ceux que la société sacrifie », y compris en payant de sa personne, c'est renouer avec la double tradition abrahamique (de celui qui sacrifie) et christique (de celui qui se sacrifie). Au-delà de la rhétorique, il y a dans cette représentation de la place de l'humanitaire une sorte de vérité généalogique.

Sans être obligé d'accepter la division morale du monde proposée par le président de Médecins sans frontières, on doit comprendre la décision de rester à Bagdad et les risques qu'elle comporte pour l'équipe sur place comme une résistance à la manière dont les États en guerre traitent les vies de leurs soldats, de leurs ennemis et même des populations civiles. À cet égard, les économies morales des états-majors occidentaux, évidemment influencées par l'évolution plus large de la valeur attachée à la vie humaine, ont subi au cours du XX^e^ siècle un profond bouleversement : des carnages des champs de bataille de la Première Guerre mondiale, on est passé à un évitement maximal des pertes militaires après les traumatismes collectifs qu'ont représentés les guerres d'Algérie pour la France et surtout du Viêtnam pour les États-Unis[21]. La doctrine du « zéro mort », telle qu'elle s'est développée depuis deux décennies au sein des armées occidentales et telle qu'elle a été théorisée par des experts militaires états-uniens, a cependant pour corollaire la rhétorique des « dommages collatéraux », qui en forme le nécessaire contrepoint. Réduire les risques dans son camp implique de les accroître dans le camp adverse, y compris – s'agissant de conflits officiellement déclenchés pour « libérer » ou « protéger » des populations – parmi les civils. Cette logique a atteint son paroxysme lors de l'intervention de l'Otan au Kosovo en 1999. En effet, non seulement le choix stratégique d'une opération aérienne permettait de limiter les pertes parmi les forces alliées – au prix des dégâts humains qu'entraîne souvent un bombardement –, mais la décision tactique de faire voler les avions à une altitude élevée afin de les rendre inaccessibles aux défenses antiaériennes serbes impliquait nécessairement une imprécision balistique accrue : à la suite d'erreurs de tirs de l'aviation états-unienne, il y eut plus de cinq cents civils tués parmi les populations kosovares que l'on voulait protéger alors qu'aucun pilote ne fut abattu[22]. Assurément, pour les forces d'intervention, il s'agissait de pertes humaines indésirables, pourtant rendues inévitables par les options militaires prises.

Bien que différente, puisque des opérations au sol s'y sont déroulées et surtout qu'une imposante présence permanente y a été déployée, entraînant forcément des pertes militaires parmi les troupes d'intervention, la guerre d'Irak déclenchée en 2003 a donné un nouveau tour et surtout une ampleur inégalée à cette doctrine. Outre que les bombardements massifs qui l'avaient précédée et préparée avaient fait de nombreuses victimes, dont beaucoup de civils, les conditions ultérieures de sécurisation des troupes américaines et britanniques ont conduit, là encore afin de réduire le risque de morts dans leurs rangs, à un usage préventif large des armes à feu. Seuls quelques épisodes particulièrement sanglants ou tragiques ont été dénoncés. Cependant, un an après le début des opérations militaires, en octobre 2004, l'armée d'occupation déplorait un millier de morts contre près de cent mille estimés par une enquête épidémiologique anglaise au sein de la population irakienne. Et deux ans plus tard, en octobre 2006, les troupes alliées comptaient 2 925 décès alors que les mêmes épidémiologistes britanniques établissaient le nombre de pertes en vies humaines du côté irakien à 655 000, dont 601 000 directement liées aux violences, le tiers étant causées par l'armée de la coalition[23]. L'écart considérable entre le nombre de tués dans les deux camps, presque exclusivement militaires du côté des forces d'intervention, essentiellement civiles du côté de la population irakienne, mesure *a posteriori* une politique implicite de valorisation différentielle des êtres humains qui est établie *a priori* dans les choix stratégiques faits par les états-majors visant à limiter le coût en vies humaines pour les forces de la coalition, fût-ce au prix d'un nombre très élevé de décès parmi les populations locales. Arithmétiquement, la vie des militaires occidentaux vaut deux cents fois la vie des habitants des pays dans lesquels ils interviennent pour les « libérer » ou les « protéger » ; le sacrifice de la vie de quelques centaines est la condition de la préservation de la vie sacrée d'un seul. Ce calcul pourrait sembler cynique ou déplacé s'il n'était pas effectivement produit pour l'estimation des indemnisations versées en cas de décès : le « tarif » est établi par les compagnies d'assurance à 400 000 dollars pour un militaire états-unien mort sur le front cependant que le gouvernement des États-Unis verse 2 500 dollars pour chaque civil irakien tué par erreur[24]. Ici, la valorisation est de cent soixante fois supérieure pour les soldats étrangers par rapport aux populations locales : on est bien dans les mêmes ordres de grandeur de valeurs relatives des vies.

Que ce raisonnement en termes de prix à payer soit réellement à l'œuvre dans l'esprit des gouvernants, on en a bien sûr rarement la démonstration publique. C'est ce qui rend particulièrement remarquable la réponse de la secrétaire d'État Madeleine Albright à qui, lors d'un entretien télévisé, un journaliste demandait en 2000 si elle ne pensait pas que le demi-million d'enfants irakiens morts en raison du blocus économique des États-Unis selon les estimations de l'Unicef était un coût dramatiquement élevé pour exercer des pressions sur le régime baasiste : « C'est une décision difficile, mais nous pensons que c'est le prix à payer[25]. » S'agissant de l'intervention de 2003, on pourrait d'ailleurs considérer comme une sorte de progrès moral, pour utiliser une formulation héritée des Lumières, le fait que le comptage des pertes en vies humaines des deux côtés et donc le calcul du quotient des morts survenues de part et d'autre soient même possibles. On se rappelle que lors de la première guerre d'Irak, les estimations des morts irakiennes variaient de quelques milliers à plusieurs centaines de milliers, personne n'ayant cherché à les dénombrer, ni du côté des troupes alliées ni du côté du régime vaincu. Quand on ne compte pas les morts, c'est que les vies ne comptent plus. La fameuse phrase du général chef d'état-major des forces de la coalition Tommy Franks en 2003 : *« We don't do body counts »* [nous ne comptons pas les corps] en dit probablement plus long sur la réalité de ces conflits lointains qu'il ne le pensait lui-même lorsqu'il faisait cette déclaration. Car même si, comme je l'ai dit, on dispose des données de mortalité grâce aux enquêtes épidémiologiques, toujours critiquées précisément parce qu'elles reposent sur des estimations à partir d'échantillons de populations, on n'a pas de données d'état civil fiables qui permettraient non seulement de fournir un chiffre précis des morts mais aussi de donner aux individus décédés un nom.

Le geste de Médecins sans frontières décidant de rester à Bagdad au moment où le bombardement allait commencer lance un défi à cette politique des vies qui ne comptent pas. En s'exposant ainsi au danger, ils mettent en quelque sorte en jeu l'égalité des existences de manière concrète et immédiate : toutes les vies redeviennent apparemment égales, c'est-à-dire aussi vulnérables pour les populations irakiennes que pour les agents humanitaires qui les assistent. Le sacrifice auquel ils consentent (risquer d'être tués) déplace l'inégalité radicale entre la vie sacrée des uns (les soldats occidentaux) et la vie sacrifiée des autres (les civils locaux). Avec cet acte héroïque, la politique humanitaire de la vie offre un saisissant contrepoint à la politique militaire de la vie. Du moins en est-ce l'intention.

## La valeur des vies

Cette égalité ne résiste en effet pas longtemps à l'épreuve des faits. La prise d'otages qui survient dès les premiers jours de l'intervention de la coalition ramène l'idéal humanitaire à la dure réalité de la valeur des vies. L'enlèvement des trois membres de l'équipe paralyse l'action de leurs autres collègues, ainsi que l'organisation dans son ensemble qui d'abord cesse temporairement toute activité, puis décide le retrait de sa mission. Du côté irakien, aucune personne n'a été sauvée, aucun blessé n'a même été soigné. Surtout, il est apparu qu'au sein de l'organisation l'exposition des vies n'était pas tenable : lorsque le danger, de virtuel, est devenu réel, l'intervention a été interrompue, afin de ne pas faire courir de risque au personnel enlevé ; et lorsque les trois membres ont été libérés par leurs ravisseurs, tandis que les autres organisations humanitaires se mettaient au travail sur le vaste chantier d'une pacification loin d'être acquise, la section française de Médecins sans frontières a quitté le pays, arguant du fait que la situation sanitaire n'y était finalement pas si préoccupante et que les conditions de travail n'y étaient pas satisfaisantes[26]. En réalité, le traumatisme de l'enlèvement a mis au jour les contradictions d'une politique d'exposition des vies qui avait été affirmée mais que l'on ne parvenait pas à tenir devant la réalité du péril.

L'épisode irakien, heureusement bien terminé, est exemplaire de la vulnérabilité des associations humanitaires à l'égard des prises d'otages. Sa seule singularité tient à ce qu'il n'a pas été possible d'énoncer, au sein de l'organisation, cette vérité simple que la vie des humanitaires envoyés sur le terrain est une priorité absolue des missions. On peut le comprendre : après avoir dépensé tant d'énergie pour démontrer que l'on devait rester malgré le risque pris, il était difficile de reconnaître que l'on quittait le pays en raison du péril encouru, surtout rétrospectivement. Plus généralement, la fragilité au regard des pratiques de kidnapping, qui se sont banalisées dans certaines régions du monde, affecte les actions des organisations humanitaires – phénomène qui ne vaut évidemment pas que pour elles et c'est une préoccupation majeure également pour les gouvernements occidentaux. Plusieurs autres enlèvements se sont produits au cours des dernières années au sein de Médecins sans frontières, entraînant chaque fois la paralysie non seulement de la mission concernée, mais également de toute l'organisation. Que ce soit en Colombie, en Tchétchénie, au Daghestan, en Somalie, en République démocratique du Congo, après chaque prise d'otages, l'assistance aux populations a été interrompue et l'institution ne s'est plus concentrée que sur un seul objectif: sauver le compagnon enlevé. Cet objectif a du reste toujours été atteint.

On peut bien sûr comprendre le souci de protéger avant tout son propre personnel, d'autant que les membres enlevés étant presque toujours des expatriés, ils ont des liens d'amitié avec les équipes locales tout comme avec les sièges européens. D'ailleurs, sur les scènes des conflits, les protagonistes savent bien cette faiblesse du monde occidental et de ses organisations non gouvernementales à l'égard des prises d'otages et, dans certaines régions du monde, l'Asie centrale notamment, ils en jouent cyniquement, sans s'embarrasser des différences entre militaires et humanitaires, entre agents de sécurité privés et journalistes de la presse étrangère, contraignant les États et les organisations non gouvernementales à des négociations longues et difficiles dans lesquelles le prix des vies des personnes enlevées s'évalue et se monnaye souvent de façon concrète et précise. Le cas qui a le plus mobilisé Médecins sans frontières, au cours de son histoire récente, à savoir l'enlèvement d'Arjan Erkel, responsable néerlandais de la mission du Nord-Caucase, est de ce point de vue exemplaire. Ce n'est qu'au bout de vingt mois de captivité, sans que l'on sache qui avait commandité la prise d'otages, qu'il a été libéré contre une rançon d'un million d'euros versés par l'État néerlandais puis réclamés en vain par ce dernier à Médecins sans frontières[27]. La publicité faite à cette transaction a ainsi permis pour une fois non seulement d'avoir la confirmation qu'une somme avait été donnée aux ravisseurs, mais également d'en connaître le montant et donc de savoir à combien pouvait être évaluée la vie d'un travailleur humanitaire. Ou, plus exactement, d'un volontaire expatrié, car même parmi les membres des organisations non gouvernementales, toutes les vies ne se valent pas.

Dans les missions, la distinction la plus ordinaire qui est en effet établie par toutes les organisations étrangères, qu'elles soient humanitaires ou de développement, sépare deux catégories de personnel : les « expatriés » et les « nationaux ». Dans le cas de Médecins sans frontières, les premiers proviennent presque exclusivement des pays occidentaux et sont membres de l'association tandis que les seconds appartiennent à la communauté locale et sont considérés comme des employés de l'association. Pour justifier cette différence de statut, l'organisation a longtemps affirmé que les expatriés étaient engagés dans le projet humanitaire alors que les nationaux étaient seulement à la recherche d'un emploi. Volontaires, d'un côté, mercenaires, de l'autre, en somme. L'argument était cependant inversé lorsqu'il s'agissait de négocier des grilles de salaire puisqu'on faisait alors valoir au personnel local, contractuel et même souvent journalier, que le service rendu aux populations devait être sa vraie rétribution. Quoi qu'il en soit, aujourd'hui, les expatriés participent à l'assemblée générale et votent pour leurs représentants, tandis que les nationaux sont tenus en dehors de la vie démocratique de l'association. Sur le terrain, l'autorité revient aux premiers, quand bien même il s'agit de volontaires sans expérience ayant affaire à des professionnels locaux expérimentés. Au quotidien, les expatriés vivent entre eux dans le logement mis à leur disposition par l'association et généralement à l'écart de la société locale, pendant que les nationaux rentrent chaque soir dans leur famille.

Cette administration des missions, avec cette séparation presque infranchissable entre les catégories de personnel en fonction de leur origine, était jusqu'à une période récente considérée comme allant de soi dans les organisations humanitaires. Au fond, il était admis que l'aventure humanitaire était une affaire d'hommes et de femmes de bonne volonté venus des pays occidentaux qui se dévouaient pour des populations en danger et qui avaient besoin sur place d'une assistance technique autochtone afin de mener à bien leur œuvre, comme les administrateurs coloniaux pouvaient avoir besoin de chefs locaux et les anthropologues d'informateurs. Du reste, les nationaux, qui n'étaient jamais membres des personnels des administrations centrales ni représentés dans les instances dirigeantes, n'avaient pas voix au chapitre, demeurant même invisibles : au siège des organisations, où ils ne venaient jamais car les seuls billets d'avion financés étaient ceux des expatriés, on ne les connaissait pas ; sur le terrain, ils n'étaient que rarement pris en considération, ne participant pas aux décisions, et n'étant pas même consultés. C'est au début des années 2000, soit trente ans après la création de Médecins sans frontières, que cette discrimination, dont chacun pouvait voir qu'elle était contraire aux principes fondateurs de l'organisation, a commencé à poser problème et à être dénoncée par certains, y compris pour les dysfonctionnements pratiques qu'elle génère dans le travail. Ainsi, Armanda Harvey, responsable des ressources humaines de terrain, en a-t-elle fait une priorité : « Nous avons atteint les limites d'un système, basé sur un fonctionnement corporatiste "expats" qui ne correspond plus à la réalité MSF d'aujourd'hui. Les améliorations que nous pourrons apporter resteront marginales si l'on ne remet pas en question notre organisation. *Quid* de l'efficacité de ton travail si tu es en mission au Soudan sans jamais demander l'avis des Soudanais[28] ? » Plusieurs projets de réforme ont donc été esquissés, mais jamais menés à leur terme malgré les protestations répétées de professionnels locaux désireux d'être enfin reconnus.

La différence de statut entre expatriés et nationaux a pourtant des conséquences importantes pour la vie des personnes concernées. Bien sûr, elle implique des différences de rémunération et surtout de contrat, les nationaux étant souvent employés pour des courtes, voire très courtes périodes, y compris au jour le jour : du reste, la précarité de ces contrats est accentuée par le fait qu'ils sont signés localement et, par conséquent, à la discrétion des personnels expatriés, rendant les personnels locaux entièrement dépendants de leurs supérieurs occidentaux. Cette vulnérabilité des employés locaux est encore renforcée par le fait que la protection sociale accordée aux deux catégories de personnel s'avère très inégale. Alors que la couverture médicale des expatriés correspond à ce que prévoit le système français de Sécurité sociale, les nationaux ne bénéficient pas d'une véritable assurance et, lorsqu'ils sont malades, ne sont généralement ni soignés ni indemnisés. C'est lors de l'assemblée générale de 2000 que la question a été soulevée et qu'une motion a été votée : Médecins sans frontières devait désormais assurer en tant qu'employeur le traitement et le suivi des malades du sida. Le paradoxe troublant était en effet que, tandis que l'organisation s'était faite le champion des antirétroviraux, stigmatisant les États occidentaux et les institutions internationales pour leur manque d'engagement en la matière et se donnant eux-mêmes en exemple, leur propre personnel ne fût pas pris en charge[29]. La motion fut longue à se traduire dans les faits et trois ans après son vote, le président s'inquiétait encore des difficultés de sa mise en œuvre.

La question de la protection des nationaux revêt une dimension plus tragique encore dans les situations de conflit car, à la différence des expatriés, ils ne bénéficient d'aucune forme d'immunité institutionnelle. Une enquête révèle ainsi que près de six décès sur dix intervenus parmi les travailleurs de l'humanitaire au cours des deux dernières décennies concernent des personnels nationaux, cette estimation étant certainement très au-dessous de la réalité puisque, d'une part, beaucoup d'entre eux sont salariés au jour le jour et donc n'apparaissent pas dans les effectifs et que, d'autre part, dans le cas du Rwanda où la mortalité des travailleurs humanitaires a été très élevée, les chiffres concernant les personnels nationaux demeurent mal connus[30]. Autrement dit, au sein des organisations humanitaires – comme du reste dans les organismes de développement ou de coopération –, des différences sont systématiquement instituées entre personnels étrangers, presque toujours occidentaux, et personnels locaux. Ces différences concernent non seulement le statut, le pouvoir, les responsabilités, le type de contrat, le niveau de rémunération et les signes de considération, mais aussi la protection de leur vie, voire de leur survie, qu'ils soient menacés par la maladie ou par la guerre. L'épidémie de sida, d'un côté, le génocide rwandais, de l'autre, ont cruellement révélé ces discriminations et leurs conséquences. Au sein de l'humanitaire même, des hiérarchies d'humanité sont ainsi passivement établies, mais rarement identifiées pour ce qu'elles sont, c'est-à-dire des politiques de la vie qui, dans les moments de crise, aboutissent à la constitution de deux ensembles d'individus : ceux dont la situation d'expatriation protège le caractère sacré de la vie et ceux que leur appartenance à la société aidée exclut paradoxalement de cette protection. Pendant longtemps, les travailleurs humanitaires, tout occupés qu'ils étaient à sauver la vie des « autres », ne s'étaient pas même rendu compte qu'à leurs côtés, les personnels nationaux, trop proches peut-être pour être pensés dans une altérité de victimes, trop loin cependant pour être considérés comme appartenant à leur communauté humanitaire, ne se voyaient pas accorder le même droit à la vie que pourtant ils défendaient dans les arènes internationales. Or, il se trouve que ce qu'ils n'avaient pas vu, les protagonistes des conflits, eux, l'avaient perçu. Le fait que toutes les vies n'ont pas le même prix entrait dans leurs calculs. Lorsqu'ils commettaient des enlèvements, ils savaient que seuls les étrangers avaient une valeur marchande élevée qu'ils pourraient négocier âprement, mais aussi une valeur politique qu'on leur ferait payer cher s'ils venaient à les tuer. En revanche, leurs compatriotes, dont ils n'imaginaient pas que la vie puisse être monnayée et dont ils savaient que la mort ne leur coûterait rien, seraient généralement exécutés.

*

L'action humanitaire des organisations non gouvernementales, depuis la naissance du Comité international de la Croix-Rouge jusqu'à l'émergence du mouvement inauguré par Médecins sans frontières, s'est historiquement construite, en réponse à l'inhumanité de la guerre, comme une restauration de l'idée même d'humanité, dont la généalogie, tant chrétienne avec les ordres charitables, que laïque avec les sociétés philanthropiques, déploie une double dimension qui renvoie aux deux significations du mot lui-même. D'une part, elle est un concept selon lequel l'humanité, en tant qu'ensemble des êtres humains, est une et indivisible – concept dont on sait qu'il est à la fois récent et fragile. D'autre part, elle est un sentiment par lequel les individus manifestent à l'égard de leurs frères dans la souffrance ou le danger un geste d'humanité – sentiment par lequel s'éprouve concrètement l'appartenance commune à l'espèce humaine. Ce paradigme, qui est aujourd'hui assez largement accepté, s'est imposé contre d'autres qui, soit établissent des distinctions entre les êtres humains (à travers l'idée de race, par exemple), soit revendiquent une indifférence à l'égard des autres lointains (par exacerbation d'un sentiment national, notamment).

Sur le terrain des conflits contemporains, les militaires qui interviennent, au nom de l'intérêt de leur pays ou même au nom d'intérêts supérieurs (quelle que soit la solidité de cette distinction qui est souvent largement rhétorique), ne nient pas en théorie l'idée et le sentiment d'humanité, mais ils les mettent en cause par leur pratique. Ils sont généralement amenés, en particulier sous la pression du discours de leurs gouvernants et de leurs supérieurs, à faire de l'ennemi une catégorie d'humanité suffisamment à distance pour pouvoir être tué en nombre en dehors de toute compassion. L'injustice de la guerre aujourd'hui ne tient plus dans les carnages en quelque sorte partagés entre les camps opposés comme jadis, mais au contraire dans l'inégalité de la valeur des vies sur les champs de bataille : vie sacrée des armées occidentales d'intervention, dont chaque existence perdue est comptée et honorée ; vie sacrifiable non seulement des troupes ennemies, mais aussi de leurs populations civiles, dont les pertes ne sont qu'imprécisément dénombrées et dont les cadavres finissent parfois dans des fosses communes. Contre ces politiques inhumaines de la vie – au sens où elles sont en rupture avec l'idée et le sentiment d'humanité –, les organisations humanitaires revendiquent une politique de la vie qui rétablirait la solidarité entre les êtres humains et l'équivalence des vies.

Or, cette politique introduit à leur insu une double inégalité : l'une concerne les personnes auprès desquelles elles interviennent, l'autre les personnes avec lesquelles elles le font. Premièrement, le geste humanitaire, au moment même où il rétablit sur le terrain l'égale valeur de tous par une solidarité poussée jusqu'au possible sacrifice, introduit de fait une distinction entre ceux dont la vie est digne d'être exposée (les travailleurs humanitaires) et ceux dont la vie se trouve exposée de fait (les populations auprès desquelles ils interviennent) : les uns sont des sujets politiques activement engagés dans leur mission d'aide, les autres n'ont de subjectivité que comme victimes passivement soumises à l'événement. Entre les deux est instituée une relation qui est moins de solidarité que d'obligation et dont le don de la vie est l'enjeu. Pourtant, ce contrat n'est pas tenu jusqu'au bout, puisque la réalisation du danger (la prise d'otage) interrompt la mission. L'inégalité abstraite, morale en somme, entre sujets politiques et victimes supposées, devient une inégalité concrète, physique même, entre ceux qui décident de partir et ceux qui ne peuvent que rester. Deuxièmement, l'action humanitaire, au moment où elle se déploie sur le terrain au nom de l'assistance aux plus vulnérables, méconnaît en son sein la distinction entre ceux qui viennent de loin apporter des secours (les volontaires expatriés) et ceux qui, sur place, leur permettent de mener à bien cette tâche (les personnels nationaux) : les uns sont censés agir par dévouement, les autres sont considérés comme agissant par nécessité. Entre les deux, une hiérarchie statutaire, contractuelle, financière, politique est instaurée. Elle a pour corollaire une différence de protection à l'égard de la maladie et du danger, instituant une inégalité de la valeur des vies que reprennent à leur compte les belligérants. La première des deux inégalités est en quelque sorte inhérente à l'intervention humanitaire : elle rappelle que toutes les vies ne se valent pas et qu'on ne peut sauver des vies que pour autant qu'on ne risque pas réellement la sienne. Elle fait finalement partie de notre conception de la sacralité de la vie humaine, qui, comme on le dit de la charité, commence par soi-même. La seconde des deux inégalités est en revanche une forme d'inconscient de l'intervention humanitaire : elle nous dit la vérité d'une hiérarchie des vies qu'on parvient habituellement à occulter, mais qui se manifeste au grand jour lorsqu'on réalise qu'un salarié local n'est qu'un auxiliaire dans une entreprise conduite depuis le monde occidental et qu'il ne peut donc participer à cette aventure généreuse. Elle énonce ainsi ce qui fonde le mouvement humanitaire, à savoir un transport de sentiments moraux des pays riches vers les pays pauvres, d'un monde de paix vers un monde en guerre. Les deux inégalités sont liées entre elles : l'inégalité entre expatriés et nationaux est la traduction au cœur des organisations humanitaires de l'inégalité entre bienfaiteurs et victimes. On aurait tort, évidemment, de ne pas voir combien l'une et l'autre, loin d'être des singularités qui seraient propres aux acteurs humanitaires, sont inscrites dans les économies morales contemporaines. L'inégalité des vies en est un des fondements, souvent invisible.

CONCLUSION

# Critique de la raison humanitaire

> On doit échapper à l'alternative du dehors et du dedans ; il faut être aux frontières. La critique, c'est bien l'analyse des limites et la réflexion sur elles.
>
> MICHEL FOUCAULT,
> *Qu'est-ce que les Lumières ?*

Qu'est-ce qu'une pensée critique ? En quoi peut-elle nous être utile pour penser le monde et, éventuellement, agir sur lui ? Cette question, les sciences sociales se la posent depuis qu'elles existent. Émile Durkheim, promoteur d'une science positive de la société, n'en fut pas moins – dans sa vie publique comme dans sa vie intellectuelle – profondément impliqué dans une réflexion critique, souvent plus morale que politique, sur le monde et ses mutations. Max Weber, longtemps présenté comme le défenseur de la neutralité axiologique, n'en considérait pas moins – loin de l'antinomie, dont on a voulu lui attribuer la paternité, entre le savant et le politique – l'exercice de la pensée critique nécessaire dans la recherche, peut-être plus encore que dans l'action. Franz Boas, tout physicien qu'il fût avant de s'engager dans l'anthropologie, n'en mettait pas moins – y compris à ses risques et périls institutionnels – la connaissance de sa discipline au service d'une critique d'un ordre social qui était aussi un ordre racial[1]. La question n'est donc pas nouvelle. En réalité, hier comme aujourd'hui, la vocation du chercheur en sciences sociales lui vient souvent d'un mélange d'intérêt pour l'invention permanente dont les sociétés sont à la fois la source et le produit et de jugement sur l'état des choses telles qu'il les découvre dans le monde social. La pensée critique est à la croisée des deux, entre la curiosité et l'indignation, entre le désir de comprendre et la volonté de transformer. L'engagement, dont parle Norbert Elias, n'est donc pas seulement une contrainte qui s'impose aux sciences sociales et qui devrait les rendre envieuses ou nostalgiques de la distanciation des sciences naturelles : il est ce qui en fait la singularité et même la nécessité. Il n'y a, au fond, de sciences sociales que critiques.

Pour autant que l'on accepte cette prémisse – mais qui défendrait l'idée d'une science, quelle qu'elle soit, non critique ? – alors la question n'en est que déplacée : qu'est-ce qui fonde cette critique ? Ou encore : comment la mettre en œuvre ? Dans un célèbre article publié durant la dernière année de sa vie, Michel Foucault discute un texte écrit en 1784 par Kant en réponse à la question adressée par un journal berlinois : « Qu'est-ce que les Lumières ? » Reprenant de façon très libre l'argument du philosophe allemand pour, à son habitude, lui faire dire ce que lui-même pense, Michel Foucault note : « L'hypothèse que je voudrais avancer, c'est que ce petit texte se trouve en quelque sorte à la charnière de la réflexion critique et de la réflexion sur l'histoire. La réflexion sur "aujourd'hui" comme différence dans l'histoire et comme motif pour une tâche philosophique singulière me paraît être la nouveauté de ce texte. En l'envisageant ainsi, il me semble qu'on peut y reconnaître un point de départ : l'esquisse de ce qu'on pourrait appeler l'attitude de modernité[2]. » En d'autres termes, la naissance de la critique à l'âge moderne serait ce retour sur le présent qu'on ne prendrait plus comme un donné, mais comme un moment historique par rapport auquel le véritable engagement consisterait paradoxalement à s'en distancier. Ce qui semble aller de soi serait précisément ce qu'on mettrait en question. Là où l'évidence du monde social s'impose avec toute la force de l'actualité, il s'agirait de conserver une capacité d'étonnement.

C'est cette démarche que je me suis efforcé d'adopter dans ce livre en repérant, à travers une diversité de scènes sociales, une logique générale que j'ai proposé d'appeler *raison humanitaire* et qui me semble éclairer les multiples facettes d'une histoire morale du temps présent. L'exercice n'est toutefois pas sans difficulté. Il est même d'autant plus délicat qu'il porte sur ce qui semble non seulement aller de soi mais s'imposer moralement. L'écoute des exclus et des marginaux, l'assistance aux pauvres et aux malheureux, la reconnaissance des étrangers malades et des demandeurs d'asile, la compassion pour les orphelins du sida et pour les sinistrés de catastrophes, le témoignage en faveur des victimes de guerre sont autant de postures et d'actions que nous jugeons bonnes *a priori,* pour des causes que nous trouvons justes pour elles-mêmes. Interroger cette évidence morale en la prenant comme objet d'étude plutôt que comme objet de jugements et de sentiments, c'est introduire un coin dans ce qui fait généralement consensus. La soumettre à l'analyse en essayant de s'abstraire de l'évaluation et de l'émotion, c'est risquer de tomber sous l'accusation de relativisme (parce qu'on montrerait que ces actes et ces attitudes considérés comme relevant d'impératifs absolus sont en fait historiquement et culturellement situés) ou de cynisme (parce qu'on établirait que les sentiments moraux sont compatibles avec des considérations politiques, des positions idéologiques et même des intérêts pratiques). Il y a donc une difficulté particulière, je crois, à exercer une pensée critique sur ces questions qu'on tend à placer au-delà de toute discussion. La raison humanitaire est moralement intouchable.

Pour autant, toutefois, qu'on essaie de passer outre ce tabou intellectuel, l'interrogation devient maintenant : quelle serait la juste distance pour l'étudier ? Ou peut-être plus exactement : quelle serait la bonne position de la critique ? Depuis Platon et la fameuse allégorie du Livre VII de *La République,* une réponse classique – et, somme toute, héroïque – consiste à estimer que la fonction sociale de la critique serait de donner aux hommes la lumière de la vérité. Ainsi, étant parvenu à sortir de la caverne où sont retenus ses compagnons d'infortune, le philosophe peut-il leur dire à la fois qu'il y a un soleil à l'extérieur et qu'ils vivent dans l'illusion des ombres qu'ils prennent pour la réalité. Il leur apporte donc la connaissance de ce qu'ils ignorent et la critique de ce qu'ils croient savoir. Pour ce faire, il faut qu'il se trouve à l'extérieur de la caverne. C'est en prenant le contrepied de ce texte que Michael Walzer propose sa conception de la critique : « Certains ne cherchent à connaître que d'autres critiques ; ils ne trouvent leurs pairs qu'en dehors de la caverne, dans le flamboiement de la vérité. D'autres trouvent leurs semblables et même des camarades à l'intérieur, dans l'ombre de vérités contingentes et incertaines[3]. » Il relève la différence de statut de la critique en fonction de la position occupée : radicalité souvent hautaine à l'extérieur de la caverne, compréhension volontiers complaisante à l'intérieur.

La plupart des travaux de sciences sociales se situent de part et d'autre de cette ligne, entre le dehors et le dedans. Il faut faire le choix de son camp – ou plutôt de sa position. D'un côté, on dévoile. De l'autre, on traduit[4]. Les uns pratiquent la dénonciation de l'ordre social. Les autres proposent une grammaire des mondes sociaux. Chez les sociologues, cette tension s'exprime entre ceux qui font de la critique un instrument de leur radicalité et ceux qui la prennent pour objet de leur analyse : sociologie critique *versus* sociologie de la critique, en somme. En anthropologie, la démarcation se fait souvent entre ceux qui s'en prennent à la violence structurelle du monde et ceux qui entendent rendre compte des ordonnancements singuliers de chaque société : anthropologie critique *versus* anthropologie culturaliste, si l'on peut dire. Au fond, on retrouve ici la différence entre deux approches de l'idéologie[5] : celle de Marx, pour qui elle est ce qui déforme, travestit et même inverse la réalité pour nous en masquer les logiques de domination et les intérêts de classe ; et celle de Geertz, pour qui elle est le système culturel par lequel nous faisons sens, en particulier politiquement, des rapports sociaux. La première est dissimulatrice et nous abuse ; la seconde est intégratrice et nous constitue. On pourrait ainsi saisir l'idéologie humanitaire, dans un cas, à partir de ce qu'elle occulte de la réalité du monde et, dans l'autre, en tant qu'elle est devenue notre manière de l'appréhender. En première analyse, les deux perspectives qui s'opposent dans cette série de couples semblent inconciliables : on ne peut pas être à la fois dehors et dedans, dévoiler ce que les agents ne verraient pas et traduire ce qu'ils sauraient mieux que nous. Risquons pourtant une reformulation de cette dualité en posant la possibilité d'une pensée critique qui se situe « aux frontières[6] » – au seuil de la caverne, en quelque sorte, là où un pas d'un côté fait passer dans la lumière, quand un pas de l'autre plonge dans les ténèbres.

C'est bien cette position aux frontières que j'ai voulu défendre dans cet ouvrage. Je ne me suis pas situé en surplomb des acteurs, en un lieu d'où la critique est d'autant plus facile que l'art n'est jamais mis à l'épreuve.

Je n'ai donc pas pris comme allant de soi le bien-fondé du discours sur la souffrance, la bienveillance des politiques compassionnelles, la réduction des personnes à un statut de victime. Je me suis efforcé de saisir ce que signifiait cette raison humanitaire et ce qu'elle occultait, de ne la prendre ni comme le meilleur des gouvernements possibles ni comme une illusion qui nous abuserait. En multipliant les angles de vue – de scènes proches en scènes lointaines, des lieux d'écoute aux zones de conflit – et en diversifiant les objets – de l'administration des pauvres à la gestion des catastrophes, du traitement de l'asile à la question du témoignage –, il m'a semblé que l'on pouvait rendre plus intelligibles les logiques globales de la raison humanitaire. Surtout, sur chacun de ces terrains, j'ai essayé de procéder par allers et retours entre le dedans et le dehors des mondes sociaux que j'étudiais, attentif aux discours et aux pratiques de leurs membres autant qu'aux enjeux qui me paraissaient leur échapper, serrant au plus près leurs contraintes mais aussi leurs espaces de liberté. Ma critique a ainsi pu s'appuyer sur la lucidité et la réflexivité des acteurs – dont beaucoup manifestent leur ambivalence ou leur déception par rapport aux politiques qu'ils mettent en œuvre – sans pour autant renoncer à l'autonomie d'un travail sociologique et anthropologique qui s'attache à explorer les points laissés aveugles. Du reste, pour avoir fait des certificats médicaux à la demande d'étrangers en situation irrégulière tout en critiquant l'humanitarisation des politiques de l'immigration et pour avoir travaillé dans des organisations humanitaires tout en maintenant une posture critique en leur sein, je savais d'expérience qu'il était possible d'obéir à cette double injonction. Je connaissais la possibilité et même la nécessité – mais aussi la difficulté – de ce jeu d'engagement et de distanciation qui, loin d'être une sorte de schizophrénie, provient tout simplement d'une exigence éthique et intellectuelle au regard de laquelle le respect des interlocuteurs n'empêche pas l'exploration des territoires sur lesquels ils ne peuvent ou ne veulent aller.

La critique que je défends est donc une critique qui nous implique – individuellement et collectivement – et non pas une critique qui laisse le chercheur en sciences sociales, seul, à l'extérieur de la caverne. Il y va, je crois, d'une véritable radicalité de la critique[7]. Mais puisque c'est avec les philosophes que j'ai engagé ce dialogue, il me faut ajouter qu'à la différence de la manière dont ils procèdent, les sociologues et les anthropologues – du moins ceux qui ont une pratique ethnographique – produisent leur critique à partir d'enquêtes dans lesquelles des individus pensent et agissent, des groupes se forment et s'opposent, des intérêts s'affirment et se combattent. Ils ne sont pas dans le royaume des concepts, mais dans le quotidien de la vie. Ils doivent donc faire avec cet « empirisme irréductible », dont parle Olivier Schwartz[8]. Dès lors, les choses sont un peu plus compliquées qu'elles n'en ont l'air : derrière les idées et les idéologies, il y a des personnes, avec leurs contradictions et leurs hésitations, qui appartiennent successivement ou simultanément à des mondes différents, qui défendent des positions variables et s'inscrivent dans des logiques distinctes. Il y a aussi des situations dont les interprétations sont délicates et les enjeux incertains, dans lesquelles les rapports de force se déplacent et parfois même s'inversent. Confrontée à ces acteurs et à ces faits qui résistent à toute tentative de réduction, la critique doit rendre compte de cette irréductibilité. C'est la fragilité, mais aussi, n'en doutons pas, la grandeur des sciences sociales que de devoir toujours composer avec une complexité et même une indétermination des faits qui tiennent simplement à ce qu'ils sont le résultat d'intentions et d'actions humaines.

*

Dans ces conditions, qu'est-ce qu'une critique de la raison humanitaire ? Si l'on admet avec Charles Taylor que les « imaginaires sociaux » d'une époque « ne sont pas des ensembles d'idées, mais plutôt ce qui permet, en leur donnant sens, les pratiques d'une société », alors on peut dire que la raison humanitaire représente un puissant imaginaire social de notre temps. Pourtant, elle semble échapper à l'analyse du philosophe canadien pour qui « ce qui est central à la modernité occidentale, c'est une nouvelle conception de l'ordre moral de la société », au cœur de laquelle il situe « l'économie de marché, l'espace public et la souveraineté du peuple, entre autres ». Je crois que la raison humanitaire relève d'un peu plus que de cet « entre autres » : elle occupe une place cruciale dans l'ordre moral contemporain. Je pense l'avoir montrée à l'œuvre, dans ce livre, en analysant comment elle était mobilisée dans les pratiques de nos sociétés, du traitement de la pauvreté, de l'asile ou de l'enfance en danger à la justification des actions publiques, des causes et même des guerres. Cette raison humanitaire est inscrite dans notre modernité – puisqu'elle apparaît, notamment en Grande-Bretagne, avec les mouvements d'abolition de l'esclavage à la fin du XVIII^e siècle – mais aussi dans notre présent – notamment avec la création, en France, des grandes organisations non gouvernementales d'intervention d'urgence dans les dernières décennies du XX^e siècle. Le trait distinctif, à cet égard, des sociétés contemporaines est certainement la généralisation du référentiel des sentiments moraux dans la vie politique. C'est ce que j'ai proposé d'appeler le gouvernement humanitaire. Revenons une dernière fois sur ce qui le singularise.

Il faut ici considérer la double signification du mot « humanité » que la langue française indifférencie par l'usage d'un seul terme, quand l'allemand et l'anglais se montrent sémantiquement plus discriminants[9]. En tant que *Menschlichkeit* ou *mankind,* l'humanité est l'ensemble des hommes et des femmes et donc ce qui les distingue des autres êtres vivants. En tant que *Humanität* ou *humaneness,* l'humanité est la sympathie qu'on éprouve pour ses semblables et notamment pour ceux qui souffrent. Le premier décrit l'espèce humaine, le second implique un sentiment moral à l'égard des êtres humains. Les deux sont liés par un même principe à la fois inclusif et exclusif qui est une caractéristique fondamentale des Lumières. Inclusif, en ce qu'il fait entrer tous les êtres humains dans une même catégorie non seulement biologique mais aussi politique. Exclusif, en ce qu'il sépare les êtres humains du règne animal et leur donne un statut spécifique. Dans les deux sens d'espèce et de sentiment, l'humanité suppose par conséquent une égalité de droit entre les êtres humains : il s'agit là d'une innovation majeure au regard des paradigmes antérieurs, comme l'a montré Reinhart Koselleck[10]. Plus précisément encore, l'humanité établit, si l'on en reprend la double signification, que toutes les vies sont également sacrées et que toutes les souffrances valent d'être soulagées. Le gouvernement humanitaire découle de cette prémisse. Il est une politique de la vie et une politique de la souffrance. Néanmoins, les deux ne se superposent pas complètement. Ce livre s'ouvre sur la seconde, telle qu'elle est mise en œuvre dans les lieux d'écoute, et se referme sur la première, telle qu'elle se déploie sur les scènes des conflits. En réalité, c'est tout le volume qui s'organise autour de cette dualité qui est aussi une complémentarité : équivalence des vies, équivalence des souffrances. C'est bien là que réside l'enjeu de l'invocation humanitaire en France en faveur des étrangers malades pour lesquels une affection grave justifie la régularisation de leur séjour, de l'exception humanitaire proclamée au Venezuela où pauvres et riches sont présumés égaux devant la catastrophe naturelle, de la psychiatrie humanitaire dans la seconde Intifada avec cet effort pour mettre sur le même plan les victimes des deux camps, des organisations humanitaires restées en Irak sous les bombes en exposant leurs membres comme l'étaient les habitants de Bagdad.

Historiquement, mais aussi généalogiquement, la raison humanitaire ainsi définie s'inscrit dans une sociodicée occidentale. Historiquement d'abord, car ses grands épisodes – de l'abolitionnisme anglais, il y a deux siècles, à l'interventionnisme états-unien des deux dernières décennies, de la fondation de la Croix-Rouge à la naissance de Médecins sans frontières – appartiennent à l'histoire de l'Europe et de l'Amérique du Nord. Généalogiquement ensuite, puisque l'*ethos* dont elle procède trouve sa source dans le monde chrétien – aussi bien pour ce qui est de la sacralisation de la vie que pour ce qui concerne la valorisation de la souffrance – même si, bien entendu, existent d'autres traditions de compassion et de charité, de l'islam à l'hindouisme. Les deux dimensions – historique et généalogique – sont liées, on le voit, dans l'expansionnisme humanitaire contemporain. De cet expansionnisme, il faut saisir la portée anthropologique. On a longtemps pensé la « fin du religieux » dans les termes nietzschéen de la mort de Dieu et wébérien du désenchantement du monde. Récemment, on a, à l'inverse, souligné le « retour de la religion » à travers les fondamentalismes musulman, juif ou chrétien, mais aussi avec la multiplication des églises et des sectes, en Amérique et en Europe comme en Afrique ou en Asie. Sans sous-estimer ce mouvement de renaissances religieuses, il nous faut également considérer une autre évolution, moins visible mais peut-être plus profonde, qui se manifeste à travers la sécularisation du religieux, en somme « le religieux après la religion », pour reprendre une formule de Marcel Gauchet[11]. La présence contemporaine du religieux se manifesterait ainsi de la manière la plus efficace là où elle serait le moins repérable, là où elle nous deviendrait tellement évidente que nous ne serions même plus en mesure de la reconnaître. Davantage que dans le renouveau des expressions des religions sur les cinq continents, l'ultime victoire du religieux serait dans sa permanence au cœur de nos valeurs laïques démocratiques – dans la valeur accordée à la vie et le sens donné à la souffrance.

Que la vie humaine soit le bien suprême est pour nous un principe intangible que nous considérons comme une conquête décisive de notre modernité – même si, parmi les pays qui n'ont pas encore aboli la peine de mort, se trouve celui qui recourt le plus souvent à l'argument humanitaire pour justifier ses guerres, à savoir les États-Unis. Ce principe s'inscrit pourtant dans une plus longue durée, comme le rappelle Hannah Arendt : « Si la vie s'est imposée à l'époque moderne comme ultime point de repère, si elle demeure le souverain bien de la société moderne, c'est que le renversement moderne s'est opéré dans le contexte d'une société chrétienne dont la croyance fondamentale au caractère sacré de la vie a survécu, absolument intacte, après la laïcisation et le déclin de la foi chrétienne[12]. » J'ai proposé d'appeler « biolégitimité » cette reconnaissance de la vie comme valeur supérieure à toutes les autres, une vie qu'il faut entendre au sens d'être en vie. Elle est au cœur du gouvernement humanitaire, dans le privilège relatif accordé à l'immigré gravement malade sur tous les autres étrangers, ou dans le consensus universel qui entoure les interventions des organisations de secours d'urgence, plutôt que dans les programmes de justice sociale. Elle est au contraire ce qui nous rend inintelligibles et insupportables aussi bien les politiques qui font prévaloir des intérêts collectifs de santé publique sur les bénéfices individuels des patients que les gestes des combattants qui se sacrifient dans des attaques suicidaires contre leurs ennemis.

De façon paradigmatique, dans les sociétés occidentales, l'engagement romantique dans le monde s'est ainsi déplacé de la figure du volontaire, risquant sa vie aux côtés de mouvements de libération, à la figure de l'humanitaire, sauvant des vies dans des espaces épargnés par les belligérants. Sous le même vocable – « vie » –, ce ne sont plus les mêmes vérités que l'on énonce : vie politique de celui qui se bat, dans le premier cas, vie physique de celui que l'on secourt, dans le second. Il ne s'agit pas d'établir ici une hiérarchie entre les deux, mais d'une part de constater qu'un déplacement majeur est intervenu, dont nous n'avons pas entièrement conscience, et d'autre part d'observer que, de toutes les significations possibles que nous pouvions donner à la condition humaine, c'est celle qui s'attache à la définition la plus restrictive mais aussi la plus incontestable de la vie que nous avons mis au sommet de nos valeurs : ce que Walter Benjamin appelle le « simple fait de vivre[13] ». Que la chose ne soit plus contestée ne signifie pas que nous ne puissions pas encore en discuter les enjeux.

Parallèlement, les économies morales contemporaines se sont constituées autour d'un nouveau rapport à la souffrance qui en a fait un élément central de notre vie publique. Insistons sur ce paradoxe : alors que le spectacle de la souffrance a entièrement disparu des lieux publics où l'on montrait autrefois les supplices infligés aux criminels, sa représentation par l'image et le récit est devenue de plus en plus habituelle dans la sphère publique, non seulement dans les médias dont on sait la propension à dévoiler les intimités douloureuses, mais aussi dans le monde politique auquel elle fournit un argumentaire efficace pour justifier ses actions. Cette fascination pour la souffrance s'inscrit également dans une généalogie chrétienne. Même si on la retrouve dans de nombreux systèmes de pensée, chez les stoïciens par exemple, sa valorisation comme expérience humaine fondatrice est étroitement liée à la Passion du Christ rachetant la faute originelle de l'homme et de la femme, une Passion réactualisée pendant plusieurs siècles dans le sacrifice des martyrs et la mortification des saints. La singularité du christianisme est à cet égard de faire de la souffrance une rédemption. Dans cette généalogie doloriste, la modernité introduit pourtant une rupture, par l'usage qui est fait de la souffrance dans la littérature comme dans la politique. La passion s'inverse en compassion, l'exaltation de sa propre souffrance en attention à la souffrance des autres. Or, comme le suggère encore Hannah Arendt : « L'Histoire est là pour nous enseigner qu'il n'est pas du tout fatal que le spectacle de la misère inspire la pitié aux hommes ; même durant les longs siècles au cours desquels la religion de merci du christianisme déterminait l'échelle des valeurs morales de la civilisation occidentale, la pitié n'exista qu'en dehors de la vie politique et, souvent, en dehors de la hiérarchie établie par l'Église[14]. » Avec l'entrée de la souffrance en politique, si l'on peut dire, on n'est plus sauvé par la passion que l'on endure, mais par la compassion que l'on ressent. Ce sentiment moral devient à son tour source d'action puisqu'on veut corriger la situation qui provoque le malheur des autres.

Le gouvernement humanitaire est l'héritier de cette protestation active contre la souffrance du monde. Mais il la transforme sur deux points essentiels : d'abord, en renonçant définitivement à la violence pour n'accepter d'intervenir que dans des espaces préalablement pacifiés (ces corridors sécurisés qu'il exige des belligérants) ; ensuite, en substituant sa propre action à l'action potentielle des masses souffrantes (ce ne sont plus elles qui expriment directement leur condition). Pour autant, au-delà de ces évolutions dans la durée, il faut souligner la continuité de la place de la souffrance dans l'espace moral des sociétés occidentales et même de sa valorisation comme expérience du salut, individuel ou collectif. Cette valorisation est ambiguë, comme le remarquait déjà saint Augustin[15], puisque le spectacle de la souffrance d'autrui suscite à la fois l'horreur et le plaisir : on éprouve de la tristesse en voyant le malheur des autres et, cependant, on ne peut se détacher de cette vision car, dit-il, « on aime à éprouver de la pitié ». Cette dualité émotionnelle de l'empathie demeure un trait caractéristique de la raison humanitaire. Il suffit de voir l'exposition iconographique des corps décharnés et des regards implorants dans les campagnes d'aide aux populations du tiers-monde pour saisir la permanence de cette double valence de la souffrance qui révolte en même temps qu'elle attire. De même, la mise en récit des malheurs des chômeurs qui sollicitent des aides financières, des demandeurs d'asile en quête d'un statut de réfugié, des enfants du sida en Afrique du Sud et des adolescents de la seconde Intifada participe de cette logique d'exposition de la souffrance par laquelle, pense-t-on, la mobilisation des sentiments moraux permet d'accéder à la vérité transcendante des victimes.

Ainsi, profondément ancrées dans l'histoire chrétienne du monde occidental, la sacralisation de la vie et la valorisation de la souffrance font du gouvernement humanitaire contemporain une forme de théologie politique. On connaît l'affirmation de Carl Schmitt : « Tous les concepts prégnants de la théorie moderne de l'État sont des concepts théologiques sécularisés[16]. » Si cette proposition est discutable dans sa formulation générale et si, notamment, l'analogie de l'état d'exception et du miracle chrétien peut ne pas entièrement convaincre, elle trouve néanmoins sa pertinence, bien que de manière plus circonscrite, autour du diptyque que composent la vie comme bien suprême et la souffrance comme épreuve rédemptrice. Le gouvernement humanitaire, parce qu'il institue dans l'espace politique ces deux fondements de la pensée chrétienne, apparaît dès lors manifestement comme la part religieuse de l'ordre démocratique contemporain. La double politique de la vie et de la souffrance, dont il se réclame et qu'il promeut, prolonge et renouvelle l'héritage chrétien. Affirmer cet héritage permet de donner toute sa signification au déploiement de la raison humanitaire. Au fond, c'est là l'une des réponses à l'interrogation de Claude Lefort sur la « permanence du théologico-politique[17] ». Car il conclut ainsi son examen de cette question : « Au lieu de chercher dans la démocratie un nouvel épisode des transferts du religieux dans le politique, ne devrions-nous pas juger que désormais le théologique et le politique sont dénoués ; qu'une nouvelle expérience de l'institution du social s'est dessinée ; que la réactivation du religieux se fait aux points de sa défaillance ; que son efficacité n'est plus symbolique mais imaginaire ; et qu'enfin elle ne fait que témoigner d'une difficulté, sans doute incontournable, sans doute ontologique, de la démocratie à se rendre lisible pour elle-même – de même d'une difficulté pour la pensée politique, philosophique, à assumer, sans travestissements, le tragique de la condition moderne ? » Telle est bien la thèse défendue dans ce livre : la raison humanitaire correspond à cet ultime repli théologico-politique qui « se fait aux points de défaillance », là où « le tragique de la condition moderne » ne peut plus être éludé.

Dans cette perspective, je propose donc de considérer le gouvernement humanitaire comme la réponse que nos sociétés ont apportée à l'intolérable de l'état du monde contemporain[18]. Face aux violences, aux catastrophes, aux épidémies, mais aussi à la pauvreté, à la précarité, au malheur, ce qui est intolérable n'est pas seulement la présence du tragique, mais l'inégalité dans laquelle il s'inscrit. Les vies de l'adolescent palestinien, du civil irakien et du malade africain valent bien moins, on l'a vu, que les vies de l'enfant israélien, du militaire états-unien et du patient européen. La souffrance du chômeur, du réfugié, du sinistré n'est pas le simple produit d'une infortune, elle est aussi, on le sait, la manifestation d'une injustice. La raison humanitaire, en instituant l'équivalence des vies et l'équivalence des souffrances, nous permet de croire encore – contre l'évidence quotidienne des réalités auxquelles nous sommes confrontés – à ce concept même d'humanité qui suppose que tous les êtres humains se valent parce qu'ils appartiennent à un monde commun. Le gouvernement humanitaire a ainsi pour nous ce pouvoir rédimant parce qu'en sauvant des vies, il sauve quelque chose d'une idée de nous-mêmes, et parce qu'en allégeant des souffrances, il allège également le poids de cet ordre mondial inégal. Bien sûr, on peut penser qu'il en est des usages cyniques, lorsque l'aviation états-unienne lâche des bombes en même temps que des colis de nourriture sur les populations afghanes ou quand une organisation non gouvernementale tente d'enlever des enfants tchadiens pour les faire adopter par des familles françaises. Mais ces détournements de la raison humanitaire ne doivent pas nous détourner à notre tour de sa signification profonde qui n'est du reste probablement pas moins troublante. Il serait certes réconfortant de penser ces dérives dans le registre de l'exception ou de la perversion. En réalité, il nous faut plutôt nous attacher à comprendre les logiques de cet imaginaire social et ses implications éthiques et politiques.

Car le gouvernement humanitaire fait plus que préserver notre conception de l'humain, il nous confère, par le sens moral dont il nous crédite, notre propre part d'humanité. Nous devenons pleinement humains par la manière dont nous traitons nos semblables. Je ne pense pas ici à l'affect individuel du généreux donateur ou du volontaire dévoué, mais au sentiment collectif par lequel nos sociétés peuvent se penser solidaires de la misère du monde, qu'elle soit proche ou lointaine. Si, comme l'écrit Zygmunt Bauman, la production de vies humaines superflues, autrement dit sans valeur sociale, est « simultanément le problème le plus préoccupant et le secret le mieux gardé de notre temps[19] », alors la défense de la raison humanitaire en représente le contrepoint éthique, parce qu'elle s'inscrit en faux contre cette logique, en affirmant l'égale valeur de principe de toutes les vies.

À l'échelle de la planète, cependant, le gouvernement humanitaire se déploie à l'évidence selon un double canon. Dans les pays pauvres, il a affaire à des populations nombreuses et souvent indifférenciées, pour lesquelles sont mis en œuvre des traitements de masse. Dans les pays riches, il est au contraire confronté à des individus dont il examine les récits et scrute les corps. Les réfugiés représentent la configuration paradigmatique des premiers, les demandeurs d'asile la figure emblématique des seconds. Aux uns, les camps immenses où ils sont rassemblés, protégés, soignés par milliers. Aux autres, la casuistique subtile par laquelle on décide avec parcimonie lesquels d'entre eux peuvent bénéficier d'une protection conventionnelle. Mais pour que ce double registre humanitaire fonctionne, il faut rendre le plus étanches possible les frontières à la fois territoriales et morales entre les deux mondes, et par exemple empêcher les réfugiés du Sud de revendiquer les prérogatives des demandeurs d'asile au Nord. J'ai développé ce point autour des cas du centre de Sangatte et de l'échouage de l'*East Sea,* en montrant l'importance qu'il y avait, pour les sociétés occidentales, à laisser ouvert le moins possible leur espace démocratique, tout en se gardant l'éventualité, pour celles et ceux qui parviennent néanmoins à s'y immiscer, de les considérer, en dernier ressort, au titre de l'humanitaire plutôt que du droit.

Or, ce choix ultime dévoile une vérité profonde : en déplaçant le « droit du receveur » vers l'« obligation du donneur », selon l'analyse que fait Georg Simmel[20] des réponses à la pauvreté mais que l'on peut généraliser à toutes les formes d'assistance, il institue un ordre radicalement inégal qui est la marque de la relation humanitaire – et cela structurellement, autrement dit indépendamment de la volonté des acteurs. Cette inégalité est indépassable, précisément parce qu'elle est socialement instituée et non individuellement décidée. Le fait n'est pas seulement démontrable théoriquement, il est validé empiriquement. C'est tout le sens des enquêtes que j'ai présentées ici que de tenter de l'établir, au-delà même des habituels lieux où l'humanitaire a sa place légitime : au sein des organisations non gouvernementales d'urgence et des institutions internationales de protection des réfugiés.

Bien entendu, on peut remarquer que l'introduction de la raison humanitaire dans la gestion de l'asile et de l'immigration en France, dans l'aide aux orphelins du sida en Afrique du Sud ou dans le secours aux sinistrés du Venezuela permet de manifester une sorte de proximité entre l'acteur humanitaire – qu'il s'agisse du volontaire d'une organisation non gouvernementale ou du fonctionnaire d'un État – et les personnes assistées – auxquelles il est même possible, parfois, de donner une certaine présence incarnée. Ainsi, le candidat au statut de réfugié dont l'histoire mise en doute est validée par une cicatrice attestant les violences subies, l'étranger sans papiers auquel une maladie grave confère soudainement une légitimité à recevoir un titre de séjour, l'enfant sud-africain qui bénéficie de la sollicitude des institutions internationales parce qu'il a perdu ses parents, la femme vénézuélienne que l'intervention des militaires a sauvée de la catastrophe naturelle nous deviennent-ils, par la grâce de la raison humanitaire, tout simplement un peu plus humains. Et ce résultat n'est certainement pas négligeable au regard de la déshumanisation dont ils font souvent l'objet.

Pourtant, le geste même par lequel ils semblent être reconnus les réduit à ce qu'ils ne sont pas – et même souvent refusent d'être –, en réifiant leur condition de victime, en ignorant leur histoire, en se faisant sourd à leur parole. La raison humanitaire est plus attentive à la vie biologique des démunis et des malheureux – celle au nom de laquelle on leur apporte assistance – qu'à leur vie biographique – celle par laquelle ils seraient en mesure de donner eux-mêmes, de manière autonome, un sens à leur existence[21]. L'administratrice du Fonds d'urgence sociale distribué aux chômeurs et aux précaires qui s'émerveillait de la capacité des requérants à raconter leur malheur et à justifier leur demande et la journaliste dépêchée dans les Territoires palestiniens qui s'étonnait de ce que les téméraires jeteurs de pierres palestiniens mouillaient leur lit la nuit pensaient l'une comme l'autre avoir fait une importante découverte sur la subjectivité des pauvres, pour la première, et des combattants, pour la seconde. Il est toutefois probable qu'au moment même où elles avaient cette épiphanie, elles méconnaissaient ce qui fait le plus sens pour ceux dont elles parlent.

Il y a là une vérité moins anodine qu'il n'y paraît. Au fond, ce qui manque au gouvernement humanitaire, c'est peut-être de reconnaître, au-delà de la vie comme sacré et de la souffrance comme valeur, l'autre comme

« visage », pour parler comme Emmanuel Levinas, ce « visage présent dans son refus d'être contenu[22] », ce visage qui résiste à toute tentative de le posséder, y compris au nom du bien. Dans cette perspective, reconnaître un visage, c'est aussi reconnaître un droit, au-delà de toute obligation, et donc un sujet, au-delà de tout assujettissement, fût-ce à la raison humanitaire.

*

Le 2 août 1999, à l'arrivée du vol Conakry-Bruxelles, on découvrit deux corps dans le train d'atterrissage de l'avion de la Sabena[23]. Ces morts – de froid ou d'asphyxie, commentèrent les spécialistes – seraient probablement passées presque inaperçues, comme d'autres survenues dans des circonstances similaires au cours de cette période, s'il ne s'était en l'occurrence agi d'enfants de quatorze et quinze ans et, surtout, si l'on n'avait trouvé, serrée dans la main de l'un d'eux, la lettre suivante :

> Excellences, Messieurs les membres et responsables d'Europe,
> Nous avons l'honorable plaisir et la grande confiance de vous écrire cette lettre pour vous parler de l'objectif de notre voyage et de la souffrance de nous, les enfants et jeunes d'Afrique.
> Mais tout d'abord, nous vous présentons les salutations les plus délicieuses, adorables et respectées dans la vie. À cet effet, soyez notre appui et notre aide. Vous êtes pour nous, en Afrique, ceux à qui il faut demander au secours. Nous vous en supplions, pour l'amour de votre continent, pour le sentiment que vous avez envers votre peuple et surtout pour l'affinité et l'amour que vous avez pour vos enfants que vous aimez pour la vie. En plus, pour l'amour et la timidité de notre créateur Dieu le tout-puissant qui vous a donné toutes les bonnes expériences, richesses et pouvoirs

de bien construire et bien organiser votre continent à devenir le plus beau et admirable parmi les autres.
Messieurs les membres et responsables d'Europe, c'est de votre solidarité et votre gentillesse que nous vous crions au secours en Afrique. Aidez-nous, nous souffrons énormément en Afrique, nous avons des problèmes et quelques manques au niveau des droits de l'enfant.
Au niveau des problèmes, nous avons la guerre, la maladie, le manque de nourriture, etc. Quant aux droits de l'enfant, c'est en Afrique, et surtout en Guinée nous avons trop d'écoles mais un grand manque d'éducation et d'enseignement. Sauf dans les écoles privées où l'on peut avoir une bonne éducation et un bon enseignement, mais il faut une forte somme d'argent. Or, nos parents sont pauvres et il leur faut nous nourrir. Ensuite, nous n'avons pas non plus d'écoles sportives où nous pourrions pratiquer le football, le basket ou le tennis.
C'est pourquoi, nous, les enfants et jeunes Africains, vous demandons de faire une grande organisation efficace pour l'Afrique pour nous permettre de progresser. Donc, si vous voyez que nous nous sacrifions et exposons notre vie, c'est parce qu'on souffre trop en Afrique et qu'on a besoin de vous pour lutter contre la pauvreté et pour mettre fin à la guerre en Afrique. Néanmoins, nous voulons étudier, et nous vous demandons de nous aider à étudier pour être comme vous en Afrique.
Enfin, nous vous supplions de nous excuser très très fort d'oser vous écrire cette lettre en tant que Vous, les grands personnages à qui nous devons beaucoup de respect. Et n'oubliez pas que c'est à vous que nous devons nous plaindre de la faiblesse de notre force en Afrique.

Écrit par deux enfants guinéens,

Yaguine Koita et Fodé Tounkara

L'émotion suscitée par ce drame, notamment en Belgique où quelques mois plus tôt une jeune femme nigériane était morte étouffée par les policiers chargés de la ramener dans son pays, ne tient pas seulement à l'issue fatale de cette traversée intercontinentale de deux enfants cherchant à échapper à la pauvreté et à la violence de leur pays. Elle est liée à la qualité singulière de cette lettre qui, pourrait-on dire, touche les sociétés occidentales au cœur. La décrivant comme une « requête humiliante envers un supérieur » et un « appel pathétique pour une bienveillance paternaliste néocoloniale », James Ferguson manque probablement le sens qu'elle a, sinon pour eux, car il est certainement délicat de s'aventurer sur ce terrain de l'interprétation, du moins pour nous – ou, plus exactement peut-être, pour eux dans leur relation à nous[24]. Au-delà du code culturel et littéraire de la supplique, que l'on aurait tort de réduire à une relation « néocoloniale », et ce d'autant, on a vu, qu'elle n'avait pas perdu de son actualité stylistique même en France, cette lettre utilise tout au long le langage de la raison humanitaire, celui de la souffrance et de l'assistance (« aidez-nous, nous souffrons énormément »), celui de la vie et du sacrifice (« vous voyez que nous nous sacrifions et exposons notre vie »), sur les terrains mêmes de son engagement (« lutter contre la pauvreté et mettre fin à la guerre »). Si les mots de ces enfants nous affectent si puissamment, c'est donc bien qu'ils nous renvoient l'image que nous voulons donner au monde et que leur mort met à l'épreuve de notre impuissance. Le mimétisme dont, selon l'anthropologue états-unien, ils feraient preuve ne consiste pas à imiter ce que nous sommes, mais à imiter ce qu'ils pensent que nous aimons qu'ils soient. Il nous faut donc entendre, au-delà de leurs mots, leur voix, comme nous y invite Veena Das, « une voix qui peut donner vie à des mots congelés[25] », écrit-elle – et la formule ne peut s'appliquer ici plus littéralement et plus tragiquement.

Fait remarquable cependant, par un ultime retournement, l'émotion que nous ressentons – je veux dire, ici encore : non pas individuellement, mais collectivement, en tant que société occidentale – nous semble attester notre humanité. Jusque dans leur destin terrible, ces enfants guinéens demeurent, pouvons-nous penser, nos semblables, nos frères. Mais notre compassion pour leur disparition ne peut nous rassurer sur nous-mêmes que pour autant que nous oubliions d'autres faits similaires : quelques semaines avant la mort de ces deux enfants, un adolescent sénégalais miraculeusement survivant d'un voyage presque identique entre Dakar et Lyon avait été renvoyé dans son pays d'où une nouvelle tentative d'embarquement, caché dans un train d'atterrissage, lui avait été fatale ; quelques mois plus tard, un opposant politique cubain fuyant son pays dans la soute d'un avion au péril de sa vie voyait sa demande d'asile rejetée sans avoir quitté la zone d'attente de Roissy et se trouvait expulsé brutalement pour être remis aux autorités de La Havane à son arrivée – deux épisodes parmi bien d'autres dans l'histoire politique de l'hospitalité contemporaine[26]. Aux idéaux occidentaux, dont ils percevaient les lointains échos jusque dans leur quartier misérable de Conakry, Yaguine Koita et Fodé Tounkara avaient probablement accordé plus de crédit qu'ils ne l'auraient dû. Car eussent-ils survécu à leur mortelle traversée que la raison d'État aurait encore une fois prévalu, contre eux, sur la raison humanitaire à laquelle ils en appelaient.

POSTFACE

# Signes des temps : l'humanitaire et le sécuritaire

La fin du XX^e siècle avait été l'âge de l'humanitaire. Le début du XXI^e aura sonné l'heure du sécuritaire. Non que l'histoire se prête à des périodisations rigides et étanches. Non que les préoccupations sécuritaires aient été absentes des dernières décennies du siècle précédent ou que le souci humanitaire ait disparu en ces premières années du nouveau millénaire. Mais si l'on s'attache à analyser ce qu'on pourrait appeler un air du temps, si l'on s'efforce de repérer les éléments qui dominent le langage d'une époque, si l'on tente de comprendre ce autour de quoi un certain consensus s'opère dans la société, alors il est possible de reconnaître des « moments » au cours desquels se cristallisent des réseaux sémantiques, c'est-à-dire des séries de mots, de notions et de représentations qui, ensemble, font sens. Ces réseaux sémantiques construisent une certaine vision du monde et fournissent un cadre de référence pour répondre aux problèmes auxquels les gouvernants et les citoyens se trouvent confrontés.

Au cours de la décennie 1990 et encore un peu au-delà, on parlait volontiers d'exclusion, de souffrance et de traumatisme à l'égard desquels on se devait de déployer des dispositifs d'assistance, témoigner d'une attitude compassionnelle et mobiliser les ressources de la psychologie. Fait remarquable, ce vocabulaire et ces pratiques transcendaient largement les frontières nationales, culturelles et même partisanes. Gouvernants de tous bords, conservateurs comme progressistes, s'intéressaient désormais à la souffrance des damnés de la terre et paraient leurs programmes du qualificatif « humanitaire ». D'ailleurs, ce terme, qui s'était longtemps limité à des opérations d'urgence, s'étendait peu à peu aux domaines du développement, des politiques sociales et même des interventions militaires. Initialement utilisé par un petit cercle d'organisations non gouvernementales, il devenait un sésame pour les agences internationales et pour les États, leur permettant de justifier une multitude d'entreprises, depuis des actions caritatives en faveur des plus défavorisés jusqu'à des campagnes de bombardement de pays ennemis en passant par des régularisations d'étrangers en situation irrégulière et des délivrances de statuts de réfugié. Loin de marquer la fin du politique, annoncée par certains, cette évolution procédait au contraire d'une absorption de l'humanitaire par le politique – ou peut-être l'inverse. L'humanitaire apparaissait alors comme la part noble du politique, celle par laquelle on pouvait légitimer à la fois des actions et les acteurs qui les menaient.

À partir des années 2000, l'espace public a commencé à se transformer, les questions d'insécurité, de criminalité et de terrorisme s'y sont imposées, et la réponse politique s'est souvent faite en termes d'extension des pouvoirs de police, de lois d'exception et de dispositions d'urgence. La date du 11 septembre 2001 vient immédiatement à l'esprit comme représentant un tournant. Les attaques contre les tours de New York ouvrent en effet une nouvelle page dans cette histoire récente. Mais elles le font moins en raison de l'agression commise et de l'effroi provoqué en tant que tels qu'en raison des réactions qu'elles ont suscitées et des pratiques qu'elles ont autorisées. Qu'il s'agisse de l'ordre international, avec les interventions militaires qui ont notamment déstabilisé l'espace moyen-oriental, ou du droit international, dont les modifications survenues dès le lendemain des attentats ont rapidement été intégrées dans les législations nationales de nombreux pays, on a assisté à une libération des énergies sécuritaires des gouvernements sur toute la planète, s'accompagnant d'une délégitimation des demandes de protection des libertés publiques et des droits des personnes. À cet égard, le *USA PATRIOT Act*, adopté en octobre 2001, anticipe et autorise une série de mesures prises dans les années suivantes par d'autres pays, notamment la France, d'abord avec la proclamation de l'état d'urgence en 2015, puis avec l'intégration de ses principales dispositions dans la loi ordinaire en 2017. Cette libération des énergies sécuritaires se trouve en effet sans cesse renforcée dans son bien-fondé par la multiplication et la dissémination d'actes meurtriers perpétrés par des groupes armés qui, précisément, prospèrent sur les ruines des structures étatiques démantelées par les opérations militaires occidentales et se nourrissent du ressentiment généré par les dérives autoritaires des grandes puissances.

Ce cercle vicieux de la logique sécuritaire a toutefois des racines plus anciennes. Il s'est initialement développé sur les scènes nationales autour de la criminalité, de la délinquance et de la drogue, amorçant dès les années 1970 une orientation répressive qui s'est traduite par un élargissement des prérogatives des forces de l'ordre, un renforcement de l'arsenal du droit pénal et une inflation considérable de la démographie carcérale, les États-Unis représentant le cas extrême d'une évolution qui a cependant affecté l'ensemble de la planète. Dans ce nouveau contexte dominé par une anxiété qu'entretiennent volontiers les pouvoirs publics et les partis, les politiques sécuritaires sont souvent plébiscitées par les citoyens et leurs représentants, et ce d'autant que leurs effets les plus inquiétants affectent surtout les segments dominés, qu'il s'agisse de classes pauvres, de minorités ethniques ou d'immigrants. Renforçant la discrimination et la stigmatisation de ces groupes, et redoublant les divisions et les animosités, ces politiques favorisent ainsi les conditions de leur reproduction et les succès électoraux de celles et ceux qui les promeuvent.

La transition de l'humanitaire au sécuritaire ne signifie pas que le premier se soit complètement effacé, mais indique que le second est devenu prépondérant, notamment lorsque les deux entrent en concurrence dans l'interprétation de situations et le choix de réponses appropriées. Les organisations humanitaires interviennent toujours sur les terrains des conflits, mais elles semblent plus fréquemment la cible d'attaques des belligérants, y compris des États-Unis et de la Russie sur le territoire syrien. Pour légitimer ces attaques, on entend quelquefois leurs auteurs recourir à l'argument de l'utilisation par leurs adversaires de boucliers humains, comme lors des bombardements de structures médicales à Gaza par l'armée israélienne. Parallèlement, la justification humanitaire des actions s'est aussi trouvée discréditée sur plusieurs fronts. En Syrie, où des milliers de jeunes musulmans sont venus du monde entier pour porter secours aux populations victimes des exactions du régime baasiste, la confusion entre désir d'assistance et participation au djihad s'est rapidement manifestée, d'autant qu'une partie d'entre eux ont ensuite été soupçonnés de vouloir perpétrer des actes terroristes dans leur propre pays, qu'ils considéraient comme agresseur. En Libye, où le principe de la responsabilité de protéger voté par les Nations unies a été avancé pour la première fois par la France et la Grande-Bretagne avec pour raison officielle l'évitement de massacres de populations civiles, les objectifs de l'intervention militaire se sont révélés bien différents puisqu'il s'agissait de faire tomber un régime, ce qui a durablement compromis le fragile accord obtenu au sein du Conseil de sécurité. Cette confusion des rôles et ce mélange des genres sont régulièrement dénoncés par les associations humanitaires, qui s'en trouvent elles-mêmes affectées, soit que, parfois, elles en paient le prix en vies humaines, soit que, plus souvent, elles se voient empêchées de mener leurs activités. Mais au-delà même de ces contextes de guerre, qui ont toujours comporté des enjeux complexes pour le droit humanitaire et ses défenseurs, c'est tout autant dans des situations plus ordinaires, mais non moins dramatiques, que se manifeste le déclin de l'humanitaire.

L'illustration la plus probante en est certainement le traitement, en Europe, de ce qu'on a indifféremment appelé crise des migrants et crise des réfugiés. Cette situation qui aurait dû relever du double droit international de l'humanitaire et de l'asile est devenu une affaire de régulation de flux, c'est-à-dire de répression de celles et ceux qui fuyaient des conflits, les persécutions et la pauvreté. Les barbelés, les camps, les violences policières, les manifestations hostiles des nationaux, les discours ouvertement xénophobes des gouvernants populistes assimilant les déplacés à des terroristes en puissance et les rhétoriques plus subtiles des responsables politiques invoquant des questions de légalité ou des enjeux d'intégration : telles ont été les réponses à ce qui n'impliquait somme toute que l'accueil d'un à deux pour cent de l'ensemble de la population européenne, soit dix à vingt fois moins que dans certains pays du Moyen-Orient. Certes, le naufrage au large de la Sicile d'un chalutier rempli de huit cents personnes africaines ou le cadavre d'un enfant kurde échoué sur une plage de Turquie n'ont pas manqué de susciter un mouvement compassionnel au sein du public européen, mais ces émotions n'ont guère été suivies d'actions concrètes. À l'exception d'efforts remarquables consentis par certains pays, notamment l'Allemagne et la Suède, et d'initiatives locales généreuses conduites par des citoyens, des associations et des collectivités, de Lesbos à Lampedusa, pour accueillir les rescapés de ces épreuves originaires du Moyen-Orient ou d'Afrique sub-saharienne, la logique sécuritaire a presque partout prévalu sur la logique humanitaire. Au point même que c'est au nom de la première qu'on a commencé de réprimer, pour l'étouffer, la seconde. Ainsi les individus qui assistent les migrants et les réfugiés en leur apportant secours, transport, nourriture ou hébergement, notamment dans les vallées des Alpes, font-ils l'objet d'inculpations pour aide au séjour irrégulier tandis que les organisations gouvernementales qui interviennent en Méditerranée pour le sauvetage des bateaux en perdition chargés d'hommes, de femmes et d'enfants se voient accusées de contribuer au trafic d'êtres humains. Même si elle n'est pas entièrement inédite, la criminalisation de l'humanitaire, qui procède d'une volonté de dissuasion des gestes de solidarité et d'assistance, donne ainsi la mesure de l'évolution de l'économie morale de l'immigration et de l'asile.

Le glissement qui s'est donc opéré au cours de la dernière décennie rappelle l'importance de ne pas interpréter de manière téléologique les mouvements historiques des valeurs et des sentiments, autrement dit de ne pas considérer qu'il existe un sens de l'histoire, ou tout au moins un sens univoque qui rendrait nos sociétés plus sensibles à la souffrance des autres et à la défense des droits humains. Le passé nous l'enseigne et devrait nous en prémunir pour le futur. L'analyse du moment humanitaire, précisément en tant que moment, invite en effet à imaginer le caractère non inéluctable de l'actuel moment sécuritaire.

Mais au moment où semble se refermer, au moins provisoirement, la parenthèse humanitaire, il n'est peut-être pas inutile de revenir sur ce qu'on pourrait appeler son héritage, c'est-à-dire sur ce qu'elle a signifié et sur les enseignements qu'il est possible d'en tirer. L'exercice est d'autant plus nécessaire que l'intention qui sous-tendait l'écriture de *La Raison humanitaire* et la réflexion qui s'y trouve proposée n'ont pas toujours été bien comprises.

*

La plupart des travaux sur l'humanitaire, qu'ils proviennent de l'étude des relations internationales, de la science politique, de la théorie juridique, de la sociologie, de l'anthropologie et, dans une large mesure, de l'histoire, portent sur ce qui se donne comme humanitaire, à savoir des organisations non gouvernementales, des opérations de secours, voire des interventions armées : le territoire de l'humanitaire se trouve ainsi délimité par les agents eux-mêmes, cette délimitation faisant du reste l'objet de contestations, comme lorsque des associations telles que Médecins sans frontières accusent certains États de s'arroger ce terme de manière infondée dans le seul but de légitimer leur action. La méthode que j'ai utilisée procède différemment. Elle consiste à repérer dans les sociétés contemporaines un ensemble d'éléments signifiants, qu'ils soient ou non énoncés comme humanitaires, de manière à offrir une interprétation plus compréhensive que celle résultant de l'autodésignation. Ces éléments vont de l'assistance aux pauvres au sauvetage des sinistrés de catastrophes, de la régularisation des étrangers en situation irrégulière à la prise en charge des orphelins du sida, de la requalification du droit des réfugiés à la justification d'opérations militaires. Ils ont en commun de mobiliser des sentiments moraux, à commencer par la compassion à l'égard d'individus ou de peuples plongés dans des afflictions de nature diverse, en vue d'agir pour corriger les effets de ces dernières. En parlant de sentiments moraux, j'accorde donc autant d'importance aux valeurs qu'aux affects, au sens du bien qu'à l'émotion face à la souffrance. L'économie morale ainsi définie procède d'une histoire et d'une généalogie qu'il importe de distinguer.

L'histoire de l'humanitaire, comme celle des droits humains qui a donné lieu aux États-Unis à de vives polémiques entre les tenants d'un récit long, qui en font naître l'idée au XVIIIe siècle, et les défenseurs d'une version courte, qui en retiennent la prééminence politique à partir des années 1970, peut se lire selon une double temporalité selon qu'on l'analyse en termes de raison ou de gouvernement. La raison humanitaire trouve sa source dans l'Europe des Lumières, de la philosophie rationaliste continentale à la philosophie morale écossaise, de Diderot à Hutcheson, du poème de Voltaire sur le tremblement de terre de Lisbonne à la lettre de Wilberforce aux habitants du Yorkshire pour l'abolition de l'esclavage. Elle correspond à l'émergence de valeurs et d'affects autour de la notion d'humanité, entendue dans sa double acception de genre humain partageant la même condition et relevant des mêmes droits, d'une part, et de sentiment humain procédant de la bienveillance et suscitant l'empathie à l'égard des malheureux, de l'autre. Le gouvernement humanitaire, lui, se met en place dans les dernières décennies du XXe siècle lorsque la raison humanitaire devient un langage généralisé du politique aussi bien parmi les acteurs privés, qu'il s'agisse d'organisations non gouvernementales, de fondations ou de philanthropes, que parmi les acteurs publics, notamment des États et des agences internationales, dans un univers où se côtoient Mère Teresa et Angelina Jolie, Bernard Kouchner et Bill Gates, Barack Obama et Vladimir Poutine. Ce langage apparaît comme si légitime que chacun tente d'y avoir recours pour moraliser, ou plus souvent paraître moraliser, qui une candidature à une fonction élective, qui une image de marque, qui une guerre. C'est là un complet renversement de la connotation du mot « humanitaire » lui-même. Il ne faut pas oublier en effet qu'au XIX<sup>e</sup> siècle il était utilisé péjorativement et même tourné en dérision pour désigner une forme de vaine sensiblerie, tandis qu'il se réfère aujourd'hui à une élévation des sentiments moraux vis-à-vis des épreuves que subissent d'autres êtres humains. Le gouvernement humanitaire marque donc l'entrée de la raison humanitaire dans l'espace politique au moment où ce langage acquiert sa pleine autorité morale dans l'espace public.

Au-delà de cette double temporalité historique, on peut retracer une généalogie plus profonde quoique moins nettement délimitée. Une telle approche s'inspire bien sûr de la pensée de Nietzsche, qui fait remonter notre sens moral, et notamment l'association du jugement sur le bien et de la sensibilité à l'égard des malheureux, à la fondation judéo-chrétienne du monde occidental. Dans une perspective similaire, on peut enquêter sur la source même de l'humanitaire, c'est-à-dire sur l'origine de la centralité de la souffrance, qui suscite la compassion et appelle l'assistance, et de la vie, comme bien suprême qu'il faut préserver et défendre. Cette source, on la trouve dans le christianisme. En effet, tant la christologie que la martyrologie ont exalté jusqu'au dolorisme la souffrance pour sa vertu rédemptrice et fait du sacrifice de sa propre vie le geste sublime par lequel l'existence divine est attestée et l'humanité sauvée. Certes, la version humanitaire offre une version atténuée de cette théodicée, puisque l'idée de rédemption a disparu et qu'il n'est plus question de se sacrifier, mais elle conserve de cet héritage chrétien la valeur sacrée de la vie humaine, avec la responsabilité d'intervenir pour la protéger lorsqu'elle est menacée, et une fascination pour la souffrance, qui s'exprime dans l'iconographie des misères du monde servant à justifier cette intervention. Cette généalogie de l'humanitaire mérite certainement une attention plus grande que celle qui lui a été accordée dans les travaux scientifiques et philosophiques. En particulier, trop focalisée sur la théorie de la souveraineté de Carl Schmitt, la théologie politique n'a pas suffisamment intégré cette autre dimension – plus généreuse même si elle n'est pas exempte d'équivoque –, négligeant ainsi cette présence de l'héritage religieux dans les sociétés contemporaines.

Une clarification s'avère toutefois ici nécessaire. En reconstituant cette histoire et cette généalogie de l'humanitaire, il ne s'agit pas de proposer une lecture culturellement et géographiquement circonscrite des sentiments moraux et des actions altruistes – comme si le monde occidental en avait le monopole. Ainsi, pour se limiter à deux cas bien étudiés, le devoir de charité, dans l'islam, ou le principe de compassion, dans le confucianisme, inspirent aujourd'hui encore les pratiques caritatives d'organisations musulmanes, du Croissant-Rouge au Hamas, et les actions d'entraide dans la société chinoise, jusque dans l'idéologie officielle du Parti communiste. Il ne s'agit donc pas de pécher par ethnocentrisme en négligeant les formes multiples de mobilisations morales autour du malheur à travers le monde. La singularité de l'humanitaire occidental tient toutefois à deux éléments : la sacralisation de la vie humaine et l'expansionnisme, qu'on ne retrouve pas dans les autres traditions. D'une part, la raison humanitaire fait de la vie humaine une valeur supérieure, qu'il est notamment possible d'opposer à la souveraineté des États – des écarts importants pouvant exister entre l'invocation de cette valeur et son respect concret, notamment lorsqu'on a affaire à des interventions militaires qui s'en réclament comme au Kosovo en 1999. D'autre part, le gouvernement humanitaire est une entreprise planétaire, comme l'avait été en son temps le projet colonial, le souci de l'autre englobant les souffrances lointaines – ce qui n'empêche toutefois pas des pratiques sélectives, voire exclusives, certaines victimes et certaines infortunes suscitant plus de sollicitude que d'autres, ainsi que l'a montré le traitement différentiel, à quelques mois d'intervalle, du séisme en Haïti et des inondations au Pakistan en 2010. L'analyse doit donc rendre compte de ce qu'ont en commun les pratiques et les politiques d'assistance dans les différents contextes nationaux et internationaux et en même temps de ce qu'ont de particulier ce que j'ai nommé la raison et le gouvernement humanitaires.

Mais comment faire cette analyse ? Parce qu'il fait appel à des valeurs et des affects qui sont placés très haut dans l'échelle de moralité des sociétés contemporaines, l'humanitaire a longtemps bénéficié d'une sorte d'immunité aussi bien dans l'espace public que dans les travaux scientifiques. Les rares critiques dont il faisait l'objet provenaient de membres de ce mouvement qui s'attachaient à en décrire les dérives ou, parfois, de commentateurs extérieurs qui en dénonçaient en bloc l'idéologie. L'enquête que j'ai conduite procède d'une tout autre manière de concevoir la critique. D'une part, ma recherche s'appuie sur des études empiriques menées pendant plus de dix ans dans des contextes multiples, de l'administration des chômeurs et des étrangers en France aux actions en faveur des victimes de glissements de terrain au Venezuela ou de l'occupation militaire en Palestine : la critique se déploie donc à partir d'observations et d'entretiens réalisés sur ces divers terrains, de manière largement inductive, et non sur la base de présupposés. D'autre part, ma démarche ne se situe ni en surplomb des agents dans une posture omnisciente ni à leur service pour en relayer les propos ou les doléances, mais dans une sorte de lieu intermédiaire pour lequel j'ai utilisé l'image du seuil de la caverne en référence à l'allégorie de Platon : cette position hybride m'est d'autant plus évidente que j'ai été moi-même un acteur de plusieurs des scènes que j'ai décrites, médecin faisant des certificats pour des personnes étrangères malades et administrateur au sein d'une grande organisation non gouvernementale, situation qui m'a justement permis de me rendre compte de l'intelligence sociale des agents, souvent enclins à la réflexivité sur leurs propres actions, mais également de la nécessité d'adopter une certaine distance, afin d'appréhender les enjeux qui leur échappent. Pour le dire simplement, critiquer la raison humanitaire ou le gouvernement humanitaire en tant que tels présente pour moi peu d'intérêt. Ce qui importe, c'est d'exercer une réflexion critique sur la base précisément des études empiriques que j'ai été en mesure de conduire et de la connaissance de l'intérieur que j'ai pu acquérir. Cette double pratique – de chercheur et d'acteur – non seulement m'autorise, mais m'oblige, par une sorte de dette contractée à l'égard de celles et ceux qui l'ont permise, à accomplir ce travail critique – ma conviction étant que c'est là où il est le plus difficile à mener, en l'occurrence dans le domaine moral, qu'il est le plus nécessaire.

Ce qui le rend cependant particulièrement difficile, quand on se place, comme j'ai choisi de le faire, au niveau général de la raison et du gouvernement humanitaires, c'est qu'il existe à l'évidence des différences considérables entre ce qu'on peut en dire, par exemple, lorsqu'il s'agit de l'intervention militaire de grandes puissances se réclamant de l'humanitaire, en Somalie ou au Timor, et lorsqu'on a affaire à des initiatives privées d'organisations non gouvernementales se qualifiant elles aussi d'humanitaires, dans des camps de réfugiés ou des hôpitaux de campagne. Dans le premier cas, l'invocation de l'humanitaire peut s'avérer tactique, voire cynique, quoique les responsables politiques prenant ces décisions puissent aussi le faire de manière morale ou émotionnelle. Dans le second cas, l'engagement humanitaire apparaît généralement plus sincère, voire naïf, ce qui n'exclut nullement des postures problématiques. Ce ne sont toutefois pas les intentions qui m'intéressent principalement, mais la signification et les implications, tant morales que politiques, de ces actions.

Au-delà de ces différences, j'ai en effet essayé de comprendre ce qui est en jeu chaque fois qu'on invoque l'humanitaire – quand on parle de souffrance plutôt que d'inégalité, de traumatisme plutôt que de violence, de résilience plutôt que de résistance, de crise humanitaire plutôt que d'occupation par un pays ennemi. La question n'est pas de savoir si la chose est bonne ou mauvaise, si une intervention est légitime ou non, si un retrait est justifié ou pas. Elle est de comprendre ce que le recours à cette nouvelle grammaire de l'action change – ce qu'on y gagne et ce qu'on y perd, ce qu'on donne à lire et ce qui devient invisible, ce qu'on est en mesure d'énoncer et ce qui se trouve occulté. Une évolution politique de cette nature ne peut pas être conçue seulement en termes de bénéfices. Il faut aussi l'analyser en termes de coûts, en sachant qu'une plus grande lucidité sur ce plan est une condition nécessaire pour les réduire. Identifier les enjeux, clarifier les dilemmes, peser les alternatives, anticiper les conséquences : telles sont les obligations non seulement scientifiques mais aussi éthiques qu'il faut rappeler à celles et ceux qui ne tolèrent pas qu'on soumette la raison et le gouvernement humanitaires à un examen critique et imaginent même qu'une théorie normative peut se passer d'une théorie critique.

Pour analyser, donc, ce qui est en jeu dans le déploiement de la raison et du gouvernement humanitaires, je parlerai, en m'appuyant à la fois sur mes enquêtes et mon expérience, des risques potentiels auxquels il expose. C'est là une manière de présenter autrement les enjeux, les dilemmes, les alternatives et les conséquences de ce déploiement, en laissant ouvert le champ des possibilités pour que les agents puissent s'en saisir en connaissance de cause. Ces risques potentiels sont de trois natures distinctes. Premièrement, l'action humanitaire tend à réduire la place et même la légitimité des dimensions historique et politique qui sous-tendent la situation justifiant l'intervention, qu'il s'agisse de pauvreté ou de guerre : les circonstances appelant l'urgence et la réponse procédant de la compassion, ce sont une autre temporalité et une autre logique qui s'imposent. La répétition et la routinisation de cette action, au détriment d'autres options possibles, peut conduire à l'effacement de l'histoire et à l'éclipse du politique. Deuxièmement, la raison humanitaire tend à se substituer à l'attente de justice sociale et de respect du droit, que l'on songe au cas des demandeurs d'asile ou des habitants de territoires occupés : la réponse à la souffrance et la protection de la vie semblent les seules justifications acceptables de l'intervention publique ou privée. Progressivement, la demande de justice et l'invocation du droit se font alors inaudibles. Troisièmement, le gouvernement humanitaire tend à assigner aux individus un statut de victimes, un rôle correspondant de requérants et un récit autorisé sur leur condition : la position qu'ils occupent dans l'espace social, la représentation qu'ils cherchent à donner d'eux-mêmes, la vision qu'ils souhaitent défendre s'en trouvent en conséquence menacées. Avec le temps, des porte-parole souvent autoproclamés finissent par les priver, même lorsqu'ils se veulent bienveillants, de la liberté d'apparaître comme ce qu'ils sont et de faire entendre ce qu'ils veulent.

On comprend combien ces trois types de risques potentiels peuvent grever le projet humanitaire – ou plus exactement, produire des effets délétères sur les personnes auxquelles il s'adresse et qu'il prétend assister. Ces risques lui sont structurels, tout comme l'est la relation asymétrique et inégalitaire qui le caractérise : leur existence ne dépend donc pas de la volonté des agents. Pour autant, leur prise en considération peut réduire ces conséquences problématiques. C'est dire que l'analyse critique a vocation non à miner le travail humanitaire, mais à rendre plus conscients et donc plus responsables celles et ceux qui le conduisent.

*

Parvenu presque au terme de son inquiétant périple « au cœur des ténèbres », l'officier de la marine marchande anglaise Charles Marlow, dont Joseph Conrad livre le récit, se souvient d'un rapport écrit par le directeur d'un comptoir chargé de collecter de l'ivoire au plus profond de la forêt africaine qu'il a pour mission de retrouver[1]. Ce texte « vibrant d'éloquence, mais trop exalté », qui a fait sur lui une si forte impression qu'il peut encore en citer des passages, décrit la vision qu'a ce Kurtz de ce que pourraient devenir les relations entre les « Blancs » et les « sauvages ». Il commence ainsi par une enthousiaste et bienveillante déclaration : « Par le simple exercice de notre volonté nous pouvons mettre en jeu un pouvoir sans limites au service du bien. » Mais à la dernière ligne des dix-sept pages serrées dans lesquelles il développe ainsi son « émouvant appel à tous les sentiments altruistes », il a cette ultime phrase, « précieux post-scriptum » qu'il semble avoir négligé d'effacer avant d'envoyer le document à l'administration de sa compagnie commerciale : « Exterminez toutes ces brutes ! »

On se gardera bien de faire de cet épisode imaginé de l'épopée coloniale une grille de lecture simpliste de la raison et du gouvernement humanitaires. Les individus, les organisations caritatives, les agences internationales et même les gouvernants qui s'engagent dans des opérations de secours après une catastrophe naturelle, sur des champs de bataille ou dans des contextes de famines ne sont ni des philanthropes illuminés ni des criminels en puissance. Pourtant, si l'on se place au niveau non pas des actions des agents, mais des phénomènes plus généraux dans lesquels ces actions s'inscrivent – de ces réseaux sémantiques qui entrent en résonance avec les économies morales et les pratiques politiques que j'évoquais en commençant –, on est fondé à prendre au sérieux, d'une part, l'ambiguïté que révèle l'idée de ce pouvoir sans limites au service du bien et, d'autre part, l'ambivalence que manifeste la phrase involontairement oubliée à la fin du manuscrit.

Limitons-nous à un exemple parmi tant d'autres possibles : le traitement des réfugiés et des migrants en France au cours de la période récente. Au début de l'année 2017, alors qu'un « camp humanitaire » venait d'ouvrir dans la capitale pour, disait-on, « accueillir dignement » les personnes jusqu'alors implacablement délogées et pourchassées par les forces de l'ordre, des associations dénonçaient les exactions à l'encontre de celles qui, n'ayant pas trouvé de place dans le centre d'accueil, dormaient sur le trottoir alentour, la police leur arrachant leurs couvertures au milieu de l'hiver au risque de provoquer des hypothermies et les arrosant de gaz lacrymogènes en pleine nuit pour les disperser[2]. Durant les mois suivants, des scènes semblables ont été rapportées en divers endroits du pays, partout où s'installaient « des campements sauvages », selon les termes des autorités.

S'il faut donc penser les relations entre l'humanitaire et le sécuritaire sous la forme de moments qui se succèdent, il faut aussi les concevoir dans un rapport dialectique qui, dans chacun de ces moments, lie presque inéluctablement compassion et répression dès lors qu'il s'agit de populations auxquelles on nie, selon la formule de Hannah Arendt, le droit d'avoir des droits. Loin de conduire au désenchantement et au renoncement, le constat de ces liaisons dangereuses doit au contraire appeler à une plus grande exigence éthique.

D. F., septembre 2017

# Notes

## Introduction. Le gouvernement humanitaire

1. Depuis Adam Smith notamment, dont la *Théorie des sentiments moraux* (1999/1759, p. 23), publiée pour la première fois en 1759, s'ouvre par ces phrases : « Aussi égoïste que l'homme puisse être supposé, il y a évidemment certains principes dans sa nature qui le conduisent à s'intéresser à la fortune des autres et qui lui rendent nécessaire leur bonheur. De cette sorte est la pitié ou la compassion, c'est-à-dire l'émotion que nous sentons pour la misère des autres, que nous la voyions ou que nous soyons amenés à la concevoir avec beaucoup de vivacité. » Dans son histoire de la philosophie morale, John Rawls (2008/2000, p. 18-19) associe Smith à Hutcheson, Shaftesbury, Butler et Hume dans une même « école du sens moral », essentiellement écossaise.

2. La parabole (Luc, X, 30-37) rapporte la réponse de Jésus à un « docteur de la loi » qui lui demande de lui dire qui est son prochain. Dans son enquête sur la souffrance à distance, Luc Boltanski (1993, p. 21) fait de cette scène un paradigme, distinct de la pitié et de la compassion, qu'il qualifie de « communautaire ». Les diverses traductions des évangiles mentionnent toutefois indifféremment que le Samaritain fut pris de « pitié » ou de « compassion » au spectacle de l'homme blessé. Ni la caractérisation identitaire du Samaritain ni son engagement dans une action d'assistance ne justifient donc cette distinction.

3. Que lui donne Michel Foucault (1994, p. 125) dans le résumé de son cours au Collège de France de 1979-1980 précisément intitulé « Le gouvernement des vivants » : il s'agit selon lui des « techniques et procédures destinées à la conduite des hommes » et il parle de « gouvernement des enfants, gouvernement des âmes ou des consciences, gouvernement d'une maison, d'un État ou de soi-même ».

4. Héritée des Lumières et plus précisément des sociétés philanthropiques de la fin du XVIIIe siècle qu'étudie Catherine Duprat (1993, p. XIV) en s'appuyant notamment sur la définition donnée par François-Vincent Toussaint en 1748 : « J'entends par humanité l'intérêt que les hommes prennent au sort de leurs semblables en général, pour la seule raison que ce sont des hommes comme eux. Ce sentiment gravé dans leur cœur répond des autres vertus sociales et les suppose aussi imprimées. » On retrouve ici les deux termes anglais auxquels renvoie le mot *humanity,* à savoir *mankind* (l'espèce) et *humaneness* (la sollicitude).

5. Voir les interventions de Nicolas Sarkozy, « Discours pour la France qui souffre », le 18 décembre 2006 (www.u-m-p.org/site/index.php/s_informer/discours/nous_allons_faire_revivre_l_espoir, consulté en janvier 2009) et de George Bush, « President Promotes Compassionate Conservatism », le 30 avril 2002 (www.whitehouse.gov/news/releases/2002/04/20020430-5.html, consulté en janvier 2009).

6. Voir la version consolidée au 25 novembre 2004 de l'ordonnance du 2 novembre 1945 relative aux conditions d'entrée et de séjour des étrangers en France et, plus particulièrement, l'article 12 bis, alinéa 11 (www.legislationline.org/documents/action/popup/id/7617, consulté en avril 2010), et le discours prononcé par Tony Blair à Chicago le 22 avril 1999, où a été défini ce qui a été plus tard appelé la « doctrine Blair » de justification des interventions armées (www.opendemocracy.net/globalization-institutions_government/article_1857.jsp, consulté en avril 2010).

7. La forme la plus radicale de cette affirmation de l'inégalité des sentiments moraux se trouve chez Friedrich Nietzsche qui ne distingue d'ailleurs pas la compassion de la pitié et pour qui, comme l'écrit Gilles Deleuze (2003/1962, p. 172), « la pitié est amour de la vie, mais de la vie faible, malade, réactive : militante, elle annonce la victoire finale des pauvres, des souffrants, des impuissants, des petits ».

8. Trouvant dans la formule de Tocqueville sur l'« égalisation des conditions » une clé d'interprétation, Myriam Revault d'Allonnes (2008, p. 17) parle de la « compassion démocratique ».

9. Les deux phénomènes – hostilité des uns et ressentiment des autres – pourraient être décrits, en référence à *La Tempête* de Shakespeare et, de façon plus explicite encore, à sa réécriture par Aimé Césaire (1980/1969), comme respectivement le syndrome de Prospero et le syndrome de Caliban : « Je te plains », dit le premier au second. « Et moi, je te hais », lui répond ce dernier (Acte III, Scène V).

10. Tout au moins dans l'espace politique qui est ici considéré ou, comme l'écrit Martha Nussbaum (2001, p. 401), dans la relation entre

« compassion et vie publique ». Il n'est pas question ici de la compassion dans la sphère privée, par exemple de la mère à l'endroit de son enfant qui souffre.

11. À partir de l'événement que constitue le 11 septembre 2001 – et surtout ses suites – et sur la base d'une discussion de la pensée d'Emmanuel Levinas autour de la violence, Judith Butler (2004, p. XVII) propose une éthique de la vie précaire « qui soit fondée sur une compréhension de combien aisément une vie humaine peut être supprimée ». Il est toutefois possible d'élargir cette réflexion au-delà de la violence physique et meurtrière en s'interrogeant sur la fragilité des vies et la manière dont les politiques les traitent.

12. Selon Alain Rey (2006, p. 2898), « précaire est emprunté au latin juridique *precarius,* "obtenu par la prière", cette valeur, qui implique une intervention supérieure et donc l'absence de nécessité, aboutissant à "mal assuré, passager" ». Par conséquent, « ce terme juridique qualifie ce qui est octroyé, ne s'exerce que grâce à une concession, une permission révocable par celui qui l'a accordée ».

13. Il ne saurait être question de présenter de manière exhaustive une considérable bibliographie sur ces questions. On peut mentionner, pour la France, les ouvrages de Pierre Bourdieu (1993), Luc Boltanski (1993), Jean-François Laé (1996), Vincent de Gaulejac (1996), Christophe Dejours (1998) et, pour les États-Unis, les livres d'Arthur Kleinman (1988), David Morris (1991), Nancy Scheper-Hughes (1992), Paul Farmer (1992), Cathy Caruth (1995), Ruth Leys (2000). On pourra en trouver une analyse partielle dans une recension (Fassin, 2004a).

14. La première pour *La Misère du monde* (Bourdieu, 1993), le second pour la trilogie *Social Suffering* (Kleinman *et al.,* 1997), *Violence and Subjectivity* (Das *et al.,* 2000) et *Remaking a World* (Das *et al.,* 2001).

15. Ce langage pénètre ainsi la haute administration de l'État français, notamment, sous l'influence de sociologues représentant des écoles de pensée très diverses, le lieu de la réflexion stratégique qu'est le Commissariat général du Plan (Fassin, 1996). Il en est de même aux États-Unis dans les sphères politiques gagnées par l'*ethos* compassionnel (Berlant, 2004). Significativement, par une concession à cet air du temps, le titre anglais donné à *La Misère du monde* est *The Weight of the World* avec, en sous-titre : *Social Suffering in Contemporary Society.*

16. La construction des problèmes sociaux a fait l'objet d'une littérature considérable (Schneider, 1985). En recourant au concept de « problématisation », je me situe toutefois plutôt dans la perspective de Michel Foucault (1994, p. 669-670) qui, à la fin de sa vie, considère

que toute son œuvre philosophique a porté sur une succession de « problématisations » du monde social (autour de la folie, de la clinique, de la prison, de la sexualité, etc.) : « Problématisation ne veut pas dire représentation d'un objet préexistant, ni non plus création par le discours d'un objet qui n'existe pas. C'est l'ensemble des pratiques discursives ou non discursives qui fait entrer quelque chose dans le jeu du vrai et du faux et le constitue comme objet pour la pensée. »

17. Concept proposé par l'historien Edward P. Thompson (1971) et repris par le politiste James Scott (1976) pour interpréter les soulèvements populaires, les économies morales ont donné lieu à des interprétations diverses. J'ai proposé de les définir plus généralement comme « la production, la répartition, la circulation et l'utilisation des émotions et des valeurs, des normes et des obligations dans l'espace social » : elles caractérisent un moment historique particulier et, éventuellement, un groupe donné (Fassin, 2009b, p. 1257).

18. Une anecdote significative de cette évolution et de son ambiguïté est le geste symbolique de Nicolas Sarkozy qui, le 17 mai 2007, à peine élu président de la République, faisait lire lors d'une cérémonie solennelle la lettre envoyée par le jeune Guy Môquet à sa mère juste avant son exécution par la Gestapo en 1941 et en annonçait la lecture désormais obligatoire dans les écoles à la rentrée des classes. On en sait les premières lignes : « Ma petite maman chérie, mon tout petit frère adoré, mon petit papa aimé, Je vais mourir ! » C'est à travers le pathos de ces adieux que le chef de l'État choisissait de faire entendre la voix consensuelle de l'« identité nationale » à la célébration de laquelle il consacrait le nouveau ministère de l'Immigration. Lors de la mise en œuvre de cette mesure controversée, le Réseau éducation sans frontières (RESF) dénonça la politique d'expulsion des étrangers sans titre de séjour de ce même ministère en affirmant : « Être digne des 27 de Châteaubriant, c'est s'opposer aux régressions sociales et à la traque des sans-papiers. » Voir les sites www.republique-des-lettres.fr/1644-nicolas-sarkozy.php et www.lepost.fr/article/2007/10/22/1040150_lecture-de-la-lettre-de-guy-moquet-resf-vs-dati.html (consultés en avril 2010) ainsi que le texte d'Éric Fassin : « Guy Môquet et le théâtre politique des émotions » (www.mouvements.info/Guy-Moquet-et-le-theatre-politique.html, consulté en avril 2010).

19. La confrontation de deux textes parus la même année révèle clairement cette tension. L'ouvrage d'Emmanuel Renault sur les *Souffrances sociales* (2008) est exemplaire de la première posture : l'auteur prend acte des souffrances induites par la société et défend les acteurs qui s'efforcent de les soulager ; dans le prolongement des travaux de Christophe Dejours, il fait de l'organisation du travail « néolibé-

rale » la source de cette nouvelle « pathologie sociale » ; pour lui, l'historicité de la catégorie et des politiques qu'elle mobilise est sans objet. Le livre de Myriam Revault d'Allonnes sur *L'Homme compassionnel* (2008) est illustratif de la seconde position : l'auteure met en cause la banalisation du langage de la souffrance ; à la suite de Hannah Arendt, elle voit dans les « politiques de la pitié » une dénaturation du sentiment d'humanité et dans la « démocratie compassionnelle » une forme de dévoiement contemporain de l'espace public ; pour elle, les émotions renvoient à la forme du théâtre dont il est vrai que l'actualité qu'elle étudie révèle les effets pervers.

20. Voir Pierre Bourdieu (1993, p. 9-11 et 903-925). Il passe dans ce livre de l'analyse de la reproduction sociale des inégalités à l'étude de la « misère de position » dont les victimes font « l'expérience d'autant plus douloureuse que cet univers, auquel ils participent juste assez pour éprouver leur abaissement relatif, est situé plus haut dans l'espace global ». Il substitue à l'objectivation de l'objectivité dont il avait fait la pierre angulaire de sa méthode une subjectivation des subjectivités, au terme d'une « conversion du regard » qui permet de développer une véritable « disposition accueillante » à l'égard des « souffrances » de ses interlocuteurs.

21. Voir Luc Boltanski (1993, p. 8-9 et 258-263). Il est significatif qu'après avoir développé tout au long de son livre une approche distanciée, ce que l'attention portée à la rhétorique lui permet de faire, l'auteur termine par une irruption inattendue dans l'arène politique pour défendre l'humanitaire et notamment son héros, Bernard Kouchner : « La critique est aisée, mais l'art est difficile. Aux critiques, il convient de demander ce qu'ils veulent et ce qu'ils proposent. Ceux que nous venons d'évoquer ne le disent pas clairement. » Et, pour faire bonne mesure, il ira jusqu'à comparer ces derniers aux « jeunes de l'Action française » qui avaient, en d'autres temps, également dénoncé les excès de l'usage de la pitié dans l'espace public.

22. On peut se reporter aux travaux pionniers de Larry Minear et Thomas Weiss (1992) et surtout de Nicholas Wheeler (2000) sur l'« intervention humanitaire dans la société internationale » et de Mark Duffield (2001) sur le « nouvel humanitarisme dans la gouvernance globale ».

23. Significatifs de la première position sont les travaux de Stanley Hoffmann (1996) sur l'« éthique de l'intervention humanitaire » et d'Hugo Slim (2002) sur la « philosophie humanitaire » : l'un comme l'autre se proposent de rendre meilleure, c'est-à-dire fondamentalement plus légitime, l'action humanitaire, celle des États en particulier. Représentatives de la seconde posture sont les analyses d'Anne Orford (1999) sur l'« humanitarisme musclé » et de Vanessa Pupavac (2001)

sur la « gouvernance thérapeutique » : pour l'une c'est le principe même de l'intervention sans légalité internationale qui est problématique ; l'autre s'intéresse à la mobilisation des catégories psychiatriques telles que l'état de stress post-traumatique dans la caractérisation des violences et donc aux effets de pathologisation des victimes des conflits.

24. Avec l'aide de Save The Children, Alex De Waal (2005/1989) a ainsi étudié la famine au Darfour et les difficultés de l'intervention pour la combattre. Revenant sur son expérience de responsable de mission pour Médecins sans frontières, Fiona Terry (2002) propose une analyse des paradoxes de l'action humanitaire, notamment lors du génocide des Tutsis au Rwanda.

25. L'anthologie dirigée par Nancy Scheper-Hughes et Philippe Bourgois (2004) offre de nombreux exemples, révélateurs des transformations en cours de l'anthropologie outre-Atlantique.

26. Comme nous l'avons fait à propos du traumatisme avec Richard Rechtman (Fassin et Rechtman, 2007).

27. C'est dans une perspective assez différente que Signe Howell (1997) a réuni une série d'études de cas sur les discours moraux réalisées par des anthropologues en Angleterre, au Zimbabwe, en Argentine, au Mexique, en Mongolie, au Nord Yémen, en Papouasie-Nouvelle-Guinée.

28. Pour reprendre la formule de l'ouvrage que j'ai dirigé avec Alban Bensa (Fassin et Bensa, 2008). En fait, les études de cas présentées dans ce livre associent plusieurs dispositifs méthodologiques.

29. En introduction à son séminaire à l'École des hautes études en sciences sociales, Pierre Bourdieu (1992, p. 191-192) affirmait : « Le sommet de l'art, c'est sans doute d'être capable d'engager des enjeux dits "théoriques" très importants à propos d'objets dits "empiriques" bien précis, et souvent en apparence tout à fait mineurs, voire un peu dérisoires. » Donnant comme exemple le certificat d'aptitude professionnelle qui permet d'analyser le « monopole étatique de la violence symbolique », il ajoutait : « Ce qui compte, en réalité, c'est la construction de l'objet, et la puissance d'une méthode de pensée ne se manifeste jamais aussi bien que dans sa capacité de constituer en objets scientifiques des objets socialement insignifiants. »

PREMIÈRE PARTIE

# Politiques

## Chapitre premier. Une souffrance dévoilée

1. Son adversaire au second tour, Lionel Jospin, s'efforça en vain de reprendre le thème des « deux France » en y apportant une touche personnelle puisqu'il déclara, de façon peu convaincante, préférer à l'idée de « fracture » celle de « faille » (archives.lesechos.fr/archives/2007/lesechos.fr/05/02/300166117.htm, consulté en avril 2010).

2. Médecins du monde dès 1986, puis Médecins sans frontières avaient ouvert des « missions France » en faveur des personnes ne bénéficiant pas d'accès aux soins. Par une sorte de mouvement symétrique, mais finalement complémentaire, d'anciens militants de causes locales s'engageaient dans des actions au loin (Collovald, 2001). Xavier Emmanuelli lui-même, cofondateur de Médecins sans frontières puis du Samu social, écrivit quelques années plus tard un livre intitulé… *La Fracture sociale* (Paris, Presses universitaires de France, 2002).

3. Une évaluation portant sur les seuls dispositifs mis en place au titre de la circulaire de 1997 en dénombrait soixante-sept, pour un budget total de 167 millions de francs. Voir le rapport d'Élizabeth Jacob *et al., Évaluation des Points écoute jeunes et/ou parents…* (Paris, Observatoire français des drogues et des toxicomanies, Étude nº 23, octobre 2000).

4. L'histoire de ce dispositif ainsi que la sociologie de son intervention ont été rapportées dans le livre que j'ai publié sur les lieux d'écoute (2004b). L'enquête avait été conduite avec Zahia Kessar. Voir « Un dispositif d'observation psychologique » (p. 83-102).

5. Le rapport du Haut Comité de la santé publique intitulé *La Souffrance psychique des adolescents et des jeunes adultes,* publié en février 2000, invite pourtant à la prudence dans l'établissement d'un lien entre souffrance et violence : « La notion de souffrance psychique des jeunes est vague, écrivent les auteurs. On a trop tendance à la confondre avec certains de ses effets montés en épingle, dans la catégorie également floue, de “violence des jeunes” » (www.sante.gouv.fr/htm/actu/36_000200.htm, consulté en avril 2010).

6. Notamment les deux ouvrages d'inspiration proche et publiés simultanément par Pierre Rosanvallon (1995) et Robert Castel (1995).

7. Hélène Thomas (1997) évoque le rôle joué par les ouvrages *Les Exclus. Un Français sur dix* de René Lenoir (Paris, Seuil, 1974) et *Vaincre la pauvreté dans les pays riches* de Lionel Stoleru (Paris, Flammarion, 1974).

8. Philippe Robert (2002) note que la thématique est moins récente que l'on ne le croit généralement, puisqu'elle apparaît à la fin des années 1970.

9. La controverse concerne le droit à l'image, puisque la femme a demandé à ce que sa photo ne soit pas publiée. Elle a été attisée par le pouvoir algérien que l'on accuse d'avoir voulu ainsi éluder la question de sa responsabilité dans le massacre, puisque l'armée, dans une caserne proche, était restée sans intervenir. Pour cette « Madone de Bentalha », comme on l'appelle souvent, le photographe Hocine recevra cette année-là le prix World Press Photo (www.humanite.fr/1998-02-14_Cultures_-La-Madone-de-Bentalha-photo-de-l-annee-1997, consulté en avril 2010).

10. Voir *Télérama,* n° 2553, 16 décembre 1998, p. 8-9, et *Le Monde,* 9 avril 1998, p. 9. De nombreux autres articles publiés dans cette période, parmi lesquels : « Tu travailleras dans la douleur », *Libération,* 20 avril 1998. « Stress et dépression vident les bureaux », *Libération,* 10 octobre 2000. Les revues font des dossiers spéciaux : *Santé mentale* sur « La souffrance psychique » en décembre 1998, *Santé et travail* sur « Souffrances des femmes au travail » en avril 2000, *La Pensée* sur « Souffrance au travail » en mars 2002.

11. Voir SFTG, Département de sciences humaines et sociales, « Surmenage et limites du médecin », séminaire réalisé le 20 janvier 1999 pour les généralistes. Cette thématique est reprise dans un éditorial du *Monde* le 2 janvier 2002 : « Médecine souffrante ». En fait, il est question du mouvement de grève des généralistes pour une revalorisation de la consultation médicale de base à 20 euros et de la visite à domicile à 30 euros. Pourtant, là encore, leurs difficultés sont mises en relation avec les malheurs de leurs patients : « Le mouvement est bien suivi, traduisant un malaise. Au-delà de leurs revenus, les médecins se plaignent de leurs conditions de vie », étant « devenus les premiers recours dans une société où les individus souffrent d'abord d'isolement ».

12. Voir *Le Monde,* 27 novembre 2001.

13. Cette recension, dans *L'Homme* (1999, vol. 39, n° 149 [janvier-mars], p. 214 et 215), du volume collectif *Social Suffering,* dirigé par Arthur Kleinman, Veena Das et Margaret Lock (1997), peut être mise en regard d'un autre commentaire, également positif mais posant une autre question sur le même livre, fait par Vincanne Adams, dans *American Anthropologist* (1998, vol. 100, n° 4 [décembre], p. 1064) : « Pour-

quoi cet impératif d'explorer la souffrance, de l'exposer, de prendre position par rapport à elle est-il si important ? On pourrait se demander si cet impératif n'est pas lui aussi culturellement spécifique. Quelle est la base culturelle pour l'impératif de cet ouvrage ? Curieusement, si la souffrance est reconnue comme le produit inévitable des formations étatiques et sociales modernes, alors pourquoi la souffrance est-elle la *seule* représentable dans notre discipline par les temps qui courent ? »

14. L'enquête d'Alain Ehrenberg (1998) porte sur cet homme déficitaire qui « devient déprimé parce qu'il doit supporter l'illusion que tout lui est possible ». Il la reprend quelques années plus tard dans un article de la revue *Esprit* (2004) et, récusant les approches phénoménologiques de la souffrance psychique, il voit dans son invocation « l'expression publique des tensions d'un type d'individu auquel on demande certes toujours de la discipline et de l'obéissance, mais surtout de l'autonomie, de la capacité à agir et à décider par lui-même ».

15. On reconnaît là une démarche foucaldienne de laquelle Ian Hacking se réclame d'ailleurs (1995, p. 3-4) : « En termes de stratégie de recherche, j'ai toujours été attiré par ce que Michel Foucault appelle archéologie. Je pense qu'il y a parfois des mutations brutales dans les systèmes de pensée et que cette redistribution des idées établit ce qui plus tard semble inévitable, non questionnable, nécessaire. »

16. Ce modèle de la « niche écologique » s'applique pour Ian Hacking (1999) à toute une série de maladies et de malades dont on serait tenté de dire qu'ils n'ont qu'un temps.

17. Les deux expressions sont en quelque sorte consacrées par l'usage au cours de cette décennie. Elles mériteraient bien sûr une analyse critique, ce qui a déjà fait l'objet d'une importante production scientifique. Pour une présentation de ces deux notions et de leur validation empirique, on peut se référer aux ouvrages de Serge Paugam (1991) et de Christian Bachmann et Nicole Le Guennec (1995).

18. Comme nous l'avons décrit dans l'enquête que nous avons conduite, avec Hervé Hudebine, dans deux départements de la région parisienne, le discours compassionnel sur les héroïnomanes avait tellement imprégné la manière de voir et de faire des policiers qu'ils en parlaient avec une sorte de commisération et qu'ils évitaient systématiquement de les interpeller pour leur permettre d'accéder aux distributeurs de seringues en toute sérénité. Voir *Politiques de la drogue et gouvernement des villes. Les scènes locales de la réduction des risques* (Bobigny, Centre de recherche sur les enjeux contemporains en santé publique, 2002). On peut lire pour une analyse des politiques de cette période, aux niveaux national et local respectivement, le livre d'Henri Bergeron (1999) et l'article d'Anne Lovell (1998).

19. Dans cette même période, le regard porté sur les malades du sida se transforme. La réprobation à l'encontre des pratiques des homosexuels et, comme on l'a vu, des toxicomanes, qui avait si fortement marqué les premières années de l'épidémie dans une logique de *« victim blaming »,* cède la place à une préoccupation qui fait droit, comme l'écrit Nicolas Dodier (2003), à un ensemble de « biens en soi » : la santé, bien sûr, mais aussi la lutte contre la stigmatisation et l'accomplissement de soi.

20. Comme le montre Isabelle Astier (1998) dans son enquête sur les commissions d'insertion, cette politique repose un dispositif d'exploration de l'intimité des personnes.

21. Voir notamment les textes de Jacques Donzelot et Joël Roman (1991) et d'Alain Touraine (1992). Les rapports du Commissariat général du Plan s'intitulent respectivement : *Exclus et Exclusions. Connaître les populations et comprendre les processus* et *Cohésion sociale et prévention de l'exclusion.* Les relations sont à cette époque étroites et organiques (liens personnels, groupes de travail, coéditions d'ouvrages) entre cette institution de réflexion placée auprès du gouvernement socialiste et la nébuleuse intellectuelle qui gravite autour de la revue *Esprit.* Pour une approche sociohistorique de la notion d'exclusion, on peut lire mon article (1996).

22. Comme le rappellent Alain Bihr et Roland Pfefferkorn (1999) : en 1998, le taux de chômage atteignait 4,5 % parmi les cadres contre 21,9 % parmi les ouvriers non qualifiés et la proportion cumulée de contrats à durée déterminée et d'emplois intérimaires était de 2,9 % pour les cadres et 19,2 % pour les ouvriers non qualifiés.

23. Sur la jaquette de couverture, le titre du livre (1993) est recouvert par deux mots dactylographiés en énormes lettres rouges : « france parle ». En la dépliant, on découvre le premier mot en entier : « souffrance ». Éric Maigret (2002) raconte comment il avait été approché par les organisateurs de l'étude : « Sollicité pour faire éventuellement partie de l'équipe d'enquêteurs, alors étudiant, je me souviens de la demande adressée, que je trouvais réductrice, non par le sujet abordé, mais par la façon substantialiste de le définir : trouver quelqu'un dans son entourage qui "souffre vraiment" de la vie. » La « consigne » était : « seule la souffrance sera audible ».

24. En 1991, un numéro des *Actes de la recherche en sciences sociales,* intitulé simplement « La souffrance » (n° 90 [décembre]), avait déjà livré les premiers éléments de cette recherche collective. Il est assez émouvant de voir Pierre Bourdieu découvrir, non sans une certaine naïveté, la « vie des autres » si l'on peut dire. Lui-même le reconnaît et souligne la rupture introduite par cette recherche dans son programme scientifique : « Il a fallu que j'arrive à mon âge et que j'aie

un peu plus de culot social pour être capable de faire cette transgression. »

25. Dans sa lettre, Jean-Marie Delarue affirme que sa délégation (DIV) et celle au revenu minimum d'insertion (DIRMI) « sont régulièrement informées de problèmes rendant difficile la conduite des politiques de lutte contre l'exclusion » et que « ces difficultés renvoient notamment à un état de mal-être ou plus précisément à la santé mentale de certaines populations ». Les notions d'exclusion et de santé mentale sont ainsi d'emblée associées. Le rapport *Une souffrance qu'on ne peut plus cacher,* rédigé par Hélène Strohl, est publié en 1995 sous le double sceau DIV-DIRMI.

26. Avec humour, Austin (1970/1962) donne l'exemple suivant d'échec *(infelicity)* d'un énoncé performatif : « Supposons, par exemple, que j'aperçoive un bateau dans une cale de construction, que je m'en approche et brise la bouteille suspendue à la coque, que je proclame "Je baptise ce bateau le *Joseph Staline*" et que, pour être bien sûr de mon affaire, d'un coup de pied, je fasse sauter les cales. L'ennui, c'est que je n'étais pas la personne désignée pour procéder au baptême. »

27. Ces deux manifestations ont donné lieu à des publications d'actes, dirigées par Jean Furtos *et al.* : *Déqualification sociale et psychopathologie. Devoirs et limites de la psychiatrie publique* (Lyon, Orspere, 1994) et *Souffrance psychique, contexte social et exclusion* (Lyon, Orspere, 1997).

28. Parmi les quarante-sept membres du groupe de travail interministériel, on compte du reste sept psychiatres considérés comme des spécialistes des publics dits en difficulté. L'un d'eux, Jean Maisondieu, ancien médecin des armées et psychiatre des hôpitaux à Poissy, est l'un des précurseurs de la clinique de l'exclusion.

29. Robert Castel (1981) parle d'une « culture psychologique », c'est-à-dire d'une « posture culturelle qui tend à faire de l'installation dans le psychologique l'accomplissement de la vocation du sujet social ».

30. On peut penser en particulier à l'influent document d'Éric Piel et Jean-Luc Roelandt, *De la psychiatrie à la santé mentale,* rapport au ministre délégué à la Santé (Paris, 2001).

31. Le noyau du réseau qui structure le groupe de travail est composé de chercheurs et de professionnels qui se sont rencontrés dans le cadre d'un projet de santé communautaire, dans le quartier Franc-Moisin de Saint-Denis, autour d'un médecin, Antoine Lazarus, et d'un sociologue, Michel Joubert. L'enquête domiciliaire menée parmi les habitants de la cité avait fait apparaître la fréquence des troubles de l'humeur de type dépressif rencontrés chez 59 % des

personnes interrogées. Les auteurs (Joubert, Bertolotto et Bouhnik, 1993) proposaient ainsi « une socio-épidémiologie du mal-être » afin de « lancer les bases d'une clinique du quotidien », mais dans le compte rendu de cette recherche, ils n'utilisaient pas encore le mot « souffrance ».

32. Par son titre même, le livre (1998) fait écho à *La Misère du monde,* jusque dans la reprise exacte, par le psychanalyste, du jeu de mots de la jaquette du livre de Pierre Bourdieu que j'ai évoqué plus haut.

33. Un numéro spécial de la revue *Esprit,* intitulé « À quoi sert le travail social ? » et publié justement en 1998 (mars-avril), s'interroge en particulier sur cette évolution qui a fait passer l'analyse du travail social de la dénonciation au nom du contrôle qu'il exercerait sur les dominés, dans les années 1970, à la critique de ses déficiences pour répondre aux attentes des usagers, dans les années 1990. Naguère accusés d'en faire trop, les travailleurs sociaux se voient désormais reprocher de n'en faire pas assez.

34. On ne saurait certainement restreindre la richesse des travaux de psychiatres et de psychologues sur la souffrance psychique à la seule école lyonnaise de la « clinique psychosociale », même si, incontestablement, son rôle a été prépondérant dans la construction d'un espace légitime de la souffrance dans les politiques publiques. Nombre de réseaux et d'associations, d'inspiration plus psychanalytique ou ethnoculturelle, explorent également cette dimension sociale de la souffrance.

35. Les extraits qui précèdent sont extraits de l'intervention de Jean Furtos au colloque de 1997, déjà cité, et du rapport de l'Orspere, *Points de vue et rôles des acteurs de la clinique psychosociale* (ministère de l'Emploi et de la Solidarité-Fédération nationale des associations d'accueil et de réinsertion sociale, 1999).

36. En 1999, le réseau national Souffrance psychique et précarité est créé à l'initiative de l'équipe lyonnaise : Xavier Emmanuelli, ancien secrétaire d'État chargé de la Lutte contre l'exclusion, en est le président et Antoine Lazarus l'un des administrateurs. En 2000, le périodique *Rhizome. Bulletin national santé mentale et précarité* voit le jour, avec l'aide de la direction de l'Action sociale du ministère de l'Emploi et de la Solidarité : sous la direction de Jean Furtos, elle devient l'un des foyers principaux de promotion de la cause de la souffrance psychique et de débat sur l'avenir de la santé mentale. En 2002, l'Orspere devient l'Observatoire national des pratiques en santé mentale et précarité.

37. Dans le *Tractatus logico-philosophicus* (1961/1921), mais surtout dans les *Recherches philosophiques* (2004/1953).

38. Il suffit de consulter le rapport d'enquête de Pierre Vidal-Naquet, Irène Amiel, Sophie Tiévant et Sylviane Touzé, *Lieux d'écoute et prévention des toxicomanies* (Conseil général Seine-Saint-Denis, 1997), pour constater la très grande diversité des dispositifs : entre la maison des chômeurs qui fournit des services aux demandeurs d'emploi et a tiré profit de la circulaire pour recruter un « psy qui traîne » comme il se désigne lui-même et le centre d'accueil et de soins pour toxicomanes qui fait du « travail de rue » avec des éducateurs, il n'y a guère que le financement de l'État qui permet le rapprochement et la constitution éventuelle, *a posteriori,* d'une « communauté » de spécialistes de l'écoute.

39. Cette cellule a été étudiée durant un an par Blandine Boulenger dans le cadre de la recherche citée (Fassin, 2004b). Voir « Une rencontre improbable entre des psychanalystes et des chômeurs » (p. 143-159).

40. Selon lui (1998/1989), les « sources du moi » doivent être recherchées, au-delà de la philosophie morale des Lumières, en remontant à Locke, Descartes et même saint Augustin.

41. De ce point de vue, la scène emblématique de ce basculement est l'exécution de Damiens, régicide manqué, en 1757, dernière mise à mort publique par écartèlement dont Michel Foucault (1975) rapporte le récit atroce, non sans une certaine délectation, au début de *Surveiller et punir.*

42. Dans son ouvrage sur le « gouvernement de l'âme » (1999a/1989). L'avait précédé Richard Sennett (1979/1974) dans son livre publié en anglais sous le titre, bien éloigné de sa traduction française : *The Fall of the Public Man.*

## Chapitre 2. Un choix pathétique

1. La symbolique de Noël est particulièrement forte dans l'histoire de l'assistance aux pauvres. Dans son étude sur les « chômeurs de Marienthal » lors de la crise de 1929, Paul Lazarsfeld et son équipe (1981/1932) évoquent les colis offerts par la commune pour aider les mineurs sans emploi à passer les fêtes moins misérablement. Le succès du mouvement de 1997, qu'étudient Didier Demazière et Maria-Teresa Pignoni (1999), tient en partie au scandale public provoqué par la perte des fonds sociaux qui alimentaient la prime de Noël pour les chômeurs.

2. Selon l'INSEE, le taux de chômage corrigé des variations saisonnières culmine entre 1993 et 1997 autour de 12 % de la population

active. Pour mémoire, jusqu'au début des années 1970, il ne dépassait pas les 3 % (www.ladocumentationfrancaise.fr/dossiers/emploi/chiffres-cles.shtml, consulté en avril 2010). C'est donc au plus fort de la crise que survient le mouvement social. Mais les chiffres du sous-emploi sont bien plus élevés et, si l'on tient compte des demandeurs d'emploi en formation, des chômeurs qui ont abandonné la recherche d'un emploi ou ont cessé de manière anticipée d'exercer une activité et des travailleurs sur des temps réduits ou des contrats précaires qu'ils subissent, on atteint alors environ 6 700 000 personnes, soit plus du double du chiffre officiel retenu. L'ensemble de cette population est concernée par la mobilisation des « chômeurs et précaires ». Voir l'enquête de 1996 discutée par Jacques Freyssinet (2004).

3. La formule est de Guido Calabresi et Philip Bobbitt (1978), deux juristes dont l'ouvrage *Tragic Choices* a ouvert un champ de recherches prolifique sur la justice locale.

4. Sur les greffes d'organes, on pourra notamment se référer à l'étude de John Elster et Nicolas Herpin (1992). De leur côté, Sébastien Dalgalarrondo et Philippe Urfalino (2000) ont étudié le problème posé par l'arrivée de la deuxième génération d'antirétroviraux pour les malades du sida.

5. Telle que l'a analysée en particulier Michel Messu (1991) qui montre comment fonctionnent les dispositifs de l'aide sociale et comment les pauvres les utilisent.

6. L'orthographe et la typographie des documents ont été reproduites à l'identique.

7. Selon cette étude, le « reste à vivre » par personne et par mois s'élève en moyenne à 43 euros pour les chômeurs indemnisés par l'ASSEDIC, 65 euros pour les bénéficiaires du RMI et 130 euros pour les « travailleurs pauvres », selon la formule désormais consacrée. Voir Didier Fassin et Anne-Claire Defossez, *Une charité d'État. La mise en place du Fonds d'urgence sociale en Seine-Saint-Denis* (2000, Bobigny, Centre de recherches sur les enjeux contemporains en santé publique, Rapport d'étude n° 1, mai). Dans l'ensemble de ce texte, je donnerai les valeurs en euros, sauf lorsqu'il s'agit de citations pour lesquelles je les maintiendrai comme elles étaient énoncées, à savoir en francs, tout en indiquant entre crochets l'équivalent en euros.

8. Pour reprendre le concept proposé par Giorgio Agamben (1997) qui reformule la distinction aristotélicienne entre *zoé,* la vie nue, réduite à sa biologie, et *bios,* l'existence politique, inscrite dans le monde social.

9. Selon les termes du rapport établi en 1998 par l'inspecteur général des affaires sociales Marie-Thérèse Join-Lambert à la demande du

Premier ministre : *Rapport de mission sur les problèmes soulevés par les mouvements de chômeurs en France fin 1997-début 1998.*

10. On doit à Natalie Zemon Davis (1987) une étude sur les suppliques adressées au roi sous l'Ancien Régime. J'ai développé (2000) une analyse des rhétoriques et des argumentaires utilisés par les requérants du Fonds d'urgence sociale dans un article précisément intitulé : « La supplique ».

11. D'une part, des entretiens ont été conduits auprès des principaux acteurs impliqués, directement ou indirectement, dans la mise en œuvre du fonds : membres de la commission d'attribution, agents chargés de l'instruction des dossiers, travailleurs sociaux des collectivités locales, représentants d'associations de chômeurs. D'autre part, une étude spécifique a été réalisée sur un échantillon de trois cents dossiers de requérants, tirés au sort parmi les vingt mille reçus par les services préfectoraux : cent demandeurs d'emploi indemnisés, cent bénéficiaires du RMI, cent salariés. Chaque dossier comporte des indications sociodémographiques sommaires, un descriptif du budget, un texte du solliciteur argumentant sa requête, ainsi que la décision de la commission, le montant éventuel de l'aide, le courrier adressé au requérant et, souvent, des annotations manuscrites explicitant la réponse apportée.

12. Dans sa célèbre enquête (1984/1967, p. 114) sur le travail des jurés siégeant dans des tribunaux.

13. Ainsi que le montre – et le défend, du reste – Pierre Rosanvallon (1995, p. 197, 210 et 217) : pour lui, l'État doit « surtout prendre en charge des individus qui se trouvent tous dans des situations qui leur sont particulières », au lieu de mettre en œuvre des mesures universelles applicables à des populations.

14. Dont Serge Paugam (1993, p. 85 et 87) rappelle la récurrence depuis la Révolution et par laquelle se trouve réaffirmée « l'obligation de la collectivité de garantir des moyens convenables d'existence » aux pauvres : l'assistantiel doit remédier aux insuffisances de l'assurantiel.

15. Malgré l'apparence de rupture que l'on entend leur donner par rapport aux usages de l'aide sociale, les deux consignes – individualisation de l'aide et principe d'urgence – inscrivent parfaitement le dispositif gouvernemental dans la tradition de l'« assistance moderne » à laquelle Georg Simmel (1998/1908, p. 47 et 66) reconnaît, « en tant qu'institution publique, un caractère unique ».

16. Ainsi Erving Goffman (1975/1963, p. 12) montre que, « dans la routine des rapports sociaux », les « anticipations » que l'on a sur les personnes deviennent insensiblement des « exigences présentées à bon droit ».

17. Si l'on suit la distinction qu'établit André Lalande (1993/1926, p. 75 et 182). Le substantif « arbitraire » est ainsi défini : « Au sens concret : bon plaisir individuel d'une autorité ; décision capricieuse en une matière où l'on devrait procéder par raison ou par application d'une règle. » Et pour l'adjectif homonyme : « Qui dépend uniquement d'une décision individuelle, non d'un ordre établi, ou d'une raison valable pour tous. » La note critique précise : « Arbitraire diffère de contingent en ce que celui-ci ne contient pas l'idée de bon plaisir. » Ce dernier qualificatif reçoit ainsi la définition suivante : « Sens général : est contingent tout ce qui est conçu comme pouvant être ou ne pas être. » Et plus loin : « Sens relatif : un fait est contingent par rapport à une certaine loi générale ou à un certain type, lorsqu'il consiste non dans l'application de cette loi, ou de ce type, mais dans quelque circonstance particulière à tel ou tel objet individuel auquel ils s'appliquent. Est contingente toute coïncidence qui n'est ni constante ni même générale. »

18. L'ouvrage a été écrit dans la période qui a suivi les agitations sociales et pendant laquelle le dispositif assistantiel a été substantiellement étendu aux États-Unis. Il a été réédité avec de nombreuses mises à jour une vingtaine d'années plus tard, alors que le climat idéologique et la situation économique avaient fortement changé et que les critiques contre le *social welfare* s'étaient généralisées (Piven et Cloward, 1993/1971).

19. Voir Lazarsfeld (1981 / 1932).

## Chapitre 3. Un protocole compassionnel

1. La circulaire : www.legifrance.gouv.fr/affichTexte.do?cidTexte=JORFTEXT000000565587&dateTexte=, et la loi n° 98-349 : www.legislationline.org/documents/action/popup/id/7617 (consultés en avril 2010).

2. Conférence donnée en 1980 au 22e Colloque de la Société de psychologie médicale de langue française, publiée l'année suivante dans la revue *Psychologie médicale* et rééditée dans le volume *La Double Absence* (Sayad, 1999). Il est remarquable que le titre initial de l'article, « Santé et équilibre social chez les immigrés », ait été reformulé, deux décennies plus tard, en : « La maladie, la souffrance et le corps » – formulation plus conforme à la manière contemporaine de parler de ces questions, comme on l'a vu.

3. Le terme « sinistrose » apparaît pour la première fois en 1908 dans le langage de la médecine légale sous la plume d'Édouard

Brissaud qui qualifie ainsi les conséquences psychiques post-traumatiques secondaires à un accident du travail. Ce diagnostic permettra pendant plus d'un demi-siècle de faire entrer dans la nosographie psychiatrique l'idéologie du soupçon à l'encontre des ouvriers se plaignant de symptômes mal identifiés dans ces conditions. Dans les années 1950 et 1960, il servira abondamment à qualifier – et à disqualifier – une pathologie désormais concentrée sur les travailleurs d'Afrique du Nord suspectés de chercher ainsi des bénéfices secondaires au détriment de l'État social français (Fassin et Rechtman, 2007, p. 61-65).

4. L'émergence de la question des « sans-papiers », secondaire au mouvement social commencé avec l'occupation de l'église Saint-Hippolyte en juin 1996, a été abordée dans un ouvrage collectif (Fassin, Morice et Quiminal, 1997). L'expression « inutiles au monde » est de Bronislaw Geremek (1980).

5. Le Gisti, Groupe d'information et de soutien des immigrés, a publié deux notes commentant, pour l'une la circulaire en juillet 1997, et pour l'autre la loi en juillet 1998 : *Sans-papiers : régularisation ? Analyse de la circulaire du 24 juin 1997,* et : *Entrée, séjour et éloignement des étrangers après la loi Chevènement.*

6. Le Conseil national du sida s'était ainsi exprimé de manière forte sur cette question en décembre 1995 dans son *Rapport suivi d'un avis sur la situation des personnes atteintes par le VIH de nationalité étrangère et en irrégularité de séjour* où il dénonçait l'impossibilité de se soigner des malades étrangers (www.cns.sante.fr/spip.php.article109, consulté en avril 2010).

7. Ces statistiques proviennent, pour celles en rapport avec la circulaire et celles concernant les demandes déposées en Seine-Saint-Denis, des entretiens réalisés avec des hauts fonctionnaires de la Direction des Libertés publiques dans le premier cas et de la DDASS dans le second. Les données nationales en lien avec l'application de la nouvelle loi ont été données par les services du ministère de l'Intérieur à l'Observatoire du droit à la santé des étrangers (ODSE), qui est un collectif de dix-sept associations incluant notamment Médecins du monde, la Cimade, le Comede, le Gisti, Aides, Act Up Paris, l'association Primo Levi (voir *Un projet de loi dangereux pour la santé des étrangers,* odse.eu.org/IMG/pdf/Analyse_de_l_ODSE.pdf, consulté en avril 2010).

8. Par condition sociale, il s'agit de caractériser une situation objective qui, à la différence de la « condition humaine » telle que l'entend Hannah Arendt (1961/1958) est historiquement constituée, mais aussi sociologiquement différenciée : ce n'est pas l'être humain, mais bien le sujet social – et politique (Fassin, 2001).

9. On se souvient du roman d'Hervé Guibert, publié sous ce titre en 1991 (Paris, Gallimard), c'est-à-dire peu après sa mort du sida. « Protocole compassionnel » est une expression que les médecins utilisent pour désigner un traitement de la dernière chance pour lequel les phases habituelles de l'expérimentation clinique n'ont pas été respectées.

10. La note de sept pages, en date du 11 février 1997, est rédigée par Charles Candillier sous le titre : « La procédure des Autorisations de prolongation de séjour pour des raisons sanitaires. Le rôle du médecin inspecteur de santé publique ou "les mains sales" ? »

11. Dans le cadre de son mémoire de l'École nationale de santé publique, intitulé *Le Maintien des étrangers pour raison médicale sur le territoire français* et présenté en avril 1999, Dominique Delettre a analysé les statistiques et interrogé les médecins inspecteurs dans les DDASS d'Île-de-France.

12. Voir, pour l'arrêté : www.sante.gouv.fr/adm/dagpb/bo/1999/99-29/a0291933.htm, et pour la circulaire n° 2000-248 : www.sante.gouv.fr/adm/dagpb/bo/2000/00-21/a0211477.htm (consultés en avril 2010).

13. L'ensemble des citations et récits de ce chapitre est issu de notes de terrain.

14. Cette typologie s'inspire de celle que propose Howard Becker dans un texte célèbre où il discute les quatre configurations de la déviance selon que l'acte a été ou non commis et se trouve ou non reconnu (1985/1963).

15. Exemplaire de l'approche culturaliste, l'ethnopsychiatrie a connu, dans les années 1990, un succès sans précédent en France – bien au-delà des cercles de la psychologie, dans le monde de la médecine, de l'action sociale, de la pratique judiciaire, des politiques publiques et jusque dans les cercles intellectuels et médiatiques (Fassin, 2000b).

16. Ce qui correspond à une multiplication par 17 ; parallèlement, le total des dossiers déposés pour expertise médicale augmentait régulièrement, avec 1 500 en 1999, 5 678 en 2001, 33 133 en 2003, 40 940 en 2005. Ces chiffres, donnés par le ministère de l'Intérieur, ont été diffusés par l'ODSE, Observatoire du droit à la santé des étrangers (voir *Un projet de loi dangereux pour la santé des étrangers,* art. cit.) et par le Comede, Comité médical pour les exilés (voir *Rapport d'activité et d'observation 2006,* www.comede.org/Rapports-du-Comede-2008-2003, consulté en avril 2010). L'évolution indiquée doit cependant être relativisée : au 31 décembre 2005, selon les statistiques officielles, on considérait que 23 605 personnes étaient régulièrement présentes sur le territoire français pour raison médicale, soit seulement 0,72 % du total de la population étrangère.

17. Voir Case of N. v. The United Kingdom (Application 26565/05, Judgment Strasbourg 27 May 2008), Lawtel (www.isd.salford.ac.uk, consulté en février 2009) et le commentaire de cette décision par la juriste canadienne Caroline Lantero (« La Cour européenne des droits de l'homme et les étrangers malades : le ton se durcit », www.cerium.ca/La-Cour-europeenne-des-droits-de-l,7451, consulté en avril 2010).

## Chapitre 4. Une épreuve de vérité

1. Les statistiques sont celles fournies par l'UNHCR, Haut Commissariat des Nations unies pour les Réfugiés (voir *Réfugiés – Tendances mondiales en 2004,* www.unhcr.fr/4b2a42369.html, consulté en avril 2010) et de l'Ofpra (voir *Rapport d'activité 2004,* www.ofpra.gouv.fr/documents/OFPRA_Rapport_2004.pdf, consulté en avril 2010).

2. Bien entendu, la suspicion à l'encontre des réfugiés n'est ni une réalité spécifiquement française ni une chose totalement nouvelle. Le volume collectif *Mistrusting Refugees,* dirigé par Valentine Daniel et John Knudsen (1995), en apporte une série d'illustrations et d'interprétations.

3. Le *Rapport d'activité et d'observation 2005* du Comede (www.comede.org/Rapports-du-Comede-2008-2003, consulté en avril 2010) fait apparaître que les Sri Lankais arrivent au premier rang des étrangers consultant dans ce centre pour la fréquence des tortures et au second rang pour les violences subies, derrière les Soudanais. Les chiffres et l'extrait concernant l'Ofpra sont tirés du *Rapport d'activité 2005* (www.ofpra.gouv.fr/documents/OFPRA_Rapport_2005.pdf, consulté en avril 2010).

4. Pour recourir à une formulation que Michel Foucault (1994, p. 20) utilise de manière assez fugace, notamment dans une table ronde où il commente son œuvre avec des historiens, le 20 mai 1978.

5. L'anthropologue évoque cette scène dans « Terror as Usual : Walter Benjamin's Theory of History as State of Siege » repris dans un recueil de textes (Taussig, 1992, p. 33).

6. Le catalogue de l'exposition *Maux d'exil,* photographies d'Olivier Pasquiers et témoignages recueillis par Jean-Louis Lévy, publié par Le Bar Floréal et le Comede (Paris, 2000), juxtapose les deux séries de documents : images et récits, évidemment sans liens pour des raisons de confidentialité.

7. Comme nous le disent Pierre Clastres (1974, p. 159), à propos des Indiens Mandan et Guayaki dont les tatouages douloureux

représentent « le texte inscrit de la loi primitive », et Maurice Godelier (1982, p. 78), évoquant les prescriptions des Baruya de Nouvelle-Guinée qui constituent « les commandements de la domination des hommes sur les femmes et de la soumission des cadets aux aînés ».

8. Pour Véronique Nahoum-Grappe (1996, p. 283), les viols collectifs servent au programme politique d'« élimination d'une communauté » et, pour Jackie Assayag (2004, p. 283), c'est à travers les « pratiques biopolitiques sur le matériau humain » que le mal hyperbolique se met à l'œuvre.

9. C'est, on le sait, la thèse de *Surveiller et punir* (1975).

10. Pour une histoire des politiques de l'asile et une discussion détaillée du rôle des associations, on peut lire la thèse de doctorat d'Estelle d'Halluin (2008).

11. Selon la formule du directeur du Comede, Arnaud Veïsse (2003) qui ajoute que « pour la reconnaissance du statut de réfugié, le certificat médical ne devrait jamais être décisif ».

12. Qui « donne asile aux étrangers bannis de leur patrie pour la cause de la liberté », comme le rappelle Sophie Wahnich (1997) qui souligne toutefois le contexte de suspicion dans lequel ce principe d'hospitalité est mis en œuvre dans la période révolutionnaire.

13. Comme l'écrit, en français, Hannah Arendt (2002/1951, p. 563) dans son ouvrage sur l'impérialisme : « Ceux que la persécution avait nommés indésirables devinrent les indésirables de l'Europe. »

14. On peut se référer au livre que Michael Marrus (1985) a consacré à l'histoire des réfugiés dans la première moitié du XX^e^ siècle. Dans sa conclusion, il constatait ce qui lui paraissait être « la fin d'un problème européen des réfugiés », puisque leur nombre était devenu marginal. L'histoire n'est jamais écrite d'avance et, tout autant que l'augmentation importante des demandes d'asile depuis le début des années 1990, l'enjeu politique cristallisé autour de la question des réfugiés montre que l'on était loin d'en avoir fini avec ce « problème ».

15. Ce que Gérard Noiriel (1991) a montré dans son enquête sur les débats nationaux qui ont précédé et suivi la signature de la Convention de Genève, en particulier en France.

16. On en trouvera une analyse dans les travaux de Patrick Weil (1995), pour ce qui est des politiques, et de Vincent Viet (1998), pour ce qui concerne les institutions.

17. En 2006, au niveau de l'Ofpra, le taux était de 7,8 %, correspondant à 2 929 adultes. Ce chiffre représentait une nouvelle baisse par rapport à 2005 où il était de 8,2 %, soit 4 184 personnes. Le fait est d'autant plus remarquable que le nombre de demandes avait entretemps reculé de 26 %, passant de 51 391 à 37 986. Or, on le sait, la diminution des taux d'accord est souvent imputée à un accroissement

des demandes qui laisserait supposer une proportion plus grande de dossiers infondés. Le mouvement inverse d'abaissement des demandes, lié notamment à un contrôle beaucoup plus sévère au départ des pays d'origine et à l'arrivée sur le territoire français avant tout dépôt de dossier, n'a donc pas eu d'effet symétrique d'élévation des taux d'accord. Aux réfugiés reconnus par l'Ofpra, il faut ajouter les personnes ayant obtenu leur statut en appel devant la Commission des recours, soit 4 425 adultes en 2006, chiffre en baisse de 54 % par rapport à 2005. Au total, ces 7 354 demandeurs ont obtenu l'asile en 2006 (voir *Rapport d'activité 2006,* www.ofpra.gouv.fr/documents/rapport_Ofpra_2006.pdf, consulté en avril 2010).

18. C'est du reste ce que l'on avait déjà pu observer pour le titre de séjour auquel, pour en être privés, les étrangers en situation irrégulière accordaient une vertu presque magique d'intégration sociale. À peine l'avait-il obtenu qu'ils se rendaient compte de ses limites pour l'obtention d'un emploi, d'un logement et, tout simplement, d'une place dans la société française (Fassin et Morice, 2001) : les « sans-papiers » découvraient que, s'ils n'étaient rien faute de « papiers », ils n'étaient guère plus une fois qu'ils les avaient reçus.

19. L'article « Paroles de victimes et vérité certifiée par l'expert » (2004, *Mémoires,* n° 25 [octobre], p. 16-17) reprend en partie un autre texte paru dans la même revue (2003, n° 22 [juin], p. 8), sous le titre : « Le mythe de la preuve » (www.primolevi.org/index.php/torture-et-violence-politique, consulté en avril 2010).

20. L'article d'Élisabeth Didier (1992) est souvent cité par les acteurs de l'asile (www.gisti.org/doc/plein-droit/18-19/torture.html, consulté en avril 2010).

21. L'anthropologue britannique Anthony Good (2007), qui a été témoin expert auprès des services de l'asile de son pays, donne une analyse détaillée des éléments d'interprétation de la Convention de Genève de 1951, en particulier au sujet de la *« well-founded fear »* (crainte fondée), et des conditions de sa mise en œuvre à l'aide du *Guide des procédures et critères à appliquer pour déterminer le statut de réfugié...* du Haut Commissariat des Nations unies pour les Réfugiés, dans lequel la dimension subjective de cette crainte est discutée.

22. Nous avons développé ailleurs l'histoire particulière du traumatisme et son usage dans la construction de la preuve psychologique des tortures et des violences (Fassin et Rechtman, 2007).

23. Pour reprendre la classique distinction de Max Weber (1959/1919, p. 172) : « Toute activité orientée vers l'éthique peut être subordonnée à deux maximes totalement différentes et irréductiblement opposées. Elle peut s'orienter selon l'éthique de la responsabilité ou selon l'éthique de la conviction. Cela ne veut pas dire que l'éthique de

conviction est identique à l'absence de responsabilité et l'éthique de responsabilité à l'absence de conviction. »

24. Au sens de *« voice »,* terme qu'utilise Albert Hirschmann (1970) pour décrire cette forme de réponse des individus confrontés à une situation génératrice de frustrations.

25. Ce qu'avec Nikolas Rose (1999b, p. 188) on pourrait qualifier de domaine de l'« éthico-politique » où, selon lui, se déploient les techniques nécessaires à l'exercice d'un gouvernement responsable et au jeu des obligations vis-à-vis de soi et des autres.

26. Dans son étude sur les pratiques bureaucratiques de l'asile en Suède, Mark Graham (2002) donne un exemple de ces implications émotionnelles des agents de l'administration.

27. On peut se référer aux analyses de Nathalie Berger (2000) sur les convergences des politiques européennes de l'asile et de l'immigration.

28. On peut penser aux travaux de Josiah Heyman (1998) sur les agents des services de l'immigration aux États-Unis, en particulier sur la frontière avec le Mexique.

29. Question qui vaut bien sûr pour toutes celles et tous ceux qui écrivent sur la violence, à commencer par les anthropologues, comme l'observe Veena Das (1997) à propos des femmes indiennes affectées par les brutalités extrêmes de la partition de leur pays.

30. On songe, par contraste, aux longs développements par lesquels Jonathan Spencer (2000) rapporte, à travers l'histoire d'un jeune Sri Lankais, les scènes de la violence dans cette guerre civile.

31. Le phénomène déborde du reste le cadre analysé ici, comme l'observe Liisa Malkki (1996) pour qui le statut administrativo-juridique du réfugié abolit en quelque sorte l'historicité de sa condition singulière.

32. Ainsi que l'écrit Michael Pollak (1990) à propos des entretiens qu'il a réalisés avec trois femmes rescapées des camps nazis de concentration et d'extermination.

33. Selon la formule d'Allen Feldman (1994, p. 407) qui s'attache à analyser comment cette massification est aussi une construction par les images que nous transmettent les médias.

34. Ce que souligne Talal Asad (1997, p. 289) qui distingue clairement l'idée (à quoi il n'adhère pas) selon laquelle la « civilisation » aurait fait reculer la torture et l'idée (qu'il défend) selon laquelle on déclare comme « non civilisée » la torture ce qui conduit à rendre sa pratique secrète.

35. On doit la publicité de cette histoire tragique à Simone Fluhr qui avait accompagné le jeune homme dans ses démarches de demande d'asile et qui a réuni après sa mort toutes les pièces de son dossier :

« En mémoire de Mr Elanchelvan Rajendram », *Recueil Alexandries,* coll. « Reflets », *Terra,* mai 2007 (www.reseau-terra.eu/article572.html, consulté en avril 2010).

LIMEN

# Frontières

## Chapitre 5. Une hospitalité ambiguë

1. Voir « Un non-lieu pour des gens de non-droit. Entretien avec le directeur du camp de Sangatte (octobre 2000) », *Enquête CCFD [Comité catholique contre la faim et pour le développement], Cimade [Service œcuménique d'entraide], Gisti [Groupe d'information et de soutien aux immigrés], SAF [Syndicat des avocats de France] et SM [Syndicat de la magistrature] sur les « réfugiés » de Sangatte,* 12 et 13 octobre 2000 : « on dira ici plutôt "camp" que "centre", à cause des conditions de vie qui y prévalent [...] et de l'improbable statut juridique de cette "chose" sans précédent, sauf les camps des Républicains espagnols à la fin des années 30 » (www.gisti.org/spip.php?article655, consulté en avril 2010).

2. Il ne cessera dans les années suivantes de revenir sur cette décision. De retour trois ans plus tard à Calais, il déclare : « Dans ma vie de responsable politique, Sangatte tiendra une place très importante. » Candidat à la présidence de la République, il en fera le symbole de sa fermeté et de son courage en matière de contrôle de l'immigration lors d'une conférence de presse le 11 décembre 2006 : « En 2002, le sinistre hangar de Sangatte était devenu, dans toute l'Europe, le symbole du laxisme et de l'irresponsabilité du gouvernement de M. Jospin en matière d'immigration. 2 000 à 3 000 migrants s'y entassaient, dans des conditions indignes de notre pays, avec l'espoir de passer en Grande-Bretagne. »

3. Par exemple : « Fermer le camp ne résoudrait pas la question des réfugiés », *Le Monde,* 30 mai 2002, et « Le camp de la Croix-Rouge doit fermer fin décembre », *Libération,* 3 décembre 2002.

4. Reconstitution d'après des entretiens sur place et une analyse de la presse locale. Voir également « Des milliers de fantômes en camp. Synthèse de la mission », *Enquête CCFD, Cimade, Gisti, SAF et SM sur les « réfugiés » de Sangatte,* 12 et 13 octobre 2000 (www.gisti.org/spip.php?article654, consulté en avril 2010).

5. Dans le premier volume de son *Vocabulaire des institutions indo-européennes* (1969, p. 87-95), il explore cette ambiguïté : « Le vocabulaire des institutions indo-européennes recèle des problèmes importants dont les termes parfois ne sont pas encore posés. On est conduit à les discerner à travers des mots révélateurs d'une institution dont les traces ne se laissent entrevoir, souvent, que d'une manière fugitive dans telle ou telle langue. »

6. Dans son cours à l'École des hautes études en sciences sociales du 10 janvier 1996 qui porte le titre « Question de l'étranger : venue de l'étranger » (1997, p. 51-53).

7. Pour mémoire, on peut rappeler que le taux d'accord de l'Ofpra, Office français de protection des réfugiés et des apatrides, passe de 95 % en 1976 à 7,8 % en 2006. Pour une analyse du discours de la distinction légale dans les années 1990, on peut se référer à l'ouvrage sur *Les Lois de l'hospitalité* que j'ai dirigé avec Alain Morice et Catherine Quiminal (1997). Pour une discussion de la politique de discrimination légitime dans les années 2000, on peut consulter l'ouvrage collectif dirigé par Claire Rodier et Emmanuel Terray (2008).

8. La ZAPI 2 est la zone d'attente pour personnes en instance de Roissy où sont cantonnés les étrangers qui arrivent sur le territoire français avec des documents considérés comme non valides, en attendant un examen plus approfondi de leur dossier et une décision qui consiste, le plus souvent, en une remise dans l'avion pour retour au pays. Sur la ZAPI 2, on peut lire l'enquête de Chowra Makaremi (2009).

9. Alors membre de l'association et doctorant en anthropologie, Henri Courau dit sa déception dans un article intitulé « Facing Adversity Together : Stowaways and Helpers in Sangatte », *Force Migration Review,* n° 14 (juillet 2002), p. 21-22 (www.fmreview.org/FMRpdfs/FMR14/fmr14.9.pdf, consulté en avril 2010).

10. Voir *Dignity or Exploitation, the Choice is in Your Hands,* Office des migrations internationales, 8 pages (www.gisti.org/spip.php ?article644, consulté en avril 2010).

11. À la suite de cet incident, la compagnie Eurotunnel demanda même la fermeture du centre de Sangatte (www.dailymail.co.uk/news/article-91930/500-immigrants-storm-Chunnel.html, consulté en avril 2010).

12. À cet égard, on lira avec profit l'introduction de l'ouvrage d'Erica Caple James (2010) sur les conditions d'insécurité de son enquête à Port-au-Prince et sur l'indéfinissable frontière entre violences civiles et violences politiques dans cette même période.

13. Dans le rapport d'activité de l'Ofpra de 2001, les auteurs notent : « La demande haïtienne, en augmentation de 45 %, constitue le troisième flux de la division. Sur 2 713 dossiers enregistrés, 324 proviennent de la préfecture de Cayenne (Guyane). L'éloignement de ce département et le nombre constant et important de demandes (placées en procédure prioritaire) ont conduit l'Ofpra à organiser une mission d'instruction de deux semaines en juin 2001, appuyée par des visio-entretiens, puis une seconde série de visio-entretiens en septembre. Ces entretiens, ont montré qu'il s'agissait d'une demande largement infondée au regard de la Convention de Genève, s'appuyant essentiellement sur l'insécurité générale, mais aussi sur les difficultés économiques. » Il est probable que le récit de Marie fut interprété en termes d'insécurité générale et de difficultés économiques. Quant au viol, on sait qu'il est quasiment impossible à prouver à distance de l'acte – la suite de l'histoire corrigeant toutefois un peu ce lieu commun (voir *Rapport d'activité 2001,* www.ofpra.gouv.fr/documents/OFPRA_Rapport_2001.pdf, consulté en avril 2010).

14. C'est ce que montre la note de Françoise Galabru, conseillère technique à la Direction de la population et des migrations, concernant l'évaluation de l'effet de l'article 12bis 11 de l'ordonnance du 2 novembre 1945 modifiée par la loi de 1998 relative à l'entrée et au séjour des étrangers en France, un an après son introduction (comme on l'a rappelé précédemment, cet article prévoit un droit au séjour pour l'étranger gravement malade ne pouvant se soigner dans son pays). Voir document ronéotypé, DPM, 26 juin 2000, 10 pages.

15. Voir le rapport de la Commission d'enquête du Sénat qui reprend l'intégralité des auditions organisées au cours de l'année 1998 (www.senat.fr/rap/l97-47021/l97-47021_mono.html, consulté en avril 2010).

16. Cette histoire est rapportée dans un article que j'ai écrit sur « la condition sociale des immigrés malades du sida » (2001) : elle est une forme idéal-typique de la figure du « corps légitime ».

17. Le concept de citoyenneté biologique, introduit par Adriana Petryna (2002) à propos des victimes de Tchernobyl auxquelles des droits sociaux étaient reconnus pour autant qu'elles fussent en mesure de prouver les conséquences pathologiques de l'accident, est utile pour penser la situation de ces malades régularisés à condition de ne pas perdre de vue qu'au bout du compte c'est bien une citoyenneté sociale qu'elles acquièrent ainsi.

18. Citations respectivement de Bertrand Delanoë et Philippe Seguin, alors candidats à la mairie de Paris, le premier pour le Parti socialiste, le second pour le RPR. Des voix dissonantes – et donc plus attendues – se faisaient bien sûr entendre, comme l'ancien ministre de

l'Intérieur, Charles Pasqua, évoquant des « réfugiés économiques » dont l'accueil ouvrirait « toute grande une brèche » et, à l'inverse, Marie-Georges Buffet, secrétaire générale du Parti communiste, pensant à « ces gens poussés par la misère, la non-reconnaissance ». Voir, par exemple, les articles du *Monde* des 18-19, 20, 21 et 22 février 2001.

19. Voir Pierre Georges, « Épuration clandestine ? », *Le Monde,* 22 février 2001. On peut également lire la tribune de Nathalie Ferré, alors présidente du Gisti, « L'Europe et l'exil », *L'Humanité,* 23 février 2001.

20. Voir « Droit d'asile », Éditorial, *Le Monde,* 22 février 2001 : « En termes de responsabilité gouvernementale, la préoccupation exprimée par le Premier ministre et par d'autres responsables socialistes était sans doute légitime. Mais elle ne pouvait masquer leur incapacité à trouver les mots d'humanité et de générosité que l'on aurait attendus en pareille situation. Une chose est en effet le discours sur le refus d'accepter toute la misère du monde. Autre chose est la réaction instinctive quand ladite misère s'incarne soudain avec cette image terrible d'un bateau échoué avec sa cargaison humaine. » Aux sentiments se mêlent donc ici les instincts.

21. Dans « Le déclin de l'État-nation et la fin des droits de l'homme » (2002/1951, p. 578-579). Citant John Hope Simpson, elle souligne du reste que, malgré les efforts pour distinguer juridiquement les deux catégories, « dans la pratique, les réfugiés sont tous des apatrides ».

22. Une comédienne d'origine iranienne de la troupe explique : « Nous avons pris l'engagement auprès des réfugiés de témoigner pour eux. J'ai toujours leur souvenir en tête pendant que nous improvisons. » Et une autre qui est russe : « Ici, j'ai vu surgir l'histoire vivante du monde d'aujourd'hui à travers le corps, le regard, l'âme. Les comédiens restituent les récits des réfugiés avec amour. Par moments, je ne peux plus jouer tellement je suis émue par ces témoignages. La frontière entre le monde réel et le théâtre s'est perdue. » Voir « Le Théâtre du Soleil porte la voix des réfugiés », *Le Monde,* 1er avril 2003.

23. En Australie, au contraire, le contraste a été souligné et le traitement fait aux naufragés de l'*East Sea* a été opposé au rejet des passagers du *Tampa.* L'ancien Premier ministre Malcolm Fraser déclarait ainsi en 2001, lors d'une conférence à l'université de Perth : « Récemment, quand 1 000 réfugiés kurdes se sont échoués sur les côtes du sud de la France, nous avons vu un ministre français se rendre sur place pour s'assurer qu'ils étaient correctement traités. C'était une approche humaine et compassionnelle. En Australie, au regard de notre expérience récente, notre réaction aurait été très différente » (www.safecom.org.au/detention.htm, consulté en avril 2010).

24. Significativement, Smaïn Laacher, auteur de la seule monographie sur Sangatte (2002), parle de « centre » dans son livre qui est le fruit d'une enquête financée par la Croix-Rouge en 2001 et de « camp » dans le titre de sa conférence à l'École des hautes études en sciences sociales pour la Ligue des droits de l'homme en 2003.

25. On doit à Marc Bernardot et Isabelle Deguines l'exploration éclairante de cette piste méconnue : « C'est toute la mémoire collective du village de Sangatte qui paraît remise en question. Les archives communales ont été laissées à l'abandon et sont incomplètes. Les habitants de Sangatte auraient-ils quelque chose à oublier ? On peut se le demander car, même s'il n'y a pas été fait mention dans les entretiens avec les habitants ni dans les très nombreux articles portant sur son centre maintenant célèbre, Sangatte a déjà accueilli un camp, nazi celui-là, en 1942. [...] On ne peut s'empêcher de penser que l'implantation du centre de la Croix-Rouge sur le même front de mer, en face de la ferme qui a servi de camp nazi, a contribué à faire resurgir fantômes et blessures » (2003, « Cohabiter à Sangatte », *Plein droit. La revue du Gisti,* n° 58 [décembre], voir en ligne : www.gisti.org/doc/plein-droit/58/cohabiter.html, consulté en avril 2010). Observation qui n'est pas sans rappeler la disparition de toutes les traces du camp de transit qu'évoque le film *Drancy Avenir* réalisé en 1997 par Arnaud des Pallières à travers une étudiante en histoire en quête de cette mémoire du lieu.

26. On peut penser aux études pionnières de Liisa Malkki (1995) et de Jennifer Hyndman (2000) sur des camps de réfugiés respectivement en Tanzanie et au Kenya.

27. Cette analyse structurelle n'est pas exclusive pour lui de lectures différenciées lorsqu'il distingue les camps républicains, vichyssois, nazis et de la Libération (Peschanski, 2002).

28. Il la développe dans la dernière partie de *Homo sacer* (1997), en reprenant la généalogie des camps depuis ceux des Espagnols à Cuba en 1986 et ceux des Britanniques en Afrique du Sud en 1901.

29. S'il assimile dans cet article (2004) les différentes formes d'internement, son propos est surtout de montrer la permanence d'une vie politique dans ces camps où les réfugiés semblent réduits à leur vie nue.

30. À la fin de *Homo sacer* (1997, p. 202), il affirme : « À partir des camps, il n'y a pas de retour possible à la politique classique. » Et, au début du livre *État d'exception* (2003, p. 13), il écrit à propos des *detainees* de Guantanamo : « La seule comparaison possible est la situation juridique des Juifs dans les *Lager* nazis, qui avaient perdu, avec la citoyenneté, toute identité juridique. »

31. Dans son livre sur les camps, Marc Bernardot (2008, p. 119) a une démarche proche en distinguant ceux qui ont pour mission de réprimer et ceux dont la fonction est principalement de protéger.

32. Dans *La Haine de la démocratie* (2005, p. 35 et 58), il affirme : « Le scandale démocratique consiste simplement à révéler ceci : il n'y aura jamais, sous le nom de politique, un principe un de la communauté. » Il critique également « l'équivalence démocratique de toutes choses » qui permet « de mettre tous les phénomènes sur un seul et même plan en les rapportant à une seule et même cause ».

33. Voir notamment : « La préfecture dément que des policiers aient arrosé d'essence un blockhaus servant d'abri aux migrants près de Sangatte », *Le Monde*, 26 novembre 2002, et les témoignages des membres du collectif After Sangatte, notamment le « journal de terrain » qui, le 28 avril 2006, commence par : « Nous n'avons pas été gazés cette nuit » (after.sangatte.free.fr/article.php3?id_article=7, consulté en avril 2010).

34. Sur la construction récente de ces frontières à la fois extérieures et internes, mêlant xénophobie et racialisation, on pourra se référer à l'ouvrage collectif que j'ai dirigé (Fassin, 2010). Comme l'écrit Zygmunt Bauman (1998, p. 18) : « Plutôt que d'homogénéiser la condition humaine, l'annulation technologique des distances temporo-spatiales tend à les polariser. »

35. Voir l'article d'Olivier Clochard, Antoine Decourcelle et Chloé Intrand sur les zones d'attente (2003) et les statistiques relatives aux étrangers à la frontière publiées par l'Anafé en novembre 2008 (www.anafe.org/download/generalites/stats-za-nov2008.pdf, consulté en avril 2010).

36. Voir l'article d'Olivier Clochard, Yvan Gastaut et Ralph Schor sur les camps d'étrangers (2004) et le texte de Claire Rodier, « Les camps d'étrangers, nouvel outil de la politique migratoire en Europe » (www.migreurop.org/article205.html, consulté en avril 2010).

37. Au Festival de Berlin, où il fut présenté en 2003, le film reçut l'Ours d'or, le Prix de la Paix et le Prix du Jury œcuménique. Sa distribution demeura cependant confidentielle.

DEUXIÈME PARTIE

# Mondes

## Chapitre 6. Un massacre des innocents

1. Données extraites notamment des rapports suivants : UNAIDS, *Aids Epidemic Update,* décembre 2000 ; Department of Health, *National HIV and Syphilis Sero-Prevalence Survey in South Africa,* 2001 ; Medical Research Council, *The Impact of HIV/Aids on Adult Mortality in South Africa,* septembre 2001.

2. Pour une histoire de l'épidémie de sida et de ses controverses, on peut se référer à mon ouvrage (2006a). J'utilise, lorsque nécessaire, la désignation « Noirs » et « Blancs » pour parler de celles et ceux qu'en anglais d'Afrique du Sud, on appelle *« Africans »* et *« Whites »,* les deux autres groupes « raciaux » étant les *« Coloured »* (métis) et *« Indians »* (asiatiques). Le paradoxe étant qu'au moment même où l'on fait tomber les barrières raciales héritées de l'apartheid on continue d'enregistrer ces catégories, ne serait-ce que pour en combattre les effets en matière de ségrégation et de discrimination. Au-delà du reste de ces nécessités d'évaluation des politiques, les identifications raciales demeurent évidemment, quelques années seulement après la fin de l'apartheid, présentes dans toute la vie sociale de l'Afrique du Sud.

3. L'émission « 100 Greatest South Africans », sur la chaîne SABC 3, organisa un vote télévisé national en septembre 2004. Derrière Nelson Mandela, le chirurgien du cœur Christian Barnard, le dernier président de l'apartheid Frederik de Klerk et le Mahatma Gandhi, c'est Nkosi Johnson qui arriva en cinquième position, devant Thabo Mbeki (signe des temps, dans ce classement, l'architecte de l'apartheid, Hendrik Verwoerd, se situait une place devant Chris Hani, le héros de la lutte contre le régime suprématiste blanc : voir en.wikipedia.org/wiki/SABC3 %27s_Great_South_Africans, consulté en avril 2010). Un ouvrage sur la vie de Nkosi Johnson fut publié par Jim Wooten. Son titre reprenait la dernière phrase du discours, *We Are All the Same* (New York, The Penguin Press, 2004).

4. Voir, pour le texte intégral de son discours : « An Arrow Straight from the Heart », *The Star,* 11 juillet 2000.

5. Une gloire qui dépassa vite la société sud-africaine, puisque Nkosi Johnson entra dans le panthéon du projet éducatif « My Hero », dont le siège se trouve en Californie et qui vise à « célébrer le meilleur

de l'humanité ». Il y est cité comme « Angel hero », un statut qui correspond à « des étrangers qui peuvent exalter notre âme ou nous donner de l'espoir à travers des actes de gentillesse ». La notice évoque son discours à la conférence internationale sur le sida : « Silhouette minuscule dans un costume brillant et en chaussures de tennis, tenant nerveusement son micro, il tint en haleine un auditoire de 10 000 personnes, qui ne pouvaient retenir leurs larmes silencieuses lorsqu'il leur raconta l'histoire de sa naissance et de sa vie. » Voir « Angel Hero : Nkosi Johnson » (www.myhero.com/myhero/hero.asp?hero=nkosi, consulté en avril 2010).

6. Comme l'écrivent Nancy Scheper-Hughes et Carolyn Sargent (1998) : « Les politiques culturelles de l'enfance concernent les usages politiques, idéologiques et sociaux de l'enfance. »

7. Les articles cités sont tirés respectivement de *Weekly Mail and Guardian,* 16 octobre 1998 et 14 mai 1999, *Cape Times,* 22 février 1999, *Sowetan,* 5 avril 2002, *The Sunday Independent,* 25 juin 2000, *The Saturday Star,* 8 juillet 2000, *The Star,* 12 juillet 2000. Les accusations de génocide et d'holocauste peuvent être trouvées dans : « Probe Manto and Mbeki for Genocide », *Sapa,* 23 février 2003 ; interview de Malegapuru William Makgoba, *Weekly Mail and Guardian,* 6 octobre 2000 ; « Aids Denial and Holocaust Denial », Justice Edwin Cameron, Edward Smith Annual Lecture, Harvard Law School, 8 avril 2003 ; intervention de Zachie Achmat au colloque « Aids in Context » d'avril 2001.

8. Pour reprendre la fameuse expression intraduisible utilisée par le biologiste allemand Paul Ehrlich, prix Nobel de médecine en 1908, pour qualifier sa découverte d'un traitement à base d'arsenic de la syphilis. La formule a été généralisée à tous les traitements qui paraissent associer toutes les qualités de simplicité, d'efficacité, d'innocuité et de coût. Voir l'ouvrage d'Allan Brandt (1985) qui raconte cette histoire.

9. Selon la formule du rédacteur en chef de la revue *The Lancet,* Richard Horton (1996), évoquant les thèses de Peter Duesberg, le chef de file de la dissidence.

10. Le visage poupin de l'enfant occupait toute la première page de l'hebdomadaire *Mail and Guardian,* dans son édition du 19 octobre 2001, avec ce titre : « Faire entrer le silence au tribunal. Trente rands auraient pu éviter au bébé Tinashe de contracter le virus du sida ». La référence à l'intitulé de la conférence de Durban était explicite : « Rompre le silence », signifiant à la fois le combat contre les stigmates et pour les traitements.

11. L'histoire de Magda A., une femme victime de violences sexuelles depuis son enfance et souffrant aujourd'hui du sida dont j'ai

reconstitué le parcours avec Frédéric Le Marcis et Todd Lethata (2008), montre combien les conditions de production et de reproduction de ces violences sont liées à un contexte social, économique et politique plutôt qu'à l'expression d'une nature ou d'une culture sud-africaine.

12. Les cas des programmes de réduction de la mortalité materno-infantile que j'ai étudiés en Amérique latine avec Anne-Claire Defossez (1992) en sont une autre illustration : d'une part, pendant longtemps, seule la mortalité infantile a été prise en compte alors même que les inégalités de mortalité maternelle étaient bien plus profondes ; d'autre part, lorsque cette dernière a fait l'objet de mesures spécifiques, l'argument pour les justifier était souvent, au moins en partie, les bénéfices qu'en tireraient les enfants de pouvoir être élevés par leur mère.

13. L'enquête conduite par Rachel Jewkes, Naeemah Abrahams et Zodumo Mvo (1998) dans des maternités sud-africaines est à cet égard démonstrative.

14. Les articles cités proviennent de : *The Star,* 9 septembre 2002 ; *Pretoria News,* 19 avril 2005 ; *The Saturday Star,* 3 septembre 2005 ; *Sapa,* 4 septembre 2000 ; *The Independent,* 25 novembre 2005.

15. Par comparaison, aux États-Unis, 1,9 % des femmes dit avoir subi de tels abus sexuels avant l'âge de douze ans. Une revue des statistiques sur les violences sexuelles, dont sont extraits les chiffres cités, a été publiée par Rachel Jewkes et Naeemah Abrahams (2002). Voir également, dans *The Lancet,* l'article de Rachel Jewkes *et al.,* « Rape of Girls in South Africa », et l'éditorial « Infant Rape in South Africa » (2002, vol. 359, n° 9303 [janvier], p. 319-320 et 274-275).

16. Selon la formule du titre d'un article du *Pretoria News* du 17 juin 2005 qui donne des chiffres particulièrement élevés : « Au moins cinquante enfants sont violés chaque jour en Afrique du Sud. » En réalité, « enfants » signifie ici moins de dix-huit ans, l'essentiel des viols correspondant à des jeunes filles de plus de quinze ans, autrement dit, dans un pays où les premières expériences sont généralement précoces, à une violence sexuelle malheureusement ordinaire.

17. Le témoignage fut publié dans le *Mail and Guardian* le 7 avril 2000 : « How Lucky I Am to Be Heard » et « A Society of Rapists ». Contrairement aux habituelles dénonciations de laxisme de la justice, son jeune violeur noir avait été condamné à trente-deux ans de prison par un juge afrikaner.

18. Dans la littérature sur l'imaginaire de la sexualité africaine, on peut citer les travaux pionniers de Sander Gilman (1985) et plus récents d'Elsa Dorlin (2006). Sur l'Afrique du Sud, l'ouvrage d'Alexander Butchart (1998) est éclairant. L'actualisation de cet imaginaire au temps du sida est étudiée par Gilles Bibeau (1991).

19. Voir notamment : « Why Children are Raping Other Children », *Pretoria News,* 23 octobre 2006, et « Now Even Children are Committing Acts of Rape », *Cape Times,* 2 avril 2007.

20. Voir « Mbeki : No Special Treatment for AIDS Orphans », *Daily News,* 4 avril 2007.

21. Voir le document *A Framework for the Protection, Care and Support of Orphans and Vulnerable Children Living in a World with HIV and AIDS,* Unicef, février 2004. Le même chiffre est avancé à la fin de la décennie (www.worldaidsorphans.org/section/the_orphans_crisis, consulté en avril 2010). Alan Whiteside et Clem Sunter (2000) proposent de le multiplier par trois pour tenir compte notamment du fait que les parents lorsqu'ils deviennent malades ne sont plus en mesure d'élever leurs enfants et que les enfants se trouvent une seconde fois orphelins à la mort des grands-parents qui souvent les élèvent lorsque leurs parents meurent.

22. Voir le document *Orphans and Vulnerable Children. Meeting Report,* USAID, novembre 2003. Le programme PEPFAR, pour President's Emergency Programme for AIDS Relief, lancé par George W. Bush, préconise de se focaliser sur le A et le B des fameux mots d'ordre ABC *(Abstinence, Be Faithful, Condomize)* au détriment du C (utilisez des préservatifs) (web.amfar.org/treatment/TI/FR0704.pdf, consulté en novembre 2008).

23. Voir le document de travail réalisé par Rachel Bray, *Predicting the Social Consequences of Orphanhood in South Africa,* Centre for Social Science Research, Cape Town, Working Paper n° 29. Les enquêtes auxquelles il est ici fait référence sont le Project for Statistics on Living Standards and Development (1993) et le Cape Area Panel Study (2002). L'enquête nationale Nelson Mandela HSRC Study of HIV/AIDS donne pratiquement les mêmes résultats que cette dernière : 3 % d'orphelins de mère, 8,4 % d'orphelins de père, 1,6 % des deux.

24. Dans l'enquête qu'elle a menée auprès de jeunes hommes victimes de la répression du pouvoir blanc, Pamela Reynolds (2000) évoque ces effets délétères de l'apartheid sur les familles.

25. Voir les textes écrits par Martin Schönteich en 1999 : « Age and AIDS : South Africa's Crime Time Bomb ? » (www.iss.co.za/PUBS/ASR/8No4/SchOnteich.html, consulté en avril 2010) et en 2003 : « AIDS, Security and Governance in Southern Africa. Exploring the Impact », avec Robyn Pharaoh (www.iss.co.za/Pubs/Papers/65/Paper65.pdf, consulté en avril 2010).

26. Voir le rapport d'Helen Meintjes, Debbie Budlender, Sonja Giese et Leigh Johnson, *Children in Need of Care or in Need of Cash ?,* Centre for Actuarial Research, Cape Town, décembre 2003.

27. Voir « Residents Demand That Aids Orphans Leave the Area », *Daily News,* 23 août 2001.

## Chapitre 7. Un désir d'exception

1. Pour l'auteur de la *Dialectique négative* (2003/1966, p. 438), le tremblement de terre de Lisbonne de 1755 constitue le premier ébranlement de la métaphysique européenne, le second étant une catastrophe plus bouleversante encore et cette fois non plus naturelle mais sociale : l'extermination des Juifs.

2. Dont les spécialistes (Hoffman et Oliver-Smith, 2002) nous ont appris qu'elles sont rarement entièrement naturelles, soit que leur survenue résulte directement d'actions humaines (par le biais des transformations climatiques, notamment), soit que leur ampleur et leur gravité découlent de l'imprévoyance et de l'impéritie des sociétés concernées et de leurs gouvernants (en particulier lorsque les victimes ont subi les conséquences de constructions dans des zones à risque).

3. En contrepoint, on pourrait bien entendu mentionner l'effet de dévoilement des inégalités sociales et raciales qu'a eu l'ouragan Katrina en Louisiane en 2005 et les conséquences que cette révélation a eues sur la production de conflits politiques aux États-Unis (Masquelier, 2006).

4. Pour une description détaillée de la catastrophe et une analyse de son contexte politique, on peut se référer à la thèse de doctorat de Paula Vásquez Lezama (2007).

5. Pour une analyse de ces différentes situations, on peut notamment se référer aux travaux de Michael Pugh (1998), Neil MacFarlane (1999), Susan Woodward (2001).

6. Pour reprendre le titre donné à la publication posthume d'une sélection des œuvres de Walter Benjamin (1968) aux États-Unis.

7. C'est ce que rappelle Hannah Arendt (1968) dans son hommage nécrologique qui introduit le volume des œuvres de Walter Benjamin.

8. C'est la thèse défendue par Shoshana Felman (1999) qui voit en lui « un penseur et un narrateur des guerres et des révolutions du XXe siècle ».

9. On reconnaît là l'expression utilisée par Francis Fukuyama (1993) qui l'emprunte, pour en changer substantiellement le sens, à Hegel.

10. Ouvrant la voie à ce que John Armitage (2002, p. 27) voit comme la fondation d'un état d'urgence et que George Steinmetz (2003) décrit comme l'instauration d'une souveraineté mondiale.

11. Comme le note Bryan Turner (2002, p. 103) : « Bien que Jürgen Habermas ait exprimé l'espoir que le monde anglo-saxon échappe à la contagion de la renaissance schmittienne, son optimisme est pour le moins prematuré. » Le succès d'édition du théoricien allemand de l'exception se double d'une production de commentaires scientifiques et d'une influence renouvelée dans certains cercles politiques.

12. Les travaux de Giorgio Agamben (2003, p. 11-12) sont devenus la référence en la matière. Il souligne (2003, p. 67) que « d'un point de vue technique, l'apport spécifique de l'état d'exception n'est pas tant la confusion des pouvoirs, sur laquelle on n'a que trop insisté, que l'isolement de la “force de loi” par rapport à la loi ».

13. À cet égard, il est remarquable que lors des émeutes urbaines de 2005, le gouvernement de Dominique de Villepin, dont Nicolas Sarkozy était ministre de l'Intérieur, ait choisi de recourir à une loi d'état d'urgence, alors même que l'on se trouvait dans le cadre de violences essentiellement matérielles, précisément circonscrites et en phase de reflux. L'usage de cette loi utilisée à trois reprises pendant la guerre d'Algérie entre 1955 et 1963 (Thénault, 2007) visait à dramatiser l'événement, mais revenait du même coup à banaliser l'exception.

14. Et ce, à travers ce que Walter Mignolo (2000) appelle des « histoires locales » en rupture avec la traditionnelle représentation en termes de centre et de périphérie. Le Venezuela d'Hugo Chávez, souvent traité ironiquement, dans la presse internationale, comme une curiosité exotique et anachronique, appelle tout particulièrement ce déplacement du regard, pour éviter tout autant le culturalisme que l'abstraction.

15. Il élabore sa théorie de l'exception dans *La Dictature* en 1921, puis en 1922 dans sa *Théologie politique* (1988, p. 15) d'où sont extraites les citations.

16. Le « Père de la patrie » servait de guide pour la définition d'un nouvel ordre social qui devait rejeter l'« oligarchie corrompue » régnant depuis des décennies et restaurer l'autorité du « peuple souverain » dépossédé de ses prérogatives par le régime précédent (Porras Ponceleón, 2000). Il devenait ainsi le dépositaire d'un « pouvoir moral » qui trouvait place aux côtés des pouvoirs exécutif, législatif et judiciaire.

17. Reprenant la formule de Juan Pablo Pérez Alfonzo, un analyste de la vie politique des années 1970 qui qualifiait ainsi le pétrole, à la fois richesse naturelle et source de corruption, Fernando Coronil (1997) parle de *« devil's excrement »* pour qualifier le sentiment de déliquescence morale de cette fin de régime.

18. « Fiction mystique » qu'étudie Ernst Kantorowicz (1989/1957) dans sa célèbre étude d'histoire théologico-politique. Et c'est dans ce

registre que se situe Hugo Chávez lorsqu'il s'empare des pleins pouvoirs : d'un côté, il est le représentant du peuple démocratiquement élu ; de l'autre, il est l'incarnation de la nation dans la tradition bolivarienne. Cette double corporéité lui impose d'agir pour sauver son pays.

19. La formule est de Larry Minear et Thomas Weiss (1992). Elle concernait le monde de l'après-première guerre du Golfe, mais a valeur plus générale.

20. Dans le document « El désastre que nos destrozó la vida », sur le site de l'organisation Humboldt (www.rescate.com/desastre.html, consulté en mars 2005).

21. Voir « Todo por Jesús. Bitácora de las olas del Ávila », Comunidad de Hermanita de los Pobres del Hospital San José de Maiquetía, La Guaira (www.gumilla.org.ve/SIC, consulté en mars 2005).

22. De la même manière, Alice Fothergill (2003) rapporte comment les femmes victimes des inondations de Grand Forks, dans le Dakota du Nord, en 1997, pour la plupart issues des classes moyennes, se sont soudainement senties éprouvées une seconde fois lorsqu'elles sont devenues dépendantes de l'aide d'autrui, déclarant même qu'elles avaient entrevu ce qu'il pouvait en être de l'expérience des familles pauvres vivant dans un régime d'assistance : on ne saurait mieux rappeler combien l'exposition à la charité est inégalement répartie dans le monde social, comme on l'a vu dans le cas de ces deux femmes évacuées à Barquisimeto.

23. Pour Candace Vogler et Patchen Markell (2003, p. 2), le contrat social réalise une version séculière de la « rédemption de la violence », dans la mesure où l'État auquel sont délégués le pouvoir et l'autorité assure « la paix et la sécurité dans un monde de désordre », mais en même temps ce contrat ne peut éviter que « la violence persiste, même si elle est souvent reconfigurée, renommée ou réprimée ».

24. Dans son enquête sur la mission canadienne de maintien de la paix en Somalie, Sherene Razack (2004) rend compte des exactions racistes et criminelles commises par ceux-là mêmes qui venaient comme les bienfaiteurs d'une région déchirée de l'Afrique. Les « chevaliers blancs » pouvaient ainsi se convertir en « forces obscures » pour les populations qu'ils prétendaient secourir.

25. Propos rapportés dans *El Nacional,* le 11 janvier 2000.

26. C'est ce qui fait dire à Angela Zago (1998), à propos d'Hugo Chávez et de ses compagnons d'arme, qu'ils sont des « anges rebelles ».

27. Dans « El derecho a la vida no está suspendido » (derechos.org.ve/actualidad/comunicados, consulté en mars 2005).

28. Propos cités dans *El Nacional,* le 23 décembre 1999.

29. Dans la revue jésuite du Centre Gumilla, « Entre el dolor y la solidaridad », *Revista SIC,* janvier-février (gumilla.org.ve, consulté en mars 2005).

30. À cet égard, le cas vénézuélien est intéressant en ce que la Constitution de 1961, encore en vigueur lors de la catastrophe de 1999, présente cinq articles (240 à 244) qui, sous l'intitulé « De la emergencia », ne mentionnent que l'état d'urgence et de façon relativement sommaire, tandis que la Constitution de 1999, votée le jour du drame, détaille, sous le chapitre 2, « De los estados de excepción », une série de dispositions pour les situations suivantes : « état d'alerte », « état d'urgence économique », « état de commotion interne et externe », précisant pour chacune les circonstances et les conséquences. Lors des événements de Vargas, si la référence officielle ne pouvait être que le document de 1961, le référentiel intellectuel des pouvoirs publics était déjà celui de 1999, comme le montre le choix du terme « état d'alerte » qui n'existait pas dans le premier, mais que l'on trouve parmi les « états d'exception » dans le second.

## Chapitre 8. Une subjectivité sans sujet

1. Une version héroïque, à défaut d'être fidèle, en a été racontée par Olivier Weber (1995). La version révisionniste, au sens anglais de l'adjectif, écrite par Anne Vallaeys (2004), relativise la question du témoignage public comme élément de la rupture biafraise.

2. L'association a publié une remarquable série de documents intitulée « Prises de parole publiques de MSF » qui rassemblent les témoignages de ses membres, mais également les réactions qu'elles ont suscitées, autour des cas exemplaires des transferts de population lors de la famine en Éthiopie à partir de 1984, des camps de réfugiés salvadoriens au Honduras en 1988, enfin du génocide des Tutsis au Rwanda en 1994 et de ses suites auxquels sont consacrés quatre volumes. Laurence Binet, qui a constitué cette collection, parle dans son introduction du « témoignage, cette forme d'action qui caractérise l'identité de MSF parmi les autres organisations humanitaires ». En réalité, si la prise de parole publique fait partie du credo fondateur de Médecins sans frontières, bien d'autres organisations se réclament tout autant de ce principe, et parfois même dans une acception plus large incluant les droits de l'homme, comme le fait Médecins du monde.

3. Une analyse détaillée de ces enjeux est présentée dans l'article (2004a) que j'ai consacré à la construction de la « cause des victimes » par les organisations humanitaires.

4. Issu des « Remèdes à la mélancolie » publiés en 2002 par Christian Lachal et Marie-Rose Moro, les deux responsables des programmes de santé mentale à Médecins sans frontières, en ouverture des *Chroniques palestiniennes* destinées à un témoignage public au sujet des violences constatées sur le terrain.

5. Dans les *Réflexions philosophiques* (2004/1953, p. 255) où il répond sous une forme interro-négative : « N'est-ce pas le comportement des hommes, et plus particulièrement ce qu'ils expriment par la parole ? »

6. Voir leur introduction au troisième volume (2001) de la trilogie consacrée à l'étude de la souffrance, de la violence et du traumatisme.

7. L'usage que je fais de ce terme s'éloigne quelque peu de ce à quoi se réfère Michel Foucault (1994, p. 307) lorsqu'il parle de « processus de subjectivation » qui est aussi une « quête de la vérité de soi » (grâce à l'ascèse ou à la confession, par exemple). Lui s'intéresse à la transformation de l'individu par ces techniques. Plus réservé pour ma part sur notre possibilité d'étudier cette transformation, je m'efforce plutôt, en parlant de subjectivation, d'introduire cette distance minime et décisive entre l'expérience en tant qu'elle est vécue par la personne (et dont on ne sait au fond que peu de chose) et l'expérience en tant qu'elle est formulée socialement (et dont on peut faire une description fine).

8. Dans son texte sur les « appareils idéologiques d'État » (1976/1970, p. 13), il écrit que « toute idéologie interpelle les individus concrets en sujets concrets », autrement dit produit une forme de subjectivation politique.

9. Dans son étude sur la « vie psychique du pouvoir » (1997, p. 2), elle souligne cette « ambivalence au lieu même où le sujet émerge » comme sujet assujetti et sujet se subjectivant.

10. Selon Émile Benveniste (1969, p. 277) qui montre, du reste, que cette distinction sémantique existe dans l'ensemble des langues indo-européennes.

11. Ce que l'historienne Annette Wieviorka (1998) appelle l'« ère du témoin », c'est-à-dire, pour elle, un temps où se multiplient les témoignages écrits, enregistrés, filmés, montrés de l'extermination des Juifs correspond donc à l'avènement de la seconde figure, celle du « survivant », qui peut – et même doit – témoigner précisément parce qu'il a traversé un drame au cours duquel tant d'autres sont morts.

12. Cette limite absolue, il l'analyse dans *Si c'est un homme* (1987, p. 83). Le seul témoin véritable est le « musulman », figure extrême de la déshumanisation qui, précisément, ne peut plus témoigner. Le survivant ne peut s'exprimer qu'en leur nom. En cela, comme l'observe

Giorgio Agamben (1999, p. 41), « le témoignage vaut essentiellement par ce qui lui manque ».

13. Dès lors, « agir et parler, soigner et témoigner vont être leurs maîtres mots », comme l'écrit l'ancien président de Médecins sans frontières, Rony Brauman (2000, p. 60).

14. De cette histoire du traumatisme, Allan Young (1995) a retracé les cheminements complexes et non dénués d'ambiguïtés par lesquels l'institution psychiatrique états-unienne a fait alliance avec des groupes de pression, notamment d'anciens combattants, pour faire reconnaître, en 1980, le *« post-traumatic stress disorder »,* état de stress post-traumatique, comme entité nosographique ouvrant droit à des réparations.

15. Cette épopée de la psychiatrie humanitaire, je l'ai racontée avec Richard Rechtman et nous avons notamment montré le rôle, lors du tremblement de terre de Leninakan, des psychothérapeutes arméniens qui se sont joints en nombre aux équipes de secours humanitaires (Fassin et Rechtman, 2007).

16. Comme l'écrit encore Émile Benveniste (1969, p. 150), « on qualifie d'*auctor,* dans tous les domaines, celui qui "promeut", qui prend une initiative, celui qui fonde, celui qui garantit, et finalement l'auteur ». C'est notamment de là que procède l'autorité en tant que « validité d'un témoignage ».

17. Comme le rappelle Giorgio Agamben (1999, p. 31) qui ajoute que de ce mot dérive celui de *martirium* pour désigner la mort des chrétiens persécutés.

18. Selon les statistiques publiées par les sites du Croissant-Rouge palestinien (www.palestinercs.org) et de l'organisation israélienne des droits de l'homme B'Tselem (www.btselem.org), consultés en février 2007.

19. Pour Laetitia Bucaille (2004/2002, p. 139), cette évolution manifeste une islamisation de la société – ou plutôt faudrait-il dire : une inscription du langage religieux dans le discours politique – que consacre le nouveau martyrologe : « Le Hamas a réussi à diffuser son idéologie en faisant de la figure du martyr le modèle de la lutte palestinienne. » De victime, le martyr peut ainsi devenir héros.

20. Voir l'article d'Alexandra Schwartzbrod, « Les maux de la peur à Hébron. Avec une psychologue de MSF dans la ville palestinienne sous couvre-feu », *Libération,* 9 mars 2001.

21. Ainsi Julie Peteet (1994) montre comment les violences subies par les jeunes hommes palestiniens de la part des forces d'occupation israélienne, à l'occasion de tabassages ou d'incarcérations, font désormais partie des rites de passage qui consacrent la construction de la virilité et plus largement des relations de genre.

22. Selon la formule de John Collins (2004, p. 36) qui établit une sorte de topographie de ce champ discursif où se croisent les interprétations politiques, religieuses, littéraires et, désormais, psychiatriques.

23. Le rapport annuel 2003 Gaza Community Mental Health Programme, d'où sont extraits ces chiffres, provient du site : www.gcmhp.net, consulté en décembre 2007.

24. Publiées en juillet 2002, les *Chroniques palestiniennes* ont été publiées avec un autre titre évocateur : *Dans les nerfs de la guerre* et constituent un supplément de la revue de l'association, *Messages.*

25. C'est, explique-t-il (1999, p. 32), pour répondre aux hérétiques qui contestaient la nécessité du sacrifice de soi que les Pères de l'Église ont construit cette doctrine qui donnera lieu à la construction du terme « holocauste ».

26. Celles-ci s'ouvrent par un texte sans équivoque du président de Médecins sans frontières, Jean-Hervé Bradol, sur la signification de l'assistance humanitaire : « L'aide aux personnes affectées par les conflits armés ne peut se réduire à nourrir, abriter ou réparer des corps. Seuls les principaux intéressés peuvent dire où se situent les limites de l'acceptable en matière d'atteinte à la dignité humaine. Sur ce point, la réponse des Palestiniens est claire : ils n'acceptent pas le sort qui leur est fait et beaucoup se disent prêts à mourir pour cela. »

27. C'est François Hartog (2005, p. 200) qui en souligne la portée : « l'*histôr,* qui intervient dans une situation de différend, est requis par les deux parties, il écoute l'une et l'autre, alors que le *martus* n'a qu'à se préoccuper d'un seul côté, plus exactement il n'y en a qu'un. »

28. Paru en 2003, ce document rassemble en fait deux rapports : *Opération « Mur de protection » Naplouse* et *Les Civils israéliens victimes des attaques des groupes armés palestiniens,* rédigés à un an d'intervalle.

29. En ce sens, Avram Bornstein (2001) a montré comment la représentation publique du prisonnier palestinien dans les geôles israéliennes avait changé au milieu des années 1990, passant de combattants qui conduisaient la lutte de libération à victimes auxquelles on devait une réinsertion professionnelle.

30. Ce qu'exprime à sa manière une pédopsychiatre de Médecins sans frontières qui a rendu public son journal à Gaza : « Ce sont les leçons que j'ai apprises des gens d'ici : surtout ne jamais les considérer comme de pauvres victimes, même s'ils sont victimes de malentendus historiques qui les dépassent. » Voir *Journal de bord de Maryvonne,* document ronéotypé, 14 p., juin 2004.

## Chapitre 9. Une humanité inégale

1. Selon le président de Médecins du monde : « Jamais, avant l'intervention aérienne de l'Organisation du traité de l'Atlantique nord [Otan] sur la République fédérale de Yougoslavie, le degré de confusion entre guerre et humanitaire n'avait été aussi évident. Qu'un homme aussi respectable que M. Vaclav Havel puisse affirmer que "les raids, les bombes ne sont pas provoqués par un intérêt matériel, leur caractère est exclusivement humanitaire" (*Le Monde,* 29 avril 1999) montre l'étendue de cette confusion. » Voir Jackie Mamou : « Au nom de l'humanitaire », *Le Monde diplomatique,* juin 1999. D'autres chefs d'État, notamment Tony Blair, utilisèrent le même argument. À cet égard, on peut noter l'évolution entre la conception de la guerre en Bosnie (Pugh, 1998) et la vision prévalant lors de l'intervention au Kosovo (Woodward, 2001).

2. Pour une analyse de l'histoire et des enjeux de cette expansion de l'humanitaire, on pourra consulter l'ouvrage collectif sur les états d'urgence contemporains (Fassin et Pandolfi, 2010).

3. Évoquant la renaissance de l'humanitaire non gouvernemental, dans les années 1970 et 1980, alors que décline l'étoile du communisme, il voit même dans la nouvelle configuration l'expression d'une sorte de mécanique des fluides historiques : « Tout se passe comme si, dans ces périodes de marée descendante des idéologies, l'action humanitaire occupait l'espace laissé vacant par le politique » (Brauman, 2000).

4. Considérant que l'humanitaire en tant qu'il s'éloigne de la figure de l'État-nation est une forme de renoncement à la politique, il ajoute que l'image du réfugié devient le « signe le plus prégnant de la vie nue à notre époque » et le camp le « paradigme biopolitique » (Agamben, 1997).

5. Le cas le plus exemplaire est évidemment celui de Bernard Kouchner, cofondateur de Médecins sans frontières puis de Médecins du monde, devenu secrétaire d'État à l'Action humanitaire, ministre de la Santé et ministre des Affaires étrangères dans les gouvernements respectifs de Michel Rocard, Édith Cresson, Pierre Bérégovoy, sous la présidence de François Mitterrand, puis de Lionel Jospin, sous la présidence de Jacques Chirac, enfin de François Fillon, sous la présidence de Nicolas Sarkozy, après un interlude de deux ans comme chef de la Mission d'administration intérimaire du Kosovo pour le compte des Nations unies. Mais Claude Malhuret et Xavier Emmanuelli ont aussi été secrétaires d'État, respectivement dans des gouvernements de Jac-

ques Chirac et d'Alain Juppé, cependant qu'à l'inverse Georgina Dufoix et Jean-François Mattéi, ministres respectifs des gouvernements de Pierre Mauroy et de Jean-Pierre Raffarin se sont succédé, à quelques années d'intervalle, à la présidence de la Croix-Rouge française. Il ne s'agit là que de quelques exemples de cette circulation entre les mondes humanitaire et politique caractéristique de la scène française (Fassin, 2007).

6. Voir « Guerre en Irak. MSF soigne les civils sous les bombes à Bagdad », interview du Dr Pierre Salignon par le Dr Michel Janssens, *Impact Médecine,* 4 avril 2003.

7. Selon Michel Foucault (1976), le biopouvoir, ou pouvoir sur la vie, se compose de deux types de processus de normalisation : l'« anatomo-politique », ou discipline des corps, et la « biopolitique », ou régulation des populations. J'ai analysé comment, de façon remarquable si l'on se réfère à l'étymologie du mot, la biopolitique n'est, au fond, pas une politique de la vie (Fassin, 2006b et 2009a).

8. À cet égard, on peut souscrire à la formule de Peter Redfield (2005) pour qui le travail de l'anthropologue n'est pas de « dévoiler et dénoncer des mensonges et des violations ».

9. J'en traiterai du reste à partir d'un dispositif méthodologique singulier associant participation observante, puisqu'il s'agit de faire retour sur une expérience au sein du conseil d'administration de Médecins sans frontières, et entretiens classiques avec des membres de cette organisation, complété par des analyses de documents. Comme on le voit, l'enquête délimite un espace restreint du monde humanitaire, inscrit dans une histoire spécifiquement française (Dauvin et Siméant, 2002), alors que les débats seraient posés dans des termes parfois assez différents au sein d'organisations non gouvernementales d'autres pays, en Europe ou ailleurs.

10. Voir, par exemple, le document intitulé *Reflections on the US Military's Provision of Assistance During and Immediately After Conflict with Irak,* Médecins sans frontières, 18 février 2003, 7 pages.

11. Voir le *Procès-verbal de la réunion du conseil d'administration du vendredi 28 mars 2003.* Les réunions mensuelles sont systématiquement enregistrées et transcrites dans une forme synthétique.

12. Les commentaires de Rony Brauman et Pierre Salignon (2003), tout comme l'entretien réalisé par Jean-Hervé Bradol dans *Le Figaro* du 24 mars 2003, contrastent avec l'analyse bien plus dramatique que livrent les Nations unies ou encore Médecins du monde au même moment. Voir par exemple : « L'Irak en plein chaos » dans la revue destinée aux donateurs de cette organisation, en septembre 2003 ; il y est question de « situation alarmante ». Tous les quotidiens français sont sur la même ligne, *Le Monde* parlant de « crise humanitaire »

(19 avril 2003) et *L'Humanité* de « désastre humanitaire » (6 mai 2003).

13. Responsable de programme à Paris, Pierre Salignon, affirme, dans un entretien au *Monde* daté du 9 mai 2003 : « Pour ceux qui ont essayé de mener une action humanitaire indépendante, les difficultés auront été très grandes et, finalement, nous avons échoué. »

14. Notamment dans *Homo sacer* (1997), comme on l'a vu.

15. Le double paradoxe des intolérables tient à ce que, d'une part, ils apparaissent comme valeurs éternelles alors qu'ils sont des constructions historiques, et que, d'autre part, ils se donnent comme des absolus moraux alors que la tolérance à l'intolérable est, finalement, banale (Fassin, 2005).

16. En reprenant la formule de Laurence Hugues dans le journal interne de l'association : « Liberia, là où la vie ne vaut pas une guinée », *Messages*, 2003, n° 124, p. 3-4.

17. Selon l'heureuse formule de Nicholas Wheeler (2000).

18. Le pouvoir pastoral est présent dans plusieurs textes et conférences de la fin de sa vie, et notamment dans le cours au Collège de France de 1977-1978 intitulé : *Sécurité, territoire, population* (2004, p. 130-132).

19. Et d'ajouter : « À cette condition, les victoires sur cette politique du pire, toujours provisoires et partielles par définition, sont possibles » (Bradol, 2003).

20. Une telle dichotomie est du reste singulièrement mise à mal lorsque le militaire tue au nom de l'humanitaire comme en Somalie (Razack, 2004).

21. En réalité, il faudrait probablement adopter aussi une autre perspective comparative en introduisant les guerres coloniales (Le Cour Grandmaison, 2005). Si dans les deux conflits mondiaux, le prix en vies humaines est particulièrement élevé, il l'est dans les deux camps. C'est dans des guerres coloniales que la dévalorisation des vies humaines s'institue en politique du massacre comme Hannah Arendt (2002/1951) le rappelle en s'appuyant sur les exemples de la guerre des Boxers en Chine, des massacres d'Arabes au Proche-Orient, de l'extermination des Hereros dans le Sud-Ouest africain, entre autres. La différence essentielle avec la période contemporaine est qu'il ne s'agit plus de justifier les tueries par une infériorité ou une inhumanité de l'ennemi, mais par le nécessaire prix à payer pour obtenir l'objectif souhaité.

22. Une analyse de cette doctrine militaire a été proposée par Michael Ignatieff (2000) qui en fait un « nouvel art de la guerre à l'américaine ». En réalité, ce modèle est opératoire plus largement dans toutes les interventions militaires conduites par les puissances

occidentales qui ne peuvent plus « se permettre », au risque de perdre le soutien de leurs « opinions publiques », des morts dans leurs rangs.

23. La comptabilité officielle des pertes de la coalition est indiquée sur : icasualties.org/ (consulté en avril 2010). Les enquêtes épidémiologiques britanniques ont été publiées dans l'une des revues médicales les plus réputées au plan international, *The Lancet :* Les Roberts *et al.*, « Mortality Before and After the 2003 Invasion of Iraq : Cluster Sample Survey » (2004, vol. 364, n° 9448 [novembre], p. 1857-1864) ; Gilbert Burnham *et al.*, « Mortality Before and After the 2003 Invasion of Iraq : A Cross-Sectional Cluster Sample Survey » (2006, vol. 368, n° 9545 [octobre], p. 1421-1428). Un rapport détaillé est donné sur : web.mit.edu/CIS/pdf/Human_Cost_of_War.pdf (consulté en avril 2010).

24. L'analyse est faite par l'historien Andrew Bacevich de l'université de Boston dans une tribune (www.washingtonpost.com/wp-dyn/content/article/2006/07/07/AR2006070701155_pf.html, consulté en avril 2010).

25. La version en anglais semble plus cynique encore : *« This is a very hard choice, but we think the price is worth it. »* (www.guardian.co.uk/theguardian/2000/mar/04/weekend7.weekend9, consulté en avril 2010).

26. Dans son rapport moral de 2003, le président de Médecins sans frontières, Jean-Hervé Bradol, minimisait ainsi la gravité de la crise au lendemain de la chute de Bagdad en la comparant avec d'autres tragédies ailleurs dans le monde : « La situation n'était pas catastrophique. Nous venons de parler de l'Angola, du Congo, de la Corée du Nord, de la Tchétchénie, et la différence entre des problèmes sérieux, qui existent en Irak, et des situations catastrophiques est évidente. Au total, l'Irak a été pour nous une petite intervention d'urgence. »

27. En fait, pour dissimuler qu'une rançon avait été versée, les services de sécurité russes avaient organisé une fausse libération spectaculaire, mais le gouvernement néerlandais en demandant le remboursement de la somme donnée a révélé publiquement les conditions de la libération d'Arjan Erkel. Le gouvernement néerlandais a perdu son procès contre Médecins sans frontières ainsi que l'appel qu'il avait interjeté. Pour une analyse des implications juridico-politiques de ce cas, voir l'article de Philippe Ryfman, « L'action humanitaire en procès », dans le numéro de juillet-août 2005 de la revue interne de l'association, *Messages*.

28. Dans le numéro spécial *DazibAG* de la revue interne de l'association d'août 2003, elle souligne le paradoxe consistant à s'appuyer entièrement sur un personnel expatrié instable et de négliger un personnel national au contraire fidèle : « Le turnover d'un expatrié est de

l'ordre de 2,5 par an. On manque de pertinence parce qu'on est tributaire de gens qu'on ne garde pas suffisamment sur le terrain. Un des atouts majeurs du personnel national réside pourtant dans le fait qu'il possède un certain recul sur les opérations et qu'il assure la continuité des actions. Quand les expatriés partent, le personnel national reste. »

29. « Six mois après Barcelone, promesses non tenues », titrait le dossier spécial publié en décembre 2002 en supplément à la revue *Messages,* en se référant à la Conférence internationale sur le sida qui avait eu lieu quelques mois plus tôt. Le dossier était constitué de reportages et de témoignages mettant en valeur par contraste les réalisations de Médecins sans frontières dans le monde. Six mois plus tard, dans son rapport moral, le président de l'organisation reconnaissait que les personnels malades n'étaient le plus souvent pas traités.

30. Entre 1985 et 1998, dans les institutions des Nations unies et les organisations non gouvernementales, on a dénombré 375 décès, dont le tiers lors du génocide au Rwanda : 67 % étaient d'origine intentionnelle, généralement par armes à feu, et 58 % concernaient le personnel national, dont 13 % de chauffeurs et 12 % de gardiens. Voir, dans *British Medical Journal,* l'article de Mani Sheik *et al.,* « Deaths among Humanitarian Workers » (2000, vol. 321, nº 7254 [juin], p. 166-168). Cependant, selon Jean-Hervé Bradol qui était alors le responsable de la mission de Médecins sans frontières au Rwanda et a assisté dans ce cadre au meurtre de certains de ses collaborateurs tutsis : « Si on demandait aux organisations humanitaires la liste de leurs employés qui sont morts pendant le génocide, 90 % seraient incapables de la donner. Et cela donne la mesure de ce qui a été fait ou non pour aider les gens quand ils avaient vraiment besoin d'être aidés. » Voir le dossier spécial « Le génocide des Tutsis du Rwanda : une abjection pour l'humanité, un échec pour les humanitaires », *Humanitaire. Enjeux, pratiques, débats* (2004, nº 10 [printemps-été], p. 12-28).

## Conclusion. Critique de la raison humanitaire

1. Sur la sociologie morale de Durkheim, on lira le volume rassemblé et présenté par Bruno Karsenti (2004/1924). Pour une relecture de la conférence de Weber sur la science, on se référera à la nouvelle traduction commentée par Isabelle Kalinowski (2005/1919). S'agissant de Boas, fondateur de l'anthropologie états-unienne et père de la théorie culturaliste, il mobilisa sa discipline pour lutter contre les théories raciales ; son engagement public contre certains de ses collègues qui avaient clandestinement collaboré avec l'armée des États-Unis

pendant la première guerre mondiale lui valut d'être, de toute l'histoire de l'American Anthropological Association qu'il avait créée, le seul membre à en être exclu.

2. L'article a été publié d'abord par Paul Rabinow en 1984, puis repris dans les *Dits et écrits* (1994, vol. 4, p. 574). Michel Foucault ajoute : « Dans ce qui nous est donné comme universel, nécessaire, obligatoire, quelle est la part de ce qui est singulier, contingent et dû à des contraintes arbitraires ? »

3. Michael Walzer écrit aussi (1996/1988, p. 11 et 12) : « Je m'oppose à l'affirmation selon laquelle les principes moraux seraient extérieurs à l'expérience quotidienne : attendant en quelque lieu retiré que des philosophes, détachés et sans passion, les découvrent. En fait, le monde quotidien est un monde moral, et nous gagnerions à en étudier les règles, les maximes, les conventions internes, plutôt qu'à nous en détacher pour rechercher quelque point de vue universel et transcendant. » Il défend donc une critique au plus près de ce quotidien.

4. On peut reprendre ici la distinction que propose Thomas Bénatouïl (1999) entre les deux grands paradigmes théoriques que sont la sociologie du dévoilement, d'inspiration marxiste, telle que la développe Pierre Bourdieu, et la sociologie de la traduction, héritée du pragmatisme, telle que la défendent Bruno Latour et Michel Callon. On notera que Luc Boltanski est, lui, passé de la première à la seconde.

5. On doit à Paul Ricœur (1997) cette exploration systématique du concept d'idéologie, notamment dans *L'Idéologie allemande* de Marx et Engels et dans le texte « Ideology as Culture » de Clifford Geertz.

6. Comme l'écrit Michel Foucault (1994, p. 574) dans la citation donnée en exergue qu'il poursuit en faisant de l'« *ethos* philosophique » une « attitude limite ».

7. Selon Vincent Descombes (2008, p. 61), deux postures radicales entrent en concurrence : la « critique idéologique » qui remet tout en cause, sauf la possibilité même de reconstruire artificiellement une autre idéologie à la place de la précédente ; la « critique intellectuelle de notre idéologie » qui inclut notre propre remise en cause et à laquelle lui-même se rallie, beaucoup plus proche en cela qu'il ne l'affirme de la proposition de Michel Foucault pour qui la critique nous vise d'abord nous-mêmes.

8. Dans son commentaire de l'œuvre de Nels Anderson (Schwartz, 1993, p. 266), il affirme la nécessité de concevoir l'enquête en termes d'impureté : « Revendiquer la dimension empiriste pour une pratique comme l'ethnographie, c'est d'abord reconnaître que, dans les conditions où elle s'exerce, les matériaux et les opérations qui lui reviennent comportent nécessairement une certaine dose d'"impureté", c'est-à-

dire d'inadéquation aux contraintes de validité et d'objectivation scientifiques. »

9. Comme le rappelle André Lalande (1993/1926, vol. 1, p. 423-424) dont je reprends ici assez librement les différents sens dans les trois langues.

10. Dans son enquête sur les « concepts antonymes asymétriques » – Hellènes *versus* Barbares, chrétiens *versus* païens –, Koselleck (1990/1979, p. 216-217) affirme que la reconnaissance de l'idée d'humanité introduit un élément fondamentalement nouveau : elle implique en effet qu'il n'y ait pas d'extérieur de cette catégorie puisque « quiconque peut en référer à l'humanité ».

11. Au terme de son enquête sur *Le Désenchantement du monde* (1985, p. 292-299), il souligne qu'il demeure une « strate subjective inéliminable du phénomène religieux » dont il donne trois manifestations : une expérience de pensée autour du mystère de l'infini ; une expérience esthétique de l'indicible ; une expérience du problème que nous sommes pour nous-mêmes. Remarquablement, il méconnaît la trace singulière du christianisme dans l'ordre politique et moral contemporain. À l'inverse, Jonathan Benthall (2008), dans sa récente étude sur le « retour du religieux », consacre un chapitre substantiel à l'humanitaire. Mais il est vrai que, au cours des deux décennies qui séparent les deux ouvrages, le phénomène a pris bien plus de saillance.

12. À la fin de *Condition de l'homme moderne* (1961/1958, p. 390-398), elle s'attache à comprendre comment la vie est devenue notre souverain bien et voit dans la promesse chrétienne de l'immortalité la clé de cette transformation. Elle ajoute même que la vie individuelle s'est alors substituée à la vie de la cité.

13. La formule, tirée de la « Critique de la violence » (2000/1921), est bien connue : « Et voici finalement qui donne à réfléchir : ce qui est qualifié de sacré est ce que l'ancienne pensée mythique désignait comme porteur de culpabilité : le simple fait de vivre. »

14. Dans son *Essai sur la révolution* (1967/1963, p. 99 et 160), elle note que la souffrance, de muette qu'elle était, s'est faite loquace et, à travers la geste révolutionnaire, est même devenue un puissant ressort de l'action collective : « Les masses souffrantes étaient descendues dans la rue sans y être invitées par ceux qui devinrent alors leurs organisateurs et leurs porte-parole. Mais les souffrances qu'ils révélèrent ne transformèrent les malheureux en enragés que lorsque le zèle compatissant des révolutionnaires commença à glorifier ces souffrances. » Plus encore qu'à Robespierre, Hannah Arendt fait grief à Rousseau de cette irruption de la souffrance dans le discours politique, ce que conteste Myriam Revault d'Allonnes (2008, p. 69-70).

15. Se référant dans ses *Confessions* (1964, III-2, p. 50) à ses émotions devant la souffrance représentée au théâtre, il s'interroge : « Pourquoi l'homme veut-il s'affliger en contemplant des aventures tragiques et lamentables qu'il ne voudrait pas lui-même souffrir ? Qu'est-ce là, sinon une pitoyable folie ? »

16. Dans le fameux chapitre 3 de sa *Théologie politique* (1988/1922, p. 46), il précise : « Et c'est vrai non seulement de leur développement historique, parce qu'ils ont été transférés de la théologie à la théorie de l'État, mais aussi de leur structure systématique, dont la connaissance est nécessaire pour une analyse sociologique de ces concepts. »

17. Dont il renouvelle la formulation en se demandant (1986, p. 293) : « Plutôt que de vouloir redéfinir les relations qu'entretiennent le politique et le religieux, pour apprécier le degré de subordination de l'un à l'autre et, en conséquence, de s'interroger sur la permanence ou non de la sensibilité de la pensée religieuse dans la société moderne, ne vaudrait-il pas mieux poser comme donnée première, historiquement et logiquement, une formation théologico-politique ? » Parmi les figures sous-tendant cette formation, j'ajouterai que l'on peut trouver, à côté de la nation et du peuple, qui ont forgé ou légitimé nombre de régimes de notre modernité, la figure de l'humanité dont se réclame le gouvernement humanitaire.

18. Pour une définition et une discussion du concept d'intolérable, je me permets de renvoyer à mon texte (2005).

19. Selon Bauman (2004, p. 4 et 12), la notion de *« wasted lives »* renvoie à l'idée d'une « planète pleine » sur laquelle des êtres humains seraient constitués en « populations superflues ».

20. Pour Simmel (1998/1908, p. 45-46), ce basculement est décisif : « Dès que le bien-être de la société requiert l'assistance aux pauvres, la motivation s'éloigne de cet objectif pour se diriger vers le donneur, sans, par conséquent se tourner vers le receveur. L'homme pauvre en tant que personne et sa propre perception de sa position dans sa conscience ont aussi peu d'importance qu'elles n'en ont aux yeux du donneur qui donne l'aumône pour le salut de son âme. »

21. Une distinction qu'établit Hannah Arendt (1961/1958, p. 143) quand elle écrit : « Bornée par un commencement et par une fin, c'est-à-dire par les deux événements suprêmes de l'apparition et de la disparition dans le monde, la vie suit un mouvement strictement linéaire, causé par le même moteur biologique qui anime tous les vivants. La principale caractéristique de cette vie spécifiquement humaine, c'est d'être elle-même toujours emplie d'événements qui à la fin peuvent être racontés, peuvent fonder une biographie. »

22. Et du reste, en retour, selon Levinas (1961, p. 211 et 215), « la résistance de l'Autre ne me fait pas violence, n'agit pas négativement ; elle a une structure positive : éthique ».

23. L'histoire a été rapportée le 4 août 1999 dans le quotidien belge *Le Soir* sous le titre : « La dernière leçon de deux écoliers ». Une pièce de théâtre, intitulée *Atterrissage,* a été écrite par le dramaturge Kangni Alem et jouée en Europe et en Afrique.

24. De cette lettre, James Ferguson (2002) retient surtout le désir de mimétisme de ces enfants avides d'étudier « pour être comme vous en Afrique », même s'il lui reconnaît à la fin de son article une tentative de sensibiliser le monde occidental à ses responsabilités envers ses anciennes colonies.

25. Dans son œuvre, Veena Das (2007, p. 8-9) se montre toujours attentive à distinguer la parole et le discours, *« voice »* et *« speech »,* considérant comme un devoir impérieux autant qu'impossible, pour l'anthropologue, de faire entendre la voix de celles et ceux dont il ou elle parle.

26. Voir « Passager clandestin d'un avion, le jeune Sénégalais miraculé est mort lors de sa fugue », *Le Monde,* 7 septembre 1999 ; et « La France expulse un jeune demandeur d'asile cubain », *Le Monde,* 3 septembre 2000.

## Postface.
## Signes des temps : l'humanitaire et le sécuritaire

1. Voir Joseph Conrad, *Au cœur des ténèbres*, trad. Jean Deurbergue, Paris, Gallimard, 2003 [1899], p. 221-223.

2. Voir notamment, dans *Le Monde* du 31 mai 2016 : « Paris aura un camp humanitaire pour accueillir les réfugiés », et dans *Le Monde* du 8 janvier 2017 : « MSF dénonce les violences policières contre les migrants à Paris ».

# Bibliographie

ADORNO Theodor W., 2003, *Dialectique négative,* Paris, Payot et Rivages [1re éd. allemande, 1966].

AGAMBEN Giorgio, 1997, *Homo sacer. Le pouvoir souverain et la vie nue,* Paris, Seuil [1re éd. italienne, 1995].

– 1999, *Ce qui reste d'Auschwitz. L'archive et le témoin,* Paris, Payot et Rivages [1re éd. italienne, 1998].

– 2003, *État d'exception,* Paris, Seuil [1re éd. italienne, 2003].

AGIER Michel, 2004, « Le camp des vulnérables. Les réfugiés face à leur citoyenneté niée », *Les Temps modernes,* vol. 59, nº 627 (avril-juin), p. 120-137.

ALTHUSSER Louis, 1976, « Idéologie et appareils idéologiques d'État (Notes pour une recherche) », in *Positions. 1964-1975,* Paris, Éditions sociales, p. 67-125 [1re éd., 1970].

ARENDT Hannah, 1961, *Condition de l'homme moderne,* Paris, Calmann-Lévy [1re éd. états-unienne, 1958].

– 1967, *Essai sur la révolution,* Paris, Gallimard [1re éd. états-unienne, 1963].

– 1968, « Introduction. Walter Benjamin : 1892-1940 », *in* Walter Benjamin, *Illuminations,* New York, Harcourt, Brace and World, p. 1-55.

– 2002, *Les Origines du totalitarisme ; Eichmann à Jérusalem,* Paris, Gallimard [1re éd. états-unienne, 1951].

ARMITAGE John, 2002, « State of Emergency. An Introduction », *Theory, Culture and Society,* vol. 19, nº 4 (août), p. 27-38.

ASAD Talal, 1997, « On Torture, or Cruel, Inhuman, and Degrading Treatment », *in* Arthur Kleinman, Veena Das et Margaret Lock (eds.), *Social Suffering,* Berkeley, University of California Press, p. 285-308.

ASSAYAG Jackie, 2004, « Leçons de ténèbres. Violence, terreur, génocides », *Les Temps modernes,* vol. 59, n° 626 (décembre-février), p. 275-304.

ASTIER Isabelle, 1998, « RMI : du travail social à une politique des individus », *Esprit,* mars-avril, p. 142-157.

AUGUSTIN (saint), 1964, *Les Confessions,* Paris, Garnier-Flammarion.

AUSTIN John Langshaw, 1970, *Quand dire, c'est faire,* Paris, Seuil [1re éd. états-unienne, 1962].

BACHMANN Christian et LE GUENNEC Nicole, 1995, *Violences urbaines. Ascension et chute des classes moyennes à travers cinquante ans de politique de la ville,* Paris, Albin Michel.

BAUMAN Zygmunt, 1998, *Globalization. The Human Consequences,* Cambridge, Polity Press.

– 2004, *Wasted Lives. Modernity and its Outcasts,* Cambridge, Polity.

BECKER Howard S., 1985, *Outsiders. Études de sociologie de la déviance,* Paris, Métailié [1re éd. états-unienne, 1963].

BÉNATOUÏL Thomas, 1999, « Critique et pragmatique en sociologie. Quelques principes de lecture », *Annales. Histoire, Sciences sociales*, vol. 54, n° 2 (mars-avril), p. 281-317.

BENJAMIN Walter, 1968, « Theses on the Philosophy of History », in *Illuminations,* New York, Harcourt, Brace and World, p. 255-266 [1re éd. états-unienne, 1942].

– 2000, « Critique de la violence », in *Œuvres. Volume 1*, Paris, Gallimard, p. 210-243 [1re éd., 1921].

BENTHALL Jonathan, 1993, *Disasters, Relief and the Media,* Londres, I.B. Tauris.

– 2008, *Returning to Religion. Why a Secular Age is Haunted by Faith,* Londres, I.B. Tauris.

BENVENISTE Émile, 1969, *Le Vocabulaire des institutions indo-européennes. Volume 1 : Économie, parenté, société, Volume 2 : Pouvoir, droit, religion,* Paris, Éditions de Minuit.

BERGER Nathalie, 2000, *La Politique européenne d'asile et d'immigration. Enjeux et perspectives,* Bruxelles, Bruylant.

BERGERON Henri, 1999, *L'État et la toxicomanie. Histoire d'une singularité française,* Paris, Presses universitaires de France.

BERLANT Lauren (ed.), 2004, *Compassion. The Culture and Politics of an Emotion,* New York, Routledge.

BERNARDOT Marc, 2008, *Camps d'étrangers,* Bellecombe-en-Bauges, Éditions du Croquant.

BIBEAU Gilles, 1991, « L'Afrique, terre imaginaire du sida. La subversion du discours scientifique par le jeu des fantasmes », *Anthropologie et Sociétés,* vol. 15, n[os] 2-3, p. 125-147.

BIHR Alain et PFEFFERKORN Roland, 1999, *Déchiffrer les inégalités,* Paris, Syros [1[re] éd., 1995].

BOLTANSKI Luc, 1993, *La Souffrance à distance. Morale humanitaire, médias et politique,* Paris, Métailié.

BORNSTEIN Avram, 2001, « Ethnography and the Politics of Prisoners in Palestine-Israel », *Journal of Contemporary Ethnography,* vol. 30, n° 5, p. 546-574.

BOURDIEU Pierre, 1992, *Réponses. Pour une anthropologie réflexive* [avec Loïc Wacquant], Paris, Le Seuil.

BOURDIEU Pierre (ed.), 1993, *La Misère du monde,* Paris, Seuil.

BRADOL Jean-Hervé, 2003, « Introduction. L'ordre international cannibale et l'action humanitaire », *in* Fabrice Weissman (éd.), *À l'ombre des guerres justes. L'ordre international cannibale et l'action humanitaire,* Paris, Flammarion, p. 13-32.

BRANDT Allan M., 1985, *No Magic Bullet. A Social History of Venereal Disease in the United States since 1880,* Oxford, Oxford University Press.

BRAUMAN Rony, 2000, *L'Action humanitaire,* Paris, Flammarion [1[re] éd., 1995].

BRAUMAN Rony et SALIGNON Pierre, 2003, « Irak. La posture du missionnaire », *in* Fabrice Weissman (éd.), *À l'ombre des guerres justes. L'ordre international cannibale et l'action humanitaire,* Paris, Flammarion, p. 275-291.

BUCAILLE Laetitia, 2004, *Growing Up Palestinian. Israeli Occupation and the Intifada Generation,* Princeton, Princeton University Press [1re éd. française, 2002].

BUTCHART Alexander, 1998, *The Anatomy of Power. European Constructions of the African Body,* Londres-New York, Zed Books.

BUTLER Judith, 1997, *The Psychic Life of Power. Theories in Subjection,* Stanford, Stanford University Press.

– 2004, *Precarious Life. The Powers of Mourning and Violence,* Londres, Verso.

BUTT Leslie, 2002, « The Suffering Stranger. Medical Anthropology and International Morality », *Medical Anthropology*, vol. 21, nº 1 (janvier), p. 1-24.

CALABRESI Guido et BOBBITT Philip, 1978, *Tragic Choices,* New York, Norton.

CARUTH Cathy (ed.), 1995, *Trauma. Explorations in Memory,* Baltimore, The Johns Hopkins University Press.

CASTEL Robert, 1981, *La Gestion des risques. De l'anti-psychiatrie à l'après-psychanalyse,* Paris, Éditions de Minuit.

– 1995, *Les Métamorphoses de la question sociale. Une chronique du salariat,* Paris, Fayard.

CÉSAIRE Aimé, 1980, *Une tempête. D'après* La Tempête *de Shakespeare : adaptation pour un théâtre nègre,* Paris, Seuil [1re éd., 1969].

CLASTRES Pierre, 1974, *La Société contre l'État. Recherches d'anthropologie politique,* Paris, Éditions de Minuit.

CLOCHARD Olivier, DECOURCELLE Antoine et INTRAND Chloé, 2003, « Zones d'attente et demande d'asile à la frontière. Le renforcement des contrôles migratoires ? », *Revue européenne des migrations internationales,* vol. 19, nº 2, p. 157-189.

CLOCHARD Olivier, GASTAUT Yvan et SCHOR Ralph, 2004, « Les camps d'étrangers depuis 1938. Continuité et adaptations »,

*Revue européenne des migrations internationales,* vol. 20, n° 2, p. 57-87.

COLLINS John, 2004, *Occupied by Memory. The Intifada Generation and the Palestinian State of Emergency,* New York, New York University Press.

COLLOVALD Annie, 2001, « De la défense des "pauvres nécessiteux" à l'humanitaire expert. Reconversion et métamorphoses d'une cause politique », *Politix,* vol. 14, n° 56, p. 135-161.

CORONIL Fernando, 1997, *The Magical State. Nature, Money, and Modernity in Venezuela,* Chicago, The University of Chicago Press.

DALGALARRONDO Sébastien et URFALINO Philippe, 2000, « Choix tragique, controverse et décision publique. Le cas du tirage au sort des malades du sida », *Revue française de sociologie,* vol. 41, n° 1 (janvier-mars), p. 119-157.

DANIEL Valentine E. et KNUDSEN John Chr., 1995, *Mistrusting Refugees,* Berkeley, University of California Press.

DAS Veena, 1997, « Language and Body. Transactions in the Construction of Pain », *in* Arthur Kleinman, Veena Das et Margaret Lock (eds.), *Social Suffering,* Berkeley, University of California Press, p. 67-91.

– 2007, *Life and Words. Violence and the Descent into the Ordinary,* Berkeley, University of California Press.

DAS Veena et KLEINMAN Arthur, 2001, « Introduction », *in* Veena Das, Arthur Kleinman, Margaret Lock, Mamphela Ramphele et Pamela Reynolds (eds.), *Remaking a World. Violence, Social Suffering, and Recovery,* Berkeley, University of California Press, p. 1-30.

DAS Veena, KLEINMAN Arthur, LOCK Margaret, RAMPHELE Mamphela et REYNOLDS Pamela (eds.), 2001, *Remaking a World. Violence, Social Suffering, and Recovery,* Berkeley, University of California Press

DAS Veena, KLEINMAN Arthur, RAMPHELE Mamphela et REYNOLDS Pamela (eds.), 2000, *Violence and Subjectivity,* Berkeley, University of California Press.

DAUVIN Pascal et SIMÉANT Johanna (eds.), 2002, *Le Travail humanitaire. Les acteurs des ONG, du siège au terrain,* Paris, Presses de la Fondation de Sciences politiques.

DEJOURS Christophe, 1998, *Souffrance en France. La banalisation de l'injustice sociale,* Paris, Seuil.

DELEUZE Gilles, 2003, *Nietzsche et la philosophie,* Paris, Presses universitaires de France [1re éd., 1962].

DELOUVIN Patrick, 2000, « The Evolution of Asylum in France », *Journal of Refugee Studies,* vol. 13, no 1 (mars), p. 61-73.

DEMAZIÈRE Didier et PIGNONI Maria-Teresa, 1999, *Chômeurs : du silence à la révolte. Sociologie d'une vie collective,* Paris, Hachette littératures.

DERRIDA Jacques, 1997, *De l'hospitalité. Anne Dufourmantelle invite Jacques Derrida à répondre,* Paris, Calmann-Lévy.

DESCOMBES Vincent, 2008, « Quand la mauvaise critique chasse la bonne… », *Tracés. Revue de Sciences humaines,* Hors-Série, no 8 : « Présent et futurs de la critique », p. 45-69.

DE WAAL Alex, 2005, *Famine that Kills. Darfur, Sudan,* Oxford, Oxford University Press [1re éd., 1989].

DIDIER Élisabeth, 1992, « Torture et mythe de la preuve », *Plein droit. La revue du Gisti,* nos 18-19 (octobre), p. 64-69.

DODIER Nicolas, 1993, *L'Expertise médicale. Essai de sociologie sur l'exercice du jugement,* Paris, Métailié.

– 2003, *Leçons politiques de l'épidémie de sida,* Paris, Éditions de l'École des hautes études en sciences sociales.

– 2005, « L'espace et le mouvement du sens critique », *Annales. Histoire, Sciences sociales,* vol. 60, no 1 (janvier-février), p. 7-31.

DONZELOT Jacques et ROMAN Joël, 1991, « Le déplacement de la question sociale », *in* Jacques Donzelot (éd.), *Face à l'exclusion. Le modèle français,* Paris, Éditions Esprit, p. 5-14.

DORLIN Elsa, 2006, *La Matrice de la race. Généalogie sexuelle et coloniale de la nation française*, Paris, La Découverte.

DUFFIELD Mark, 2001, *Global Governance and the New Wars. The Merging of Development and Security,* Londres, Zed Books.

DUPRAT Catherine, 1993, *« Pour l'amour de l'humanité ». Le temps des philanthropes. Tome 1 : La philanthropie parisienne des Lumières à la monarchie de Juillet,* Paris, Éditions du CTHS.

DURKHEIM Émile, 2004, *Sociologie et philosophie* [présentation de Bruno Karsenti], Paris, Presses universitaires de France [1re éd., 1924].

EHRENBERG Alain, 1998, *La Fatigue d'être soi. Dépression et société,* Paris, Odile Jacob.

– 2004, « Les changements de la relation normal-pathologique. À propos de la souffrance psychique et de la santé mentale », *Esprit*, mai, p. 133-156.

ELSTER Jon, 1992, *Local Justice. How Institutions Allocate Scare Goods and Necessary Burdens,* New York, Russel Sage Foundation.

ELSTER Jon et HERPIN Nicolas (éds.), 1992, *Éthique des choix médicaux,* Arles, Actes Sud.

FASSIN Didier, 1996, « Exclusion, *underclass, marginalidad.* Figures contemporaines de la pauvreté urbaine en France, aux États-Unis et en Amérique latine », *Revue française de sociologie,* vol. 37, nº 1 (janvier-mars), p. 37-75.

– 1999, « L'ethnopsychiatrie et ses réseaux. Une influence qui grandit », *Genèses. Sciences sociales et histoire,* nº 35 (juin), p. 146-171.

– 2000, « La supplique. Stratégies rhétoriques et constructions identitaires dans les demandes d'aide d'urgence », *Annales. Histoire, Sciences sociales,* vol. 55, nº 5 (septembre-octobre), p. 955-981.

– 2001, « Une double peine. La condition sociale des immigrés malades du sida », *L'Homme,* nº 160 (octobre-décembre), p. 137-162.

– 2004a, « Et la souffrance devint sociale. De l'anthropologie médicale à une anthropologie des afflictions », *Critique,* vol. 60, nºs 680-681 (janvier-février), p. 16-29.

– 2004b, *Des maux indicibles. Sociologie des lieux d'écoute,* Paris, La Découverte.

– 2004c, « La cause des victimes », *Les Temps modernes,* vol. 59, nº 627 (avril-juin), p. 73-91.

– 2005, « L'ordre moral du monde. Essai d'anthropologie de l'intolérable », *in* Didier Fassin et Patrice Bourdelais (éds.), *Les Constructions de l'intolérable. Études d'anthropologie et d'histoire sur les frontières de l'espace moral,* Paris, La Découverte, p. 17-50.

– 2006a, *Quand les corps se souviennent. Expériences et politiques du sida en Afrique du Sud,* Paris, La Découverte.

– 2006b, « La biopolitique n'est pas la politique de la vie », *Sociologie et sociétés,* vol. 38, nº 2 (automne), p. 35-48.

– 2007, « Humanitarianism, a Nongovernmental Government », *in* Michel Feher (éd.), *Nongovernmental Politics,* New York, Zone Books, p. 149-159.

– 2009a, « Another Politics of Life is Possible », *Theory, Culture and Society,* vol. 26, nº 5 (septembre), p. 44-60.

– 2009b, « Les économies morales revisitées », *Annales. Histoire, Sciences Sociales*, vol. 64, nº 6 (novembre-décembre), p. 1237-1266.

FASSIN Didier (éd.), 2010, *Les Nouvelles Frontières de la société française,* Paris, La Découverte.

FASSIN Didier et BENSA Alban, 2008, *Les Politiques de l'enquête. Épreuves ethnographiques*, Paris, La Découverte.

FASSIN Didier et DEFOSSEZ Anne-Claire, 1992, « Une liaison dangereuse. Sciences sociales et santé publique dans les programmes de réduction de la mortalité maternelle en Équateur », *Cahiers des Sciences humaines (ORSTOM),* vol. 28, nº 1, p. 23-36.

FASSIN Didier, LE MARCIS Frédéric et LETHATA Todd, 2008, « Life and Times of Magda A. Telling a Story of Violence in South Africa », *Current Anthropology,* vol. 49, nº 2 (avril), p. 225-246.

FASSIN Didier et MORICE Alain, 2001, « Les épreuves de l'irrégularité. Les sans-papiers, entre déni d'existence et reconquête d'un statut », *in* Dominique Schnapper (éd.), *Exclusions au cœur de la cité,* Paris, Anthropos, p. 260-309.

FASSIN Didier, MORICE Alain et QUIMINAL Catherine (éds.), 1997, *Les Lois de l'inhospitalité. Les politiques de l'immigration à l'épreuve des sans-papiers,* Paris, La Découverte.

FASSIN Didier et PANDOLFI Mariella, 2010, *Contemporary States of Emergency. The Politics of Military and Humanitarian Intervention,* New York, Zone Books.

FASSIN Didier et RECHTMAN Richard, 2007, *L'Empire du traumatisme. Enquête sur la condition de victime,* Paris, Flammarion.

FELDMAN Allen, 1994, « On Cultural Anesthesia. From Desert Storm to Rodney King », *American Ethnologist,* vol. 21, nº 2 (mai), p. 404-418.

FELMAN Shoshana, 1999, « Benjamin's Silence », *Critical Inquiry,* vol. 25, nº 2 (hiver), p. 201-234.

FERGUSON James G., 2002, « Of Mimicry and Membership : Africans and the "New World Society" », *Cultural Anthropology,* vol. 17, nº 4 (novembre), p. 551-569.

FOTHERGILL Alice, 2003, « The Stigma of Charity. Gender, Class and Disaster Assistance », *The Sociological Quarterly,* vol. 44, nº 4 (septembre), p. 659-680.

FOUCAULT Michel, 1975, *Surveiller et punir. Naissance de la prison,* Paris, Gallimard.

– 1976, *Histoire de la sexualité. Vol. 1. La volonté de savoir,* Paris, Gallimard.

– 1994, *Dits et écrits. 1954-1988, Volume IV,* Paris, Gallimard.

– 2004, *Sécurité, territoire, population. Cours au Collège de France, 1977-1978,* Paris, Gallimard-Le Seuil-Éditions de l'École des hautes études en sciences sociales.

FREYSSINET Jacques, 2004, *Le Chômage,* Paris, La Découverte [1re éd., 1984].

FUKUYAMA Francis, 1993, *La Fin de l'histoire et le dernier homme,* Paris, Flammarion [1re éd. états-unienne, 1992].

GARFINKEL Harold, 1984, *Studies in Ethnomethodology,* Cambridge, Polity Press [1re éd. états-unienne, 1967].

GAUCHET Marcel, 1985, *Le Désenchantement du monde. Une histoire politique de la religion,* Paris, Gallimard.

GAULEJAC Vincent (de), 1996, *Les Sources de la honte,* Paris, Desclée de Brouwer.

GEREMEK Bronislaw (éd.), 1980, *Inutiles au monde. Truands et misérables dans l'Europe moderne (1350-1600),* Paris, Gallimard-Julliard.

GILMAN Sander L., 1985, *Difference and Pathology. Stereotypes of Sexuality, Race, and Madness,* New York, Cornell University Press.

GODELIER Maurice, 1982, *La Production des grands hommes. Pouvoir et domination chez les Baruya de Nouvelle-Guinée,* Paris, Fayard.

GOFFMAN Erving, 1975, *Stigmate. Les usages sociaux des handicaps,* Paris, Le Seuil [1re éd. états-unienne, 1963].

GOOD Anthony, 2007, *Anthropology and Expertise in the Asylum Courts,* Oxford-New York, Routledge-Cavendish.

GOODY Jack, 1977, *The Domestication of the Savage Mind,* Cambridge, Cambridge University Press.

GRAHAM Mark, 2002, « Emotional Bureaucracies : Emotions, Civil Servants, and Immigrants in the Swedish Welfare State », *Ethos,* vol. 30, nº 3 (septembre), p. 199-226.

HACKING Ian, 1995, *Rewriting the Soul. Multiple Personality and the Sciences of Memory,* Princeton, Princeton University Press.

– 1999, *Mad Travellers. Reflections on the Reality of Transient Mental Illnesses,* Londres, Free Association Books.

HALLUIN Estelle (d'), 2008, *Les Épreuves du droit d'asile. De la politique du soupçon à la reconnaissance des réfugiés,* Thèse de doctorat, École des hautes études en sciences sociales, Paris.

HARTOG François, 2005, « Le témoin et l'historien », in *Évidence de l'histoire,* Paris, Éditions de l'École des hautes études en sciences sociales, p. 191-214.

HEYMAN Josiah McC., 1998, *Finding a Moral Heart for U.S.* Immigration Policy. An Anthropological Perspective, American Ethnological Society Monograph Series, nº 7.

HINTON Alexander Laban, 2002, « The Dark Side of Modernity. Toward an Anthropology of Genocide », *in* Alexander Laban

Hinton (ed.), *Annihilating Difference. The Anthropology of Genocide*, Berkeley, University of California Press, p. 1-40.

HIRSCHMAN Albert O., 1970, *Exit, Voice, and Loyalty. Responses to Decline in Firms, Organisations and States*, Harvard, Harvard University Press.

HOFFMAN Susanna M. et OLIVER-SMITH Anthony (eds.), 2002, *Catastrophe and Culture. The Anthropology of Disaster*, Santa Fe, School of American Research Press.

HOFFMANN Stanley (ed.), 1996, *The Ethics and Politics of Humanitarian Intervention*, Notre Dame, University of Notre Dame Press.

HORTON Richard, 1996, « Truth and Heresy about AIDS », *The New York Review of Books*, vol. 43, nº 9 (mai), p. 14-20.

HOWELL Signe (ed.), 1997, *The Ethnography of Moralities*, Londres, Rouledge.

HYNDMAN Jennifer, 2000, *Managing Displacement. Refugees and the Politics of Humanitarianism*, Minneapolis, University of Minnesota Press.

IGNATIEFF Michael, 2000, « The New American Way of War », *The New York Review of Books*, vol. 47, nº 12 (juillet), p. 42-46.

JAMES Erica Caple, 2010, *Democratic Insecurities. Violence, Trauma, and Intervention in Haiti*, Berkeley, University of California Press.

JEWKES Rachel et ABRAHAMS Naeemah, 2002, « The Epidemiology of Rape and Sexual Coercion in South Africa. An Overview », *Social Science and Medicine*, vol. 55, nº 7 (octobre), p. 1231-1244.

JEWKES Rachel, ABRAHAMS Naeemah et MVO Zodumo, 1998, « Why Do Nurses Abuse Patients ? Reflections from South African Obstetric Services », *Social Science and Medicine*, vol. 47, nº 11 (décembre), p. 1781-1795.

JOUBERT Michel, BERTOLOTTO Fernando et BOUHNIK Patricia (éds.), 1993, *Quartier, démocratie et santé. Mode de vie et santé des familles et des jeunes sur un quartier de banlieue, une recherche-action en santé communautaire*, Paris, L'Harmattan.

KANTOROWICZ Ernst H., 1989, *Les Deux Corps du Roi. Essai sur la théologie politique au Moyen Âge,* Paris, Gallimard [1re éd. états-unienne, 1957].

KLEINMAN Arthur, 1988, *The Illness Narratives. Suffering, Healing and the Human Condition,* New York, Basic Books.

KLEINMAN Arthur, DAS Veena et LOCK Margaret (eds.), 1997, *Social Suffering,* Berkeley, University of California Press.

KOSELLECK Reinhart, 1990, *Le Futur passé. Contribution à la sémantique des temps historiques,* Paris, Éditions de l'École des hautes études en sciences sociales [1re éd. allemande, 1979].

LAACHER Smaïn, 2002, *Après Sangatte... Nouvelles immigrations, nouveaux enjeux,* Paris, La Dispute.

LAÉ Jean-François, 1996, *L'Instance de la plainte. Une histoire politique et juridique de la souffrance,* Paris, Descartes et Cie.

LAÉ Jean-François et MURARD Numa, 1995, *Les Récits du malheur,* Paris, Descartes et Cie.

LALANDE André, 1993, *Vocabulaire technique et critique de la philosophie,* 2 vol., Paris, Presses universitaires de France [1re éd., 1926].

LAZARSFELD Paul Felix, 1981, *Les Chômeurs de Marienthal* [avec Marie Jahoda et Hans Zeisel], Paris, Éditions de Minuit.

LE COUR GRANDMAISON Olivier, 2005, *Coloniser, exterminer. Sur la guerre et l'État colonial,* Paris, Fayard.

LEFORT Claude, 1986, *Essais sur le politique. XIXe-XXe siècles,* Paris, Seuil.

LEGOUX Luc, 1995, *La Crise de l'asile politique en France,* Paris, Centre français sur la population et le développement.

LEVI Primo, 1987, *Si c'est un homme,* Paris, Julliard [1re éd., 1947].

LEVINAS Emmanuel, 1961, *Totalité et infini. Essai sur l'extériorité,* La Haye, Kluwer Academic, Martinus Nijhoff.

LEYS Ruth, 2000, *Trauma. A Genealogy,* Chicago, The University of Chicago Press.

LOVELL Anne, 1998, « Sida-toxicomanie, un objet hybride de la nouvelle santé publique à Marseille », *in* Didier Fassin (éd.), *Les*

*Figures urbaines de la santé publique. Enquête sur des expériences locales,* Paris, La Découverte, p. 203-238.

MACFARLANE S. Neil, 1999, « Humanitarian Action and Conflict », *International Journal,* vol. 54, nº 4 (automne), p. 537-561.

MAIGRET Éric, 2002, « Pierre Bourdieu, la culture populaire et le long remords de la sociologie de la distinction culturelle », *Esprit,* mars, p. 170-178.

MAKAREMI Chowra, 2009, « Violence et refoulement dans la zone d'attente de Roissy-CDG », *in* Carolina Kobelinsky et Chowra Makaremi (éds.), *Enfermés dehors. Enquêtes sur le confinement des étrangers,* Bellecombe-en-Bauges, Éditions du Croquant, p. 41-62.

MALKKI Liisa H., 1995, *Purity and Exile. Violence, Memory, and National Cosmology among Hutu Refugees in Tanzania,* Chicago, The University of Chicago Press.

– 1996, « Speechless Emissaries. Refugees, Humanitarianism, and Dehistoricization », *Cultural Anthropology,* vol. 11, nº 3 (août), p. 377-404.

MARRUS Michael R., 1985, *The Unwanted. European Refugees in the Twentieth Century,* New York, Oxford University Press.

MASQUELIER Adeline, 2006, « Why Katrina's Victims Aren't *Refugees*. Musings on a "Dirty" Word », *American Anthropologist,* vol. 108, nº 4 (décembre), p. 735-743.

MBEMBE Achille, 2003, « Necropolitics », *Public Culture,* vol. 15, nº 1 (hiver), p. 11-40.

MESSU Michel, 1991, *Les Assistés sociaux. Analyse identitaire d'un groupe social,* Toulouse, Privat.

MIGNOLO Walter D., 2000, *Local Histories/Global Designs. Coloniality, Subaltern Knowledges, and Border Thinking,* Princeton, Princeton University Press.

MINEAR Larry, 2002, *The Humanitarian Enterprise. Dilemmas and Discoveries,* Bloomfield, Kumarian Press.

MINEAR Larry et WEISS Thomas G., 1992, « Groping and Coping in the Gulf Crisis. Discerning the Shape of a New Humanitarian

Order », *World Policy Journal,* vol. 9, n° 4 (automne-hiver), p. 755-777.

MORRIS David B., 1991, *The Culture of Pain,* Berkeley, University of California Press.

NAHOUM-GRAPPE Véronique, 1996, « L'usage politique de la cruauté : l'épuration ethnique (ex-Yougoslavie 1991-1995) », *in* Françoise Héritier (éd.), *De la violence. Séminaire de Françoise Héritier,* Paris, Odile Jacob, p. 273-323.

NOIRIEL Gérard, 1991, *La Tyrannie du national. Le droit d'asile en Europe, 1793-1993,* Paris, Calmann-Lévy.

NUSSBAUM Martha C., 2001, *Upheavals of Thought. The Intelligence of Emotions,* Cambridge, Cambridge University Press.

OGIEN Albert, 1999, « Situation de décision : une analyse des pratiques d'attribution d'argent public », *Droit et Société,* n^os^ 42-43, p. 365-391.

ORFORD Anne, 1999, « Muscular Humanitarianism. Reading the Narratives of the New Interventionism », *European Journal of International Law,* vol. 10, n° 4, p. 679-711.

PANDOLFI Mariella, 2008, « Laboratory of Intervention. The Humanitarian Governance of the Postcommunist Balkan Territories », *in* Mary-Jo Del Vecchio Good, Sandra Teresa Hyde, Sarah Pinto et Byron J. Good (eds.), *Postcolonial Disorders,* Berkeley, University of California Press, p. 157-186.

PAUGAM Serge, 1991, *La Disqualification sociale. Essai sur la nouvelle pauvreté,* Paris, Presses universitaires de France.

– 1993, *La Société française et ses pauvres. L'expérience du revenu minimum d'insertion,* Paris, Presses universitaires de France.

– 2007, *Le Salarié de la précarité. Les nouvelles formes de l'intégration professionnelle,* Paris, Presses universitaires de France.

PESCHANSKI Denis, 2002, *La France des camps. L'internement, 1938-1946,* Paris, Gallimard.

PETEET Julie, 1994, « Male Gender and Rituals of Resistance in the Palestinian *Intifada.* A Cultural Politics of Violence », *American Ethnologist,* vol. 21, n° 1 (février), p. 31-49.

PETRYNA Adriana, 2002, *Life Exposed. Biological Citizens after Chernobyl,* Princeton, Princeton University Press.

PIVEN Frances Fox et CLOWARD Richard A., 1993, *Regulating the Poor. The Functions of Public Welfare,* New York, Vintage Books [1re éd., 1971].

POLLAK Michael, 1990, *L'Expérience concentrationnaire. Essai sur le maintien de l'identité sociale,* Paris, Métailié.

PORRAS PONCELEÓN Temir, 2000, « Venezuela : les ambiguïtés de la "révolution bolivarienne" », *Problèmes d'Amérique latine,* n° 39 (octobre-décembre), p. 3-23.

PUGH Michael, 1998, « Military Intervention and Humanitarian Action. Trends and Issues », *Disasters,* vol. 22, n° 4 (décembre), p. 339-351.

PUPAVAC Vanessa, 2001, « Therapeutic Governance. Psycho-Social Intervention and Trauma Risk Management », *Disasters,* vol. 25, n° 4 (décembre), p. 358-372.

RANCIÈRE Jacques, 2005, *La Haine de la démocratie,* Paris, La Fabrique.

RAWLS John, 1971, *A Theory of Justice,* Oxford, Oxford University Press.

– 2008, *Leçons sur l'histoire de la philosophie morale,* Paris, La Découverte [1re éd. états-unienne, 2000].

RAZACK Sherene H., 2004, *Dark Threats and White Knights. The Somalia Affair, Peacekeeping, and the New Imperialism,* Toronto, University of Toronto Press.

REDFIELD Peter W., 2005, « Doctors, Borders and Life in Crisis », *Cultural Anthropology*, vol. 20, n° 3 (août), p. 328-361.

RENAULT Emmanuel, 2008, *Souffrances sociales. Philosophie, psychologie et politique,* Paris, La Découverte.

REVAULT D'ALLONNES Myriam, 2008, *L'Homme compassionnel,* Paris, Seuil.

REY Alain (ed.), 2006, *Dictionnaire historique de la langue française,* Paris, Le Robert [1re éd., 1992].

REYNOLDS Pamela, 2000, « The Ground of All Making. State Violence, the Family and Political Activists », *in* Veena Das, Arthur

Kleinman, Mamphela Ramphele et Pamela Reynolds (eds.), *Violence and Subjectivity,* Berkeley, University of California Press, p. 141-170.

RICŒUR Paul, 1997, *L'Idéologie et l'Utopie,* Paris, Seuil.

RIEFF David, 2002, *A Bed for the Night. Humanitarianism in Crisis,* New York, Simon and Schuster.

ROBERT Phlippe, 2002, *L'Insécurité en France,* Paris, La Découverte.

RODIER Claire et TERRAY Emmanuel (éds.), 2008, *Immigration : fantasmes et réalités. Pour une alternative à la fermeture des frontières,* Paris, La Découverte.

ROSANVALLON Pierre, 1995, *La Nouvelle Question sociale. Repenser l'État-providence,* Paris, Seuil.

ROSE Nikolas, 1999a, *Governing the Soul. The Shaping of the Private Self,* Londres, Free Association Book [1re éd., 1989].

– 1999b, *Powers of Freedom. Reframing Political Thought,* Cambridge, Cambridge University Press.

SARAT Austin et SCHEINGOLD Stuart (eds.), 1998, *Cause Lawyering. Political Commitments and Professional Responsibilities,* New York, Oxford University Press.

SAYAD Abdelmalek, 1999, *La Double Absence. Des illusions de l'émigré aux souffrances de l'immigré,* Paris, Seuil.

SCHEPER-HUGHES Nancy, 1992, *Death Without Weeping. The Violence of Everyday Life in Brazil,* Berkeley, University of California Press.

SCHEPER-HUGHES Nancy et BOURGOIS Philippe (eds.), 2004, *Violence in War and Peace. An Anthology,* Malden, Blackwell Publishing.

SCHEPER-HUGHES Nancy et SARGENT Carolyn (eds.), 1998, *Small Wars. The Cultural Politics of Childhood,* Berkeley, University of California Press.

SCHNEIDER Joseph W., 1985, « Social Problems Theory. The Constructionist View », *Annual Review of Sociology,* vol. 11 (août), p. 209-229.

SCHMITT Carl, 1988, *Théologie politique. 1922, 1969,* Paris, Gallimard [1re éd. allemande, 1922, 1970].

SCHOR Ralph, 1996, *Histoire de l'immigration en France de la fin du XIXe siècle à nos jours,* Paris, Armand Colin.

SCHWARTZ Olivier, 1993, « L'empirisme irréductible » [Postface], *in* Nels Anderson (éd.), *Le Hobo. Sociologie du sans-abri,* Paris, Nathan, p. 266-308.

SENNETT Richard, 1979, *Les Tyrannies de l'intimité,* Paris, Seuil [1re éd. états-unienne, 1974].

SCOTT James C., 1976, *The Moral Economy of the Peasant. Rebellion and Subsistence in Southeast Asia,* New Haven, Yale University Press.

SIMMEL Georg, 1998, *Les Pauvres,* Paris, Presses universitaires de France [1re éd. allemande, 1908].

SLIM Hugo, 2002, « Not Philanthropy But Rights. The Proper Politicisation of Humanitarian Philosophy », *International Journal of Human Rights,* vol. 6, n° 2 (été), p. 1-22.

SMITH Adam, 1999, *Théorie des sentiments moraux,* Paris, Presses universitaires de France [1re éd. anglaise, 1759].

SPENCER Jonathan, 2000, « On Not Becoming a "Terrorist". Problems of Memory, Agency, and Community in the Sri Lankan Conflict », *in* Veena Das, Arthur Kleinman, Mamphela Ramphele et Pamela Reynolds (eds.), *Violence and Subjectivity,* Berkeley, University of California Press, p. 120-140.

STEINMETZ George, 2003, « The State of Emergency and the Revival of American Imperialism. Toward an Authoritarian Post-Fordism », *Public Culture,* vol. 15, n° 2 (printemps), p. 323-345.

STRATHERN Marilyn, 2000, « Afterword. Accountability… and Ethnography », *in* Marilyn Strathern (ed.), *Audit Culture. Anthropological Studies in Accountability, Ethics and the Academy,* Londres, Routledge, p. 279-304.

SUÁREZ-OROZCO Marcelo M., 1990, « Speaking of the Unspeakable. Toward a PsychoSocial Understanding of Responses to Terror », *Ethos,* vol. 18, n° 3 (septembre), p. 353-383.

TAUSSIG Michael, 1992, *The Nervous System,* Londres, Routledge.

TAYLOR Charles, 1998, *Les Sources du moi. La formation de l'identité moderne,* Paris, Seuil [1re éd. états-unienne, 1989].

– 2004, *Modern Social Imaginaries,* Durham, Duke University Press.

TERRY Fiona, 2002, *Condemned to Repeat ? The Paradox of Humanitarian Action,* Ithaca, Cornell University Press.

THÉNAULT Sylvie, 2007, « L'état d'urgence (1955-2005). De l'Algérie coloniale à la France contemporaine : destin d'une loi », *Le Mouvement social,* n° 218 (janvier-mars), p. 63-78.

THOMAS Hélène, 1997, *La Production des exclus. Politiques sociales et processus de désocialisation socio-politique,* Paris, Presses universitaires de France.

THOMPSON Edward Palmer, 1971, « The Moral Economy of the English Crowd in the Eighteenth Century », *Past and Present,* vol. 50, n° 1 (février), p. 76-136.

TOURAINE Alain, 1992, « Inégalités de la société industrielle, exclusion du marché », *in* Joëlle Affichard et Jean-Baptiste de Foucauld (éds.), *Justice sociale et inégalités,* Paris, Éditions Esprit, p. 163-174.

TURNER Bryan S., 2002, « Sovereignty and Emergency. Political Theology, Islam and American Conservatism », *Theory, Culture and Society,* vol. 19, n° 4 (août), p. 103-119.

VALLAEYS Anne, 2004, *Médecins sans frontières. La biographie,* Paris, Fayard.

VÁSQUEZ LEZAMA Paula, 2007, *Les Politiques de la catastrophe en temps de « révolution bolivarienne ». La gestion des sinistrés de* La Tragedia *de 1999 au Venezuela,* Thèse de doctorat, Paris, École des hautes études en sciences sociales.

VEÏSSE Arnaud, 2003, « Les lésions dangereuses », *Plein droit. La revue du Gisti,* n° 56 (mars), p. 32-35.

VIET Vincent, 1998, *La France immigrée. Construction d'une politique, 1914-1997,* Paris, Fayard.

VOGLER Candace et MARKELL Patchen, 2003, « Introduction. Violence, Redemption, and the Liberal Imagination », *Public Culture,* vol. 15, n° 1 (hiver), p. 1-10.

WAHNICH Sophie, 1997, *L'Impossible Citoyen. L'étranger dans le discours de la Révolution française,* Paris, Albin Michel.

WALZER Michael, 1996, *La Critique sociale au XX^e siècle. Solitude et solidarité,* Paris, Métailié [1^re éd. états-unienne, 1988].

WEBER Max, 1959, *Le Métier et la Vocation d'homme politique* [introduction de Raymond Aron], Paris, Plon [1^re éd. allemande, 1919].

– 2005, *La Science, profession et vocation* [traduction et commentaires d'Isabelle Kalinowski], Marseille, Agone [1^re éd. allemande, 1919].

WEBER Olivier, 1995, *French doctors. Les vingt-cinq ans d'épopée des hommes et des femmes qui ont inventé la médecine humanitaire,* Paris, Robert Laffont.

WEIL Patrick, 1995, *La France et ses étrangers. L'aventure d'une politique de l'immigration de 1938 à nos jours,* Paris, Gallimard.

WHEELER Nicholas J., 2000, *Saving Strangers. Humanitarian Intervention in International Society,* Oxford, Oxford University Press.

WHITESIDE Alan et SUNTER Clem, 2000, *AIDS. The Challenge for South Africa,* Cape Town, Human and Rousseau-Tafelberg.

WIEVIORKA Annette, 1998, *L'Ère du témoin,* Paris, Plon.

WITTGENSTEIN Ludwig, 1961, *Tractatus logico-philosophicus,* Paris, Gallimard [1^re éd. allemande, 1921].

– 2004, *Recherches philosophiques,* Paris, Gallimard [1^re éd. allemande, 1953].

WOODWARD Susan L., 2001, « Humanitarian War. A New Consensus? », *Disasters,* vol. 25, n^o 4 (décembre), p. 331-344.

YOUNG Allan, 1995, *The Harmony of Illusions. Inventing Post-Traumatic Stress Disorder,* Princeton, Princeton University Press.

ZAGO Angela, 1998, *La rebelión de los ángeles. Reportaje. Los documentos del movimiento,* Caracas, Warp Ediciones.

ZEMON DAVIS Natalie, 1987, *Fiction in the Archives. Pardon Tales and their Tellers in Sixteenth-Century France,* Stanford, Stanford University Press.

# Index des personnes

## A

Abrahams Naeemah, 459
Adams Vincanne, 436
Adorno Theodor, 285
Agamben Giorgio, 231, 240, 242, 290, 317, 339, 355, 367, 442, 462, 466, 468
Agier Michel, 242
Agrali Sibel, 191
Alem Kangni, 476
Alha, 343
Althusser Louis, 321
Amiel Irène, 441
Anderson Nels, 473
Arendt Hannah, 206, 236, 397, 399, 433, 445, 448, 461, 470, 474-475
Ariès Philippe, 281
Aristide Jean-Bertrand, 227
Armitage John, 461
Asad Talal, 450
Assayag Jackie, 46, 448
Astier Isabelle, 438
Astrid, 270
Aubry Martine, 74
Augustin (saint), 400, 441
Austin John Langshaw, 55, 439

## B

Bacevich Andrew, 471
Bachmann Christian, 437
Barnard Christiaan, 457
Barrot Jacques, 38
Bauman Zygmunt, 403, 456, 475
Becker Howard S., 446
Bénatouïl Thomas, 473
Benjamin Walter, 241, 285, 289, 398, 447, 461
Bensa Alban, 434
Benthall Jonathan, 474
Benveniste Émile, 213, 216, 465-466
Bérégovoy Pierre, 468
Berger Nathalie, 450
Bergeron Henri, 437
Berlant Lauren, 431
Bernardot Marc, 455-456
Bertolotto Fernando, 440
Bibeau Gilles, 459
Bihr Alain, 438
Binet Laurence, 464
Blair Tony, 430, 468
Blunkett David, 225
Boas Franz, 387, 472
Bobbitt Philip, 73, 442

Bolívar Simón, 296
Boltanski Luc, 19, 429, 431, 433, 473
Bornstein Avram, 467
Bouhnik Patricia, 440
Boulenger Blandine, 441
Bourdieu Pierre, 19-20, 53, 60, 431, 433-434, 438, 440, 473
Bourgois Philippe, 434
Bradol Jean-Hervé, 370, 467, 469-472
Brandt Allan, 458
Brauman Rony, 355, 466, 468-469
Bray Rachel, 460
Briceño García Gerardo (général), 312
Brissaud Édouard, 445
Bucaille Laetitia, 466
Budlender Debbie, 460
Buffet Marie-Georges, 454
Burnham Gilbert, 471
Bush George W., 291, 361, 430, 460
Butchart Alexander, 459
Butler Joseph, 429
Butler Judith, 322, 431

C

Calabresi Guido, 73, 442
Calas Bernard, 365
Callon Michel, 473
Candillier Charles, 446
Carpio Manuel, 311
Caruth Cathy, 431
Castel Robert, 57, 435, 439
Césaire Aimé, 430
Chávez Hugo, 287, 293, 296, 304-305, 309, 311, 462-463
Chevènement Jean-Pierre, 137
Chirac Jacques, 37, 71, 221, 468
Clastres Pierre, 447
Clochard Olivier, 456
Cloward Richard, 131, 444
Collins John, 467
Collovald Annie, 435
Coronil Fernando, 462
Courau Henri, 452
Cresson Édith, 468
Cru Damien, 45

D

Dalgalarrondo Sébastien, 442
Daniel Valentine, 177, 234, 447
Das Veena, 319, 408, 431, 436, 450, 476
Dauvin Pascal, 469
De Klerk Frederik, 457
De Waal Alexander, 434
Debré Jean-Louis, 230
Decourcelle Antoine, 456
Defossez Anne-Claire, 442, 459
Deguines Isabelle, 455
Dejours Christophe, 59, 431, 433
Delanoë Bertrand, 453
Delarue Jean-Marie, 55, 439
Delettre Dominique, 446
Deleuze Gilles, 430
Demazière Didier, 441
Derr Michel, 221
Derrida Jacques, 217
Des Pallières Arnaud, 455
Descartes René, 441
Descombes Vincent, 473
Devedjian Patrick, 233
Didier Élisabeth, 449
Dodier Nicolas, 438
Donzelot Jacques, 53, 438
Dorlin Elsa, 459

Duesberg Peter, 458
Duffield Mark, 433
Dufoix Georgina, 469
Duprat Catherine, 430
Durkheim Émile, 387, 472

**E**

Ehrenberg Alain, 47, 437
Ehrlich Paul, 458
Elias Norbert, 388
Elster John, 442
Emmanuelli Xavier, 38, 435, 440, 468
Engels Friedrich, 473
Erkel Arjan, 377, 471

**F**

Fassin Didier, 109, 431-432, 434, 441-442, 445-446, 449, 456, 466, 468-470
Fassin Éric, 432
Feldman Allen, 450
Felman Shoshana, 461
Ferguson James, 408, 476
Ferré Nathalie, 454
Fillon François, 468
Fluhr Simone, 450
Fothergill Alice, 463
Foucault Michel, 183, 359, 369, 387-388, 429, 432, 437, 441, 447, 465, 469, 473
Fragonard Bertrand, 52
Franks Tommy, 375
Fraser Malcolm, 454
Freyssinet Jacques, 442
Fukuyama Francis, 461
Furtos Jean, 56, 60, 439-440

**G**

Galabru Françoise, 453
Gandhi Mahatma, 457
Garfinkel Harold, 78
Gastaut Yvan, 456
Gauchet Marcel, 397
Gaudin Jean-Claude, 39
Gaulejac Vincent (de), 431
Geertz Clifford, 391, 473
Geldof Bob, 16
Genet Jean, 16
Gentilini Marc, 221
Georges Pierre, 454
Geremek Bronislaw, 445
Giese Sonja, 460
Gilman Sander, 459
Godelier Maurice, 448
Goffman Erving, 443
Good Anthony, 449
Graham Mark, 450
Guibert Hervé, 446

**H**

Habermas Jürgen, 462
Hacking Ian, 49-50, 437
Halluin Estelle (d'), 448
Hani Chris, 254, 457
Hartog François, 467
Harvey Armanda, 379
Havel Vaclav, 468
Hegel Georg Wilhelm Friedrich, 461
Herpin Nicolas, 442
Heyman Josiah, 450
Hirschmann Albert, 450
Hitler Adolf, 291
Hobbes Thomas, 306
Hocine, 436
Hoffman Susanna M., 461

Hoffmann Stanley, 433
Hollande François, 233
Hortefeux Brice, 214
Horton Richard, 458
Howell Signe, 434
Hudebine Hervé, 437
Hugues Laurence, 470
Hume David, 429
Hussein Saddam, 235, 361
Hutcheson Francis, 429
Hyndman Jennifer, 455

**I**

Ignatieff Michael, 470
Infante Alfredo, 312
Intrand Chloé, 456

**J**

Jacob Élizabeth, 435
James Erica Caple, 432, 452
Janssens Michel, 469
Jésus-Christ , 182, 184, 399, 429
Jewkes Rachel, 459
Johnson Gail, 255
Johnson Leigh, 460
Johnson Nkosi, 255-259, 457
Join-Lambert Marie-Thérèse, 442
Jospin Lionel, 73, 234, 435, 451, 468
Joubert Michel, 439-440
Juppé Alain, 38, 469

**K**

Kalinowski Isabelle, 472
Kant Emmanuel, 388
Kantorowicz Ernst, 462
Karsenti Bruno, 472
Kessar Zahia, 435
Kleinman Arthur, 319, 431, 436
Knudsen John, 177, 447
Koita Yaguine, 407, 409
Koselleck Reinhart, 395, 474
Kouchner Bernard, 16, 433, 468

**L**

Laacher Smaïn, 455
Lachal Christian, 465
Laé Jean-François, 37, 431
Lalande André, 444, 474
Lantero Caroline, 447
Latour Bruno, 473
Lazarsfeld Paul, 134, 441
Lazarus Antoine, 55, 57, 439-440
Le Cour Grandmaison Olivier, 470
Le Guennec Nicole, 437
Le Marcis Frédéric, 459
Lefort Claude, 401
Lenoir René, 436
Lethata Todd, 459
Levi Primo, 324
Levinas Emmanuel, 7, 406, 431, 476
Lévy Jean-Louis, 447
Leys Ruth, 431
Linares Yelitza, 314
Linhart Danièle, 44
Lioret Philippe, 250
Lock Margaret, 436
Locke John, 441
Lovell Anne, 437
Luc (saint), 429

**M**


MacFarlane Neil, 461
Magda A., 458
Maigret Éric, 438
Maisondieu Jean, 439
Makaremi Chowra, 452
Makgoba Malegapuru William, 458
Malhuret Claude, 468
Malkki Liisa, 450, 455
Malraux André, 16
Mamou Jackie, 468
Mandela Nelson, 254, 457, 460
Maria Eugenia, 303
Markell Patchen, 463
Marrus Michael, 448
Marseille Jacques, 172
Marx Karl, 391, 473
Masquelier Adeline, 461
Mattéi Jean-François, 469
Mauroy Pierre, 469
Mbeki Thabo, 254, 256, 259, 261, 271, 274, 457-458, 460
Meintjes Helen, 460
Menges Chris, 271
Messu Michel, 442
Mignolo Walter, 462
Minear Larry, 433, 463
Mitterrand François, 468
Mnouchkine Ariane, 237
Môquet Guy, 432
Morice Alain, 445, 449, 452
Moro Marie-Rose, 465
Morris David, 431
Murard Numa, 37
Mvo Zodumo, 459


**N**


Nasse Philippe, 52
Nietzsche Friedrich, 353, 430
Noiriel Gérard, 448
Nussbaum Martha, 431


**O**


Oliver-Smith Anthony, 461
Orford Anne, 434


**P**


Pacheco Sergent, 312
Pandolfi Mariella, 22, 468
Pasqua Charles, 230, 454
Pasquiers Olivier, 182, 447
Paugam Serge, 437, 443
Pérez Alfonzo Juan Pablo, 462
Peteet Julie, 466
Petersen Hector, 258
Petryna Adriana, 453
Pfefferkorn Roland, 438
Piel Éric, 439
Pignoni Maria-Teresa, 441
Piven Frances Fox, 131, 444
Platon, 390
Pollak Michael, 450
Porras Ponceleón Temir, 462
Pugh Michael, 461, 468
Pupavac Vanessa, 434


**Q**


Quiminal Catherine, 445, 452


**R**


Rabinow Paul, 473
Raffarin Jean-Pierre, 213, 469
Rajendram Elanchelvan, 208, 451
Rancière Jacques, 243

Rangel José Vicente, 308
Raoult Éric, 39
Rawls John, 306, 429
Razack Sherene, 463, 470
Rechtman Richard, 434, 445, 449, 466
Redfield Peter, 22, 469
Renault Emmanuel, 432
Revault d'Allonnes Myriam, 430, 433, 474
Rey Alain, 431
Ricœur Paul, 473
Robert Philippe, 436
Roberts Les, 471
Robespierre Maximilien (de), 474
Rocard Michel, 468
Rodier Claire, 452, 456
Roelandt Jean-Luc, 439
Roman Joël, 438
Rosanvallon Pierre, 435, 443
Rose Nikolas, 70, 450
Ryfman Philippe, 471

S

Salignon Pierre, 469-470
Samer, 343
Sargent Carolyn, 458
Sarkozy Nicolas, 213, 225, 430, 432, 462, 468
Sayad Abdelmalek, 137, 141, 143, 444
Scheper-Hughes Nancy, 431, 434, 458
Schmitt Carl, 290, 292, 400
Schneider Joseph W., 431
Schor Ralph, 456
Schwartz Olivier, 393, 473
Schwartzbrod Alexandra, 466
Scott James, 432
Seguin Philippe, 453
Sennett Richard, 441
Shaftesbury Anthony Ashley Cooper, 429
Shakespeare William, 430
Shaninaz, 343
Sheik Mani, 472
Siméant Johanna, 469
Simmel Georg, 404, 443, 475
Simpson John Hope, 454
Slim Hugo, 433
Smith Adam, 253, 429
Smith Charlene, 271
Sophia, 270
Spencer Jonathan, 450
Staline Joseph, 439
Steinmetz George, 461
Stoleru Lionel, 436
Strohl Hélène, 439

T

Taussig Michael, 181, 447
Taylor Charles, 68, 394
Terray Emmanuel, 452
Terry Fiona, 434
Thénault Sylvie, 462
Thomas Hélène, 436
Thomas (saint), 184
Thompson Edward P., 432
Tiévant Sophie, 441
Tinashe (*baby*), 262, 458
Tocqueville Alexis (de), 430
Tounkara Fodé, 407, 409
Touraine Alain, 53, 438
Toussaint François-Vincent, 430
Touzé Sylviane, 441
Turner Bryan, 462

**U**

Urfalino Philippe, 442

**V**

Vaillant Daniel, 234
Vallaeys Anne, 464
Vásquez Lezama Paula, 461
Veïsse Arnaud, 448
Verwoerd Hendrik, 457
Vidal-Naquet Pierre, 441
Viet Vincent, 448
Villepin Dominique (de), 462
Vogler Candace, 463

**W**

Wahnich Sophie, 448
Walzer Michael, 390, 473
Weber Max, 387, 449, 472
Weber Olivier, 464
Weil Patrick, 448
Weiss Thomas, 433, 463
Wheeler Nicholas, 433, 470
Wieviorka Annette, 465
Winterbottom Michael, 249
Wittgenstein Ludwig, 62, 319
Woodward Susan, 461, 468
Wooten Jim, 457

**Y**

Young Allan, 466

**Z**

Zago Angela, 463
Zemon Davis Natalie, 443
Zuma Nkosazana, 260

# Index thématique

**A**

Acteur, 17, 21-22, 25, 45, 57-58, 61-65, 78, 92, 98, 100, 118, 150, 153, 237, 298, 317-320, 323, 325, 327, 329-331, 335, 341, 347-350, 352, 367-368, 371, 385, 391-393, 404, 432, 440, 443, 449, 466

Affect, 7-8, 10, 12, 69, 116, 293, 322-325, 327, 330, 335, 338-339, 341, 344, 346, 351, 403

Afrique, africain, 24, 141, 167, 169, 206, 233, 245, 271, 274, 278, 396, 402, 406-407, 445, 459, 463, 470, 476

Afrique du Sud, sud-africain, 24-25, 28, 253-255, 257-263, 266-272, 275-276, 278, 280-282, 400, 404-405, 455, 457, 459

Allemagne, allemand, 177-178, 231, 233-234, 241, 289, 388, 395, 458, 462, 473

Anglais, britannique, 131, 175, 215, 218-219, 224-225, 239, 250, 299, 332, 357, 361, 364, 373, 395-396, 430-431, 441, 449, 455, 457, 464, 471

Angleterre, Royaume-Uni, Grande-Bretagne, 174, 177-178, 213, 215, 221, 223-225, 233, 239, 243-244, 248, 250, 354, 394, 434, 451

Anthropologie, anthropologue, 14, 16, 22-24, 30, 47, 50, 292, 320, 367, 379, 387, 391-393, 396, 408, 434, 447, 449-450, 452, 469, 472, 476

Arbitraire, 26, 119, 126-128, 130, 150, 158, 183, 301, 308, 310, 343, 370, 444, 473

Asile, 17, 27, 138-139, 148, 170, 172, 177, 179-182, 184-190, 193, 195-199, 202, 204-205, 209, 213, 218-219, 224-226, 228-231, 235-237, 240, 243-250, 392, 394, 404, 448-450, 454

Demande d'–, 27, 177-178, 183, 186, 188, 190-192, 199, 205, 208, 215, 218, 224, 248, 409, 448, 450

Demandeur d'–, 11, 26, 133, 177-178, 180-181, 184-186, 188-194, 196, 200, 204-206,

227, 235-236, 246, 389, 400, 403, 476, 509

**B**

Biolégitimité, 397
Biopolitique, 241-242, 359, 448, 468-469
*Bios*, 231-232, 367, 442

**C**

Camp, 22-24, 201, 207, 214, 221-222, 225, 233-234, 238-244, 248-249, 289, 293, 305, 324-326, 328, 330, 343, 348, 354, 359, 369, 403, 450-451, 455-456, 464, 468
Catastrophe, 11, 24, 28, 46, 242, 285-287, 292, 294-296, 299-303, 305-307, 309, 311-312, 314-315, 328-329, 353, 355, 389, 392, 396, 402, 405, 461, 464, 510
Caverne, 390-391, 393
Centre Primo Levi, 186, 191, 196, 445
Certificat, 24, 27, 112, 156-157, 178-180, 183, 185-186, 189-194, 196-206, 208-209, 392, 448
Charité, 79, 83, 115, 125, 132, 183, 385, 396, 442, 463
Choix
– pathétique, 78, 134
– tragique, 73, 75, 77, 79, 442
Chômage, chômeur, 24, 26, 37, 42, 52, 58, 63, 68, 71, 73-74, 76, 79, 81-82, 110, 112, 115-118, 131-132, 134, 142, 188, 246, 400, 402, 405, 438, 441-443
Cimade, Service Œcuménique d'entraide, 205, 445, 451
Clinique psychosociale, 60-61, 440
Comede, Comité médical pour les exilés, 179, 182, 185-186, 192, 196, 200, 203, 445-448
Commission des recours des réfugiés, CRR, 180, 184-185, 190, 194, 199, 204-205, 209, 226, 235, 449
Compassion, 7-11, 13-15, 17-19, 25, 28, 41, 44-48, 51-52, 55, 59, 70, 80, 100, 108-109, 115, 118-119, 132, 140, 143, 171-172, 215-216, 219, 223, 231, 235, 237-238, 249, 259, 265, 275, 278, 281, 283-284, 286-287, 292, 294, 296-297, 302-303, 305, 322, 326, 330, 335, 352, 383, 389, 392, 396, 399, 409, 429-431, 433, 454
Configuration sémantique, 41-42
Conflit, 11-12, 16-17, 21, 24, 48, 73, 131, 153, 187, 280, 282, 286, 317, 323, 329, 331, 333, 335, 337, 339, 341-342, 344, 347-349, 353, 355, 362, 368-369, 372, 375, 377, 381-383, 392, 395, 434, 461, 467, 470, 510
Contingent, 119, 126-127, 390, 444, 473
Corps
– biologique, 27, 44, 69, 77, 137, 140-143, 146, 148, 164, 171, 177-178, 181-186, 191, 194, 198, 200, 202, 205-208,

228, 231-232, 258, 297, 302, 307, 309, 319, 326, 333, 339, 347, 350, 375, 400, 403, 406, 444, 453-454, 467, 469, 509
– social, 13, 56
Critique, 14, 18-19, 21, 62, 107, 192, 271, 278, 283, 322, 346-347, 387-388, 390-394, 433, 437, 440, 444, 473-474
Croix-Rouge, 214, 219-225, 233, 242, 298, 354-355, 396, 451, 455, 469

**D**

Déontologie, 153, 157, 173
Discours compassionnel, 437
Don, 10-11, 134, 285, 304, 315, 370, 384
Droits de l'homme, 144, 174-175, 178, 181, 214, 235-236, 247, 309-311, 335, 343-344, 355-356, 447, 454-455, 464, 466

**E**

Économie morale, 17, 24, 30, 135, 143, 181, 278, 372, 385, 398, 432
Économie politique, 18, 143, 264, 278
Émotion, 7-8, 10, 12, 15, 20, 23, 26, 28, 44, 115-116, 149, 197-198, 200, 202, 205, 233-236, 279, 281, 283, 286, 288, 292, 299, 304, 315, 328, 331, 338, 341, 344, 350, 389, 400, 407, 409, 429, 432-433, 450, 475
Empathie, 17, 23, 45-46, 52, 54, 59, 115-116, 149, 171, 283, 286, 303, 334, 400
Enfance, enfant, 23, 25, 28, 43-44, 49, 75-76, 83-84, 86, 93-98, 104-106, 111, 113-114, 117, 119-120, 122-126, 130, 156, 161, 171, 220, 232-233, 245, 253, 255-284, 302, 304, 333-336, 338-339, 343, 347, 357, 374, 394, 400, 402, 405-409, 429, 431, 458-460, 476
Engagement, 20, 66, 105, 139, 198, 202, 231, 254, 265, 286, 357, 380, 388-389, 392, 398, 408, 429, 472
Enjeu, 9, 17-18, 20-21, 25, 27, 62, 68, 77, 157, 189, 206, 218-219, 239, 244-246, 257, 259-260, 278, 280, 282-283, 292, 306, 322-323, 326, 341, 348, 359, 362, 384, 392-393, 395, 398, 434, 448, 464, 468
Espace public, 11-13, 19, 28, 48, 51, 55, 57, 60, 68, 71, 195, 214, 245, 257, 260, 266, 272, 282, 288, 311, 319, 326, 332, 342, 349, 351, 394, 433
État, 8, 12, 21, 25-26, 42, 70, 74, 78-79, 85, 91, 101, 129, 132-133, 151-155, 171, 175, 183-184, 187-188, 195, 198-199, 206, 214, 216, 221, 223, 236-237, 248, 254, 290-291, 298, 300, 306, 314, 339, 354, 371, 377, 380, 400, 404, 409, 429, 431, 433, 441, 443, 445, 454, 463, 465, 468, 475
Chef d'–, 9, 255-256, 287, 296, 311, 432, 468

Coup d'–, 287, 309
États-Unis, États-unien, 9, 14, 50, 177-178, 207, 245, 275, 303-304, 329, 342, 356, 364, 371-372, 374, 396-397, 402, 408, 431, 444, 450, 459, 461, 466, 472-473
Éthique, 9, 11, 150, 153, 157, 170, 191, 195-198, 205, 297-298, 306, 322, 327, 366-367, 393, 402-403, 431, 433, 450, 476
Ethnographie, ethnologue, 21-24, 49, 150, 279, 292, 349, 351, 393, 473
*Ethos*, 134, 205, 350, 396, 431, 473
Étranger, 7, 9, 11, 13, 17, 26-28, 63, 85-86, 133, 137-138, 140, 142-145, 147-150, 153-155, 159, 161, 164-166, 168, 170, 172, 174, 178, 180, 183-184, 187-188, 213-214, 216-218, 223, 229-230, 233, 240-241, 243-249, 368, 374, 381-382, 389, 392, 396-397, 404, 430, 432, 445-449, 452-453, 456, 458
Europe, européen, 74, 141, 144, 174-175, 187, 198, 206, 213, 215-216, 225, 236-237, 242, 245-249, 280-281, 285, 289, 354, 377, 396, 402, 406-407, 447-448, 450-451, 454, 456, 461, 465, 469, 476
Exception, état d'exception, 28, 85, 89, 122, 128, 146-147, 221, 241-244, 285-293, 305-306, 312-315, 396, 401-402, 455, 462, 464
Exceptionnel, 76, 84, 86-87, 138, 144, 146, 149, 153, 162, 172-173, 228, 270, 287-288, 292, 313
Exclusion, exclu, 14-15, 17, 26, 37-38, 41-42, 52-57, 60, 62-63, 67-68, 85, 142, 170, 279, 337, 389, 436, 438-440, 473
Expertise, expert, 22, 27, 57, 62, 149-151, 157-159, 161-162, 164, 166, 168, 170-171, 178, 181, 184, 186, 189-190, 194-197, 200, 202-205, 246, 301, 319, 351, 372, 446, 449

**F**

France, français, 9, 12, 14, 19, 22, 24-26, 29, 37-39, 41-43, 46, 51, 53, 59, 63, 71, 73-75, 86, 90, 94, 97-98, 104, 106, 110, 113, 121, 137, 139-140, 143-145, 148-149, 153, 155-156, 159-161, 163, 166, 169, 172-174, 177-178, 183-184, 186, 188-189, 199, 207-209, 213, 215-216, 221, 224-226, 230-231, 233-235, 237, 239-241, 244-250, 289, 304, 333, 344, 354-355, 364-365, 371-372, 376, 380, 394-395, 402, 404, 408, 430-431, 433, 435-436, 443-449, 452-454, 469, 476
Frontière, 27, 141, 158, 174-175, 187, 209, 211, 223, 230, 233, 245-248, 250, 288, 347, 360, 365, 387, 403, 450, 456, 509

**G**

Généalogie, 13, 19, 68-69, 291, 349, 369, 371, 382, 396, 399, 455
Gouvernement humanitaire, 8, 10-13, 18, 23, 26, 30, 288, 394-395, 397, 399-403, 405, 475
Guantanamo, 242, 244, 293, 455
Guerre, 7, 17, 22-23, 29, 43, 139, 182, 187, 206-207, 215, 227, 236, 239-240, 244, 272, 282, 286, 288-293, 298, 310, 314-315, 317-318, 320, 322-323, 325-326, 328, 332, 337, 346, 353-354, 357-360, 362-363, 365-368, 370-374, 381-383, 385, 389, 394, 397, 407-408, 450, 461-463, 467-470, 473

**H**

Haïti, haïtien, 226-228, 286, 453
Haut Commissariat aux Réfugiés, HCR, 187, 194, 298, 354, 447, 449
Histoire, historien, 12, 16, 20, 24, 26-30, 41, 49-50, 68, 80, 101, 103, 131, 133, 140, 153, 157, 171, 178, 181-183, 185-186, 202, 204, 206-208, 217, 219, 225, 228, 232, 235, 237, 240-243, 245, 267-268, 271-272, 277-278, 281, 285-287, 289-292, 296, 298, 303, 308, 314, 317, 320, 336-337, 340-341, 343-344, 348, 350, 352, 357, 363, 377, 382, 388-389, 396, 399-400, 404-405, 409, 429, 432, 435, 438, 441, 445, 447-450, 453-455, 457-458, 462, 465-471, 473, 475-476
*Histôr*, 340, 342, 347-349, 467
Hospitalité, 27, 189, 213, 216-219, 244, 250, 409, 448, 452
Humanité, 8, 15, 68, 108, 115, 149, 216, 219, 289, 315, 346, 353, 360, 368, 370, 381-383, 395, 402-403, 409, 430, 433, 454, 458, 472, 474-475

**I**

Immigration, immigré, 9, 19, 23-25, 27, 41-42, 68, 85-86, 137, 140-144, 146-148, 151-152, 158, 170, 175, 181, 187-189, 195-196, 198, 214, 216, 218-219, 223-225, 230, 237-238, 241, 245-247, 392, 397, 404, 432, 444, 450-451, 453
Indésirable, 142, 187, 213, 215, 217-218, 236-237, 242, 244, 249, 372, 448, 509
Inégalité, 9-11, 13-14, 17, 19, 26, 28-29, 37, 41-42, 53, 63, 71, 111, 129, 155, 278, 282, 286, 303, 305, 313, 315, 327, 353, 355, 357-361, 363, 365, 367, 369-371, 373, 375, 377, 379-381, 383-385, 402, 404, 430, 433, 459, 461, 510
Ingérence
Devoir d'–, 12
Droit d'–, 22
Injustice, injuste, 14, 16, 18, 47, 63, 119-120, 122, 127-129,

228, 305, 315, 328, 337, 383, 402
Insécurité, 39-40, 42, 56, 307, 452-453
Intervention, 8, 12, 16, 21-22, 25, 66, 77, 91, 106, 119, 138, 150, 161, 204, 271, 288, 298, 302, 306, 310, 317-318, 326, 341-342, 350, 353-354, 356, 359, 362-363, 366, 369, 372-376, 383-385, 394, 397, 405, 430-431, 433-434, 468, 470-471
Interventionnisme, 222, 396
Irak, irakien, 24-25, 29, 207, 216, 233-235, 288, 298, 342, 353, 356-358, 360-361, 363-367, 373-376, 396, 402, 469, 471
Irrégularité, situation irrégulière, 13, 137-138, 144, 148-149, 153, 155, 159, 165, 180, 218, 223-224, 230-231, 294, 392, 445, 449
Israël, israélien, 25, 29, 331-337, 340, 342-349, 351, 402, 466-467

J

Jugement, 25-26, 78-79, 100, 103, 113, 115-116, 127, 134, 158, 160, 162, 175, 184, 190, 194, 265, 284, 323, 350, 388-389
Justice, juste, 10, 17, 21, 25-26, 51, 74-75, 78, 87, 98, 100, 107-109, 111-112, 118-119, 126, 128-130, 132-134, 144, 148, 150, 152, 155, 158-159, 183, 188, 190, 202-203, 262, 266, 298, 310, 334, 342, 344, 346, 351, 353, 367, 389, 397, 442, 459

K

Katrina, 286, 461
Kosovo, kosovar, 9, 22, 215-216, 288, 328, 341, 353, 356, 368, 372, 468

L

Légitimité, 21, 27, 61, 106, 130, 140, 142-143, 147, 153, 160, 171, 183, 185, 204, 206, 297, 299, 318, 326, 356, 405
Lettre, 24, 75, 77, 86, 89-90, 95, 102-103, 122, 125, 152, 154, 156, 166, 185-186, 209, 281, 406-408, 432, 439, 476
Lieu d'écoute, 17, 24, 26, 37-41, 43, 62-66, 392, 395, 435, 441, 509

M

Maladie, malade, 7, 9, 11, 13, 17, 24-25, 27-28, 50, 57-58, 67, 69, 94, 110, 116-118, 138-142, 144-149, 151-155, 157-159, 161-163, 165-175, 183, 196, 227-233, 246, 254-260, 262-263, 265-266, 269-270, 282-283, 343, 357, 359-360, 380-381, 384, 389, 396-397, 402, 405, 407, 430, 437-438, 442, 444-445, 447, 453, 460, 472
Marginalité, marginal, 24, 26, 37, 63, 67, 389, 509

*Martus*, 332, 340, 347, 349, 467
Médecins du monde, 174, 232, 298, 323, 326, 328-330, 340, 342, 344, 346, 350, 435, 445, 464, 468-469
Médecins sans frontières, MSF, 232, 298, 317-318, 323, 326, 328-330, 336, 342, 350, 354-357, 360-366, 370-371, 375-380, 382, 396, 434-435, 464-469, 471-472
Mérite, 108-109, 112-113, 118-119, 129-130, 139
Militaire, 9, 12, 16, 21-22, 25, 28, 139, 179, 201, 207-208, 220, 227, 233, 240, 260, 288, 291-292, 298, 300, 302, 305-312, 317, 328, 332, 344, 353-355, 358, 369-370, 372-375, 377, 383, 402, 405, 470
Misère, 14, 19, 51, 54, 67, 73, 77, 92, 116, 118, 131-132, 135, 183, 215, 233, 313, 399, 403, 429, 431, 433, 440, 454
Mobilisation, 26, 28, 56, 118, 131-132, 144, 259, 263, 278, 282-283, 299, 312, 330, 341, 347, 400, 434, 442
Morale, 7-8, 127-128, 154-155, 354, 360, 364, 367
Morale humanitaire, 18, 23

**N**

Nécessité, 108-110, 119, 122, 139, 141, 292, 301, 303, 384, 431
Norme, 86, 89, 94, 96-97, 100, 102, 106-107, 117-118, 126-127, 130, 148, 171, 182, 197, 199, 203, 432

**O**

Obligation, 8, 11, 52, 128, 132, 147, 153, 162, 217, 222, 263, 318, 384, 404, 406, 432, 443, 450
Ofpra, Office français de protection des réfugiés et des apatrides, 177-180, 184, 188-189, 194, 199, 204-205, 208-209, 226, 229, 234-235, 447-448, 452-453
Organisation humanitaire, 8, 12, 22-23, 39, 221, 223, 232, 288, 318, 321, 327, 331, 334, 341, 344, 350, 355, 360, 365, 368-369, 376, 379, 381, 383, 385, 392, 396, 464, 472
Organisation non gouvernementale, 12, 15, 21-22, 24-25, 29, 174, 239, 247, 249, 258, 262, 275, 278-279, 282, 298, 304, 317, 330, 354-356, 361, 369, 371, 377-378, 382, 394, 402, 404, 469, 472
Orphelin, 24, 28, 260, 273-281, 283, 389, 404, 460

**P**

Palestine, palestinien, 16, 24-25, 29, 319-321, 330-336, 339-340, 342-344, 346-349, 351-352, 402, 405, 465-467
Pathos, 243, 275, 286, 432
Philosophie, philosophe, 7, 10, 12, 18, 21, 47, 49, 62, 68, 70,

243, 289-290, 292, 299, 367, 388, 390, 393-394, 401, 429, 432-433, 440-441, 465, 473
Pitié, 20, 46, 132, 305, 399-400, 429-430, 433
Politique de la vie, 356, 358-359, 371, 375, 381, 383, 395, 401, 469
Politique humanitaire, 17-18, 21, 298, 367, 375
Pouvoir, 12, 21, 70, 73, 118-119, 138, 145, 147, 161, 182-183, 185, 217, 221, 262-263, 269, 283, 285, 287, 292, 297, 300, 306, 308-309, 315, 322, 327, 352, 358, 369-370, 381, 402, 406, 436, 460, 462-463, 465, 469
Pouvoir pastoral, 369, 371, 470
Pouvoirs publics, 9, 14-15, 45, 55, 61, 81-82, 99, 111, 170, 174, 194, 197, 204, 239, 262, 283, 299, 464
Preuve, 8, 27, 40, 58, 104, 168, 178, 180, 185, 190-192, 206, 232, 247, 310-311, 330, 449
Problématisation, 16-17, 41, 240, 432
Protocole compassionnel, 27, 137, 139-141, 143, 145, 147, 149, 151, 153, 155, 157, 159, 161, 163, 165, 167, 169, 171, 173, 175, 446, 509
Psychiatrie, psychiatre, 25-26, 39-40, 43, 51, 55-58, 60-61, 64-67, 160, 162-163, 169, 172, 227, 318-319, 321-323, 328-331, 333-336, 339, 346, 348, 350-352, 396, 434, 439-440, 445, 466-467
Psychodynamique du travail, 45, 59
Psychologie, psychologue, 11, 14, 17, 25-26, 39-41, 43-44, 46-47, 57, 63-67, 69, 88, 178, 180-181, 184-185, 191, 195-198, 208, 217, 264, 278-279, 318-319, 321, 323, 328-331, 334-336, 338-339, 346, 350-351, 439-440, 444, 446, 449, 466

**R**

Raison humanitaire, 9, 11, 13, 17, 25, 29, 138, 140, 143, 146-148, 158, 170-174, 219, 225, 227-228, 230-232, 237, 249, 387, 389-397, 399-409, 510
Reconnaissance, 10-11, 15, 42, 61, 102, 106, 133, 138, 143, 146, 148, 164, 173, 177, 184, 199, 229, 231, 311, 389, 397, 448, 474, 509
Réfugié, 13, 22, 24-25, 27, 140, 170, 177-178, 180-181, 184-187, 189-190, 193-195, 197-200, 202, 204, 206, 208-209, 216, 218-226, 228-229, 234-245, 249-250, 312, 328, 330, 343, 348, 354, 359-360, 365, 369, 400, 402-404, 447-451, 454-455, 464, 468
Régularisation, 9, 17, 27, 133, 137, 139-140, 143, 145-146, 151, 154, 159, 164, 166, 170, 172-173, 225, 227-230, 396, 445, 453

Répression, répressif, 28, 215-216, 219, 237, 247, 307, 310, 460
Reste à vivre, 76, 79, 83-85, 87-92, 99, 102, 110-111, 113, 117, 120-122, 442
Rétention, 218, 223, 238, 247-248
Rhétorique, 20, 25, 77-78, 108-109, 115, 171, 204, 218, 290-291, 297-298, 314, 333, 351, 371-372, 383, 433, 443

S

Sacrifice, 29, 332-333, 360, 366-367, 369-371, 374-375, 384, 398-399, 407-408, 467
Sans-papiers, 24, 138, 142-143, 148, 432, 445, 449
Santé, 45, 113, 134, 141, 143, 145, 148-149, 157, 161-162, 165, 170-171, 195, 228-229, 232, 256, 258, 260, 263, 265, 331, 345, 355, 360, 363, 436, 438-439, 444-446, 468
– mentale, 26, 39, 42-43, 45, 55, 57-58, 60-62, 65, 67, 169, 195, 319-320, 330, 334, 436, 439-440, 465
– publique, 55, 150, 152, 154-155, 166, 398, 435, 437, 442, 446
Sauver, 199, 260-261, 263, 265, 297, 299, 301, 303, 306-307, 309, 318, 358-359, 363-364, 366-369, 371, 376-377, 382, 385, 398-399, 402, 405, 463
Sauvetage, 288, 300-305, 307, 314
Sécurité, sécuritaire, 13, 38-39, 42, 71, 112, 156, 189, 209, 215-216, 218-219, 221-223, 243-246, 249, 278-279, 288, 301, 307-308, 311-312, 314, 344, 362, 364, 373, 377, 463, 470-471
Sentiments moraux, 7-14, 18-19, 23, 26, 172, 205, 236, 238, 253, 286, 299, 303, 306, 351, 385, 389, 394-395, 399-400, 430
Sida, 9, 11, 24-25, 28, 51, 144, 162, 167, 169, 172, 175, 227-228, 232, 253-259, 261, 263-265, 268, 270, 272-280, 282, 380-381, 389, 400, 404, 438, 442, 445-446, 453, 457-459, 472
Sinistré, 11, 24, 28, 285-286, 288, 294-297, 299-305, 312, 315, 389, 402, 404, 510
Sociodicée, 47, 286, 396
Sociologie, sociologue, 11, 14, 19-21, 37, 41, 44, 47, 50, 53-54, 57, 70, 74, 107, 133-134, 263, 273, 279, 391-393, 431, 435, 439, 445, 472-473, 475
Soin, 8, 45, 52, 122, 139, 143-147, 151, 156-157, 159-161, 163-175, 186, 191, 196, 205, 255, 287, 301, 329-331, 336, 358, 435, 441
Solidarité, 10, 38, 52, 74, 81-82, 85, 88, 94, 101, 125, 129, 186, 198, 284, 286-287, 294-295, 303-305, 312, 315, 383-384, 403, 407, 440
Souffrance, 7, 9-10, 13-20, 23, 26, 29, 37-53, 55-65, 67-71, 73, 78, 80, 115-117, 132,

135, 142, 149, 183, 200, 208, 256, 260-261, 278, 281, 283, 303, 313, 315, 319-320, 322, 326-327, 329-330, 336-337, 339, 341, 346-351, 383, 392, 395-402, 405-406, 408, 429, 432-433, 435-440, 444, 465, 509
Stigmates, 182-183, 193, 208, 279, 305, 315, 458
Stress post-traumatique, 195, 319, 328-329, 335-337, 345, 350, 434, 466
Subjectivation, 19, 29, 54, 71, 132, 320-323, 328, 330, 333, 335, 340, 346, 348-349, 351-352, 433, 465
Subjectivité, 15, 61, 70, 132, 181, 317, 319-321, 323-325, 327-331, 333, 335, 337, 339, 341, 343, 345, 347-349, 351-352, 384, 405, 433, 510
Sujet, 132, 217, 292, 317, 319-325, 327, 329, 331, 333-335, 337, 339, 341, 343-349, 351-352, 384, 406, 439, 445, 465, 510
*Superstes*, 317, 324-326, 328, 330-331, 349

**T**

Témoignage, 24, 28, 103, 185, 249, 265, 271, 301, 310, 312, 317-320, 323-327, 329-334, 336, 339-340, 343-344, 346, 348-351, 359, 389, 392, 447, 454, 456
Témoin, 192, 218, 282, 289, 309, 312, 317-318, 323-327, 330-332, 336, 340, 342-343, 345, 347-349, 351, 449, 465, 510
Temporalité, 12-13, 184, 298
*Testis*, 317, 324-326, 328, 330-331, 349
Théologie, théologique, 292, 297, 314, 400-401, 462, 475
Thérapeutique, 45, 149, 156, 163, 167, 169-170, 191, 205, 227, 262, 434
Titre de séjour, 25, 105, 134, 138-140, 142-148, 153-156, 159-161, 163-168, 171-173, 183, 189, 214, 218, 223, 227-230, 232, 405, 432, 449
Topique, 20, 108-111
Torture, 25, 174, 180-186, 191-193, 196, 200, 202-203, 207-208, 228, 319, 447, 449-450
Tragédie, tragique, 26, 44, 75, 78, 172, 207, 254, 259, 268, 270, 278, 281-282, 285, 289, 294, 306-307, 315, 326, 328, 334, 340, 342, 360, 373, 381, 401-402, 408, 450, 471, 475
Traumatisme, 14-15, 17, 24, 29, 179, 194, 200, 204, 267, 279, 320-323, 329, 335-337, 339-340, 345-346, 348-351, 354, 359, 372, 376, 434, 449, 465-466
Travailleur, 19, 48, 59, 76, 85, 141, 188, 230, 442, 445
– humanitaire, 222, 367, 369, 378, 381-382, 384
– social, 42, 44, 61, 65-66, 68, 82, 105, 107, 132, 134, 148, 160-161, 273, 440, 443
Tsunami, 285-286

U

Urgence, 22, 28, 38, 59-60, 81-83, 86-87, 114, 215-216, 289, 292, 298-300, 302, 305, 308, 312, 317, 319, 328-329, 356, 361, 394, 397, 404, 443, 471
Aide d'–, 26, 73, 75, 132, 135, 158, 509
État d'–, 71, 287-288, 290-292, 297, 299-301, 305-308, 311, 314, 461-462, 464, 468
Fonds d'– sociale, 73, 76-77, 83, 86-87, 108, 115, 131-134, 405, 442-443

V

Valeur, 7-8, 10, 12, 21, 29, 56, 74, 88, 96, 98, 100, 103, 106, 118-119, 127-130, 158, 190, 206, 229, 237, 298-299, 302, 323, 359, 372, 374-376, 382-384, 397-399, 403, 405, 431-432, 442, 470
Venezuela, vénézuélien, 24, 28, 286, 288, 292-293, 296-299, 303-305, 307-309, 313, 315, 396, 404-405, 462, 464
Véridiction, 27, 164, 180-181, 183, 206, 321
Vérité, 19, 27, 120, 159, 164, 170-171, 177-183, 185-187, 189, 191, 193, 195, 197, 199-203, 205-209, 235, 254, 261, 272, 289, 314-315, 321, 323-325, 330, 332, 335, 339-340, 349, 358, 367, 371, 376, 385, 390, 398, 400, 404-405, 449, 509
Victime, 7, 11-12, 15-16, 24, 44, 47, 52, 68, 70, 139, 180-181, 186, 189, 191-192, 194-196, 199, 205-206, 208, 226, 231, 233, 235, 256, 258, 260-261, 263-265, 267-269, 272, 279, 283, 285-289, 294, 299, 302-303, 305, 307, 312-313, 315, 318-324, 326-329, 333, 335, 341-342, 344-351, 353, 359, 365, 367, 369-371, 373, 382, 384-385, 389, 392, 396, 400, 405, 433-434, 449, 453, 458, 460-461, 463-464, 466-467, 510
Vie nue, 77, 232, 302, 367, 442, 455, 468
Vie précaire, 11-13, 25, 71, 431
Vie sacrée, vie sacrifiable, 360, 367, 370, 374-375, 381, 383, 395, 397, 405
Viol, violé, 28, 182, 191, 193, 226-227, 259, 263, 266-271, 273, 283, 309, 319, 448, 453, 459
Violence, 13-14, 16-17, 22, 28-29, 40, 44, 47, 51, 63, 160, 178, 180-187, 191, 194, 198, 200, 204-206, 208, 226, 228, 263-264, 266, 268-270, 272-273, 282-284, 286, 289, 293-294, 306-307, 309, 312, 314-315, 319-323, 327, 329, 331, 334-335, 337, 339-340, 345, 347-351, 373, 391, 399, 402, 404, 408, 431, 434-435, 447, 449-450, 452, 458-459, 462-463, 465-466, 474, 476

Z

Zoé, 231-232, 367, 442

# Table des figures et tableaux

*Tableau 1.* Distribution sociale et valeur discriminante du « reste à vivre » par personne ........................ 88

*Figure 1.* Raisonnement suivi pour l'établissement de la somme allouée ............................................ 100

*Tableau 2.* Les effets des figures de rhétorique sur la décision de la commission ............................ 109

*Figure 2.* L'arbitraire et la contingence : caractéristiques communes et différences ............................ 128

*Tableau 3.* Les trois périodes de la raison humanitaire dans la gestion de l'immigration ...................... 147

*Tableau 4.* Trois modèles de justice locale dans l'attribution des cartes de séjour temporaire pour les étrangers malades ............................................ 155

*Tableau 5.* Les figures de la véracité ..................... 165

# Table

INTRODUCTION. Le gouvernement humanitaire ........ 7

*Remerciements* ........................................ 31

PREMIÈRE PARTIE
Politiques

CHAPITRE PREMIER. Une souffrance dévoilée
Des lieux d'écoute pour les exclus et les marginaux 37
Symptomatologie du social ........................ 43
Genèse d'une question ........................ 50
Clinique de l'exclusion ........................ 55
Les maux et les choses ........................ 62

CHAPITRE 2. Un choix pathétique
L'aide d'urgence aux chômeurs et précaires .......... 73
Le reste à vivre ........................ 79
La misère en partage ........................ 92
L'épuisement de la compassion ........................ 100
Les intermittences du pouvoir ........................ 118

CHAPITRE 3. Un protocole compassionnel
La régularisation des étrangers pour raison médicale 137
Le corps de l'immigré ........................ 141

Les lois de l'humanitaire .............................. 143
La justice de l'expert .................................. 150
Les cadres du jugement .................................. 158

CHAPITRE 4. Une épreuve de vérité
La reconnaissance par corps des demandeurs d'asile 177
Le lieu de la véridiction .............................. 181
La meilleure preuve .................................... 185
L'éthique à la peine .................................... 191
Écrire pour attester .................................... 200

LIMEN
Frontières

CHAPITRE 5. Une hospitalité ambiguë
L'administration des indésirables ....................... 213
Une inversion des rôles ................................. 219
La subsidiarisation de l'asile .......................... 226
L'humanitarisation du droit ............................. 232
Le dernier caravansérail ................................ 237

DEUXIÈME PARTIE
Mondes

CHAPITRE 6. Un massacre des innocents
Les représentations de l'enfance au temps du sida ... 253
Une icône de la maladie ................................. 257
L'économie de la souffrance ............................. 260
Le scandale du viol ..................................... 266
Le drame des orphelins .................................. 273

CHAPITRE 7. Un désir d'exception
La gestion des sinistrés de catastrophe ................ 285
La routinisation de l'urgence ........................... 289
La communauté des affects ............................... 293

L'illusion de l'égalité .................................... 298
Dommages collatéraux .................................... 306

CHAPITRE 8. Une subjectivité sans sujet
Les métamorphoses de la figure du témoin ............ 317
La subjectivation du politique ......................... 320
D'un témoin l'autre ........................................ 324
Retour au martyr ............................................ 332
La fin de l'histoire .......................................... 340

CHAPITRE 9. Une humanité inégale
L'assistance aux victimes de conflits .................... 353
Une morale en actes ........................................ 360
Le sens du sacrifice ........................................ 366
Le prix à payer ............................................... 370
La valeur des vies ........................................... 375

CONCLUSION. Critique de la raison humanitaire ....... 387

POSTFACE. Signes des temps : l'humanitaire et le sécuritaire ........................................................... 411

*Notes* ................................................................ 429

*Bibliographie* .................................................... 477

*Index des personnes* ........................................... 497

*Index thématique* ............................................... 505

*Table des figures et tableaux* ............................. 517

# Du même auteur

Pouvoir et maladie en Afrique
Anthropologie sociale de la banlieue de Dakar
*PUF, 1992*

L'Espace politique de la santé
Essai de généalogie
*PUF, 1996*

Les Enjeux politiques de la santé
Études sénégalaises, équatoriennes et françaises
*Karthala, 2000*

Des maux indicibles
Sociologies des lieux d'écoute
*La Découverte, 2004*

Faire de la santé publique
*Éditions de l'EHESP, 2005 ; 2e édition augmentée, 2008*

Quand les corps se souviennent
Expérience et politiques du sida en Afrique du Sud
*La Découverte, 2006*
*(trad. University of California Press, 2007)*

L'Empire du traumatisme
Enquête sur la condition de victime
*(avec Richard Rechtman)*
*Flammarion, 2007 ; rééd. « Champs », 2011*
*(trad. Princeton University Press, 2009)*

La Force de l'ordre
*Seuil, 2011*
*et « Points Essais » n° 753, 2015*

L'Ombre du monde
Une anthropologie de la condition carcérale
*Seuil, 2015*
*et « Points Essais » n° 810, 2017*

Punir
Une passion contemporaine
*Seuil, « Débats », 2017*

La Vie
Mode d'emploi critique
*Seuil, « La Couleur des idées », 2018*

RÉALISATION : IGS-CP À L'ISLE-D'ESPAGNAC
IMPRESSION : NORMANDIE ROTO IMPRESSION S.A.S. À LONRAI
DÉPÔT LÉGAL : JANVIER 2018. N° 138370 (1705122)
IMPRIMÉ EN FRANCE